汪卫平
高中物理竞赛教程

力学

编著　汪卫平

编委　汪卫平　　徐金晨

　　　胡宗频　　彭立刚

上海教育出版社

SHANGHAI EDUCATIONAL
PUBLISHING HOUSE

图书在版编目（CIP）数据

汪卫平高中物理竞赛教程. 力学 / 汪卫平编著. —上海：
上海教育出版社,2020.7
ISBN 978-7-5720-0144-4

Ⅰ. ①汪…　Ⅱ. ①汪…　Ⅲ. ①中学物理课-高中-教学
参考资料　Ⅳ. ①G634.73

中国版本图书馆 CIP 数据核字(2020)第 110899 号

策划编辑　庄晓明
责任编辑　陈月姣　张长省
封面设计　周　亚

汪卫平高中物理竞赛教程：力学
汪卫平　编著

出版发行	上海教育出版社有限公司
官　　网	www.seph.com.cn
地　　址	上海市永福路 123 号
邮　　编	200031
印　　刷	常熟市华顺印刷有限公司
开　　本	787×1092 1/16 印张 24
字　　数	638 千字
版　　次	2020 年 8 月第 1 版
印　　次	2020 年 8 月第 1 次印刷
书　　号	ISBN 978-7-5720-0144-4/G·0109
定　　价	98.00 元

如发现质量问题,读者可向本社调换　电话:021-64377165

序

1　物理学科的特点

物理学科是研究物质结构和物质运动的最一般规律的自然科学,或者说物理学科是人们对无生命自然界中物质结构和物质运动作出规律性的总结,是概括规律的知识体系,是经验科学的理论认识。相对论和量子力学是现代物理学的两大支柱,牛顿运动三定律是世界物理史的一次理论综合。物理学之所以被人们公认为一门重要的学科,不仅仅在于它对客观世界的规律作出了深刻的揭示,还因为它在发展的过程中,形成了一整套独特而卓有成效的思想方法。物理思想与方法不仅对物理学本身有价值,对整个自然科学,乃至社会科学的发展都有着重要的贡献。

1.1　物理学是一门发展成熟的自然科学范畴的基础学科

在古代欧洲,物理学(Physics)一词是自然科学的总称,现在的"物理学"已经发展为自然科学一个重要的分支学科。物理学以基本概念和基本规律为主干;以物理定律、物理定义和物理定理构成了一套完整的知识体系;以基本概念、基本规律和基本方法及其相互联系形成了物理学科的基本结构(其中基本概念是基石,基本规律是中心,基本方法是纽带)。物理学科又是其他自然学科的基础,它是发展最成熟、高度定量化的精密科学,又是具有方法论性质、被人们公认为最重要的基础科学。

1.2　物理学是一门实验与科学思维相结合的学科

实验是物理学的基础,科学思维是物理学的生命。在物理学中,实验不仅是一种研究物理问题的科学方法,也是一种启迪思想的有效途径。基本观点、基本概念的形成,基本规律的发现都离不开实验,任何物理理论的正确性都要用实验来检验。物理实验的结论不仅是物理学理论的判据,也是物理学发展的动力,是启迪物理思维的源泉。不少重要的物理思想就是在物理实验的基础上涌现出来的。另一方面,物理学也离不开科学思维:无论是实验方案的设计、现象的观察、数据的采集、结果的分析、结论的发现,还是理论研究中的推理论证、概括和总结,都是科学思维;经过科学思维得出的物理结论,又必须接受实验的检验。由此可见,物理学是实验和科学思维相结合的产物,科学思维对物理学的发展起着决定性的作用。

1.3　物理学是一门以数学为工具高度定量化的学科

物理学与数学有着密切的关系,物理学的发展离不开数学,所以数学常被认为是物理学的工具。高度精炼和高度抽象的数学语言应用于物理学,使物理理论逐步走向完美和统一。在物理学中,所有物理规律都力求达到定量阐述,物理学中的基本定律和公式都是运用数学的语言来精确而简洁表达的。物理学中基本概念和规律的定性描述与精确的定量表达相结合是物理学区别于其他学科的一大特点。其数学方法还是物理研究中的重要推理工具和手段,物理课的重要任务之一就是教会学生如何通过物理建模把各种物理问题表述成数学问题,并掌握求解的方法,最后从数学的语言中理解物理。

1.4　物理学是一门具有方法论性质的学科

方法论是关于科学的一般研究方法的理论,是探索自然规律、阐述自然发展的理论。狭义的方法论仅指自然科学方法论即研究自然科学中的一般方法,如观察实验法、控制变量法、等效替代法、演绎归纳法等。科学的方法论愈来愈显示出它在科学认识中的重要地位。物理学之所以被人们公认为一门重要的科学，不仅仅在于它对客观世界的规律作出了深刻的揭示，还因为它在发展、成长的过程中，形成了一整套独特而卓有成效的研究问题和解决问题的科学思想和方法体系，这些方法不仅对物理学的发展起到了很重要的作用，而且对其他学科的发展也产生了一定的影响，它是辩证唯物主义哲学的重要基础，深刻影响着人们的思想、观点和思维方式。正因为如此，物理学当之无愧地成了人类智慧的结晶，文明的瑰宝。

1.5　物理学是一门与社会生活紧密相连的学科

物理学是一门基础学科，它所研究的是物质的基本结构、最普遍的物质间的相互作用规律、最一般的物质运动规律。作为一门实验科学，它产生于人类改造自然的生活实践，但人类又反过来应用物理知识去解释自然现象并改造自然。随着人类对物质世界认识的不断深入，物理学一方面带动了科学和技术的发展，另一方面又推动了文化、经济和社会的发展。由此可见，物理思想与物理方法不仅对物理学本身的发展有价值，对整个自然科学，乃至社会科学的发展都有着重要的贡献。诺贝尔化学奖、生理学或医学奖，甚至经济学奖的获奖者许多都具有物理知识背景，这就意味着他们从物理学方法中汲取了智慧，转而在非物理领域里获得了成功。反过来，却从未发现有非物理专业出身的科学家问鼎诺贝尔物理学奖，这就是物理思想与方法的力量。

1.6　物理学是一门有助于培养科学素养的学科

在中学阶段，学生通过物理学科的学习，可以学到基本的物理知识与实验操作技能；体验科学探究过程，了解科学研究方法；学会从复杂的自然现象中抽象出关键和本质的东西，从而更好地把握其中内在的规律；培养提出问题、分析问题、解决问题的能力；认识物理学对科技进步以及文化、经济和社会发展的影响；增强创新意识和实践能力，发展探索自然、理解自然的兴趣与热情；为终身发展、形成科学世界观和科学价值观打下良好的基础。在各门课程中，物理课在提高学生的科学素养方面起着无可替代的作用。

2　物理学科的思维特点

2.1　理性思维与感性思维并重

思维是人脑加工信息得出科学结论的心智活动过程，一般说来，它包括若干个环节，形成连贯的思维操作序列或程序。对于复杂的思维活动，其智力构成需要用几个思维元素的组合来表示。物理教学中思维训练的任务，就是根据中学生的智力结构，在中学生的大脑中运用物理概念和物理规律塑造理性思维的元素集合，形成一个比较完整的物理信息处理系统。如同电脑在解决具体问题时遵循软件规定的运算程序一样。这种程序化的思维格式，或者说思维模式，跟科学的知识内容紧密地联系在一起，属于最基本的物理思维能力。人们在解决具体物理问题的思维方式上，若按解决问题的途径划分，则可认为有两种，即物理范畴的理性思维与感性思维。

2.1.1　物理学中的理性思维

理性思维是人类思维的高级形式，是把握客观事物本质和规律的活动能力，是人区别于动物的关键所在。所谓理性思维，就是用计算或推理的方法，逐步论证解决问题。在这里计算或推理所用到的思维方法主要可以分为物理思维方法、数学思维方法、逻辑思维方法和哲学思维方法。

常用的物理思维有：建立理想化模型、等效替代、从简单到复杂、从特殊到一般、守恒和对称、整体和隔离等。常用的数学思维有：数形结合、分类讨论、待定系数法、分析法、演绎法等。常用的逻辑思维方法有：比较、分类、概括、分析和综合、归纳和演绎、抽象和具体等。常用的哲学思维方法有：绝对和相对、对立和统一、量变和质变、肯定和否定、现象和本质、原因和结果、部分和整体、偶然和必然等。

2.1.2　物理学中的感性思维

在物理学中所谓感性思维，就是通过实验操作，直接显示结果，解决具体问题。感性思维是解决具体问题的一种重要途径,它快速、直观、启发性强。理性思维依赖于感性思维。感性认识是认识的低级阶段,是理性思维的基础。理性的东西之所以靠得住,正是由于它来源于感性认识,否则,理性认识也就成了无源之水。理性思维依赖于感性认识。感性认识有待于逐步深化、逐渐发展到理性认识。这是感性认识的局限性决定的。感性认识是对事物现象的认识,理性认识是对事物本质的认识。因此,必须使感性认识发展到理性认识。感性认识和理性认识统一于实践,无论是感性认识还是理性认识,归根到底都是在生产实践和物理实验的基础上产生的。

2.2　物理思维的层次性

解决某一问题的思维,一般说来有如下步骤:发现问题、提出假设、验证假设、得出结论。在这一过程中思维必须经历分析、综合的相互转换,往复循环,逐级上升的过程,这就是物理思维的层次性。这种思维层次的上升,要求更高的思维能力,对于思维能力的培养则更进了一层。验证假设的思维是认识深化的过程。验证的方法可以是间接的,也可以是直接的,即通过实验操作利用感性思维的方法进行检查。但无论以怎样的方法来验证,都可以更广泛、更深刻地培养一个人的思维品质。在中学物理教学中,可以说,做好某一个演示实验或学生分组实验,其本身并不是绝对重要的,重要的是通过该实验,学习仪器的使用,了解实验的设计思想和实验方法的设计依据。在初中阶段,物理学习是以培养形象思维、感性观察为主要任务的,学习过程中定性分析多,定量计算少,重在观察实验现象,以培养良好的学习习惯和学习兴趣;高中阶段,定量计算多了,在逻辑推理、空间想象、建模能力、科学论证方面都要有较大的提高,即在掌握基础知识的同时,加强了对抽象思维能力的培养。所以我们既要重视课本实验,又要不拘泥于该实验。在教学时,既要认真领会教材中的学生分组实验和演示实验,又要思考能否用其他的方法、装置完成同一实验或做类似的实验,养成多角度思考问题的习惯,进行"发散"和"求异"思维的训练。

2.3　物理思维的灵活性

物理思维的灵活性指的是它善于从旧的模式或通常的制约条件中解脱出来,随机应变地思考问题,不守常规。

物理问题表达方式的多样性也导致了物理思维的灵活性。物理概念、规律的表述,可以用文字叙述,也可以用公式表示,还可以借助于图象。每一种不同表述,既是一种逻辑语言的表达,同样也反映了一种逻辑思维过程。这种表述的多样性,在解决问题的过程中,要求首先对思维的方法要加以选择、优化。选择和优化是对思维的批判性品质的表现,也是思维灵活性的表现。

物理思维的灵活性还表现在思维的转换上。在解决物理问题时,常常要求个体及时地转换思维方向,调整思维方式,改变语言表达方式,以更简捷、有效的方式进行分析和综合。研究对象的转换、物理模型的转换、物理模型和数学模型之间的相互转换等是物理思维灵活性的突出表现。

2.4　物理思维的实践性

许多物理知识是实践观察的总结,它是一种抽象的概括。在运用理性思维进行思考的过程中,又必须考虑实际状况,时刻注意联系实际。

物理思维的实践性是学校教学过程中必须注意的重要环节。其目的一方面是为了使学生获取感性知识,巩固和深化课堂教学理性知识;另一方面也是为了训练学生运用所掌握的基本理论、基本知识和基本技能,解决实际问题。物理教学中,学生不仅要完成课堂上理论知识的学习,还必须完成实践性教学环节的学习;通过实践性教学让学生具有独特的物理思维能力、实际动手的能力、研究和创新的能力。这些能力应该说是区别于其他能力结构的主要标志,而这些能力的培养需要通过物理实验这个教学实践环节。

所以说,中华民族的崛起,离不开物理学科理论的进步和普及。现代社会科技的发展日新月异,国家的进步需要教育的同步改革，而教育的一切改革，最终要以促进人的发展、为人的发展服务作为指导思想，不是高考的模式改变就可以达成的。基础教育领域以新课程的构建与实施为重，新课程改革把教师专业发展提到了一个前所未有的高度，这是大好事，以校为本的教研活动正如火如荼地在中华大地实践着，这也是值得我们肯定的。作为一名新时代的人民教师应该要把"一切为了学生"当成教育工作者的基本信念；应该要把"为学生的健康成长和学生的终身发展"贯穿于教育改革的始终；应该要把"关注国家的前途和民族的未来"寓于教育改革的每一环节；这才是真正的大事。为此，更新教学观念、转变教学方式，是教学改革首先要做的事情。

大学理工科学生应该是民族的未来，是国家的希望，我们没有理由让这些学生在现有体制下浑浑噩噩，虚度光阴。让一部分学有余力的大学生、中学生和中学物理教师有一套优秀的课外专业物理读物，这才是我们工作室多年来一直在思考和探索的事情。带着这一目的我们编写了这套系列丛书，以帮助物理教师、大学生和部分学有余力的中学生研修和实践。

基础教育课程的改革，从传统到现代，从理想到现实，从观念到行动，要取得实质性进展，必然会碰到许多问题和困难。这些问题和困难往往是课程改革的关键点和社会的关注点。课程改革的核心环节是课程实施，课程实施的基本途径则是教学，所以当课程方案确定以后，教学改革自然成了课程改革的重头戏。就物理教师、大学生和部分学有余力的中学生而言，能有一套优秀的课外物理读物起辅助引导作用，将是自身专业迅速成长的一条不可多得的捷径。

本套系列丛书共 4 册。本册为经典力学的内容，本系列丛书主编是汪卫平，本册主要撰写人员是徐金晨老师，参加编写的还有上海市向明中学物理名师工作室的物理学科带头人胡宗频、彭立刚、柴太旺和王金锋老师。

汪卫平

目 录

关注公众号

输入"WWPLX"
获取答案详解

第一章 运动学

第一节 机械运动 质点的运动

一、机械运动

一个物体相对于另一个物体空间位置的变化称为机械运动,简称运动。

牛顿的经典力学可以划分为运动学和动力学,运动学的目的是描述运动,动力学的目的是解释物体为何按某种特定的方式运动。运动学是经典力学的基础,也是整个物理学的基础。

从运动的定义可以看到,提到"运动",一定依赖于两个物体,"单一物体的运动"没有意义,单说"一个物体静止或运动"也没有意义。如果 A 相对于 B 有运动,那么 B 相对于 A 也有运动。运动是相对的。

考察 A 相对于 B 运动的时候,可以取 B 为假定静止的物体,称 B 为**参照物**或**参考系**。在选取参照物后,便可以直接描述 A 物体的运动,而不必指明是相对于 B 的运动。注意,假定参照物不动是指认为参照物静止,而不是说参照物没有运动。

比如,"地球绕着太阳转"是指地球相对于太阳的运动,"太阳也绕着地球转"是指太阳相对于地球的运动,这两句话都是对的。考察"地球绕太阳转动"是选取太阳为参照物,考察"太阳绕地球转动"是选取地球为参照物。但由于我们不能定义宇宙中心在哪里,也不确定世界上是否存在着一个宇宙中心,"太阳是宇宙中心"和"地球是宇宙中心"的表述就都是错误的,于是"日心说"和"地心说"都是错误的。

描述物体的运动可以以参照物的质心为原点建立坐标系,称为**参照系**,也称作**参考系**。于是物体相对于参照物的运动可用物体上的点在参照系中坐标的变化来描述。参照系是物理学家为描述物体的运动而引入的概念,物体的运动不依赖于参照系,但对物体运动的描述依赖于参照系。

以物体 B 为参照物的参照系,可简称为 B 参照系。例如:以地面为参照物的参照系称为地面参照系、以太阳为参照物的参照系称为太阳参照系……

我们现在考察质点的运动。

考察质点 P 在参照系 S 中的运动。质点 P 经历过的点的集合称为 P 的**运动轨迹**或**运动轨道**,在牛顿力学中,认为所有质点都会沿某一曲线做"轨道运动",质点的位置不会发生突变,这一曲线就是质点的运动轨迹。

某一时刻从原点指向质点所在位置的矢量 $\vec{s}$ 称为该时刻的**位置矢量**,一段时间内位置矢量的增量 $\Delta\vec{s}$ 称为该时间段内质点 P 的**位移**,一段时间内质点 P 的轨迹长度 Δs 称为该时间段内质点 P 运动的**路程**。位置矢量 $\vec{s}$ 定义在时刻上,是状态量;位移 $\Delta\vec{s}$ 和路程 Δs 定义在时间段上,是过程量。路程总是大于或等于位移的大小,当质点 P 做单向直线运动时,路程等于位移的大小。位移 $\Delta\vec{s}$ 是矢量,路程 Δs 是标量。(在不致混淆时,位移也可记为 $\vec{s}$)

如图 1-1-1 所示,若质点 P 沿轨迹从 A 点运动到 B 点,质点 P 在 A 点时刻的位置矢量为 $\vec{s}_1$、质点 P 在 B 点时刻的位置矢量为 $\vec{s}_2$ 和从 A 点运动到 B 点的时间段内质点 P 的位移为 $\Delta\vec{s}$。

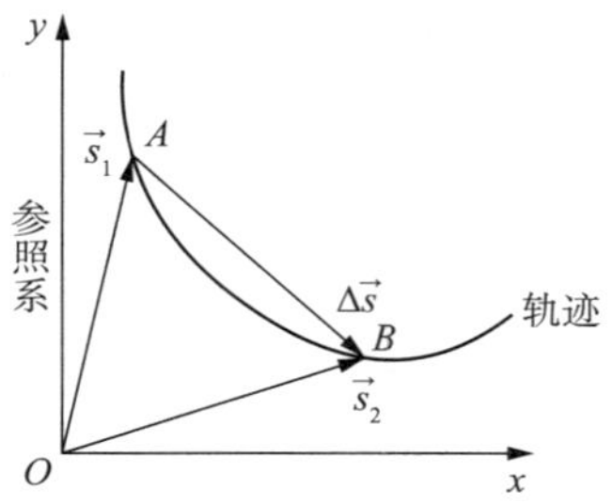

取一段时间 Δt 内,定义:

$$\vec{v}=\frac{\Delta\vec{s}}{\Delta t}\ ,\ \bar{v}=\frac{\Delta s}{\Delta t} \qquad (1.1.1)$$

图 1-1-1

$\vec{v}$ 称为 Δt 内的**平均速度**,$\bar{v}$ 称为 Δt 内的**平均速率**。平均速度和平均速率描述了 Δt 内质点 P 运动的平均快慢程度。

在 t_0 时刻附近取趋向于 0 的时间段 Δt,定义:

$$\vec{v}=\frac{\Delta\vec{s}}{\Delta t}\bigg|_{\Delta t\to 0}=\lim_{\Delta t\to 0}\frac{\Delta\vec{s}}{\Delta t}=\frac{\mathrm{d}\vec{s}}{\mathrm{d}t} \qquad (1.1.2)$$

$$v=\frac{\Delta s}{\Delta t}\bigg|_{\Delta t\to 0}=\lim_{\Delta t\to 0}\frac{\Delta s}{\Delta t}=\frac{\mathrm{d}s}{\mathrm{d}t} \qquad (1.1.3)$$

由于 Δt 趋向于 0,故 $\vec{v}$ 与 v 可以代表 t_0 时刻质点 P 的运动性质。称 $\vec{v}$ 为 t_0 时刻质点 P 的**瞬时速度**,简称**速度**;称 v 为 t_0 时刻质点 P 的**瞬时速率**,简称**速率**。(1.1.2)式和 (1.1.3)式各给出了三种常见的对速度和速率定义的表达方式,三种表达方式等价,第一种是微元法的表述、第二种是极限的表述、第三种是微积分的表述,本书以后使用第一种表达方式。

平均速度和速度是矢量,平均速率和速率是标量。

如图 1-1-2 所示,Δt 趋向于 0 时,P 点的位移 $\Delta\vec{s}$ 也趋向于 0。可以看到,Δt 内的轨道与位移 $\Delta\vec{s}$ 几乎重合,位移 $\Delta\vec{s}$ 的大小等于路程 Δs,所以有:

$$|\vec{v}|=\frac{|\Delta\vec{s}|}{\Delta t}\bigg|_{\Delta t\to 0}=\frac{\Delta s}{\Delta t}\bigg|_{\Delta t\to 0}=v \qquad (1.1.4)$$

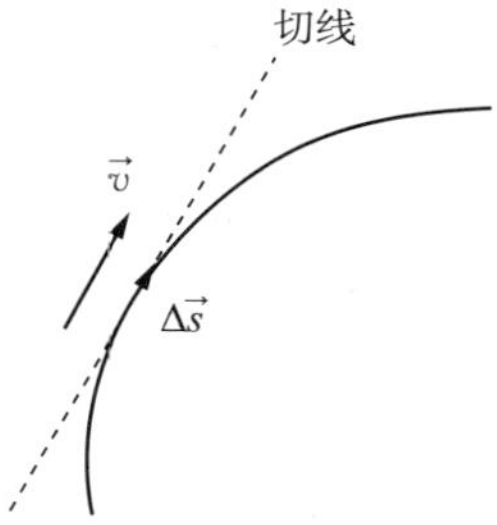

图 1-1-2

即**速度 $\vec{v}$ 的大小等于速率 v**。

Δt 趋向于 0 时,$\Delta\vec{s}$ 方向成为轨迹的切线方向。由定义(1.1.2)式知道:**速度 $\vec{v}$ 与位移 $\Delta\vec{s}$ 同向**,故**速度 $\vec{v}$ 的方向必沿轨迹的切线方向**。

速度大小和速率描述了物体运动快慢,速度方向指明了物体的运动方向。

类似地,在 t_0 时刻附近取趋向于 0 的时间段 Δt,若 Δt 的初时刻和末时刻质点 P 有初速度 $\vec{v}_0$ 和末速度 $\vec{v}_t$,记质点 P 速度的增量 $\Delta\vec{v}=\vec{v}_t-\vec{v}_0$,定义:

$$\vec{a}=\frac{\Delta\vec{v}}{\Delta t}\bigg|_{\Delta t\to 0}=\frac{\vec{v}_t-\vec{v}_0}{\Delta t}\bigg|_{\Delta t\to 0} \qquad (1.1.5)$$

称 $\vec{a}$ 为 t_0 时刻质点 P 的**加速度**。加速度大小描述了速度变化快慢,加速度方向指明了速度变化的方向。

若考察一段时间 t 内质点 P 的运动,可将时间段 t 分割成无数段趋向于 0 的时间段

Δt_1、Δt_2、Δt_3、$\cdots$、Δt_n，在每一段时间段 Δt_i 内都可以看作速度 $\vec{v_i}$、速率 v_i 和加速度 $\vec{a_i}$ 都几乎不发生变化，则这段时间内质点 P 的运动满足：

$$时间段\ t = \sum_{i=1}^{n} \Delta t_i \tag{1.1.6}$$

$$速度增量\ \Delta \vec{v} = \sum_{i=1}^{n} \Delta \vec{v_i} = \sum_{i=1}^{n} \vec{a_i} \cdot \Delta t_i \tag{1.1.7}$$

$$位移\ \Delta \vec{s} = \sum_{i=1}^{n} \Delta \vec{s_i} = \sum_{i=1}^{n} \vec{v_i} \cdot \Delta t_i \tag{1.1.8}$$

$$路程\ \Delta s = \sum_{i=1}^{n} \Delta s_i = \sum_{i=1}^{n} v_i \cdot \Delta t_i \tag{1.1.9}$$

特别地，当加速度 $\vec{a}$ 不变时，速度增量 $\Delta \vec{v} = \vec{a} \cdot t$，称为匀变速运动；当速度 $\vec{v}$ 不变时，速率 v 不变，位移 $\Delta \vec{s} = \vec{v} \cdot t$，路程 $\Delta s = v \cdot t$，称为匀速直线运动。

注：为贴近中学的书写习惯和要求，以后，在不致混淆时本书将不写出矢量的矢量符号（箭头）、在过于烦琐时本书将省略极限符号。

速度和加速度是描述和理解物体的运动的重要物理量。在运动学问题中，经常需要求解速度和加速度。下面我们介绍几种常用的求解方法。

二、定义与小直角三角形

我们先看一道例题：

例 1.1　如图 $1-1-3$(a)所示，船在水中，有一人通过跨过岸边滑轮的细绳拉船，使船靠岸。人以恒定速率 v 向左拉绳头 A，某刻绳的方向与水面的夹角为 θ。若细绳不可伸长，求船此刻的速度大小 $v_{船}$ 的值。

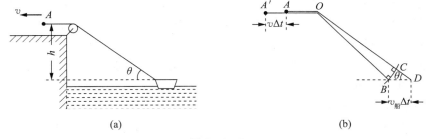

图 $1-1-3$

解　设船的速度大小是 $v_{船}$。可以简单判断得到，A 点和船都向左运动，根据速度的定义可知，A 点的速度 v 方向向左，船的速度 $v_{船}$ 方向也向左。

从图 $1-1-3$(a)所示时刻起，取一段很小的、趋向于 0 的时间段 Δt。在 Δt 时间内，根据速度的定义，A 的位移为 $v \cdot \Delta t$，船的位移为 $v_{船} \cdot \Delta t$，这两个位移都趋向于 0，不妨将绳在 Δt 初末时刻的位置情况画成如图 $1-1-3$(b)所示的简图。

现以 O 点为圆心，以 OB 为半径画弧。由于船的位移 $|BD| = v_{船} \cdot \Delta t$ 趋向于 0，所以圆心角 $\angle BOC$ 趋向于 0，这时弧 BC 可以看作与弦 BC 近似重合，于是等腰三角形 OBC 的两个底角都趋向于 $90°$，$\triangle BCD$ 成为直角三角形，边 $|CD| = |BD| \cdot \cos\theta = v_{船} \cdot \Delta t \cdot \cos\theta$。

由于绳不可伸长，比较 Δt 初末时刻的绳，发现应有关系 $|AA'| = |CD|$，可列出方程：

$$v \cdot \Delta t \big|_{\Delta t \to 0} = v_{船} \cdot \Delta t \cdot \cos\theta \big|_{\Delta t \to 0}$$

在等式两边同时约去 Δt，整理得：

$$v_{船} = \frac{v}{\cos\theta}$$

此即题目所求。

若要求质点在某一时刻的速度 v，按照速度的定义 $v = \dfrac{\Delta s}{\Delta t}\bigg|_{\Delta t \to 0}$，原则上总可以取一段趋向于 0 的时间段 Δt，找到这段时间 Δt 内的位移 Δs，并用定义式求得 v。仔细考察例 1.1 求船速的过程，我们可以将其计算过程改写为：

$$v_{船} = \frac{|BD|}{\Delta t}\bigg|_{\Delta t \to 0} = \frac{\frac{|CD|}{\cos\theta}}{\Delta t}\bigg|_{\Delta t \to 0} = \frac{\frac{|AA'|}{\cos\theta}}{\Delta t}\bigg|_{\Delta t \to 0} = \frac{\frac{v \cdot \Delta t}{\cos\theta}}{\Delta t}\bigg|_{\Delta t \to 0} = \frac{v}{\cos\theta}$$

可以看到，例 1.1 实际就是利用了速度的定义求解，求解过程就是在寻找其位移大小 $|BD|$ 的过程。

利用速度的定义解题，一般可以分为以下的步骤：

①确定运动物体的速度方向；

②按物体的速度方向画出物体在趋向于 0 的时间段 Δt 内的位移，画出在这个时间段 Δt 的初末时刻位置的示意图；

③利用几何关系，用已知量表达出位移大小；

④利用速度的定义式计算速度大小。

再回看例 1.1，完全是按此步骤求解的。在第②步中，画的仅仅是一个示意图，比如图 1-1-3(b) 中画出的位移不真正趋向于 0，而有一定的大小（因为长度趋向于 0 的线段是不可能在纸上严格地画出的），画图时应根据物体的速度方向来画位移，明确图中的几何关系。在第③步中，例 1.1 利用了"绳长不变"这一明确的几何性质。以后我们会看到，"绳不可伸长""不形变的杆"都是重要的条件。

对于加速度，也可以用类似的方法计算。在用此法计算速度和加速度时，往往会出现边长趋向于 0 的小直角三角形，解题的过程也可以说是构造和利用好小直角三角形的过程。

现在，我们再举几个例子。

例 1.2 如图 1-1-4(a) 所示，墙上有一定滑轮 D，墙角处有物体 A 可沿水平方向运动，物体 A 上固定有滑轮 B。有一不可伸长的细绳，一端固定在墙面上 C 点，绳跨过滑轮 B 和滑轮 D，BC 段水平。人以速率 v 匀速向右拉绳头，使物体 A 沿水平面运动。若某刻在 B、D 之间的一段绳与水平面夹角为 α，求此刻物体 A 运动的速度大小。

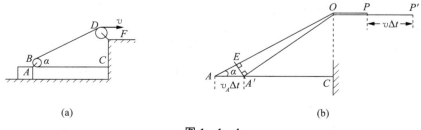

(a)　　　　　　　　　　　　　　(b)

图 1-1-4

解 可以简单判断得到，绳头 P 向右运动，物体 A 也向右运动。从图示时刻起，取趋向于 0 的时间段 Δt，Δt 中绳头 P 向右运动 $v\Delta t$，物体 A 向右运动 $v_A\Delta t$，画出 Δt 的初末时刻绳的状态的简图，如图 1-1-4(b) 所示。以 O 为圆心，以 OA' 为半径画弧。由于 $v_A\Delta t$ 趋向于 0，故圆心角 $\angle AOA'$ 趋向于 0，弧 $A'E$ 与弦 $A'E$ 近似重合，等腰三角形 $OA'E$ 的两底角都趋向于 $90°$，$\triangle AEA'$ 成为直角三角形，边 $|AE|=|AA'|\cdot\cos\alpha=v_A\Delta t\cdot\cos\alpha$。

比较两个状态下的绳，由于绳长固定不变，可以知道 $|AE|+|AA'|=|PP'|$，即：

$$v_A\Delta t\big|_{\Delta t\to 0}+v_A\Delta t\cdot\cos\alpha\big|_{\Delta t\to 0}=v\Delta t\big|_{\Delta t\to 0}$$

在等式两边同时约去 Δt，整理得：

$$v_A=\frac{v}{1+\cos\alpha}$$

例 1.3 一平面内有两细杆 AB 和 CD，AB 与 CD 的夹角为 φ。若杆 AB 以速度 v_1 在平面内沿垂直于 AB 的方向移动，而直线 CD 以速度 v_2 在平面内沿垂直于 CD 方向移动，如图 1-1-5(a) 所示。求两杆交点 P 的速度。

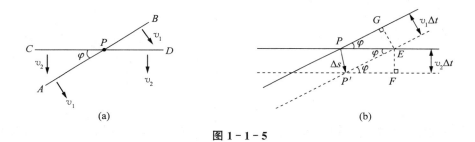

图 1-1-5

解 从图示时刻起，取趋向于 0 的时间段 Δt，画出 Δt 的初末时刻两杆所在位置的示意图，如图 1-1-5(b) 所示。在 Δt 时间内，杆 AB 移动了位移 $v_1\Delta t$，杆 CD 移动了位移 $v_2\Delta t$，P 点移动到了图中 P' 点的位置，位移为 Δs。

过 E 点作两杆的垂线，则 $|EG|=v_1\Delta t$，$|EF|=v_2\Delta t$。在直角三角形 EGP 中，$|PE|=\dfrac{|EG|}{\sin\varphi}=\dfrac{v_1\Delta t}{\sin\varphi}$，在直角三角形 EFP' 中，$|P'E|=\dfrac{|EF|}{\sin\varphi}=\dfrac{v_2\Delta t}{\sin\varphi}$。于是，在 $\triangle PP'E$ 中，应用余弦定理可求出 $|PP'|$：

$$\overline{PP'}=\sqrt{|P'E|^2+|PE|^2-2|P'E|\cdot|PE|\cdot\cos\varphi}\,\Big|_{\Delta t\to 0}$$

$$=\sqrt{\left(\frac{v_1\Delta t}{\sin\varphi}\right)^2+\left(\frac{v_2\Delta t}{\sin\varphi}\right)^2-2\,\frac{v_1\Delta t}{\sin\varphi}\cdot\frac{v_2\Delta t}{\sin\varphi}\cdot\cos\varphi}\,\Bigg|_{\Delta t\to 0}$$

$\overline{PP'}$ 即为 P 点的位移 Δs 的大小，根据速度的定义，可求出 P 点的速度大小 v_P 为：

$$v_P=\frac{\Delta s}{\Delta t}\bigg|_{\Delta t\to 0}=\frac{|PP'|}{\Delta t}\bigg|_{\Delta t\to 0}=\frac{\sqrt{v_1^2+v_2^2-2v_1v_2\cos\varphi}}{\sin\varphi}$$

P 点的速度方向如图 1-1-5(b) 所示，由 P 指向 P'。

例 1.4 如图 1-1-6(a)所示,在同一平面上的 AC、BD 两杆,以角速度 ω 分别绕相距 L 的 A、B 两轴沿逆时针方向转动,两杆交点为 M。$t=0$ 时刻,$\angle MAB = \angle MBA = 60°$。求:(1)交点 M 在 0 时刻的速度;(2)交点 M 在 t 时刻的运动速度(设杆 BD 还未转至 BA 方向)。

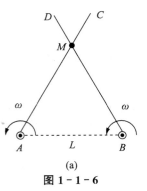

图 1-1-6

解 如图 1-1-6(b)所示,从 0 时刻到 t 时刻,两杆分别绕轴转过 ωt。在变化的三角形 MAB 中,与 0 时刻相比,$\angle MAB$ 增大了 ωt,$\angle MBA$ 减小了 ωt,故 $\angle AMB$ 始终保持 $60°$。由此可知,M 点的运动轨迹一定在一个以 AB 为弦的圆周上,劣弧 AB 所对的圆周角为 $60°$。

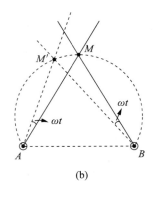 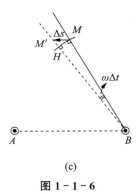 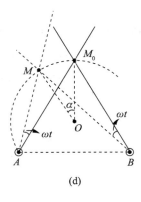

图 1-1-6

(1)速度方向沿轨迹的切线方向。由图 1-1-6(b)可知,0 时刻 M 点的速度沿 BA 方向。

从 0 时刻起,取趋向于 0 的时间段 Δt,画出 Δt 的初末时刻 BD 杆所在位置的示意图,如图 1-1-6(c)所示,BD 杆转过 $\omega \Delta t$,M 点运动到图中 M' 位置,位移是 Δs。以 B 为圆心,以 $|BM|=L$ 为半径画弧,交出弧 MH。由于 Δt 趋向于 0,圆心角 $\angle MBM'=\omega \Delta t$ 趋向于 0,弧 MH 与弦 MH 近似重合,等腰三角形 BMH 的两底角都趋向于 $90°$,$\triangle MHM'$ 成为直角三角形,易知 $\angle M'MH=30°$。

弦 MH 的长度近似等于弧 MH 的长度,为:

$$|MH|=\omega \Delta t \cdot L \Big|_{\Delta t \to 0}$$

故在直角三角形 MHM' 中,有:

$$\Delta s=\frac{|MH|}{\cos 30°}\bigg|_{\Delta t \to 0}=\frac{2\sqrt{3}}{3}\omega L \Delta t \bigg|_{\Delta t \to 0}$$

根据速度的定义,M 点的速度大小 v_M 为:

$$v_M=\frac{\Delta s}{\Delta t}\bigg|_{\Delta t \to 0}=\frac{2\sqrt{3}}{3}\omega L$$

(2)在 t 时刻,AC、BD 杆都转过了 ωt,如图 1-1-6(d)所示。容易发现,M 与圆心 O 的连线转过了 $\alpha=2\omega t$,这说明点 M 在绕圆心 O 做角速度为 2ω 的圆周运动,角速度恒定,故为匀速圆周运动。

于是 M 点的速度大小 v_M 保持不变,为:

$$v_M = \frac{2\sqrt{3}}{3}\omega L$$

M 的速度方向沿圆轨迹的切线方向。

例 1.5 如图 $1-1-7$(a)所示,杆 AB 以角速度 ω 绕 A 点处的铰链转动,并带动同时套在固定水平杆 OC 和杆 AB 上的小环 M 运动。运动开始时,AB 杆在竖直位置,AB 的转动方向在图中给出。若 O 点在 A 点正上方且 $OA = h$,求:(1) t 时刻小环 M 沿 OC 杆滑动的速度大小;(2) t 时刻小环 M 相对于 AB 杆运动的速度大小。

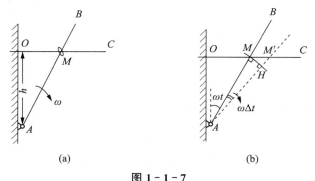

(a)　　　　　　　　　　(b)

图 $1-1-7$

解 在 t 时刻,杆 AB 转过了 ωt。从 t 时刻起,取趋向于 0 的时间段 Δt,画出 Δt 的初末时刻杆 AB 和环 M 所在位置的示意图,如图 $1-1-7$(b)所示。杆 AB 在 Δt 内转过了 $\omega\Delta t$,环运动到图中 M' 位置。以 A 为圆心,以 AM 为半径画弧,由于 $\omega\Delta t$ 趋向于 0,故圆心角 $\angle MAM'$ 趋向于 0,弧 MH 与弦 MH 近似重合,等腰三角形 AMH 的两底角都趋向于 $90°$,$\triangle MHM'$ 成为直角三角形。

半径 AM 的长度为:

$$|AM| = \frac{h}{\cos\omega t}$$

弦 MH 的长度近似等于弧 MH 的长度,为:

$$|MH| = \omega\Delta t \cdot |AM|\Big|_{\Delta t \to 0} = \frac{\omega h}{\cos\omega t}\Delta t\Big|_{\Delta t \to 0}$$

直角三角形中,内角 $\angle M'MH = \omega t$,另两边长度分别为:

$$|MM'| = \frac{|MH|}{\cos\omega t} = \frac{\omega h}{\cos^2\omega t}\Delta t\Big|_{\Delta t \to 0}$$

$$|HM'| = |MH|\tan\omega t = \frac{\omega h \sin\omega t}{\cos^2\omega t}\Delta t\Big|_{\Delta t \to 0}$$

环 M 相对于杆 OC 的位移大小为 $|MM'|$,环 M 相对于杆 AB 的位移大小为 $|HM'|$。根据速度的定义,有:

$$v_{M\to OC} = \frac{|MM'|}{\Delta t}\Big|_{\Delta t \to 0} = \frac{\omega h}{\cos^2\omega t}$$

$$v_{M\to AB} = \frac{|HM'|}{\Delta t}\Big|_{\Delta t \to 0} = \frac{\omega h \sin\omega t}{\cos^2\omega t}$$

上二式即为环 M 相对于两杆的运动速度的大小。

例 1.6 如图 $1-1-8$(a)所示,船在水中,有一人用跨过岸边滑轮的细绳拉船,使船靠岸。人以恒定速率 v 向左拉绳头 A,某时刻绳的方向与水面方向的夹角为 θ。若细绳不可伸长,求船此刻的加速度。

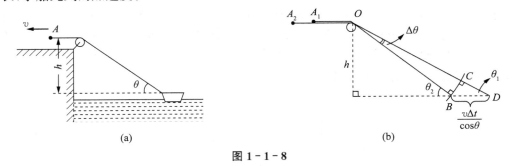

图 $1-1-8$

解 在例 1.1 中,我们已经求出船的速度可以表达为:$v_{船} = \dfrac{v}{\cos\theta}$。

从图 $1-1-8$(a)所示时刻起,取趋向于 0 的时间段 Δt。在 Δt 内,船向左的位移大小为 $v_{船}\Delta t = \dfrac{v\Delta t}{\cos\theta}$;设在 Δt 的初末时刻,绳与水平方向的夹角分别为 θ_1、θ_2,画出绳状态的简图,如图 $1-1-8$(b)所示,可以看出,θ_1 与 θ_2 都趋向于 θ。

现以 O 点为圆心,以 OB 为半径画弧。由于船的位移 $\dfrac{v\Delta t}{\cos\theta}$ 趋向于 0,故圆心角 $\Delta\theta$ 趋向于 0,弧 BC 与弦 BC 近似重合,于是等腰三角形 OBC 的两个底角都趋向于 $90°$,$\triangle BCD$ 成为直角三角形。

弧的半径 R 为:

$$R = \overline{OB} = \frac{h}{\sin\theta}$$

弧 BC 的弧长 $l_{弧}$ 近似等于弦 BC 的长度:

$$l_{弧} = \frac{v\Delta t}{\cos\theta} \cdot \sin\theta \Big|_{\Delta t \to 0}$$

圆心角 $\Delta\theta$ 可表示为:

$$\Delta\theta = \theta_2 - \theta_1$$

根据加速度的定义,取向左为正方向,则船的加速度 a 为:

$$a = \frac{\Delta v}{\Delta t}\Big|_{\Delta t \to 0} = \frac{\dfrac{v}{\cos\theta_2} - \dfrac{v}{\cos\theta_1}}{\Delta t}\Big|_{\Delta t \to 0}$$

$$= \frac{v}{\cos\theta_1 \cdot \cos\theta_2} \cdot \frac{-(\cos\theta_2 - \cos\theta_1)}{\Delta t}\Big|_{\Delta t \to 0} \quad (\text{通分})$$

$$= \frac{v}{\cos\theta_1 \cdot \cos\theta_2} \cdot \frac{2\sin\dfrac{\theta_1 + \theta_2}{2} \cdot \sin\dfrac{\theta_2 - \theta_1}{2}}{\Delta t}\Big|_{\Delta t \to 0} \quad (\text{差化积})$$

$$= \frac{v\sin\theta}{\cos^2\theta} \cdot \left. \frac{2\sin\frac{\Delta\theta}{2}}{\Delta t} \right|_{\Delta t \to 0} \quad (\text{利用} \theta_1 与 \theta_2 都趋向于 \theta)$$

$$= \frac{v\sin\theta}{\cos^2\theta} \cdot \left. \frac{\Delta\theta}{\Delta t} \right|_{\Delta t \to 0} \quad (\text{利用} \sin\alpha \big|_{\alpha \to 0} = \alpha \big|_{\alpha \to 0}) \qquad ①$$

如能求到 $\left. \dfrac{\Delta\theta}{\Delta t} \right|_{\Delta t \to 0}$，则代入①式，可得 a。下面来计算 $\left. \dfrac{\Delta\theta}{\Delta t} \right|_{\Delta t \to 0}$：

$$\left. \frac{\Delta\theta}{\Delta t} \right|_{\Delta t \to 0} = \left. \frac{\frac{l_{\text{弧}}}{R}}{\Delta t} \right|_{\Delta t \to 0} = \left. \frac{\frac{\frac{v\Delta t}{\cos\theta} \cdot \sin\theta}{\frac{h}{\sin\theta}}}{\Delta t} \right|_{\Delta t \to 0} = \frac{v\sin^2\theta}{h\cos\theta} \qquad ②$$

结合①式和②式，知：

$$a = \left. \frac{v\sin\theta}{\cos^2\theta} \cdot \frac{\Delta\theta}{\Delta t} \right|_{\Delta t \to 0} = \frac{v\sin\theta}{\cos^2\theta} \cdot \frac{v\sin^2\theta}{h\cos\theta} = \frac{v^2}{h} \cdot \tan^3\theta$$

由于取向左为正方向，计算得到正值，故加速度方向向左。

三、速度的分解浅涉

考虑一根不形变的细杆的运动，杆上有两个定点 A、B，某时刻杆的位置如图 $1-1-9$ 所示（图中只画出 AB 之间的一段），A、B 在此时刻的速度 v_A、v_B 也在图 $1-1-9$ 中给出。

根据速度的定义，经过趋向于 0 的时间段 Δt 后，A、B 应分别向 v_A、v_B 方向运动了一小段距离，A、B 运动到 A'、B' 位置，如图 $1-1-10$ 所示。从其运动方式来看，在这个瞬间，杆一边向右运动，一边逆时针转动。

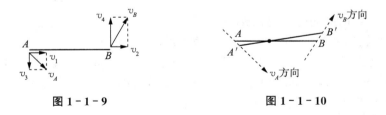

图 $1-1-9$ 图 $1-1-10$

将 v_A 和 v_B 分别沿平行杆方向和垂直杆方向分解，得到四个分速度，如图 $1-1-9$ 所示。根据速度的定义，在 Δt 时间内 A、B 这两个点完成的运动的效果，相当于以下两个运动效果的叠加：①A、B 两点先分别以 v_1、v_2 的速度沿杆向右运动 Δt 时间；②A、B 两点再各自以 v_3、v_4 的速度运动 Δt 时间。

第①个运动是 A、B 在杆方向做直线运动，A 沿杆向右运动了 $v_1\Delta t$ 的距离，B 沿杆向右运动了 $v_2\Delta t$ 的距离。

第②个运动如图 1-1-11 和图 1-1-12 所示,可以看到,Δt 趋向于 0 时,这个运动的效果是让 A、B 绕某个点 O 做了一小段圆周运动(使杆绕某个点 O 做了一小段定轴转动),并且圆心 O 在杆所在的直线上。根据圆周运动的性质,容易判断:在这个运动中,A、B 之间的距离保持不变。

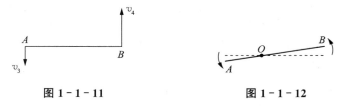

图 1-1-11　　　　　　　　　　图 1-1-12

由于杆 AB 的杆长始终保持不变,而第②个运动保持杆长不变,所以第①个运动也必须保持杆长不变,A、B 在第①个运动下沿杆向右运动的距离必须相等,即:

$$v_1 \Delta t = v_2 \Delta t \tag{1.1.10}$$

在两边约去 Δt,可以得到:

$$v_1 = v_2 \tag{1.1.11}$$

若用简练的语言来描述条件和结论,则是:

不形变的杆上的两定点的速度在沿杆方向上的分速度相等。

此结论可以推广:

如果 A、B 是两个自由运动的质点而不是杆上的定点,那么我们可以将 A、B 的速度 v_A 和 v_B 沿 AB 的连线方向和垂直连线方向分解,依然可以得到四个分速度,如图 1-1-13 所示。

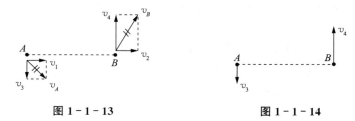

图 1-1-13　　　　　　　　　　图 1-1-14

将 A、B 在 Δt 时间内的运动看成①“A、B 两点先分别以 v_1、v_2 的速度沿连线方向运动 Δt 时间”和②“A、B 两点再各自以 v_3、v_4 的速度运动 Δt 时间”。

第②个运动相当于 A、B 绕连线上某个点 O 做了一小段圆周运动,如图 1-1-14 和图 1-1-15 所示,这一小段圆周运动应不改变 A、B 之间的距离。所以在 Δt 时间内,如果 A、B 两点间的距离有所变化,一定是第①个运动造成的。

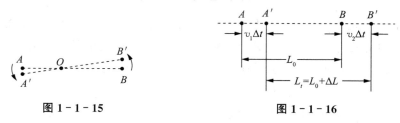

图 1-1-15　　　　　　　　　　图 1-1-16

设 A、B 之间的距离为 L。在第①个运动中,A 点沿 v_1 方向运动了 $v_1 \Delta t$ 的距离,B 点沿 v_2 方向运动了 $v_2 \Delta t$ 的距离,如图 1-1-16 所示,取由 A 指向 B 方向为正方向,则 A、B

间的距离 L 的增量 ΔL 为：

$$\Delta L = v_2 \Delta t - v_1 \Delta t \qquad (1.1.12)$$

A、B 间距离"增大的速率"可表示为：

$$\frac{\Delta L}{\Delta t} = v_2 - v_1 \qquad (1.1.13)$$

可以分析：当 $v_2 > v_1$ 时，$\Delta L > 0$，A、B 间的距离在增大；当 $v_2 < v_1$ 时，$\Delta L < 0$，A、B 间的距离在减小；当 $v_2 = v_1$ 时，$\Delta L = 0$，A、B 间的距离不变。

(1.1.13)式的结论是普适的，我们可以使用它研究任意两点间的变化。例如以下常见的例子：

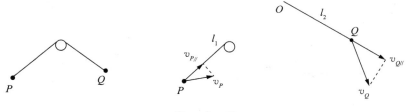

图 1-1-17

如图 1-1-17 所示不可伸长的绳跨过一个固定的小滑轮，P、Q 是绳上两固定点。在 P、Q 运动时，若绳始终张紧且滑轮保持静止不动，则可以将绳看作两段：P 和滑轮间的一段、滑轮和 Q 间的一段，如图 1-1-17 所示，并分别用 l_1、l_2 表示两段绳的长度。

图中给出 P 点沿绳方向的分速度 $v_{P_\parallel}$ 和 Q 点沿绳方向的分速度 $v_{Q_\parallel}$，而滑轮速度大小为 0。根据(1.1.12)式的结论，在趋向于 0 的一段 Δt 时间内 l_1、l_2 的增量分别为：

$$\Delta l_1 = 0 \cdot \Delta t - v_{P_\parallel} \cdot \Delta t = -v_{P_\parallel} \cdot \Delta t \qquad (1.1.14)$$

$$\Delta l_2 = v_{Q_\parallel} \cdot \Delta t - 0 \cdot \Delta t = v_{Q_\parallel} \cdot \Delta t \qquad (1.1.15)$$

由于绳不可伸长，故 $\Delta l_1 + \Delta l_2 = 0$，即：

$$(-v_{P_\parallel} \cdot \Delta t) + v_{Q_\parallel} \cdot \Delta t = 0 \qquad (1.1.16)$$

所以有：

$$v_{P_\parallel} = v_{Q_\parallel} \qquad (1.1.17)$$

上式告诉我们：**在滑轮静止的条件下，绳在滑轮两侧的两段上若有两定点，则这两点沿绳方向的速率相等**！这是一个十分有用的结论。

例 1.7 如图 1-1-18(a)所示，船在水中，船头连接着一根不可伸长的绳，绳跨过岸边比水面高 h 的滑轮。有一人以恒定速率 v 在岸边拉绳使船靠岸，若某刻绳的方向与水面方向夹角为 θ，求此时船的速度大小。

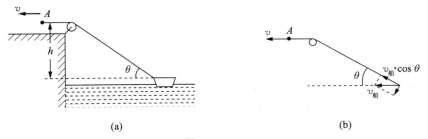

(a)   (b)

图 1-1-18

解 如图 1-1-18(b)所示，A 点和船之间的绳长不变，通过一个固定的定滑轮连接，

故 A 点的速度大小与船沿绳方向的分速度大小相等,故有:

$$v = v_{船} \cos\theta$$

由此解出:

$$v_{船} = \frac{v}{\cos\theta}$$

例 1.8 如图 $1-1-19$(a)所示,一杆长为 l,搁在竖直墙和水平面组成的墙角中,其下端 A 点以恒定速度 v 向右滑行时,其上端 B 点始终贴着墙面。求:当杆滑到与水平面成 α 角时,杆上端 B 点沿墙滑动的速度大小。

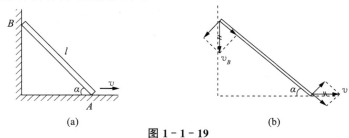

图 $1-1-19$

解 易知,A 的速度方向向右,B 的速度方向向下。将 A、B 的速度沿沿杆方向和垂直杆方向分解,如图 $1-1-19$(b)所示。由于 A、B 是杆上定点、A、B 之间的杆长不变,故 A、B 的速度沿沿杆方向的分量相等,即:

$$v\cos\alpha = v_B \sin\alpha$$

整理得:

$$v_B = v\cot\alpha$$

例 1.9 两艘汽艇分别通过不可伸长的绳拖一艘驳船。若某刻,汽艇的速度分别为 v_1、v_2,各沿两绳方向,两绳保持水平拉直状态且夹角为 α,如图 $1-1-20$ 所示,求驳船的速度。

解 易知,驳船的速度 v 沿两绳方向的分量分别为 v_1、v_2,如图 $1-1-21$(a)-(c)所示,图中给出了所有 v、v_1、v_2 可能的几何关系,一共三种。

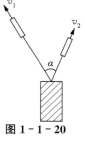

图 $1-1-20$

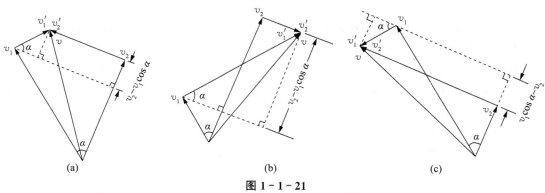

图 $1-1-21$

若将 v 沿 v_1 方向和垂直 v_1 方向分解,可以得到分速度 v_1 和 v_1';若将 v 沿 v_2 方向和垂直 v_2 方向分解,可以得到分速度 v_2 和 v_2'。

借助图 $1-1-21$(a)-(c)中虚线辅助线,可以计算出 v_1' 的大小:

$$v_1' = \frac{|v_2 - v_1\cos\alpha|}{\sin\alpha}$$

于是，速度 v 的大小为：

$$v = \sqrt{v_1^2 + v_1'^2} = \sqrt{v_1^2 + \frac{(v_2 - v_1\cos\alpha)^2}{\sin^2\alpha}} = \frac{\sqrt{v_1^2 + v_2^2 - 2v_1v_2\cos\alpha}}{\sin\alpha}$$

驳船的速度 v 的方向如图 $1-1-21$(a)—(c)所示。

事实上，驳船的速度 v 沿一绳方向的分量必沿此绳指向前方，而不可能沿绳指向后方，所以我们可以给出驳船的速度 v 的方向的范围，如图 $1-1-22$ 所示，必在图中角 θ 内。图 $1-1-21$(a)—(c)中的三种关系分别对应于 v 的方向指向角 θ 内的三个区域的情况。

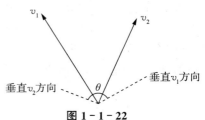

图 $1-1-22$

例 1.10 如图 $1-1-23$(a)所示，杆 OA 可绕过 O 点的水平轴在竖直平面内转动，其端点 A 系着一跨过定滑轮 B、C 的不可伸长的轻绳，绳的另一端系一物块 M。滑轮的半径可忽略，B 在 O 的正上方，OB 之间的距离为 H。某一时刻，当绳的 BA 段与 OB 之间的夹角为 α 时，杆的角速度为 ω，求此时物块 M 的速率 v_M。

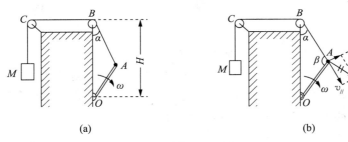

(a)   (b)

图 $1-1-23$

解 A 点与 O 点的距离始终是杆长 R，故 A 应绕 O 点做圆周运动，其速率为 ωR。将 A 点的速度按沿绳方向和垂直绳方向分解，如图 $1-1-23$(b)所示，则其沿绳方向的速度分量的大小 $v_{/\!/}$ 为：

$$v_{/\!/} = \omega R\sin\gamma$$

从图中关系易知，β 和 γ 的正弦相等，故 $v_{/\!/}$ 成为：

$$v_{/\!/} = \omega R\sin\beta$$

由于 A、M 是绳上定点，A、M 之间的绳长不变，且绳只跨过两个固定的滑轮，故 A、M 的速率沿绳方向的分量相等，即：

$$v_M = v_{/\!/} = \omega R\sin\beta$$

对 $\triangle ABO$ 应用正弦定理，有：

$$\frac{H}{\sin\beta} = \frac{R}{\sin\alpha}$$

即：

$$R\sin\beta = H\sin\alpha$$

故 M 的速度 v_M 为：

$$v_M = \omega H\sin\alpha$$

我们再看一个利用到两点之间的距离变化的例子。

例 1.11 "飞蛾扑火"的原因是什么呢? 在飞蛾亿万年的进化过程中,飞蛾靠自然光源(日光或星光)指引飞行,进化出飞行时和光线成一定夹角的习性,即它在任何位置的前进方向与光线的夹角都是一个固定值,如图 1-1-24(a)所示,于是当飞蛾离光源很近时,它飞出的路线就不再是直线,而是一条不断折向光源的螺旋形路线,如图 1-1-24(b)所示,若已知飞蛾的飞行速率恒定为 v,飞蛾距火焰的初始距离为 R,飞行时与光线所成的夹角为 α,求飞蛾"扑火"所要经历的时间 t 和该过程中飞蛾飞行的路程 s。

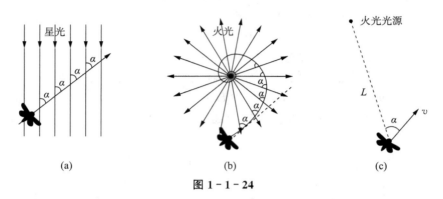

图 1-1-24

解 视火光光源为点光源,考察光源到飞蛾的距离 L。光源静止不动,飞蛾的速度方向和连线方向的关系如图 1-1-24(c)所示,火光与飞蛾之间的距离在不断缩短。在任意一段小时间段 Δt 内,距离 L 的减小量 ΔL 满足:

$$\frac{\Delta L}{\Delta t} = v\cos\alpha$$

所以距离 L 以"恒定的速率"$v\cos\alpha$ 减小,距离 L 从 $L=R$ 减小到 0 经历的时间:

$$t = \frac{R}{v\cos\alpha}$$

路程 s 用速率 v 乘以时间 t 可得:

$$s = v \cdot t = \frac{R}{\cos\alpha}$$

四、运动学量的坐标表达

在一个固定的参照系内描述质点的运动可以依赖于坐标。不妨使用空间直角坐标系 $O\text{-}xyz$,并用 $\vec{i}$、$\vec{j}$、$\vec{k}$ 分别表示 x 轴、y 轴和 z 轴正方向的单位矢量。在坐标系 $O\text{-}xyz$ 中,对任意一个质点 P,用 P 点的坐标 $\vec{s}_P(x_P, y_P, z_P)$ 表示质点 P 的位置(位置矢量),用 $\vec{v}_P(v_{Px}, v_{Py}, v_{Pz})$ 表示质点 P 的速度,用 $\vec{a}_P(a_{Px}, a_{Py}, a_{Pz})$ 表示质点 P 的加速度。

坐标值 x_P、y_P、z_P 随质点 P 的运动而改变,可以认为坐标值 x_P、y_P、z_P 是时间 t 的函数。在任意一段时间 Δt 内,若坐标值 x_P、y_P、z_P 的增量为 Δx_P、Δy_P、Δz_P,则该时间段内 P 的位移 $\Delta\vec{s}_P$ 可以表示为:

$$\Delta\vec{s}_P = \Delta x_P \cdot \vec{i} + \Delta y_P \cdot \vec{j} + \Delta z_P \cdot \vec{k} \tag{1.1.18}$$

这就是说,位移 $\Delta\vec{s}_P$ 沿 x 轴方向的分量为 $\Delta x_P \cdot \vec{i}$,位移 $\Delta\vec{s}_P$ 在 x 轴方向的分量大小

为 $|\Delta x_P|$。若 $\Delta x_P > 0$，则位移 $\Delta \vec{s}_P$ 沿 x 轴方向的分量指向 x 轴正方向；若 $\Delta x_P < 0$，则 $\Delta \vec{s}_P$ 沿 x 轴方向的分量指向 x 轴负方向；若 $\Delta x_P = 0$，则 $\Delta \vec{s}_P$ 沿 x 轴方向的分量为 0。在 y、z 轴方向上方法类似。

当 $\Delta t \to 0$ 时，质点 P 的速度 $\vec{v}_P(v_{Px}, v_{Py}, v_{Pz})$ 可表示为：

$$\vec{v}_P = \frac{\Delta \vec{s}_P}{\Delta t}\bigg|_{\Delta \to 0} = \frac{\Delta x_P}{\Delta t} \cdot \vec{i} + \frac{\Delta y_P}{\Delta t} \cdot \vec{j} + \frac{\Delta z_P}{\Delta t} \cdot \vec{k}\bigg|_{\Delta \to 0} \tag{1.1.19}$$

则质点 P 的速度 $\vec{v}_P(v_{Px}, v_{Py}, v_{Pz})$ 的三个分量坐标分别为：

$$v_{Px} = \frac{\Delta x_P}{\Delta t}, v_{Py} = \frac{\Delta y_P}{\Delta t}, v_{Pz} = \frac{\Delta z_P}{\Delta t} \tag{1.1.20}$$

同样地，质点 P 的加速度 $\vec{a}_P(a_{Px}, a_{Py}, a_{Pz})$ 可表示为：

$$\vec{a}_P = \frac{\Delta \vec{v}_P}{\Delta t}\bigg|_{\Delta \to 0} = \frac{\Delta v_{Px}}{\Delta t} \cdot \vec{i} + \frac{\Delta v_{Py}}{\Delta t} \cdot \vec{j} + \frac{\Delta v_{Pz}}{\Delta t} \cdot \vec{k}\bigg|_{\Delta \to 0} \tag{1.1.21}$$

则质点 P 的加速度 $\vec{a}_P(a_{Px}, a_{Py}, a_{Pz})$ 的三个分量坐标分别为：

$$a_{Px} = \frac{\Delta v_{Px}}{\Delta t}, a_{Py} = \frac{\Delta v_{Py}}{\Delta t}, a_{Pz} = \frac{\Delta v_{Pz}}{\Delta t} \tag{1.1.22}$$

用坐标系来描述和考察质点的运动是将几何问题代数化的过程。从上述分析中可以看到，利用空间直角坐标系，可以方便地考察和计算运动学量的某一分量的性质，各分量之间互不干扰。这就是说，质点的运动总可以看作这三个方向的运动的合成，我们也总是可以将质点的运动分解到三个方向来分别考察。下面，就以 x 轴方向为例，给出两条常用的推论：

推论①：在趋向于 0 的时间段 Δt 内，若质点 A、B 的 x 坐标 x_A、x_B 满足：

$$\Delta x_A = k \Delta x_B \tag{1.1.23}$$

其中 k 是常数。则该瞬间，质点 A、B 的速度 v_A、v_B 沿 x 轴方向的速度分量的大小 v_{Ax}、v_{Bx} 满足：

$$v_{Ax} = k v_{Bx} \tag{1.1.24}$$

这个规律也可以写作：

$$\Delta x_A : \Delta x_B = v_{Ax} : v_{Bx} \tag{1.1.25}$$

特别地，当 $\Delta x_A = \Delta x_B$ 时，有 $v_{Ax} = v_{Bx}$。

推论②：在趋向于 0 的时间段 Δt 内，若质点 P 的 x 坐标 x_P 与 n 个点的 x 坐标 x_1、x_2、x_3、$\cdots$、x_n 间满足：

$$x_P = k_1 x_1 + k_2 x_2 + \cdots + k_n x_n + x_0 \tag{1.1.26}$$

其中，k_1、k_2、$\cdots$、k_n 为常数，x_0 是一个坐标常量。则质点 P 速度的 x 方向分量 v_{Px} 与这 n 个点的速度的 x 方向分量之间满足关系：

$$v_{Px} = k_1 v_{1x} + k_2 v_{2x} + \cdots + k_n v_{nx} \tag{1.1.27}$$

特别地，当 $n = 2$，$k_1 + k_2 = 1$，$x_0 = 0$ 时，x 的坐标为：$x_P = k_1 x_1 + (1 - k_1) x_2$，速度分量成为：$v_{Px} = k_1 v_{1x} + (1 - k_1) v_{2x}$，这也就是说，如果点 P 是某两个点的定比分点，那么 P 的速度也遵从这两个点的速度的"定比分点"的形式。

例 1.12 如图 1-1-25(a)所示,在竖直平面内有一半径为 r 的静止不动的圆环,水平直杆 AB 以匀速 v_0 竖直向下平动并始终与圆环接触。一小环 M 同时套在圆环和杆上,向下运动。当 OM 与竖直方向的夹角为 φ 时,求 M 的速度和加速度。

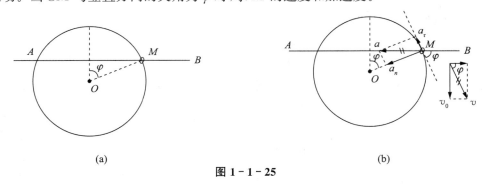

(a)　　　　　　　　　　　　　(b)

图 1-1-25

解 小环 M 始终在圆环上,故小环 M 做圆周运动,其速度 v 沿切线方向。

小环 M 和水平杆 AB 一起向下运动。可以考察到:在任意时间段内,杆 AB 和小环 M 在竖直方向(y 轴方向)的位移分量(Δy)完全相同,故杆 AB 竖直向下(y 轴方向)的速度 v_0 和小环 M 的速度 v 沿竖直向下方向(y 轴方向)的速度分量相同,如图 1-1-25(b)所示。依照图中 v_0 与 v 的关系,可得:

$$v = \frac{v_0}{\sin \varphi}$$

由于小环 M 的速度 v 沿竖直向下方向(y 轴方向)的速度分量 v_0 不变,所以小环 M 的加速度 a 在竖直向下方向(y 轴方向)没有加速度分量,可知:小环 M 的加速度 a 沿杆 AB 方向(x 轴方向)。将小环 M 的加速度 a 分解为向心加速度 a_n 和切向加速度 a_τ,如图 1-1-25(b)所示,故有:

$$a_n = \frac{v^2}{r} = \frac{v_0^2}{r \sin^2 \varphi}$$

$$a = \frac{a_n}{\sin \varphi} = \frac{v_0^2}{r \sin^3 \varphi}$$

小环 M 的加速度 a 沿 BA 方向。

例 1.13 如图 1-1-26(a)所示,合页构件由三个菱形组成,其边长之比为 $3:2:1$,顶点 A_3 以速度 v 沿水平方向向右运动。求当构件的所有角都为直角时,顶点 B_2 的速度 v_{B_2}。

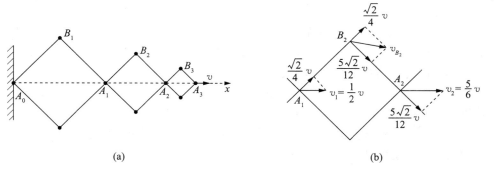

(a)　　　　　　　　　　　　　(b)

图 1-1-26

解 以 A_0 点为圆心,以 v 方向为正方向建立 x 轴,A_1、A_2、A_3 点沿 x 轴运动。

设 A_1、A_2、A_3 点的 x 坐标分别为 x_1、x_2、x_3,A_1、A_2、A_3 点的速度分别为 v_1、v_2、v_3。从图 $1-1-26$(a)中几何关系容易看出,它们的 x 坐标始终保持关系:

$$x_1 : x_2 : x_3 = 3 : 5 : 6$$

故在任意一段趋向于 0 的时间段 Δt 内,它们的位移满足:

$$\Delta x_1 : \Delta x_2 : \Delta x_3 = 3 : 5 : 6$$

于是它们的速度满足:

$$v_1 : v_2 : v_3 = 3 : 5 : 6$$

由题意知道:$v_3 = v$,故:

$$v_1 = \frac{1}{2}v, \quad v_2 = \frac{5}{6}v$$

如图 $1-1-26$(b)所示,A_1 和 B_2 在同一根杆的两个定点上,故 A_1 和 B_2 沿该杆方向的速度相同,都为 $\frac{\sqrt{2}}{4}v$;A_2 和 B_2 同在另一根杆的两个定点上,故 A_2 和 B_2 沿该杆方向的速度相同,都为 $\frac{5\sqrt{2}}{12}v$。

至此,我们得到了顶点 B_2 在两个相互正交的方向上的速度分量,易知,顶点 B_2 的速度是这两个速度分量的矢量和,故顶点 B_2 的速度大小 v_{B_2} 为:

$$v_{B_2} = \sqrt{\left(\frac{\sqrt{2}}{4}v\right)^2 + \left(\frac{5\sqrt{2}}{12}v\right)^2} = \frac{\sqrt{17}}{6}v$$

例 1.14 如图 $1-1-27$(a)所示,长为 l 的细杆两端 A 和 B 分别在 x 轴和 y 轴上运动,B 端沿 y 轴负方向以速度大小 v_B 做匀速直线运动。杆上 P 点离 B 端距离为杆长 l 的 k 倍($0<k<1$)。(1)确定 P 点的运动轨迹的形状;(2)当杆与 y 轴夹角为 θ 时,求 P 点的速度大小 v_P,并指出 k 为多少时 P 点速度最小。

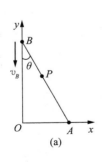 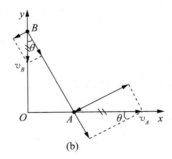

图 $1-1-27$

解 设 P、A、B 的坐标分别为 (x_P, y_P)、$(x_A, 0)$、$(0, y_B)$。通过几何关系知:

$$x_P = kx_A, \quad y_P = (1-k)y_B$$

(1) 由 A 和 B 之间的距离恒为杆长 l,有:

$$x_A^2 + y_B^2 = l^2$$

于是有：

$$\left(\frac{x_P}{k}\right)^2+\left(\frac{y_P}{1-k}\right)^2=l^2$$

故点 $P(x_P,y_P)$ 始终在一个椭圆上，P 点的运动轨迹是椭圆的一部分。

（2）B 的速度 v_B 沿 y 轴负方向，A 的速度 v_A 沿 x 轴正方向，如图 1-1-27(b) 所示。由 A、B 两点的速度沿杆方向的分量相等知：

$$v_B\cos\theta=v_A\sin\theta$$

利用坐标关系 $x_P=kx_A$，$y_P=(1-k)y_B$ 知：

$$v_{Px}=kv_A=kv_B\cot\theta,\ v_{Py}=(1-k)v_B$$

于是 P 点的速度大小 v_P 为：

$$v_P=\sqrt{v_{Px}^2+v_{Py}^2}=\sqrt{(kv_B\cot\theta)^2+\left[(1-k)v_B\right]^2}$$

化简得：

$$v_P=v_B\sqrt{\frac{k^2}{\sin^2\theta}-2k+1}$$

现在求 v_P 的极值，可将 v_P 变形为：

$$v_P=v_B\sqrt{\left(\frac{k}{\sin\theta}-\sin\theta\right)^2+\cos^2\theta}$$

所以，当 $k=\sin^2\theta$ 时，P 点的速度 v_P 最小，这时 $v_P=v_B\cos\theta$。

注：求 v_P 的最小值，除了上述代数计算的方法，还可以借助杆的瞬时转动中心求解，后者更为方便。关于瞬时转动中心的知识，参见第五章例 5.3。

第二节 相对运动

所有的运动都是一个物体相对于另一个物体的运动。在选定参照物和参照系后，物体的运动即是相对于参照物的运动，可以说描述物体的运动是依赖于参照系的。

参照物和参照系是可以任意选取的。对任意一个物体 A，可以在多个参照系中考察其运动，物体 A 相对于不同的参照系做不同的运动，那么这些运动之间有何关联呢？这是我们需要回答的问题。

一、质点在相互平动的参照系中的运动

如图 1-2-1 所示，有两个相互平动的参照系 S_1、S_2。考察任意质点 P 在两参照系内的运动。按图中的几何关系知：

$$\vec{s}_{P_1}=\vec{s}_{P_2}+\vec{s}_{21} \tag{1.2.1}$$

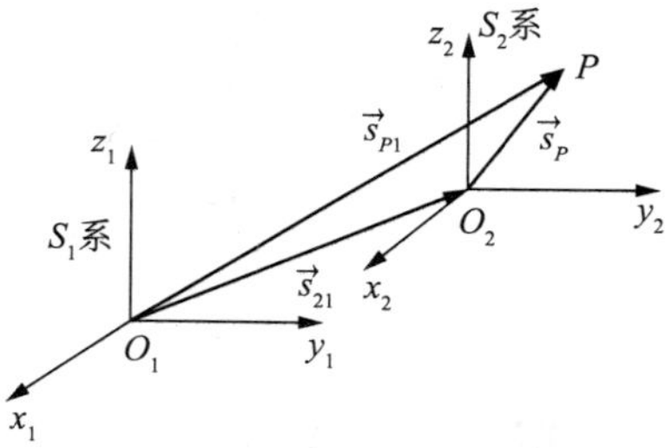

图 1-2-1

其中，$\vec{s}_{P_1}$ 是质点 P 在 s_1 系的位置矢量，$\vec{s}_{P_2}$ 是质点 P 在 S_2 系的位置矢量，$\vec{s}_{21}$ 相当于 O_2 点在 S_1 系中的位置矢量。在任意一段时间内对 (1.2.1) 式取增量，则位移总是满足：

$$\Delta\vec{s}_{P_1}=\Delta\vec{s}_{P_2}+\Delta\vec{s}_{21} \tag{1.2.2}$$

故任意时刻都有：

$$\vec{v}_{P_1} = \vec{v}_{P_2} + \vec{v}_{21} \tag{1.2.3}$$

其中，$\vec{v}_{P_1}$ 是质点 P 在 S_1 系中的速度；$\vec{v}_{P_2}$ 是质点 P 在 S_2 系中的速度；$\vec{v}_{21}$ 是 O_2 相对于 S_1 系的速度，也就是 S_2 系相对于 S_1 系的速度，称为牵连速度 $\vec{v}_{牵连}$。

在任意一段时间内对（1.2.3）式取增量，都有：

$$\Delta\vec{v}_{P_1} = \Delta\vec{v}_{P_2} + \Delta\vec{v}_{21} \tag{1.2.4}$$

故任意时刻都有：

$$\vec{a}_{P_1} = \vec{a}_{P_2} + \vec{a}_{21} \tag{1.2.5}$$

其中，$\vec{a}_{P_1}$ 是质点 P 在 S_1 系中的加速度；$\vec{a}_{P_2}$ 是质点 P 在 S_2 系中的加速度；$\vec{a}_{21}$ 是 S_2 系相对于 S_1 系的加速度，称为牵连加速度 $\vec{a}_{牵连}$。

可以看到，P 点在参照系 S_1、S_2 中的速度和加速度可以分别用牵连速度 $\vec{v}_{牵连}$ 和牵连加速度 $\vec{a}_{牵连}$ 联系起来，（1.2.4）式和（1.2.5）式亦可表示为：

$$\vec{v}_{P_1} = \vec{v}_{P_2} + \vec{v}_{牵连} \tag{1.2.6}$$

$$\vec{a}_{P_1} = \vec{a}_{P_2} + \vec{a}_{牵连} \tag{1.2.7}$$

这就是质点 P 在相互平动的参照系中速度和加速度的变换。

现在将对抽象的参照系的考察具体化。设 S_1 系的参照物是 C，S_2 系的参照物是 B。考察任一质点 A 相对于 S_1 系和 S_2 系的运动就是质点 A 相对于物 C 和物 B 的运动。由于两参照系间平动，所以物 B、C 间也是相互平动的，S_2 系相对于 S_1 系的速度 $\vec{v}_{21}$ 和加速度 $\vec{a}_{21}$ 分别成为 B 相对于 C 的速度 $\vec{v}_{BC}$ 和加速度 $\vec{a}_{BC}$。故（1.2.6）式和（1.2.7）式成为：

$$\vec{v}_{AC} = \vec{v}_{AB} + \vec{v}_{BC} \tag{1.2.8}$$

$$\vec{a}_{AC} = \vec{a}_{AB} + \vec{a}_{BC} \tag{1.2.9}$$

（1.2.8）式和（1.2.9）式描述了质点和两物体间（或三个相互平动的物体间）的相对运动的关系。在 S_1 系、S_2 系或任意一个相对于它们平动的参照系中考察，（1.2.8）式和（1.2.9）式都是成立的。其中，（1.2.8）式称为**速度叠加原理**。

我们知道讨论点的转动是没有意义的，任意两点之间的相对运动都可以看作平动。故在一个确定的参照系中，对于任意三个质点 A、B、C，恒有：

$$\vec{v}_{AC} = \vec{v}_{AB} + \vec{v}_{BC} \tag{1.2.10}$$

$$\vec{a}_{AC} = \vec{a}_{AB} + \vec{a}_{BC} \tag{1.2.11}$$

这两式是常用结论。

特别地，当在近地表面的两个质点都只在重力的作用下运动时，这两个质点之间的相对加速度为 0，其中一个质点相对另一个质点的速度不变（参见例 1.33）。

例 1.15 一人以 7 m/s 的速度向北奔跑时，感觉风从西北方向吹来，当他转弯向东以 1 m/s 的速度行走时，感觉风从西南方向吹来，求风速。

解 风速是指空气相对于地面的速度，人感受到的风的方向是空气相对于人的运动方向。利用速度叠加原理：

$$\vec{v}_{空气对地}=\vec{v}_{空气对人}+\vec{v}_{人对地}$$

即：

$$\vec{v}_{风}=\vec{v}_{空气对人}+\vec{v}_{人}$$

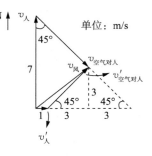

图 1-2-2

可画出矢量图，如图 1-2-2 所示。依照图中关系知：风速 $v_{风对地}$ 大小为 5 m/s，方向为北偏东 53°。

例 1.16 如图 1-2-3(a)所示，两辆可看作质点的车各沿互相垂直的公路向 O 行驶。A 车车速 v_A 为 40 km/h，B 车车速 v_B 为 30 km/h。某时刻，A 车离 O 点 1 km，B 车距 O 点 0.5 km，若车到达 O 点后继续向前行驶且速度保持不变，求两车相距的最近距离为多少。

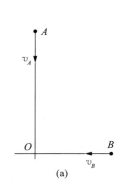

图 1-2-3

解 根据速度叠加原理，有：

$$\vec{v}_{A地}=\vec{v}_{AB}+\vec{v}_{B地}$$

即：

$$\vec{v}_A=\vec{v}_{AB}+\vec{v}_B$$

在 B 参照系中考察车 A 的运动，A 以速度 v_{AB} 做匀速直线运动，如图 1-2-3(b)所示，E 点是 A 车开始时所在位置，直线 l 是 B 参照系中 A 的轨迹，当 A 运动到 H 处($BH\perp l$)时两车相距最近，距离为垂线段的长度。依照图 1-2-3(b)中关系，可依次计算到：

$$\alpha=\arctan\frac{v_B}{v_A}=\arctan\frac{3}{4}$$

$$|OD|=|OE|\cdot\tan\alpha=0.75\ \text{km}$$

$$|BD|=|OD|-|OB|=0.25\ \text{km}$$

$$|BH|=|BD|\cdot\cos\alpha=0.2\ \text{km}$$

此距离的最小值 $s_{\min}=|BH|$ 为：

$$s_{\min}=0.2\ \text{km}$$

例 1.17 宽为 d 的宽阔的运河中，河水以恒定的速度 u 平静地向下游流去，运河两岸为相互平行的直线。若有一用柴油机提供动力的船要渡河，试讨论船渡河的最短时间和最短路程，并找出各情况中的船头方向。已知柴油机正常工作时船在平静的湖泊中的行进速度大小为 v。运河很宽阔，不考虑船出发和靠岸的加速过程，不考虑空气对船的影响。

解 根据速度叠加原理,有:

$$\vec{v}_{船地} = \vec{v}_{船水} + \vec{v}_{水地}$$

从地面参照系上看船的运动,船速 $v_船 = v_{船地}$ 与航线方向同向,水相对于地的速度 $\vec{v}_{水地}$ 即为 u。

在水参照系中看船的运动,船在运河水中的运动与船在相对地面静止的水中的运动无异,故船相对于水的速度 $\vec{v}_{船水}$ 大小即为 v,不妨记作 $\vec{v}$,船头方向为 $\vec{v}$ 的方向。则速度叠加原理成为:

$$\vec{v}_船 = \vec{v} + \vec{u}$$

如图 1-2-4(a)所示,$\vec{v}_船$ 沿垂直于岸的速度分量 $\vec{v}_\perp$ 全部由 $\vec{v}$ 提供,船渡河时间 $t = \dfrac{d}{v_\perp}$。要使船渡河时间最短,就要 $\vec{v}$ 垂直于河岸,这时有 $\vec{v}_\perp = \vec{v}$,最短渡河时间 $t_{\min} = \dfrac{d}{v}$。

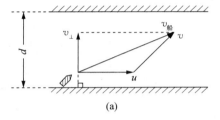

图 1-2-4

如图 1-2-4(b)所示,航线长度 L 与航线与岸边的夹角 θ 的关系为:

$$L = \frac{d}{\sin\theta}$$

要使渡河路程 L 最短,就要使航线与岸边的夹角 $\theta(0 < \theta \leqslant 90°)$ 尽可能大。分两种情况讨论:

当 $u < v$ 时,如图 1-2-5(a)所示,可以做到船垂直河岸渡河,此时,最短渡河路程 $L_{\min} = d$。

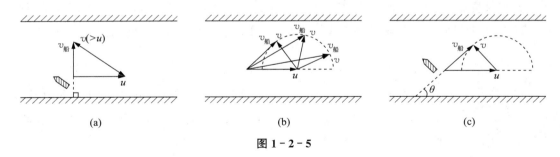

图 1-2-5

当 $u > v$ 时,如图 1-2-5(b)所示,$\vec{v}$ 沿不同方向运动时,$\vec{v}$ 与 $\vec{v}_船$ 的终点落在一个以 $\vec{v}$ 的起点为圆心的半圆周上。$\vec{v}_船$ 沿这个半圆周的切线方向时 θ 取到最大值 $\theta_{\max}$,此时 $\vec{v} \perp \vec{v}_船$,如图1-2-5(c)所示,有 $\sin\theta_{\max} = \dfrac{v}{u}$,最短渡河路程 $L_{\min} = \dfrac{du}{v}$。

注意,船在水中相对于水的运动牵涉动力学,与船的动力装置对水施加的作用有关。

本题中,我们可以判断 $v_{水地}=u$ 是因为运河水参照系和静水参照系都是惯性参照系,船在这两个参照系中的动力学表现是一致的。事实上,任意惯性参照系中的物理规律都是相同的,但这不能推广到非惯性系,比如运河河水若有加速度或者流速不均匀,则 $v_{水地}=u$ 的判断是失效的。

注:大量的教材教辅中将 $\vec{v}$ 称为"静水速度",将其直接理解为船在相对地面静止的水中航行的速度,这是不对的。

例 1.18 一辆邮车以速度 $v_{车}=10\text{ m/s}$ 沿平直公路匀速行驶,有一邮递员想要追上邮车,邮递员刚开始跑动时,他距此公路 $d=50\text{ m}$,他与邮车的连线和公路的夹角 $\alpha=\arctan\dfrac{1}{3}$,如图 1-2-6(a)所示。已知邮递员的奔跑速度最大为 5 m/s,若邮递员想要沿一条直线奔跑,径直追上邮车,问:

(1)邮递员最少需用多少时间追上邮车?

(2)他至少以多大的速度奔跑才能追上邮车?

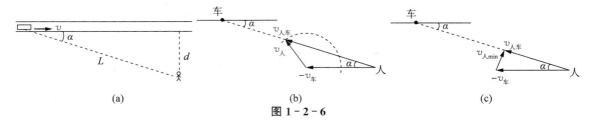

图 1-2-6

解 邮车与邮递员的初始距离为 $L=\dfrac{d}{\sin\alpha}$。考察邮递员追邮车的运动,可将邮递员视为质点。根据速度叠加原理,有:

$$\vec{v}_{人地}=\vec{v}_{人车}+\vec{v}_{车地}$$

即:

$$\vec{v}_{人车}=\vec{v}_{人}-\vec{v}_{车}$$

若邮递员能追上邮车,则在邮车参照系中,邮递员朝向邮车运动,以 $\vec{v}_{人车}$ 的速度接近邮车,故 $\vec{v}_{人车}$ 方向沿邮递员与邮车的连线方向,故邮递员追上邮车所需最短时间为:

$$t_{\min}=\frac{L}{v_{人车}}=\frac{d}{v_{人车}\sin\alpha}$$

(1)画出矢量图 1-2-6(b),由于 $\vec{v}_{人车}$ 方向沿连线方向,故 $\vec{v}_{人}$ 和 $\vec{v}_{人车}$ 的末点都在连线上。具体画法是:以 $(-\vec{v}_{车})$ 的末点为圆心,以 $v_{人}=5\text{ m/s}$ 大小画弧,找到可能的两个交点,取 $\vec{v}_{人车}$ 较大的解。依照图(b)中关系,有:

$$v_{人车}=3\sqrt{10}+\sqrt{15}\ (\text{m/s}),\quad t_{\min}=\frac{d}{v_{人车}\sin\alpha}=20-\frac{10\sqrt{6}}{3}\ (\text{s})$$

(2)从矢量图中看,要使 $\vec{v}_{人车}$ 在连线方向上,$\vec{v}_{人}$ 最小要能达到垂线段大小,如图 1-2-6(c)所示。这时,有最小值 $\vec{v}_{人\min}$:

$$v_{人\min}=v_{车}\sin\alpha=\sqrt{10}\ (\text{m/s})$$

例 1.19 如图 1-2-7(a)所示，一半径为 R 的半圆柱体沿垂直于柱轴的水平方向做速度为 v 的匀速直线运动。在圆柱面上搁置一竖直杆，此杆只能沿竖直方向上下运动，杆在向上运动的过程中始终没有脱离半圆柱体。某时刻杆与半圆柱体接触点 P 的角位置为 θ，求此刻竖直杆运动的速度和加速度。

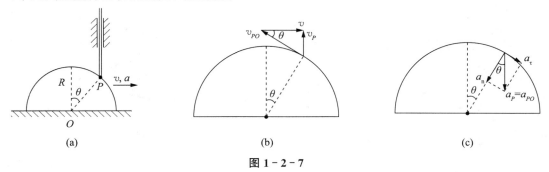

图 1-2-7

解 杆只在竖直方向平动，故杆的速度和加速度等于杆接触点 P 的速度 v_P 和加速度 a_P，v_P 和 a_P 都沿竖直方向。半圆柱体平动，故圆心 O 的速度和加速度即为半圆柱体的速度 v 和加速度 a。根据速度叠加原理和加速度叠加，有：

$$\vec{v}_{P地} = \vec{v}_{PO} + \vec{v}_{O地}, \vec{a}_{P地} = \vec{a}_{PO} + \vec{a}_{O地}$$

考虑到点 O 相对于地运动的加速度 $\vec{a}_{O地}=0$，上式可化为：

$$\vec{v}_P = \vec{v}_{PO} + \vec{v}, \vec{a}_P = \vec{a}_{PO}$$

点 P 与点 O 的距离始终为半径，故点 P 相对于点 O 做圆周运动，$\vec{v}_{PO}$ 沿切线方向，$\vec{a}_{PO}$ 可分解为向心加速度 a_n 和切向加速度 a_τ，如图 1-2-7(b)和(c)所示。

可依次求出：

$$v_P = v\tan\theta$$

$$v_{PO} = \frac{v}{\cos\theta}$$

$$a_n = \frac{v_{PO}^2}{R} = \frac{v^2}{R\cos^2\theta}$$

$$a_P = \frac{a_n}{\cos\theta} = \frac{v^2}{R\cos^3\theta}$$

杆的速度大小为 $v\tan\theta$，竖直向上；杆的加速度大小为 $\dfrac{v^2}{R\cos^3\theta}$，方向竖直向下。

请读者进一步思考两个问题：

(1) 如果半圆柱体有加速度，那么结果如何？

(2) 杆不脱离半圆柱体的条件是什么？

二、质点在相互转动的参照系中的运动

若两个参照系之间有相对转动，则至少有一个参照系是转动非惯性系，质点的运动在此二参照系间的变换较为复杂。限于难度，本书仅举几道例题，在极为有限和特殊的模型

下展示此类参照系的处理,并简单地说明一些物理规律。

例 1.20 如图 1-2-8(a)所示,A、B、C 三位芭蕾演员同时从边长为 L 的正三角形顶点 A、B、C 出发,以相同的速率 v 运动,运动中始终保持 A 朝着 B,B 朝着 C,C 朝着 A。问:经多少时间三个演员相遇? 每个演员跑了多少路程?

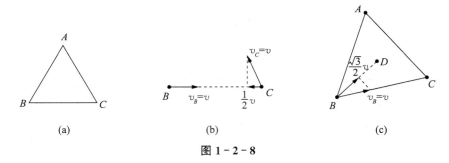

图 1-2-8

解 考察 B、C 的运动关系,B、C 的速度方向和 BC 连线方向的关系如图 1-2-8(b)所示。根据上一节的知识,可以发现:B、C 之间的距离 l 在不断缩短。在任意一段小时间段 Δt 内,距离 l 的减小量 Δl 满足:

$$\frac{\Delta l}{\Delta t} = v + v\cos 60° = \frac{3}{2}v$$

所以 B、C 之间的距离 l 以"恒定的速率"$\frac{3}{2}v$ 减小。A、B、C 相遇时,B、C 之间的距离 l 应减小为 0。B、C 之间的距离从 $l=L$ 减小到 $l=0$ 经历的时间 t 为:

$$t = \frac{L-0}{\frac{3}{2}v} = \frac{2L}{3v}$$

每位演员运动的路程 s 用速率 v 乘以时间 t 可得:

$$s = v \cdot t = \frac{2}{3}L$$

进一步考察此解,B 的运动方向虽在不断改变但始终指向 C,说明在 B 看来 C 始终在自己的正前方。若以 B 为参照物,则 B 参照系是一个相对于地面有转动的参照系。若以 B 的正前方为 B 参照系的 x 轴方向,则 B 参照系中,C 在 x 轴上运动,并且 C 的速度大小恒为 $\frac{3}{2}v$,是匀速直线运动。此题的解法,相当于考察了 B 参照系中 C 的运动。

同样地,我们也可以再换参照系考察。例如:若在正三角形中心安排一演员 D,使 D 在原地旋转并始终面向演员 B。根据运动的对称性,在运动过程中,A、B、C 始终位于某个正三角形的三个顶点,画出图 1-2-8(c),用与前解同样的分析方法可以知道:在 D 参照系内,B 朝向 D 做速度大小为 $\frac{\sqrt{3}}{2}v$ 的匀速直线运动,而初始时 BD 的距离为 $\frac{\sqrt{3}}{3}L$,由此也可以得到:

$$t = \frac{\frac{\sqrt{3}}{3}L}{\frac{\sqrt{3}}{2}v} = \frac{2L}{3v}, s = v \cdot t = \frac{2}{3}L$$

事实上，B 相对于 D 的运动模式与例 1.11 中飞蛾相对于光源的运动无异，请读者比较。

例 1.21 如图 1-2-9(a)所示，在桌面上有一圆盘，圆盘半径为 R，以角速度 ω 绕圆心 O 转动，圆盘上有一过圆心 O 的细直槽。有一质点 P 在槽内运动，质点相对于圆盘的速度大小恒为 v。若 0 时刻时质点刚好在圆心位置，求 t 时刻质点 P 相对于桌面的加速度。

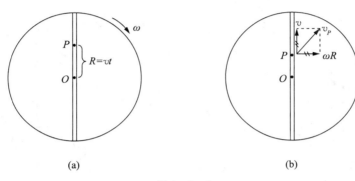

图 1-2-9

解 设质点 P 距 O 点的距离为 R，则 t 时刻 $R = vt$。

在一段趋向于 0 的 Δt 时间内，质点 P 相对于桌面的运动相当于以下两个运动的叠加：(1)质点 P 在槽内以速度 $\vec{v}$ 前进了 $\vec{v}\Delta t$（圆盘不动）；(2) 质点 P 跟随圆盘做一小段圆周运动（质点 P 相对于槽不动）。所以质点 P 的速度 $\vec{v}_P$ 可以是第(1)个运动的速度 $\vec{v}$ 和第(2)个运动的线速度 $\overrightarrow{\omega R}$ 的叠加，如图 1-2-9(b)所示，v 和 ωR 相当于 v_P 沿槽方向和垂直槽方向的速度分量：

$$\vec{v}_P = \vec{v} + \overrightarrow{\omega R}$$

从 t 时刻开始取趋向于 0 的时间段 Δt，则在 Δt 时间内，圆盘转过 $\omega \Delta t$，P 距 O 点的距离 R 从 $R_0 = vt$ 变为 $R_t = v(t + \Delta t)$，P 点的速度 $\vec{v}_P$ 从初时刻"$\vec{v}_0$ 与 $\overrightarrow{\omega R_0}$ 的叠加"变为末时刻"$\vec{v}_t$ 与 $\overrightarrow{\omega R_t}$ 的叠加"，如图 1-2-10(a)所示。

Δt 时间内，质点 P 速度的增量 $\Delta \vec{v}_P$ 为：

$$\Delta \vec{v}_P = \vec{v}_{P_t} - \vec{v}_{P_0} = (\vec{v}_t + \overrightarrow{\omega R_t}) - (\vec{v}_0 + \overrightarrow{\omega R_0})$$

$\Delta \vec{v}$ 可写作：

$$\Delta \vec{v} = (\vec{v}_t - \vec{v}_0) + (\overrightarrow{\omega R_t} - \overrightarrow{\omega R_0})$$

画出矢量图，$(\vec{v_t}-\vec{v_0})$是图 1-2-10(a)中的 Δv_1，由于 v 大小不变、$\omega \Delta t$ 趋向于 0，故 Δv_1 沿垂直于槽的方向。将 $(\overrightarrow{\omega R_t}-\overrightarrow{\omega R_0})$ 沿垂直槽方向和沿槽方向分解为 Δv_2 和 Δv_3，亦在图 1-2-10(a)中标出。由图 1-2-10(a)中关系可知：

$$\Delta v_1 = \omega \Delta t v$$
$$\Delta v_2 = \omega R_t - \omega R_0 = \omega v(t+\Delta t) - \omega vt = \omega v \Delta t$$
$$\Delta v_3 = \omega \Delta t \cdot \omega R$$

依照加速度的定义 $\vec{a}_{P桌}=\lim\limits_{\Delta t \to 0}\dfrac{\Delta \vec{v}_P}{\Delta t}$，并依照图 1-2-10(a)中的方向，知 $\vec{a}_P$ 沿垂直槽方向的分量大小 a_{P_τ} 和沿槽方向的分量 a_{P_n} 分别为：

$$a_{P_\tau}=\lim\limits_{\Delta t \to 0}\frac{\Delta v_1 + \Delta v_2}{\Delta t}=2\omega v$$

$$a_{P_n}=\lim\limits_{\Delta t \to 0}\frac{\Delta v_3}{\Delta t}=\lim\limits_{\Delta t \to 0}(\omega^2 vt + \omega^2 v \Delta t)=\omega^2 vt$$

$\vec{a}_{P桌}$ 的方向如图 1-2-10(b)所示。

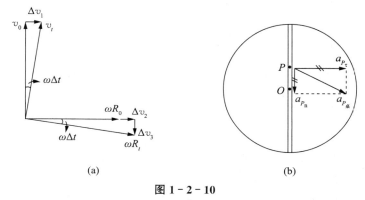

(a)　　　　　　　　　(b)

图 1-2-10

第三节　直线运动

本节简单回顾匀变速直线运动的基础知识，并做一些提高。

一、直线运动的一般规律

运动轨迹是直线的运动称为**直线运动**。在直线运动中，运动学量位移 s、速度 v 和加速度 a 都只有两个可能的方向。考察直线运动时，经常先规定一个正方向，物理量方向与正方向相同时取正，物理量方向与正方向相反时取负，以带正负号的数（带单位）来表示物理量。这样做的好处是：将矢量的平行四边形法则运算简化为标量的加减运算，且能从结论的符号来判断物理量的方向。

如图 1-3-1 和图 1-3-2 所示，给出了两幅一般的 v-t 图和 s-t 图，从 t 时刻开始，取一个时间段 Δt，可以在图中找到这个时间段 Δt 内的速度增量 Δv 和位移增量 Δs，于是图中割线 AB 和割线 CD 的斜率分别是 $\dfrac{\Delta v}{\Delta t}$ 和 $\dfrac{\Delta s}{\Delta t}$。当 Δt 趋向于 0 时，割线 AB 和割线 CD 成

为曲线的切线,而它们的斜率 $\lim\limits_{\Delta t \to 0}\dfrac{\Delta v}{\Delta t}$ 和 $\lim\limits_{\Delta t \to 0}\dfrac{\Delta s}{\Delta t}$ 分别为加速度 a 和速度 v。这也就是说:s-t 图线切线的斜率表示该时刻的速度 v,v-t 图线切线的斜率表示该时刻的加速度 a。注意,切线的斜率有正负,斜率的正负代表速度 v 或加速度 a 的方向。

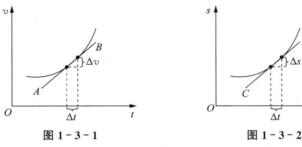

图 1-3-1   图 1-3-2

如图 1-3-3 中 v-t 图所示的单向直线运动过程中,取图中阴影部分的长方形,在经历的时间段 Δt 趋向于 0 时,速度 v 应该可以近似看作不变,则 Δt 内 v-t 图曲线下方包围的面积近似等于阴影部分 $S_{阴}$:

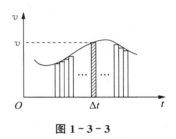

$$S_{阴}=v\Delta t=\Delta s \qquad\qquad (1.3.1)$$

图 1-3-3

显然,阴影部分面积 $S_{阴}$ 是 Δt 内质点的位移大小 Δs。若将一段时间段内曲线下方包围的面积分割成如图 1-3-3 所示的无数个小长方形,则每个小长方形面积都等于该段时间内的位移大小,故曲线下方包围的总面积应该等于这个时间段内质点的位移大小,也等于路程。

在一般的直线运动中,质点可能往复运动。这时,v-t 图曲线下方面积表示路程。例如图 1-3-4 中,$0\sim t_1$ 时间段内质点向正方向运动,曲线下方包围的面积为 S_1;$t_1\sim t_2$ 时间段内质点向负方向运动,曲线下方包围的面积为 S_2。则 S_1 表示 $0\sim t_1$ 时间段内质点运动的路程,S_2 表示 $t_1\sim t_2$ 时间段内质点运动的路程。

但如果对面积也做符号的规定,曲线下的面积也可以表示位移。例如:取 t 轴上方的面积为正、t 轴下方的面积为负,则 S_1 为正、S_2 为负。位移 s 等于 S_1+S_2,位移 s 的方向由 S_1+S_2 的正负情况决定。这种对面积正负的规定在数学上称为有向面积。

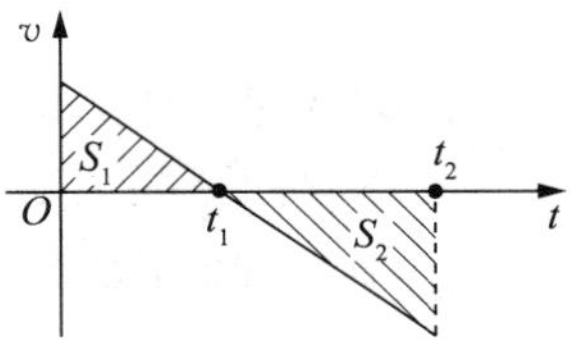

同理,有许多图象下方包围的面积有特定的物理意义,根据:$\Delta t=\dfrac{1}{v}\cdot \Delta s$,$\Delta \theta=\omega\cdot \Delta t$,$\Delta t=\dfrac{1}{\omega}\cdot \Delta \theta$ 等,有:$\dfrac{1}{v}$-s 图下方包围

图 1-3-4

的面积等于运动经历的时间,ω-t 图下方包围的面积等于圆周运动中的角位移 θ,$\dfrac{1}{\omega}$-θ 图下方包围的面积等于圆周运动经历的时间。

读者应熟练掌握图象下方面积的意义。以后,遇到此类问题,将直接应用结论,不再赘述原因。

注:事实上,在其他章节中,同样有类似的结论。例如:F-s 图下方包围的面积等于直线运动中力 F 做的功,P-t 图(功率—时间图象)下方包围的面积等于功,p-V 图(压强—体积图象)下方包围的面积等于功,F-t 图下方包围的面积等于 F 方向不变时 F 的冲量大

小 I，$I-t$ 图（电流—时间图象）下方包围的面积等于流过导线某截面的电量,等等。

二、匀变速直线运动

加速度恒定的运动称为匀变速运动,加速度恒定的直线运动称为匀变速直线运动。

初速度为 0 或初速度与加速度同向的匀变速直线运动中,速度大小不断增大,这种运动称为匀加速直线运动。初速度和加速度反向的匀变速直线运动中,速度会经历先变小到 0,再反向增大,从开始运动到速度减小到 0 的过程称为匀减速直线运动。

考察质点从 $t=0$ 时刻开始做的匀变速直线运动。用 s 表示物体位移、v_0 表示初速度、v_t 表示 t 时刻速度或末速度、a 表示加速度。则这些物理量之间满足:

$$\begin{cases} v_t = v_0 + at \\ s = v_0 t + \dfrac{1}{2} at^2 \\ s = v_t t - \dfrac{1}{2} at^2 \\ s = \dfrac{1}{2}(v_0 + v_t) \cdot t \\ s = \dfrac{v_t^2 - v_0^2}{2a} \end{cases} \tag{1.3.2}$$

选定正方向后,方程组(1.3.2)中所有表达式中的计算都化为代数运算,且对任意的匀变速直线运动都成立。在具体问题中,考察初速度和加速度反向的匀变速直线运动时,要注意速度减小到 0 后物体是否继续反向加速。

方程组(1.3.2)的五个表达式中,各自缺少 s、v_t、v_0、a、t 这五个物理量中的一个。也就是说,在一般的直线运动中,引入加速度 a 恒定的条件后,可以导致四个量之间有特殊的关系。

利用平均速度 $\bar{v}$ 的定义和上述表达式,有:

$$\bar{v} = \frac{s}{t} = \frac{v_0 + v_t}{2} = v_{\frac{t}{2}} \tag{1.3.3}$$

故匀变速直线运动中,平均速度等于中间时刻的瞬时速度。

考虑单向直线运动中,一段位移的中间位置的速度 $v_{\frac{s}{2}}$。从 v_0 加速到 $v_{\frac{s}{2}}$ 的过程和从 $v_{\frac{s}{2}}$ 加速到 v_t 的过程位移应该相等,有:

$$\frac{v_{\frac{s}{2}}^2 - v_0^2}{2a} = \frac{v_t^2 - v_{\frac{s}{2}}^2}{2a} \tag{1.3.4}$$

化简得:

$$v_{\frac{s}{2}} = \sqrt{\frac{v_0^2 + v_t^2}{2}} \tag{1.3.5}$$

故中间位置的速度 $v_{\frac{s}{2}}$ 等于初速度 v_0 和末速度 v_t 的平方和的一半的平方根,$v_{\frac{s}{2}}$ 大于等于平均速度 $\bar{v}$。

考虑初速度为 0,即 $v_0 = 0$ 的匀加速直线运动,方程组(1.3.2)成为:

$$\begin{cases} v_t = at = \sqrt{2as} \\ s = \dfrac{1}{2}at^2 = \dfrac{1}{2}v_t t \\ t = \dfrac{v_t}{a} = \sqrt{\dfrac{2s}{a}} \end{cases} \qquad (1.3.6)$$

自由落体运动是初速度为 0、加速度为重力加速度 g 的匀加速直线运动。设自由落体时间为 t，下落高度为 h，则方程组(1.3.6)变为：

$$\begin{cases} v_t = gt = \sqrt{2gh} \\ h = \dfrac{1}{2}gt^2 = \dfrac{1}{2}v_t t \\ t = \dfrac{v_t}{g} = \sqrt{\dfrac{2h}{g}} \end{cases} \qquad (1.3.7)$$

例 1.22 质点在一直线上运动。质点由静止从 O 点出发，以加速度 a_1 做匀加速直线运动，运动了 t 时间后质点加速度突然变为 a_2 且不再变化，又经过 t 时间，质点回到了 O 点。问 a_1 和 a_2 的关系。

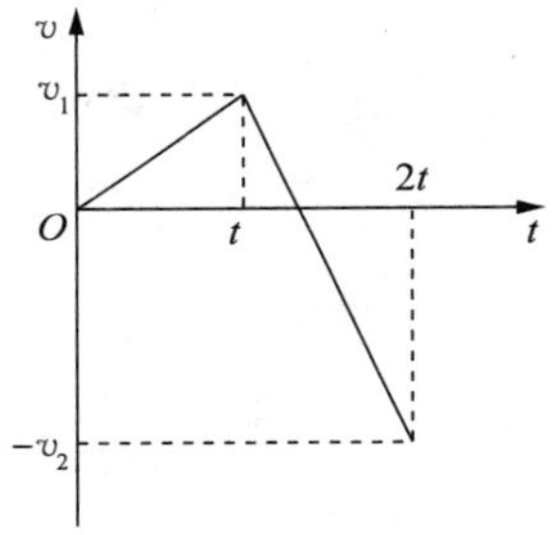

解 显然，加速度 a_1 和加速度 a_2 方向相反。取 a_1 方向为正方向，画出 v-t 图，如图 1-3-5 所示。

前一段 t 时间和后一段 t 时间的位移大小相同，故平均速度大小相同。依照 v-t 图中关系，前一段 t 的平均速度 $\bar{v}_{前}$ 和后一段 t 的平均速度 $\bar{v}_{后}$ 满足：

图 1-3-5

$$|\bar{v}_{前}| = \frac{1}{2}v_1, \quad |\bar{v}_{后}| = \frac{1}{2}(v_2 - v_1)$$

故有：

$$\frac{1}{2}v_1 = \frac{1}{2}(v_2 - v_1)$$

整理得：

$$v_2 = 2v_1 \qquad ①$$

依照 v-t 图中关系，前后两段 t 时间中质点速度的增量 $\Delta v_{前}$ 和 $\Delta v_{后}$ 满足：

$$|\Delta v_{前}| = v_1, \quad |\Delta v_{后}| = v_2 + v_1$$

两段 t 时间中的加速度 a_1、a_2 满足：

$$|a_1| = \frac{v_1}{t}, \quad |a_2| = \frac{v_1 + v_2}{t} \qquad ②$$

结合①②两式知：

$$|a_2| = 3|a_1|$$

综上，加速度 a_1 和加速度 a_2 方向相反，它们之间的大小关系满足 $|a_2| = 3|a_1|$。

例 1.23 如图 1-3-6 所示，线段 AB 的长为 s，将其长度等分成 n 段，一质点由静止出发，自 A 向 B 运动。开始时质点以加速度 a 运动，当质点每

图 1-3-6

到达一段的末端时，其加速度增加 $\dfrac{a}{n}$。质点在每一段内做匀加速直线运动。求质点到达 B

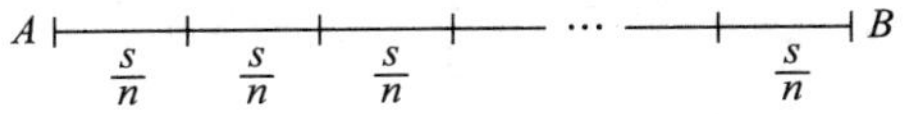

点时的速度。

解 根据题意,质点在每一段的位移都为 $\frac{s}{n}$,在第 i 段质点的加速度为 $\left(1+\frac{i-1}{n}\right)a$ ($i=1,2,3,\cdots,n$),设质点到达线段 AB 的第 i 个等分点时的速度为 v_i ($i=1,2,3,\cdots,n$),可对这 n 段匀加速运动列出方程:

$$\begin{cases} v_1^2-0=2\cdot a\cdot\dfrac{s}{n} \\[2mm] v_2^2-v_1^2=2\cdot\left(1+\dfrac{1}{n}\right)a\cdot\dfrac{s}{n} \\[2mm] v_3^2-v_2^2=2\cdot\left(1+\dfrac{2}{n}\right)a\cdot\dfrac{s}{n} \\[2mm] \qquad\vdots\qquad\qquad\vdots \\[2mm] v_{n-1}^2-v_{n-2}^2=2\cdot\left(1+\dfrac{n-2}{n}\right)a\cdot\dfrac{s}{n} \\[2mm] v_n^2-v_{n-1}^2=2\cdot\left(1+\dfrac{n-1}{n}\right)a\cdot\dfrac{s}{n} \end{cases}$$

将上述 n 式累加,有:

$$v_n^2-0=2a\,\frac{s}{n}\cdot\left[1+\left(1+\frac{1}{n}\right)+\left(1+\frac{2}{n}\right)+\cdots+\left(1+\frac{n-1}{n}\right)\right]$$

整理得:

$$v_n=\sqrt{\left(3-\frac{1}{n}\right)as}$$

例 1.24 在 100 m 的赛跑中,一同学起跑后在前 20 m 可视为匀加速运动,到达离起点 20 m 时速度为 6 m/s,此后因脚伤速度下降,越跑越慢,且速率与到起点的距离成反比,求该同学跑完全程所需时间。

解 前 20 m 的运动是初速为 0 的匀加速直线运动,该段运动时间 t_1 可表示为:

$$t_1=\frac{s_1}{\bar{v}}=\frac{2s_1}{v_1}=\frac{2\times20}{6}=\frac{20}{3}(\text{s})$$

依题意,后 80 m 的运动中,速度大小 v 与已跑过的路程 s 之间满足关系:

$$\frac{1}{v}=\frac{1}{120}s\,(\text{s/m})$$

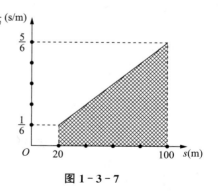

图 1-3-7

$\frac{1}{v}$ 与 s 成正比,$\frac{1}{v}-s$ 图如图 1-3-7 所示,图中梯形阴影部分面积即为跑过后 80 m 所花的时间 t_2:

$$t_2=\frac{1}{2}\times\left(\frac{1}{6}+\frac{5}{6}\right)\times(100-20)=40(\text{s})$$

由此知道:该同学跑过百米赛跑所花时间 t 为:

$$t=t_1+t_2=\frac{140}{3}(\text{s})$$

例 1.25 如图 1-3-8(a)所示,A 球从倾角为 θ 的光滑斜面上滚下,B 球以加速度 a

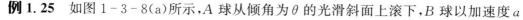

在光滑水平面上做匀加速直线运动。若 A、B 两球同时从静止开始运动,问:要使 A、B 两球不发生碰撞,B 球的加速度 a 至少多大?

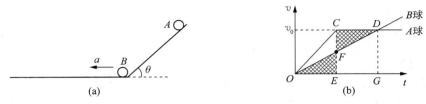

图 1 - 3 - 8

解 A 球在斜面上做匀加速直线运动,运动到水平面后,做匀速直线运动。在水平面上,匀速运动的 A 球追加速运动的 B 球。设 A 球在水平面上运动的速度大小为 v_0,易知:若 A 球在 B 球的速度 v_B 增大到 v_0 时还没追上 B 球,就永远追不上了。

考虑如下的临界情况:若 A 球追上 B 球时,B 球刚好加速到速度 v_B 与 A 球的速度 v_A 相等,则在相遇后 B 球的速度 v_B 会立刻增大到比 A 球的速度 v_A 大,又与 A 球分离。设使这种临界情况发生的 B 球的加速度为 a_0,容易判断:当 $a > a_0$ 时,A 球不能与 B 球相遇;当 $a < a_0$ 时,A 球能与 B 球相撞;当 $a = a_0$ 时,发生临界的情况,A 球刚与 B 球相遇、接触,然后分离。

故题目所求的 B 球的最小加速度即为临界情况中的 a_0。现在来求 a_0。

方法一:

在临界情况中,考察两球从出发到相遇的过程:B 球在水平面上由静止加速到速度为 v_0,共运动了 $\dfrac{v_0}{a_0}$ 时间。A 球在斜面上加速度大小为 $g\sin\theta$,由静止加速到 v_0,经历了 $\dfrac{v_0}{g\sin\theta}$ 时间,故 A 球在水平面上做匀速直线运动的时间为 $\left(\dfrac{v_0}{a_0} - \dfrac{v_0}{g\sin\theta}\right)$。

两球相遇时,A、B 两球在水平面上运动的路程相等,即 $s_A = s_B$,据此列出方程:

$$v_0 \cdot \left(\frac{v_0}{a_0} - \frac{v_0}{g\sin\theta}\right) = \frac{v_0^{\ 2}}{2a_0}$$

解得:

$$a_0 = \frac{1}{2}g\sin\theta$$

B 球的加速度 a 至少 $\dfrac{1}{2}g\sin\theta$。

方法二:

画出两球的"速率－时间图象"v-t 图,如图 1 - 3 - 8(b)所示。则临界情况中,B 球加速到 v_0 时,A、B 两球相遇(D 点)。直线 OC 的斜率为 A 球在斜面上的加速度大小 $g\sin\theta$,直线 OF 的斜率为 B 球的加速度大小 a_0。

从开始运动到两球相遇,A 球走过的路程为梯形 $OCDG$ 面积,B 球走过的路程为 $\triangle ODG$ 面积,故 A 球比 B 球多走过的路程等于 $\triangle OCD$ 面积。

从开始运动到两球相遇,A 球比 B 球多走过的路程应是 A 球在斜面上通过的路程,即为图中 $\triangle OCE$ 面积。

由此知道:$\triangle OCD$ 与 $\triangle OCE$ 面积相等。同时扣除 $\triangle OCF$ 面积后得到:图中两个阴影

部分面积相等。故可依次判断:F 是 CE 的中点;直线 OC 的斜率是直线 OF 斜率的 2 倍;$g\sin\theta = 2a_0$,即:

$$a_0 = \frac{1}{2}g\sin\theta$$

B 球的加速度 a 至少 $\frac{1}{2}g\sin\theta$。

例 1.26 质点沿 x 轴运动,其速度大小 v 与 x^2 成正比。已知质点从 $x_a = 10$ m 运动到 $x_b = 20$ m 的过程中平均速度大小 $v_{ab} = 1$ m/s,试求:质点从 x_b 到 $x_c = 40$ m 的过程中的平均速度大小 v_{bc} 及质点从 x_a 到 x_c 的过程中的平均速度大小 v_{ac}。

解 由题目条件可知,质点向 x 轴正方向运动,且需要考虑的运动都在 x 轴正半轴上。

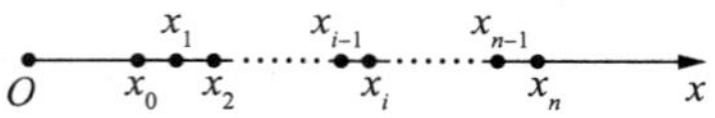

设 $v = kx^2$($k > 0$),不妨考察质点从 x_0 运动到 x_n 的过程($0 < x_0 < x_n$)。如图 1-3-9,将此过程中质点的路径分为 n 段($n \to \infty$),使每一段位移都趋向于 0。在第 i 段运动中,质点从 x_{i-1} 运动到 x_i,由于在此段中 x 坐标几乎不发生变化,故质点速度大小 $v_i = k \cdot x_{i-1} \cdot x_i$,该段运动的时间

$$t_i = \frac{x_i - x_{i-1}}{k \cdot x_{i-1} \cdot x_i} = \frac{1}{k}\left(\frac{1}{x_{i-1}} - \frac{1}{x_i}\right)$$

图 1-3-9

质点从 x_0 运动到 x_n 所需的时间 t 等于每一段时间的和:

$$t = \sum_{i=1}^{n} t_i = \frac{1}{k} \cdot \left[\left(\frac{1}{x_0} - \frac{1}{x_1}\right) + \left(\frac{1}{x_1} - \frac{1}{x_2}\right) + \cdots + \left(\frac{1}{x_{n-1}} - \frac{1}{x_n}\right)\right] = \frac{1}{k} \cdot \left(\frac{1}{x_0} - \frac{1}{x_n}\right)$$

故质点从 x_0 运动到 x_n 过程的平均速度大小 $\bar{v}$ 为:

$$\bar{v} = \frac{x_n - x_0}{t} = \frac{x_n - x_0}{\frac{1}{k} \cdot \left(\frac{1}{x_0} - \frac{1}{x_n}\right)} = kx_0 x_n$$

上式是此质点运动中的普遍结论。

题中给出条件:$x_0 = x_a = 10$ m,$x_n = x_b = 20$ m 时,$\bar{v} = v_{ab} = 1$ m/s。结合上式知:

$$k = \frac{1}{200}\text{m}^{-1}\text{s}^{-1}$$

再代回原式,有:

$$v_{bc} = kx_b x_c = 4 \text{ m/s}$$
$$v_{ac} = kx_a x_c = 2 \text{ m/s}$$

第四节　抛体运动

一、平抛运动

在近地表面、一定高度下,以水平方向的初速度 v_0 抛出一小物体,当空气阻力可被忽略时,称小物体在空中的运动为**平抛运动**。小物体做平抛运动时只受恒定不变的重力 mg 作用,加速度恒为重力加速度。平抛运动是匀变速曲线运动。

考察平抛运动的一个重要方式是沿两个相互垂直的方向分解运动。

将平抛运动分解到竖直方向和水平方向。水平方向分运动的初速度为 v_0，加速度为 0，是速度为 v_0 的匀速直线运动；竖直方向分运动的初速度为 0，加速度为重力加速度 g，与自由落体运动无异。

以抛出点为原点、v_0 方向为 x 轴正方向，竖直向下方向为 y 轴正方向，建立平面直角坐标系，如图 $1-4-1$ 所示。显然小物体所在点的 x、y 坐标分别表示平抛运动的水平方向位移和竖直方向位移，若平抛运动进行了 t 时间，则有：

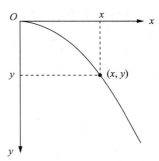

$$\begin{cases} x = v_0 t \\ y = \dfrac{1}{2} g t^2 \end{cases} \qquad (1.4.1)$$

图 $1-4-1$

$(1.4.1)$ 式是平抛运动轨迹以 t 为参数的参数方程。消去参数 t，可得平抛运动的轨迹方程：

$$y = \frac{g}{2 v_0^2} x^2 \qquad (1.4.2)$$

$(1.4.2)$ 式说明，平抛运动的轨迹是一个以抛出点（原点 O）为顶点，对称轴（y 轴）在竖直方向的抛物线。重力加速度 g 确定时，抛物线的开口大小由初速度 v_0 决定，初速度 v_0 越大，抛物线的开口越大。

平抛运动最终的水平位移大小称为**射程** s。设平抛运动初速度为 v_0，运动时间为 t，物体共下降了高度 H，则有：

$$t = \sqrt{\frac{2H}{g}} \qquad (1.4.3)$$

$$s = v_0 t = v_0 \cdot \sqrt{\frac{2H}{g}} \qquad (1.4.4)$$

故运动总时间 t 由下降的高度决定，射程由初速度和下降的高度共同决定。

在任意时刻 t，速度 v 的水平分量为 v_0，速度 v 的竖直分量为 gt。如图 $1-4-2$ 所示。考察 v 与竖直方向夹角 α 角，速度 v 沿抛物线的切线方向，故 α 角也是切线与竖直方向的夹角，两个 α 角在图中均标出。对 α 角有：

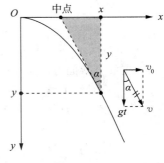

$$\tan \alpha = \frac{v_0}{gt} = \frac{\frac{1}{2} v_0 t}{\frac{1}{2} g t^2} = \frac{\frac{1}{2} x}{y} \qquad (1.4.5)$$

图 $1-4-2$

在阴影三角形中考察上式，易知切线与 x 轴的交点坐标为 $\left(\dfrac{1}{2} x, 0 \right)$，是点 $O(0,0)$ 和点 $(x,0)$ 的中点！我们不妨称此性质为**"切线过水平位移的中点"**。

由于抛物线形状仅取决于开口大小（二次项系数），而改变初速度 v_0 的大小可以取到任意形状的抛物线,所以考察平抛运动也是一般化地考察抛物线这种数学曲线。"切线过水平位移的中点"就是抛物线的一个普遍的数学性质,利用好这个性质将对解题有很大的帮助(参见例题 1.30)。

在处理具体问题时,还经常将平抛运动沿其他相互垂直的方向分解。例如:在考察平抛运动与斜面的关系时,可将平抛运动沿斜面方向和垂直斜面方向分解,如图 1-4-3 和图 1-4-4 所示,图中分别给出初速度和加速度的分解示意图,斜面倾角为 θ。

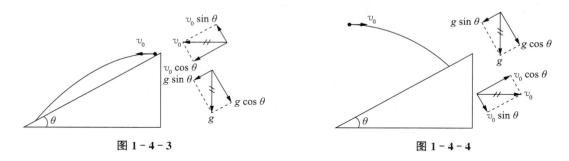

图 1-4-3   图 1-4-4

不妨考察图 1-4-5 中的情形。在沿斜面方向(x 轴正方向),小物体有沿斜面向下的初速度和沿斜面向下的加速度,做匀加速直线运动;在垂直斜面方向(y 轴正方向),小物体有垂直斜面向上的初速度和垂直斜面向下的加速度,做速度先减小后增大的匀变速直线运动。平抛运动成为两个匀变速直线运动的合成,在两个方向分别有:

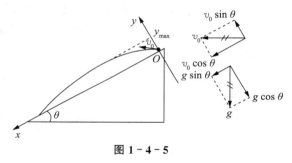

图 1-4-5

$$v_x = v_0 \cos\theta + g\sin\theta \cdot t \tag{1.4.6}$$

$$v_y = v_0 \sin\theta - g\cos\theta \cdot t \tag{1.4.7}$$

$$x = v_0 \cos\theta \cdot t + \frac{1}{2} g\sin\theta \cdot t^2 \tag{1.4.8}$$

$$y = v_0 \sin\theta \cdot t - \frac{1}{2} g\cos\theta \cdot t^2 \tag{1.4.9}$$

在垂直斜面方向(y 轴正方向),小物体做了一个类似竖直上抛的运动,只不过其加速度为 $g\cos\theta$,不等于重力加速度。故小物体在 y 轴正方向上的最大位移 y_{max}。从抛出到达到 y_{max} 的时间 t_1、从抛出到落回斜面的时间 t_2 分别为:

$$y_{max} = \frac{(v_0 \sin\theta)^2}{2(g\cos\theta)} = \frac{v_0^2}{2g} \cdot \frac{\sin^2\theta}{\cos\theta} \tag{1.4.10}$$

$$t_1 = \frac{v_0 \sin\theta}{g\cos\theta} = \frac{v_0}{g}\tan\theta \tag{1.4.11}$$

$$t_2 = \frac{2(v_0 \sin\theta)}{g\cos\theta} = \frac{2v_0}{g}\tan\theta \tag{1.4.12}$$

y_{max} 的意义是小物体在运动过程中距斜面最远的距离,所以 y_{max}、t_1、t_2 的物理意义都是明确的,它们都可以方便地用这种分解方式求出。

请读者仿照这个过程,分析图 $1-4-4$ 所示情况。

有一类运动与平抛运动类似。加速度恒定且加速度与初速度垂直的运动称为**类平抛运动**。类平抛运动在一些特殊的情况和考察带电粒子在电场中的运动中十分重要。类平抛运动与平抛运动的性质是类似的。

平抛运动有特殊性,因为我们需要借助动力学知识(牛顿第二定律)才能判断平抛运动的加速度为重力加速度 g,但一旦有了这个结论,平抛运动的信息就都确定了下来,平抛问题变成了纯运动学问题。这也提示我们,当平抛运动难以用物理方式处理时,可以直接借助解析几何的数学手段考察,虽然复杂,但不失为一种有效的方式。

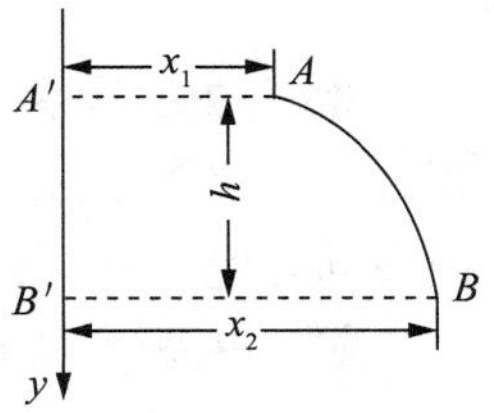

例 1.27 从 y 轴平抛出一小球,如图 $1-4-6$ 所示,是平抛的一段轨迹。现在曲线上取 A、B 两点,A、B 两点到 y 的距离 $AA'=x_1$,$BB'=x_2$,A、B 间的竖直距离为 h。求小球抛出的初速度 v_0。

解 设球从抛出到运动到 A 点经历 t_1 时间,球从抛出到运动到 B 点经历 t_2 时间。根据水平方向和竖直方向的运动列出方程:

图 $1-4-6$

$$\begin{cases} x_1 = v_0 t_1 \\ x_2 = v_0 t_2 \\ h = \dfrac{1}{2} g t_2^2 - \dfrac{1}{2} g t_1^2 \end{cases}$$

对方程组变形,有:

$$h = \frac{1}{2} g (t_2^2 - t_1^2) = \frac{1}{2} g (t_1 + t_2)(t_2 - t_1) = \frac{1}{2} g \cdot \frac{x_1 + x_2}{v_0} \cdot \frac{x_2 - x_1}{v_0}$$

考察上式左右两边,可以解得:

$$v_0 = \sqrt{\frac{g(x_2^2 - x_1^2)}{2h}}$$

例 1.28 一斜面倾角为 θ,A、B 两个小球均以水平初速度 v_0 水平抛出,如图 $1-4-7$(a) 所示。A 球垂直撞在斜面上,B 球落到斜面上的位移是可能的最小位移。不计空气阻力,试给出 A、B 两个小球做平抛运动的时间 t_A 与 t_B 之间的关系。

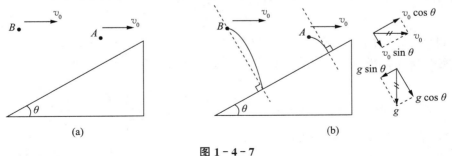

图 $1-4-7$

解 将初速度和加速度沿平行斜面方向和垂直斜面方向分解,如图 $1-4-7$(b) 所示,显然球在沿斜面方向上做初速度 $v_0 \cos\theta$ 向上、加速度 $g\sin\theta$ 向下的匀变速直线运动。

A 球垂直撞击斜面,故 A 球撞击斜面的时刻沿斜面方向的运动速度刚好为 0,A 做平抛运动所花时间为：

$$t_A = \frac{v_0 \cos\theta}{g \sin\theta} \qquad ①$$

B 球落到斜面上的位移是可能的最小位移，故 B 球的总位移垂直于斜面，如图 $1-4-7$（b）所示，故 B 球沿斜面方向运动的位移为 0，B 做平抛运动所花时间为：

$$t_B = \frac{2v_0 \cos\theta}{g \sin\theta} \qquad ②$$

比较①②两式知：

$$t_B = 2t_A$$

例 1. 29 从离地面高为 h 的 A 点平抛一个物体，其水平射程为 $3s$。在 A 点的正上方距 A 点高为 h 的 B 点，同方向平抛另一物体，其水平射程为 $2s$。两个物体在空中的运行轨迹在同一竖直平面内，且都从同一个竖直屏的顶端 C 点擦过，求屏的高度 h'。

解 依题意画出平抛运动的轨迹与屏，如图 $1-4-8$(a)所示。

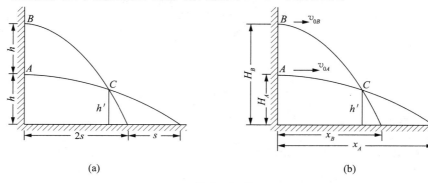

(a)   (b)

图 $1-4-8$

先对两次平抛整体的过程进行考察，如图 $1-4-8$(b)所示。根据竖直方向 $H = \frac{1}{2}gt^2$，以及 $H_A : H_B = h : 2h = 1 : 2$ 知：

$$t_A : t_B = 1 : \sqrt{2}$$

根据水平方向 $x = v_0 t$，以及 $x_A : x_B = 3s : 2s = 3 : 2$ 知：

$$v_{0A} : v_{0B} = 3 : \sqrt{2} \qquad ①$$

再对物体从 A、B 出发到 C 点的过程考察，如图 $1-4-9$ 中实线所示。根据水平方向 $\Delta x = v_0 \Delta t$，结合①式知：

$$\Delta t_A : \Delta t_B = \sqrt{2} : 3$$

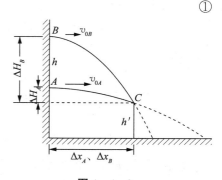

根据竖直方向 $\Delta H = \frac{1}{2}g \Delta t^2$ 知：

$$\Delta H_A : \Delta H_B = 2 : 9$$

结合图 $1-4-9$ 中关系 $\Delta H_A + h = \Delta H_B$，有：

$$\Delta H_A : \Delta H_B : h = 2 : 9 : 7$$

图 $1-4-9$

于是有：

$$\Delta H_A = \frac{2}{7}h$$

则 h' 为：

$$h' = h - \Delta H_A = \frac{5}{7}h$$

故屏高 $h' = \frac{5}{7}h$。

例 1.30 在足够长的斜面顶端先后水平抛出两小球，如图 1-4-10 所示，两小球分别做平抛运动落到斜面上。已知斜面倾角为 θ，第一次和第二次抛出小球的初速度分别为 v_1、v_2，两次平抛运动末速度与斜面的夹角分别为 α_1、α_2。求：α_1 和 α_2 之比，两次平抛运动的运动时间之比，水平位移之比和竖直位移之比。

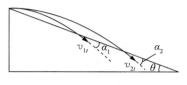

图 1-4-10

解 对两次平抛运动分别画出水平位移、竖直位移和"末速度的反向延长线"，如图 1-4-11(a)(b)所示。

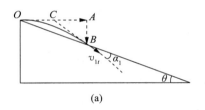

图 1-4-11

由平抛运动的性质知道："末速度的反向延长线"是图 1-4-11 中三角形的中线，故 BC 是 $\triangle OAB$ 的中线，$B'C'$ 是 $\triangle OA'B'$ 的中线。容易发现 $\triangle OAB$ 与 $\triangle OA'B'$ 相似且对应边相互平行，故它们的中线 BC 和 $B'C'$ 也相互平行，v_{1t} 和 v_{2t} 同向，故有：

$$\alpha_1 = \alpha_2, \quad 即 \quad \alpha_1 : \alpha_2 = 1 : 1$$

如图 1-4-12 所示，将 v_{1t} 和 v_{2t} 沿水平与竖直方向分解，故有：

$$v_{\perp 1} : v_{\perp 2} = v_1 : v_2$$

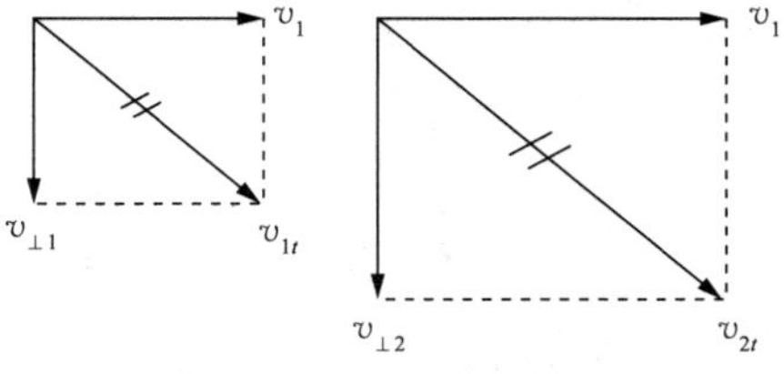

图 1-4-12

再根据时间 $t = \dfrac{v_{\perp 1}}{g}$，竖直方向位移 $h = \dfrac{v_\perp^2}{2g}$ 知：

$$t_1 : t_2 = v_1 : v_2$$
$$h_1 : h_2 = v_1^2 : v_2^2$$

根据水平位移 $x = v_0 t$ 知：

$$x_1 : x_2 = v_1 t_1 : v_2 t_2 = v_1^2 : v_2^2$$

例 1.31 如图 1 - 4 - 13(a)所示,在水平地面上匀速行驶的拖拉机,前轮直径为 0.8 m,后轮直径为 1.25 m,两轮轴心间的水平距离为 2 m,在行驶过程中,从前轮边缘的最高点飞出一石块,0.3 s 后从后轮边缘的最高点也飞出一石块,两石块恰落在地面上同一处,求拖拉机行驶的速度大小。

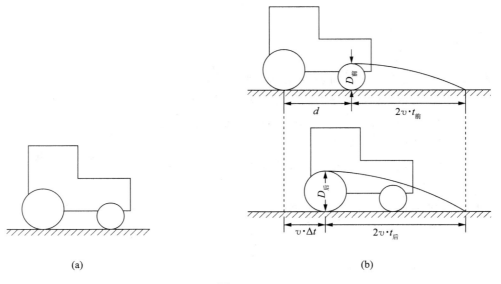

图 1 - 4 - 13

解 设拖拉机的速度大小为 v,则两石块分别从前后两轮飞出的瞬时速度都为 $2v$(见例 1.42)。

图 1 - 4 - 13(b)中给出了两石块分别飞出轮缘时刻拖拉机的位置关系,图中也给出两次平抛运动的轨迹。

设两次平抛运动分别用时 $t_前$、$t_后$,根据竖直方向的分运动知:

$$t_前 = \sqrt{\frac{2D_前}{g}} = \sqrt{\frac{2 \times 0.8}{10}} = 0.4(\text{s})$$

$$t_后 = \sqrt{\frac{2D_后}{g}} = \sqrt{\frac{2 \times 1.25}{10}} = 0.5(\text{s})$$

则在图 1 - 4 - 13(b)中找到等量关系:

$$d + 2v \cdot t_前 = v\Delta t + 2v \cdot t_后$$

代入数据:

$$2 + 2v \cdot 0.4 = v \cdot 0.3 + 2v \cdot 0.5$$

解得:

$$v = 4(\text{m/s})$$

故拖拉机行驶的速度大小为 4 m/s。

二、抛体运动

在近地表面、一定高度下，以不为 0 的初速度 v_0 抛出一小物体，当空气阻力可被忽略时，称小物体在空中的运动为**抛体运动**。小物体做抛体运动时只受恒定不变的重力 mg 作用，加速度恒为重力加速度 g。抛体运动是匀变速曲线运动。

抛体运动包括：平抛运动、竖直上抛运动、竖直下抛运动和斜抛运动。v_0 不沿竖直或水平方向运动时，抛体运动是斜抛运动；v_0 沿水平方向运动时，抛体运动是平抛运动；v_0 沿竖直向上运动时，抛体运动是竖直上抛运动；v_0 沿竖直向下运动时，抛体运动是竖直下抛运动。

可以用研究平抛的方式来研究抛体运动。不妨考察一个初速度 v_0 与水平方向夹角为 θ 且向上的斜抛运动，如图 1 - 4 - 14 所示。

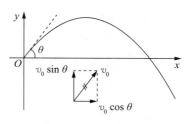

图 1 - 4 - 14

将运动沿水平方向和竖直方向分解，则竖直方向的分运动是初速度为 $v_0\sin\theta$，加速度为重力加速度 g 的竖直上抛运动；水平方向的分运动是速度为 $v_0\cos\theta$ 的匀速直线运动。以抛出点为原点、v_0 方向为 x 轴正方向、竖直向上方向为 y 轴正方向建立平面直角坐标系，则有：

$$v_x = v_0\cos\theta \tag{1.4.13}$$

$$v_y = v_0\sin\theta - gt \tag{1.4.14}$$

$$x = v_0\cos\theta \cdot t \tag{1.4.15}$$

$$y = v_0\sin\theta \cdot t - \frac{1}{2}gt^2 \tag{1.4.16}$$

对竖直方向运动进行分析，容易知道，经过 $t_{高} = \dfrac{v_0\sin\theta}{g}$ 时间，小物体达到最高处，最高处比抛出点高出 $\Delta y_{\max} = \dfrac{(v_0\sin\theta)^2}{2g}$。

从到达最高点开始，小物体做一个初速为 $v_0\cos\theta$ 的平抛运动；小物体到达最高点之前的运动的逆运动也是一个平抛运动。可以确定，斜抛运动的轨迹也是一条抛物线。

请读者模仿上述推导，将斜向下抛的斜抛运动也沿水平方向和竖直方向分解，进行考察。

当然，考察抛体运动与斜面或固定方向的关系时，也能沿着任意两个相互垂直的方向分解为两个匀变速直线运动。只要能正确地分解初速度和加速度，其处理方式都是类似的。

若有多个物体同时进行不同的抛体运动，由于每个物体相对于地面的加速度都为重力加速度 g，故这些物体之间没有相对加速度。考察这样的问题时，经常变换参照系来处理，例如 A、B 在同时进行抛体运动，则在 A 系中 B 做匀速直线运动，在 B 系中 A 做匀速直线运动，换参照系后物体的速度由速度叠加原理来确定。能将复杂的匀变速曲线运动变为简单的匀速直线运动，无疑是方便的（参见例 1.33）。

例 1.32　在倾角为 α 的一个光滑斜面底端斜向上抛出一小球，小球初速度为 v_0，抛出方向与斜面交 θ 角（$\alpha + \theta < 90°$），如图 1 - 4 - 15(a) 所示。小球每次与斜面碰撞后，垂直斜面方向的分速度立刻反向且大小不变，平行斜面方向的分速度不变。小球与斜面多次碰撞

后,刚好沿向上运动的轨迹原路返回到 O 点,试证明:$\cot\alpha \cdot \cot\theta$ 是整数。

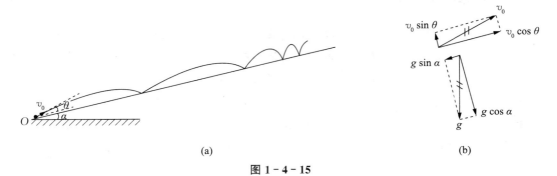

(a)

(b)

图 1-4-15

证明: 如图 1-4-15(b)所示,将初速度 v_0 和加速度 g 分别沿平行斜面方向和垂直斜面方向分解,考察沿斜面方向和垂直斜面方向的运动。

小球在沿斜面方向完成了一次完整的类似"竖直上抛运动"的运动,故运动时间 t 可表示为:

$$t = \frac{2v_0\cos\theta}{g\sin\alpha} \qquad ①$$

小球在垂直斜面方向完成了整数次完整的类似"竖直上抛运动"的运动,不妨设为 n 次,故运动时间 t 也可表示为:

$$t = n \cdot \frac{2v_0\sin\theta}{g\cos\alpha} \qquad ②$$

联立①②两式,有:

$$\frac{2v_0\cos\theta}{g\sin\alpha} = n \cdot \frac{2v_0\sin\theta}{g\cos\alpha}$$

整理得:

$$\cot\alpha \cdot \cot\theta = n$$

故 $\cot\alpha \cdot \cot\theta$ 是整数。证毕!

例 1.33 将 4 个小球从同一点同时以相同速率向上、下、左、右抛出,忽略空气阻力,经过时间 t,若小球都未落地,证明:4 个小球处于一个正方形的 4 个顶点。

证明: 不妨考虑加一个小球 A,使小球 A 与 4 个小球同时同地出发做自由落体运动。小球 A 的运动应不影响另 4 个小球的位置关系。

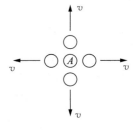

图 1-4-16

4 个小球相对于小球 A 分别有向上、下、左、右的相同大小的初速度。5 个小球运动时都只受重力,故它们的加速度都为重力加速度,它们两两之间没有相对加速度。所以,以小球 A 为参照物,在 A 参照系内,4 个小球分别向上、下、左、右做速率相等的匀速直线运动,如图 1-4-16 所示。

易知,4 个小球位于以 A 为中心的一个正方形的 4 个顶点上。证毕!

例 1.34 如图 1-4-17(a)所示,在水平面 OB 上有一 A 点,已知 $OA=L$。现在从 A 点以初速度 v_0 射出一小球,在不被倾角为 $\alpha(\alpha<45°)$ 的 OC 面板弹回的前提下,问:

(1) 若小球射出时的角度 $\theta=45°$,为使得小球能射到最远,小球射出时的初速度 v_0 应为多大?

（2）若小球射出时的初速度 v_0 已知，为使小球能射到最远，小球射出时的角度 θ 应为多大？

图 1 - 4 - 17

解 （1）考察没有 OC 面板对小球的阻挡时，小球在垂直 OC 方向的运动，如图 1 - 4 - 17(b)所示，图中 $\beta=\dfrac{\pi}{2}-\theta+\alpha$，并给出初速度 v_0 和加速度 g 沿垂直 OC 方向的分量：

$$v_{0\perp}=v_0\cos\beta=v_0\sin(\theta-\alpha)$$
$$a_\perp=g\cos\alpha$$

故小球在垂直 OC 方向的最大位移 $s_\perp$ 为：

$$s_\perp=\frac{v_{0\perp}^2}{2a_\perp}=\frac{v_0^2\sin^2(\theta-\alpha)}{2g\cos\alpha}$$

易知：没有 OC 面板时，v_0 越大，射程越大。故问题转化为了：v_0 最大为多少时，小球不会与面板 OC 相撞？注意到：若小球在垂直 OC 方向的位移大小达到 $L\sin\alpha$，则会与 OC 接触。故要使小球不与 OC 面板相撞，则要小球在垂直 OC 方向的最大位移 $s_\perp$ 不超过 $L\sin\alpha$，即：

$$s_\perp=\frac{v_0^2\sin^2(\theta-\alpha)}{2g\cos\alpha}\leqslant L\sin\alpha$$

解得：

$$v_0\leqslant\sqrt{gL}\cdot\frac{\sqrt{\sin2\alpha}}{\sin(\theta-\alpha)}$$

则应使 v_0 取满足上式的最大值 $v_{0\max}$：

$$v_0=\sqrt{gL}\cdot\frac{\sqrt{\sin2\alpha}}{\sin(45°-\alpha)}$$

（2）考察没有 OC 面板对小球的阻挡时，小球的射程 s：

$$s=v_0\cos\theta\cdot t=v_0\cos\theta\cdot\frac{2v_0\sin\theta}{g}=\frac{v_0^2}{g}\cdot\sin2\theta$$

从上式看出：$\theta=45°$ 时射程 s 最大，θ 与 $45°$ 差得越多，射程 s 越小。

题目要求有 OC 板时讨论最远射程在何时取到，需要分类讨论：

① 若 $\theta=45°$ 抛出时小球不与 OC 相撞，则以 $\theta=45°$ 角度抛出小球，射程最远。

在这种情况下，$\theta=45°$ 时，小球垂直 OC 方向的最大位移 $s_\perp$ 应满足 $s_\perp\leqslant L\sin\alpha$，即：

$$\frac{v_0^2\sin^2(45°-\alpha)}{2g\cos\alpha}\leqslant L\sin\alpha$$

$$v_0\leqslant\sqrt{gL}\cdot\frac{\sqrt{\sin2\alpha}}{\sin(45°-\alpha)}$$

② 若 $v_0 > \sqrt{gL} \cdot \dfrac{\sqrt{\sin 2\alpha}}{\sin(45°-\alpha)}$，则 $\theta=45°$抛出时小球会与 OC 相撞。这时为使得小球能射到最远，应该减小 θ，使 θ 尽可能接近 $45°$并使小球刚好擦过 OC 面板，应满足 $s_\perp = L\sin\alpha$，即：

$$\frac{v_0^2 \sin^2(\theta-\alpha)}{2g\cos\alpha} = L\sin\alpha$$

解得：

$$\theta = \alpha + \arcsin\frac{\sqrt{gL\sin 2\alpha}}{v_0}$$

综上所述，可以得到结论：当 $v_0 \leqslant \sqrt{gL} \cdot \dfrac{\sqrt{\sin 2\alpha}}{\sin(45°-\alpha)}$ 时，应使 $\theta=45°$；当 $v_0 > \sqrt{gL} \cdot \dfrac{\sqrt{\sin 2\alpha}}{\sin(45°-\alpha)}$ 时，应使 $\theta = \alpha + \arcsin\dfrac{\sqrt{gL\sin 2\alpha}}{v_0}$。

例 1.35 在地面上有固定的大炮，可以以相同大小的初速度 v_0 向各个方向射出炮弹。已知 v_0 足够大，炮弹可以看作质点。忽略空气阻力，试确定敌方飞机在大炮上空飞行的安全区域的边界。

解 先考虑大炮所在的一竖直平面，以大炮所在位置为原点、以水平方向为 x 轴、竖直向上为 z 轴建立平面直角坐标系 xOz，先确定此竖直平面内的安全区域，如图 $1-4-18(a)$ 所示。取边界上的任意点 (x_0, z_0)，要确定边界的方程，就是要找 x_0 和 z_0 满足的关系。

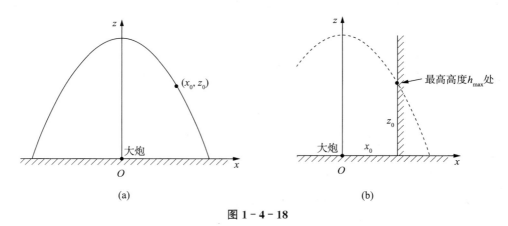

图 $1-4-18$

所谓安全边界，就是不论大炮向何方向射出炮弹，总是打不到边界上方的点。如图 $1-4-18(b)$ 所示，不妨考察一堵假想的位于直线 $x=x_0$ 处的墙，由安全边界的性质知道：若用大炮轰击此墙，则炮弹打到墙上的高度 h 最高达 $h_{max}=z_0$。

若炮弹发射的仰角为 θ，则炮弹飞到墙上的过程中，水平方向和竖直方向的运动分别满足：

$$\begin{cases} x_0 = v_0\cos\theta \cdot t \\ h = v_0\sin\theta \cdot t - \dfrac{1}{2}gt^2 \end{cases}$$

联立解得 h 的表达式：

$$h = x_0 \tan\theta - \frac{gx_0^2}{2v_0^2\cos^2\theta}$$

$$= -\frac{gx_0^2}{2v_0^2}(\tan^2\theta - \frac{2v_0^2}{gx_0}\tan\theta + 1)$$

则 h 是 $\tan\theta$ 的二次函数。当 $\theta = \arctan\dfrac{v_0^2}{gx_0}$ 时，h 取到最大值：

$$h_{\max} = \frac{v_0^2}{2g} - \frac{gx_0^2}{2v_0^2}$$

由 $z_0 = h_{\max}$ 知 x_0、z_0 满足关系：

$$z_0 = -\frac{g}{2v_0^2}x^2 + \frac{v_0^2}{2g}$$

故安全区域的边界在此竖直平面内是一条开口向下的抛物线[如图 1 - 4 - 18(a)所示]，抛物线方程为：

$$z = -\frac{g}{2v_0^2}x^2 + \frac{v_0^2}{2g} \qquad ①$$

考虑三维空间中的安全边界，以竖直向上方向为 z 方向建立空间直角坐标系 $O-xyz$，易知，安全区域边界是一抛物面，其方程为：

$$z = -\frac{g}{2v_0^2}(x^2 + y^2) + \frac{v_0^2}{2g}$$

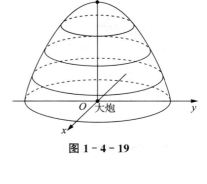

图 1 - 4 - 19

如图 1 - 4 - 19 所示，此抛物面可视为由抛物线①绕 z 轴旋转得到的旋转曲面。

例 1.36 如图 1 - 4 - 20 所示，在倾角为 α 的斜面上有一点 A，从 A 点向斜面上方抛出一小球，小球初速度为 v_0，初速度与斜面的夹角为 θ，求：

(1) 若 v_0 大小固定，问 θ 为多少时落点与 A 的距离最大？并求此最大距离 $l_{\max}$；

(2) 在 A 点上方斜面上有另一点 B，A、B 间的距离为 l，l 小于(1)中的 $l_{\max}$。仍以大小确定的初速度 v_0 将小球抛出，若要小球击中点 B，问应使 θ 等于多少？

(3) 在(2)中，改变 θ，为使小球击中点 B，需要的最小初速度大小 $v_{0\min}$ 多大？$v_{0\min}$ 对应的 θ 为何值？

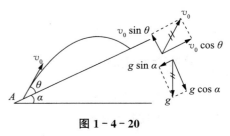

图 1 - 4 - 20

解 先讨论一般情况。如图 1 - 4 - 20 所示，设落点距点 A 的距离为 s。沿斜面方向和垂直斜面方向分解初速度 v_0 和加速度 g。由垂直斜面方向的运动知：

$$t = \frac{2v_0\sin\theta}{g\cos\alpha}$$

再由沿斜面方向的运动知：

$$s = v_0 \cos\theta \cdot t - \frac{1}{2} g \sin\alpha \cdot t^2$$

将 t 代入并化简得：

$$
\begin{aligned}
s &= \frac{2v_0^2}{g}\left(\frac{\sin\theta\cos\theta}{\cos\alpha} - \frac{\sin\alpha\sin^2\theta}{\cos^2\alpha}\right)\\
&= \frac{v_0^2}{g\cos^2\alpha}\left[\sin 2\theta \cdot \cos\alpha - \sin\alpha \cdot (1-\cos 2\theta)\right]\\
&= \frac{v_0^2}{g} \cdot \frac{\sin(2\theta+\alpha) - \sin\alpha}{\cos^2\alpha}
\end{aligned}
\qquad ①
$$

（1）v_0、g、α 是定值，由①式知，当 $\sin(2\theta+\alpha)=1$ 时，s 有最大值 $l_{\max}$。即：

当 $\theta = \dfrac{\pi}{4} - \dfrac{\alpha}{2}$ 时，有 $l_{\max} = \dfrac{v_0^2}{g} \cdot \dfrac{1-\sin\alpha}{\cos^2\alpha}$

（2）要使小球击中 B，就要使 $s=l$，故由①式知：

$$l = \frac{v_0^2}{g} \cdot \frac{\sin(2\theta+\alpha) - \sin\alpha}{\cos^2\alpha}$$

v_0、g、α 是定值，于是有：

$$\sin(2\theta+\alpha) = \frac{gl\cos^2\alpha}{v_0^2} + \sin\alpha \qquad ②$$

$(2\theta+\alpha)$ 有范围：$\alpha \leqslant 2\theta+\alpha \leqslant \pi-\alpha$，所以要从②式中解出 $(2\theta+\alpha)$ 应有两解，对应两个 θ。这两个 $(2\theta+\alpha)$ 互为补角：

$$2\theta_1 + \alpha = \arcsin\left(\frac{gl\cos^2\alpha}{v_0^2} + \sin\alpha\right)$$

$$2\theta_2 + \alpha = \pi - \arcsin\left(\frac{gl\cos^2\alpha}{v_0^2} + \sin\alpha\right)$$

故有两个 θ 可以使小球击中 B，它们分别是 θ_1、θ_2：

$$\theta_1 = \frac{1}{2}\arcsin\left(\frac{gl\cos^2\alpha}{v_0^2} + \sin\alpha\right) - \frac{1}{2}\alpha$$

$$\theta_2 = \frac{\pi}{2} - \frac{1}{2}\arcsin\left(\frac{gl\cos^2\alpha}{v_0^2} + \sin\alpha\right) - \frac{1}{2}\alpha$$

这两个 θ 满足：

$$\theta_1 + \theta_2 = \frac{\pi}{2} - \alpha$$

（3）由①式变形知：

$$v_0 = \sqrt{\frac{gl\cos^2\alpha}{\sin(2\theta+\alpha) - \sin\alpha}}$$

故当 $\theta = \dfrac{\pi}{4} - \dfrac{\alpha}{2}$ 时，$\sin(2\theta+\alpha)=1$，有 $v_{0\min} = \sqrt{\dfrac{gl\cos^2\alpha}{1-\sin\alpha}}$。

讨论：三小问的结论都可以通过①式出发得到。在第（1）问的考查中，容易知道 θ 与 $\left(\dfrac{\pi}{4} - \dfrac{\alpha}{2}\right)$ 相差越多 s 就越小。随着 θ 从 $\theta = \dfrac{\pi}{4} - \dfrac{\alpha}{2}$ 变大或变小，s 都会减小，这也就是第（2）

问中一个 l 对应两个 θ 的原因,而只有当 $l=l_{max}$ 时这两个 θ 成为了同一值 $\theta=\dfrac{\pi}{4}-\dfrac{\alpha}{2}$。另一方面,如果在 θ 不等于 $\left(\dfrac{\pi}{4}-\dfrac{\alpha}{2}\right)$ 时能击中定点 B,那么将 θ 调整到更接近 $\left(\dfrac{\pi}{4}-\dfrac{\alpha}{2}\right)$ 就一定能击中比 B 点更远的点,于是击中 B 点所需的初速度大小应可以更小,最小的初速度一定在 $\theta=\dfrac{\pi}{4}-\dfrac{\alpha}{2}$ 时取到。这三小问的结论之间有密不可分的逻辑关系,请读者认真思考、体会。

例 1.36 第(2)问讨论的情况,实际就是将本题中的斜面改为平面,使 $\alpha=0$ 的结论。若将题目改为沿斜面向下抛,则结论也是类似的,见本章习题 31 题。

例 1.37 是例 1.36 结论的一个应用。

例 1.37 一个小孩想把球抛到离他 l 处的墙壁上方高为 h 的窗沿上。已知 h 远大于小孩的身高,忽略空气阻力,问:他抛球初速度至少为多大?

解 如图 1-4-21,将球抛到窗沿上,相当于将球抛到倾角为 α 的斜面上距抛出点 $\sqrt{h^2+l^2}$ 处。其中,倾角 α 满足:

$$\sin\alpha=\frac{h}{\sqrt{h^2+l^2}},\cos\alpha=\frac{l}{\sqrt{h^2+l^2}}$$

利用例 1.36 第(3)问的结论,有:

$$v_{0min}=\sqrt{\frac{g\sqrt{h^2+l^2}\cos^2\alpha}{1-\sin\alpha}}$$

将 $\sin\alpha$、$\cos\alpha$ 的值代入并化简得:

$$v_{0min}=\sqrt{g(\sqrt{h^2+l^2}+h)}$$

例 1.38 如图 1-4-22(a)所示,有两条位于同一竖直平面内的水平轨道,相距为 h。两轨道上分别有物体 A 和 B,通过一根跨过小滑轮 O 的不可伸长的轻绳连接,绳在 OA 之间的一段保持水平。物体 A 在轨道上以速率 v 匀速运动,绳在 O、B 间的一段与轨道成 $30°$ 角的瞬间,这段绳的中点处有一与绳相对静止的小水滴 P 恰与绳分离。求:(1)小水滴 P 脱离绳子时的速度大小;(2)若 A 物体的大小可以忽略不计,问小水滴从离开绳开始到落到下方轨道需要多少时间?

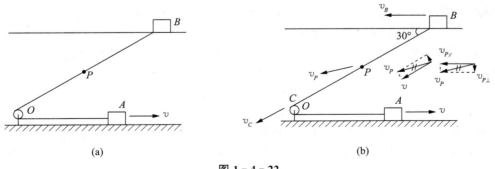

图 1-4-22

解 (1)考察绳倾斜的一段上与滑轮的切点 C 和物体 A、B,此刻 B 的速度 $\vec{v}_B$ 沿导轨向左，C 的速度 $\vec{v}_C$ 沿绳方向，如图 $1-4-22$(b) 所示，它们的大小为：

$$|\vec{v}_B| = \frac{v}{\cos 30°}, \quad |\vec{v}_C| = v$$

P 是 B、C 的中点，则有：

$$\vec{v}_P = \frac{1}{2}(\vec{v}_B + \vec{v}_C)$$

根据 $\vec{v}_B$、$\vec{v}_C$ 的大小和方向，可以求得 $\vec{v}_P$ 和其竖直方向分量 $\vec{v}_{P\perp}$ 大小：

$$|\vec{v}_P| = \frac{\sqrt{39}}{6}v, \quad |\vec{v}_{P\perp}| = \frac{1}{4}v$$

（2）从水滴脱离绳到水滴落到下方轨道共下降了高度 $\frac{h}{2}$，考察竖直方向的运动，有：

$$\frac{h}{2} = |\vec{v}_{P\perp}| \cdot t + \frac{1}{2}gt^2$$

我们知道 $|\vec{v}_{P\perp}| = \frac{1}{4}v$，故上式化为：

$$\frac{h}{2} = \frac{1}{4}vt + \frac{1}{2}gt^2$$

解得：

$$t = \frac{\sqrt{v^2 + 16gh} - v}{4g}$$

第五节　曲线运动基础

本节初步考察质点的曲线运动的运动学描述，给出一些常用方法和结论，为曲线运动的动力学处理打好基础、做好铺垫。

一、圆周运动

简单回顾和拓展一些高考知识。

质点或小物体的运动，若其运动轨迹为圆周，则称为圆周运动。圆周运动中物体的速度方向不断变化，圆周运动是一种变加速运动，做圆周运动的质点加速度不为 0。速度大小不变的圆周运动称为匀速圆周运动。在运动轨迹平面上考察圆周运动，质点应绕一定点运动，若在三维空间中看，质点实则绕一固定轴运动。

做圆周运动的质点的速度也称**线速度**，质点与圆心的连线在一段时间内转过的角称为**角位移** φ，在 t_0 时刻附近取趋向于 0 的时间段 Δt，定义：

$$\omega = \frac{\Delta\varphi}{\Delta t}\bigg|_{\Delta t \to 0} = \lim_{\Delta t \to 0}\frac{\Delta\varphi}{\Delta t} = \frac{d\varphi}{dt} \tag{1.5.1}$$

称 ω 为 t_0 时刻质点的**瞬时角速度**，简称**角速度**，角速度是描述质点和圆心的连线转动快慢的物理量，(1.5.1)式给出了角速度定义的三种常见书写形式。

Δt 趋向于 0 时，可以认为质点"走过"的位移大小近似等于弧长 l：

$$l = v\Delta t\big|_{\Delta t \to 0}, \quad l = \Delta\varphi R\big|_{\Delta t \to 0} \tag{1.5.2}$$

利用上两式,容易得到:

$$\omega = \frac{\Delta \varphi}{\Delta t}\bigg|_{\Delta t \to 0} = \frac{v}{R} \tag{1.5.3}$$

(1.5.3)式指出了线速度和角速度的关系。

可以规定角位移和角速度的方向:将右手摊开,先使大拇指与四指垂直,再让右手在四指顺着线速度方向的状态下握住圆周运动的固定转动轴,规定大拇指的方向为角位移或角速度的方向。对本章要处理的问题,没有必要引入角速度的方向,但对于在三维空间内连续做不同段圆周运动的质点,或对于转动的刚体,这种方向规定是方便的,详见本书第五章。

注:规定方向后,在三维任意转动中,角速度都是一个矢量,但由于角位移不满足加法交换律,角位移不是矢量。

圆周上任意一点都有切线,过该点垂直于切线的直线称为法线,**切线方向简称切向**,**法线方向简称法向**。当我们提到圆周运动的切向和法向时,默认取该时刻质点所在位置的切线方向和法线方向。若将物理量沿切向和法向分解,切向分量一般用下标 τ 表示,法向分量一般用下标 n 表示。

做圆周运动的质点的加速度 a 可沿圆周的法向和切向分解为 a_n 和 a_τ,分别称为**法向加速度**和**切向加速度**。做圆周运动的质点所受合外力 F 可沿圆周的法向和切向分解为 F_n 和 F_τ,有时将它们称为**法向力**和**切向力**。

法向加速度 a_n、法向力 F_n 始终指向圆心,故也称**向心加速度**、**向心力**,向心力提供向心加速度,向心加速度大小、向心力大小满足:

$$a_n = \frac{v^2}{R} = \omega^2 R, \ F_n = ma_n = m\frac{v^2}{R} = m\omega^2 R \tag{1.5.4}$$

切向力 F_τ 提供切向加速度 a_τ,切向加速度、切向力与速率 $|v|$ 有关系:

$$a_\tau = \frac{\Delta |v|}{\Delta t}\bigg|_{\Delta t \to 0}, \ F_\tau = m\frac{\Delta |v|}{\Delta t}\bigg|_{\Delta t \to 0} \tag{1.5.5}$$

$F_\tau(a_\tau)$ 若与线速度 v 同向则速度大小变大,质点做加速圆周运动;$F_\tau(a_\tau)$ 若与线速度 v 反向则速度大小变小,质点做减速圆周运动;$F_\tau(a_\tau)$ 若等于 0 则速度大小不变,质点做匀速圆周运动。

可以对切向和法向的力(加速度)做出功能性的论述:向心力 F_n(向心加速度 a_n)负责改变速度方向,切向力 F_τ(切向加速度 a_τ)负责改变速度大小。

对于匀速圆周运动,切向力 $F_\tau = 0$,切向加速度 $a_\tau = 0$,即匀速圆周运动的合外力全部用来提供向心力,加速度等于向心加速度,合外力与加速度都指向圆心。匀速圆周运动是周期运动,其周期 T 和频率 f 满足:

$$T = \frac{2\pi R}{v} = \frac{2\pi}{\omega}, \ f = \frac{1}{T} = \frac{v}{2\pi R} = \frac{\omega}{2\pi} \tag{1.5.6}$$

单位时间内完成的圆周运动的圈数称为**转速** n。而频率 f 等于单位时间内完成的周期数,简单对比可以发现,转速 n 与频率 f 的值应相等。转速 n 和角速度 ω 有以下的常用关系:

$$\omega = 2\pi n \tag{1.5.7}$$

二、曲线运动

在一般的曲线运动中,可以将运动轨迹分成无数段长度趋向于 0 的弧线,而质点在每一段小弧线上的运动都可以看作圆周运动的一部分,每一段弧线运动对应着不同的圆周运动。

若将某段小弧线补全成圆,称此圆为曲线(轨迹)在该处的**曲率圆**,称曲率圆的半径 R 为曲线(轨迹)在该处的**曲率半径**。

曲线上任意一点都有切线,过该点垂直于切线的直线称为曲线的法线,曲线的**切线方向**和**法线方向**也简称**切向**和**法向**,也分别用下标 τ 和下标 n 表示。

将质点的加速度 a 分解为法向加速度 a_n 和切向加速度 a_τ,合外力 F 分解为**法向力** F_n 和**切向力** F_τ。由于我们将运动视为无数段圆周运动,故可类似地进行判断。

法向加速度 a_n、法向力 F_n 始终指向曲率圆圆心,其大小满足:

$$a_n = \frac{v^2}{R}, \quad F_n = ma_n = m\frac{v^2}{R} \tag{1.5.8}$$

切向力 F_τ 使质点产生切向加速度 a_τ,切向加速度、切向力与速率 $|v|$ 有关系:

$$a_\tau = \frac{\Delta|v|}{\Delta t}\bigg|_{\Delta t \to 0}, \quad F_\tau = m\frac{\Delta|v|}{\Delta t}\bigg|_{\Delta t \to 0} \tag{1.5.9}$$

法向力 F_n(法向加速度 a_n)负责改变速度方向,切向力 F_τ(切向加速度 a_τ)负责改变速度大小。曲线运动与圆周运动不同的是:曲率半径 R 在不断变化。

对轨迹上的任意一小段弧线 AB 考察,不妨设质点从 A 运动到 B。如图 $1-5-1$ 所示,作出 A 点与 B 点的切线并作出法线,两条法线相交于 O。简单可以判断,OA、OB 都是曲率圆的半径 R,两条切线间的夹角 θ 等于弧 AB 所对的圆心角 $\angle AOB$。设弧长为 l,则有:

$$R = \frac{l}{\theta} \tag{1.5.10}$$

可以看到,曲线(轨迹)在某点的曲率半径 R 唯一地取决于曲线(轨迹)本身的数学性质。确定曲线(轨迹)曲率半径的一般方法可以参照 $(1.5.10)$ 式,具体步骤是:

①在需要考察的位置取一段趋向于 0 的 Δt 时间,找到 Δt 时间对应的一小段弧线。

②在 Δt 内速率 v 可认为不变,找到速率 v,则弧长 $l = v\Delta t$。

③找到弧线首尾两端的切线的夹角 θ。

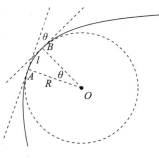

图 1 - 5 - 1

④利用 $R = \frac{l}{\theta}$ 计算曲率半径。

参见例 1.45。事实上,$(1.5.10)$ 式是数学上对曲率半径的定义。此法虽有普遍性,但有时较难实际操作和计算。在物理中,若要知道轨迹的曲率半径,可先求出法向加速度大

小 a_n 和线速度大小 v,然后利用关系 $a_n = \dfrac{v^2}{R}$ 得出曲率半径 R,不失为方便的方式(参见例1.42 和例 1.44)。

上面处理曲线运动的做法,相当于以质点所在位置为原点建立一个平面直角坐标系,然后分别在"切向轴"和"法向轴"上考察运动。从上面的讨论可以知道,这样的考察是自然的,切向和法向也有其明确的"功能"。物理上将此坐标系称为自然坐标系。

注:也有教材称其为本征坐标系或内禀坐标系。

例 1.39 放映电影时,看到影片中一辆马车从静止起动,做加速直线运动。某一时刻,观众感觉到车轮开始倒转。已知电影放映机的帧率为每秒 30 幅画面,车轮的半径是 0.6 m,有 12 根辐条,且车轮在地面上做无滑动的滚动。求车轮开始倒转时马车的速度大小。

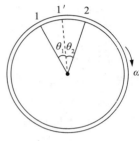

图 1 - 5 - 2

分析 先来用一种简单的情况了解观众在什么情况下会感觉车轮倒转。不妨设马车向右运动,如图 1 - 5 - 2 所示,图中给出某一帧画面中车轮上相邻的辐条 1 和辐条 2 的位置。设在下一帧画面中辐条 1 转到了虚线 1′ 的位置,如果图中 $\theta_1 > \theta_2$,则 1′ 位置离辐条 2 位置比较近,观众的大脑就会误判,认为辐条 2 逆时针转到了 1′ 位置。

解 依题意,相邻两辐条间的夹角为 $\dfrac{\pi}{6}$。从上面的讨论知道,$\theta_1 < \dfrac{\pi}{12}$ 时观众感觉车轮转动方向正常,$\theta_1 = \dfrac{\pi}{12}$ 的瞬间观众感觉车轮不转动,$\dfrac{\pi}{12} < \theta_1 < \dfrac{\pi}{6}$ 时观众感觉车轮倒转。车在加速,故相邻两帧间 θ_1 的大小越来越大,观众应在 $\theta_1 = \dfrac{\pi}{12}$ 的瞬间开始"看见"车轮倒转。

假设相邻两帧的时间间隔为 Δt,则 $\Delta t = \dfrac{1}{30}$ s,$\theta_1 = \omega \Delta t$。由 $\theta_1 = \omega \Delta t = \dfrac{\pi}{12}$ 解得:

$$\omega = \frac{5\pi}{2} \text{ rad/s}$$

故此刻马车的速度大小:

$$v = \omega R = \frac{3\pi}{2} \text{ m/s}$$

例 1.40 一质点沿圆轨道由静止开始做速率随时间均匀增大的加速圆周运动。试求此质点的加速度与速度的夹角 α 与其经过的那段圆弧对应的圆心角 θ 之间的关系。

解 如图 1 - 5 - 3 所示,设质点从图中 A 点出发,经过 t 时间到达 B 点,α 与 θ 依题意在图中给出。

依题意设速率 $v = at$,则质点到达 B 点时的切向加速度大小 a_τ、法向加速度大小 a_n 分别为:

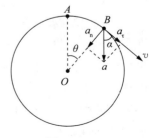

图 1 - 5 - 3

$$a_\tau = a, \quad a_n = \frac{v^2}{R} = \frac{a^2 t^2}{R}$$

弧 AB 的长等于路程 s 为：

$$s = \frac{1}{2} a t^2$$

则有：

$$\tan\alpha = \frac{a_n}{a_\tau} = \frac{a t^2}{R}$$

$$\theta = \frac{s}{R} = \frac{a t^2}{2R}$$

比较上述两式可以得到 α 和 θ 的关系：

$$\tan\alpha = 2\theta$$

例 1.41 质点做加速圆周运动，初速率为 v_0，半径为 R。在运动过程中，质点的切向加速度与法向加速度大小恒相等。求经过时间 T 后质点的速率 v。

解 将时间 T 分为 n 份趋向于 0 的时间段 Δt，假设第 i 段 Δt_i 的末速率为 v_i，于是速率从 v_0 依次增加到 v_1、v_2、v_3、$\cdots$、v_n。

第 i 段 Δt_i 内，速率从 v_{i-1} 增大到 v_i，速率在这段时间内的增量很小。依题意"切向加速度与法向加速度大小相等"，有：

$$\frac{v_i - v_{i-1}}{\Delta t_i} = \frac{v^2}{R} = \frac{v_i v_{i-1}}{R}$$

上式可变形为：

$$\Delta t_i = R \cdot \left(\frac{1}{v_{i-1}} - \frac{1}{v_i} \right)$$

故整段时间 T 可表示为：

$$
\begin{aligned}
T &= \Sigma \Delta t_i \\
&= R \cdot \left(\frac{1}{v_0} - \frac{1}{v_1} + \frac{1}{v_1} - \frac{1}{v_2} + \frac{1}{v_2} - \frac{1}{v_3} + \cdots + \frac{1}{v_{n-1}} - \frac{1}{v_n} \right) \\
&= R \cdot \left(\frac{1}{v_0} - \frac{1}{v_n} \right)
\end{aligned}
$$

由此可解得末速率：

$$v = v_n = \frac{R v_0}{R - v_0 T}$$

例 1.42 如图 1-5-4 所示,有一半径为 R 的圆环在水平地面上做无滑动的纯滚动,圆环始终保持在竖直平面内,圆环的圆心速度大小 v_0 不变。(1)对于圆环上的任意一点,给出确定其速度的方法;(2)求圆环上与圆心等高的两点 A、B 的瞬时速度大小、切向加速度大小和法向加速度大小。

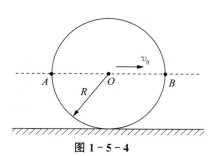

图 1-5-4

解 （1）圆环做无滑动的纯滚动，显然环的角速度为 $\omega = \dfrac{v_0}{R}$。考察圆环上的任一质点 P，由速度叠加得：

$$\vec{v}_P = \vec{v}_{PO} + \vec{v}_{O\text{地}} = \vec{v}_{PO} + \vec{v}_0 \qquad ①$$

P 与 O 的距离不发生变化，故在 O 不动的参照系中 P 绕 O 做圆周运动，$\vec{v}_{PO}$ 是 O 系中质点 P 的线速度，其方向沿圆环的切线方向，其大小为：

$$v_{PO} = \omega R = v_0$$

故在地面参照系上，由①式知在地面参照系上看，$\vec{v}_P$ 可由两个大小皆为 v_0 的矢量合成得到。这也就是说，在求取任一点 P 的速度 $\vec{v}_P$ 时，应先画出线速度 $\vec{v}_{PO}$ 和 O 的速度 $\vec{v}_0$，然后将它们合成起来，图 1-5-5（a）中，给出了两种情况。

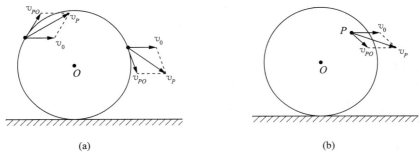

图 1-5-5

特别地，圆环最低点的速度为 0，圆环最高点速度为 $2\vec{v}_0$，且圆环上每个点的速度都不同。也容易发现，圆环上没有一个点的速度有向左的水平分量，这也就是说，虽然相对圆环固定的点的速度会发生变化，却始终与圆环一起向前走。

更一般地，如果将圆环换成实心的轮子，也可以考察轮上不在边缘上的任一质点的速度，这时质点到圆心 O 的距离小于 R，点的速度应等于一个小于 v_0 的"线速度" $\vec{v}_{PO}$ 和 $\vec{v}_0$ 的叠加，如图 1-5-5（b）所示。

（在下一题中，还会出现质点相对于圆心的线速度大于 v_0 的特殊情况，请读者认真体会物理情景的区别。）

（2）先考察 A 处的质点。如图 1-5-6 所示画出速度叠加的矢量图，A 的速度 v_A 和加速度 a_A 可用第（1）问中的方法确定，v_A 与水平方向夹角为 $45°$ 斜向上，a_A 水平向右，v_A 与 a_A 的大小分别为：

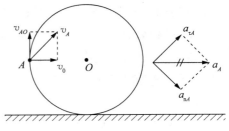

图 1-5-6

$$v_A = \sqrt{2}\,v_0,\quad a_A = \frac{v_0^2}{R}$$

v_A 方向即为轨迹的切线方向，将 a_A 沿 v_A 方向和垂直 v_A 方向分解，得到切向加速度大小 $a_{\tau A}$ 和法向加速度大小 a_{nA}：

$$a_{\tau A} = a_{nA} = \frac{\sqrt{2}}{2} \cdot \frac{v_0^2}{R}$$

对 B 点,同理可得：$v_B = \sqrt{2}\,v_0$，$a_{\tau B} = a_{nB} = \frac{\sqrt{2}}{2} \cdot \frac{v_0^2}{R}$。

A、B 两点的瞬时速度大小都为 $\sqrt{2}\,v_0$，切向加速度、法向加速度大小都为 $\frac{\sqrt{2}}{2} \cdot \frac{v_0^2}{R}$。

例 1.43 半径为 r 的火车车轮沿轨道做无滑动的纯滚动,如图 $1-5-7$(a)所示,为防止火车脱轨,车轮有半径为 R 的轮缘。轮缘上 A 点的运动轨迹的一段如图 $1-5-7$(b)所示,求图 $1-5-7$(b)中标出所谓的"轮套"的宽度 δ。

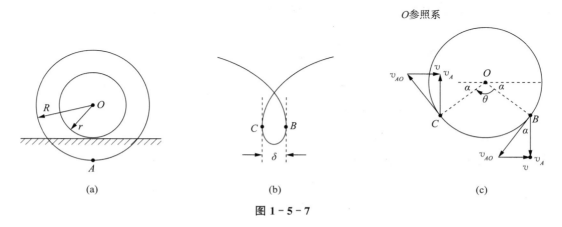

图 $1-5-7$

解 不妨设火车以速度 $\vec{v}$ 向右匀速行驶。车轮的内轮紧贴轨道做无滑动滚动,故车轮转动的角速度 $\omega = \dfrac{v}{r}$。

利用速度叠加,可将质点 A 的速度 $\vec{v}_A$ 表示为：

$$\vec{v}_A = \vec{v}_{AO} + \vec{v}_{O\text{地}}$$

A 绕 O 做匀速圆周运动,$\vec{v}_{AO}$ 是 O 参照系中的线速度;O 相对于地面匀速运动,故有：

$$|\vec{v}_{AO}| = \omega R = v \cdot \frac{R}{r}, \quad \vec{v}_{O\text{地}} = \vec{v}$$

在地面参照系中质点 A 的轨迹如图 $1-5-7$(b)所示,A 的速度应沿轨迹的切线方向,故在 B、C 位置,质点 A 的速度方向应为竖直向下、竖直向上。

在 O 参照系中找出质点 A 在 B、C 位置时与 O 的位置关系,如图 $1-5-7$(c)所示,注意 $\vec{v}_A$ 是在竖直方向的。依照图中关系,质点处于 B、C 位置时线速度与竖直方向夹角 α 为：

$$\alpha = \arcsin \frac{v}{|\vec{v}_{AO}|} = \arcsin \frac{r}{R}$$

质点 A 从 B 位置运动到 C 位置的过程中,轮转过角度 θ 为：

$$\theta = \pi - 2\alpha = \pi - 2\arcsin\frac{r}{R}$$

故这段过程的时长 t 为：

$$t = \frac{\theta}{\omega} = \frac{\pi - 2\arcsin\dfrac{r}{R}}{\dfrac{v}{r}}$$

画出地面参照系中质点 A 处于 B、C 位置时轮位置的详图，如图 $1-5-8$ 所示。在这段过程中，O 在地面参照系上运动了距离 d：

$$d = vt = \left(\pi - 2\arcsin\frac{r}{R}\right)r = 2r\arccos\frac{r}{R}$$

依照图 $1-5-8$ 中关系，可以推导：

$$\delta = 2 \cdot \frac{\delta}{2} = 2\left(R\cos\alpha - \frac{d}{2}\right)$$

将 α 与 d 代入上式，有：

$$\delta = 2\sqrt{R^2 - r^2} - 2r\arccos\frac{r}{R}$$

即为所求。

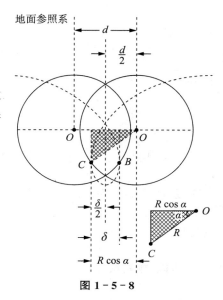

图 $1-5-8$

例 1.44 （1）求抛物线 $y = ax^2 (a \neq 0)$ 上任意点的曲率半径，分别用 x、y 表示。

（2）求长半轴为 a、短半轴为 b 的椭圆在其长轴顶点和短轴顶点的曲率半径。

（3）求等距螺旋线在任意点的曲率半径，设螺旋线所在的圆柱面的半径为 R，螺距为 h。

解 （1）本书上一节曾提到，平抛运动可以取到任意形状的抛物线。不妨考察一初速为 v_0 的平抛运动，以抛出点为原点、v_0 方向为 x 轴正方向、竖直向下为 y 轴正方向建立平面直角坐标系 xOy。

如图 $1-5-9$ 所示，此平抛运动的轨迹方程为 $y = \dfrac{g}{2v_0^2}$

x^2。抛出后 t 时间，速度大小 v、速度与竖直方向夹角 θ、法向加速度分量 a_n 分别为：

$$v = \sqrt{v_0^2 + g^2 t^2}$$

$$\theta = \arcsin\frac{v_0}{\sqrt{v_0^2 + g^2 t^2}}$$

$$a_n = g\sin\theta = \frac{gv_0}{\sqrt{v_0^2 + g^2 t^2}}$$

根据 $a_n = \dfrac{v^2}{R}$ 可计算得该时刻质点所在位置抛物线的曲率半径 R：

$$R = \frac{(v_0^2 + g^2 t^2)^{\frac{3}{2}}}{g v_0}$$

上式用 t 作为参数，表示出了抛物线上各点的曲率半径。利用 $x = v_0 t$ 和 $y = \dfrac{1}{2} g t^2$，可以消去 t，用 x 或 y 表示 R：

$$R = \frac{(v_0^4 + g^2 x^2)^{\frac{3}{2}}}{g v_0^4}, \quad R = \frac{(v_0^2 + 2gy)^{\frac{3}{2}}}{g v_0}$$

以平抛轨迹 $y = \dfrac{g}{2 v_0^2} x^2$ 代表一般的抛物线方程 $y = a x^2$，就是以"$\dfrac{g}{2 v_0^2}$"作为系数"a"。现在在 R 的表达式中用 a 替换 $\dfrac{g}{2 v_0^2}$，有：

$$R = \frac{(1 + 4a^2 x^2)^{\frac{3}{2}}}{2a}, \quad R = \frac{(1 + 4ay)^{\frac{3}{2}}}{2a}$$

所以，抛物线 $y = a x^2$ 在 (x, y) 点的曲率半径可以用 x、y 分别表示为：$R = \dfrac{(1 + 4a^2 x^2)^{\frac{3}{2}}}{2a}$ 或 $R = \dfrac{(1 + 4ay)^{\frac{3}{2}}}{2a}$。

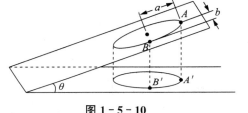

图 1-5-10

（2）构造物理模型，将题目要求的椭圆形轨道置于倾角 $\theta = \arccos \dfrac{b}{a}$ 的斜面上，如图 1-5-10 所示，使长轴倾角为 θ、短轴水平，显然椭圆在水平面上的投影是半径为 b 的圆周。不妨假想一质点 P 沿椭圆轨道运动，使其在水平面上的投影运动是速率为 v_0 的匀速圆周运动。

考虑质点 P 在长轴顶点 A 的瞬间，投影运动在 A' 点。设 A 处曲率半径为 R_A，其运动和投影运动满足关系：

$$v_A = v_0, \quad a_A \cdot \cos\theta = a_{A'}$$

$$a_{nA} = \frac{v_A^2}{R_A}, \quad a_{A'} = \frac{v_0^2}{b}$$

联立上述四式可以解得：

$$R_A = b \cdot \cos\theta = \frac{b^2}{a}$$

考虑质点 P 在长轴顶点 B 的瞬间，投影运动在 B' 点。设 B 处曲率半径为 R_B，其运动和投影运动满足关系：

$$v_B \cdot \cos\theta = v_0, \quad a_{nB} = a_{B'}$$

$$a_{nB} = \frac{v_B^2}{R_B}, \quad a_{B'} = \frac{v_0^2}{b}$$

联立上述四式可以解得：

$$R_B = \frac{b}{\cos^2\theta} = \frac{a^2}{b}$$

可以得到结论：该椭圆在长轴顶点处的曲率半径为 $\frac{b^2}{a}$，在短轴顶点处的曲率半径为 $\frac{a^2}{b}$。

（3）不妨使一质点沿此等距螺旋线做匀速率曲线运动，令速度为 v_0，令轴线方向为 z 轴正方向，如图 1-5-11 所示。

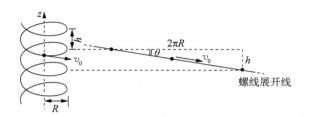

图 1-5-11

易知，质点在 z 轴正方向做匀速直线运动，在垂直 z 轴正方向的平面方向上做匀速圆周运动。故质点在 z 轴正方向上没有加速度分量，质点的加速度 a 等于质点在垂直 z 轴正方向上分运动（匀速圆周运动）的加速度。

想象螺旋线缠绕在一半径为 R 的圆柱侧面，若将螺旋线随圆柱展开到一平面上，则螺旋线会被展平为一根平面上的直线。如图 1-5-11 所示，每一圈螺线展开后，对应着图中下降 h 和向右一个圆柱面周长 $2\pi R$。由于 v_0 沿螺线切线方向，由此知道，v_0 与水平面的夹角为图中的 θ，θ 满足：

$$\theta = \arccos \frac{2\pi R}{\sqrt{4\pi^2 R^2 + h^2}}$$

如图 1-5-12 所示，在垂直 z 轴正方向上的分速度大小 $v_{0\perp}$ 为：

$$v_{0\perp} = v_0\cos\theta = v_0 \cdot \frac{2\pi R}{\sqrt{4\pi^2 R^2 + h^2}}$$

故质点的加速度 a 等于匀速圆周运动的加速度：

$$a = \frac{v_{0\perp}^2}{R} = \frac{v_0^2}{R + \dfrac{h^2}{4\pi^2 R}}$$

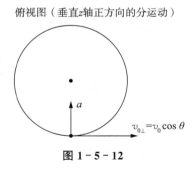

俯视图（垂直 z 轴正方向的分运动）

图 1-5-12

容易看出，加速度 a 与 v_0 垂直，故加速度 a 本身即为向心加速度。根据曲率半径满足的关系 $a = \dfrac{v_0^2}{R_曲}$，结合上式知：

$$R_曲 = R + \frac{h^2}{4\pi^2 R}$$

例 1.45 如图 1-5-13(a)所示，一只兔子以不变的速度 v_1 沿直线 AB 奔跑，一只猎犬以不变的速率 v_2 追击，其运动方向始终对准兔子。某时刻，兔子在 F 点，猎犬在 D 点。已知 $FD \perp AB$ 且 F、D 间的距离为 L。求：(1)此时刻猎犬的加速度；(2) 若 $v_2 > v_1$，求从此刻开始,猎犬过多久追上兔子?

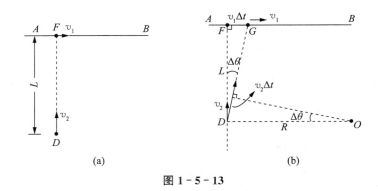

图 1 - 5 - 13

解 (1)从出发起考察趋向于 0 的时间段 Δt 内的运动,如图 1 - 5 - 13(b)所示,画出 Δt 初末时刻猎犬与兔子的运动状态示意图,猎犬速度方向始终指向兔子。

在 Δt 时间内,兔子向 B 运动到 G,路程 $v_1 \Delta t$,猎犬运动了路程 $v_2 \Delta t$,将猎犬的这段运动轨迹看成一小段弧,则弧长 $\Delta l = v_2 \Delta t$。

初末状态的 v_2 应是切线方向,作两条垂直于 v_2 的法线相交于 O,则 O 为曲率圆圆心、OD 长为曲率半径 R。由于 $\Delta \theta$ 趋向于 0,圆心角 $\Delta \theta$ 可以在 $\triangle DFG$ 中找到:

$$\Delta \theta = \tan \Delta \theta = \frac{v_1 \Delta t}{L}$$

故在曲率圆中有:

$$\frac{v_1 \Delta t}{L} = \Delta \theta = \frac{\Delta l}{R} = \frac{v_2 \Delta t}{R}$$

比较上式左右两边,解得 R:

$$R = \frac{v_2}{v_1} L$$

由于猎犬速率不变,故没有切向加速度,其加速度 a 指向圆心 O,等于法向加速度 a_n:

$$a = a_n = \frac{v_2^2}{R} = \frac{v_1 v_2}{L}$$

综上所述,猎犬加速度 $a = \frac{v_1 v_2}{L}$,方向沿 AB 方向。

(2)将时间 t 平均分为 n 份趋向于 0 的时间段 Δt_1、Δt_2、$\cdots$、Δt_n,则每段时间内猎犬的速度方向应该几乎不发生变化。

设第 i 段时间段 Δt_i 内猎犬的速度和 AB 方向夹角为 θ_i,如图 1 - 5 - 14 所示,则在 Δt_i 内猎犬沿 AB 方向的速度分量为 $v_2 \cos \theta_i$,兔子沿猎犬与兔子的连线方向的速度分量为 $v_1 \cos \theta_i$。故在 Δt_i 内,猎犬沿 AB 方向运动的位移 Δs_{AB} 为:

$$\Delta s_{ABi} = v_2 \cos \theta_i \cdot \Delta t_i$$

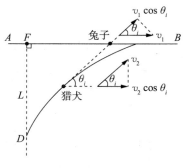

图 1 - 5 - 14

猎犬与兔子之间的距离缩短 Δl_i：

$$\Delta l_i = (v_2 - v_1 \cos \theta_i) \Delta t_i$$

现在考察从出发到追上的整段时间 t 内的运动，兔子与猎犬在 AB 方向通过的距离应相等，有：

$$v_1 t = \Sigma (v_2 \cos \theta_i \Delta t_i) \qquad \text{①}$$

兔子与猎犬之间的距离从 L 变为 0，共缩短了：

$$L = \Sigma (v_2 - v_1 \cos \theta_i) \Delta t_i \qquad \text{②}$$

将①②式变形后，可得方程组：

$$\begin{cases} v_1 t = v_2 \cdot (\Sigma \cos \theta_i \Delta t_i) \\ L = v_2 t - v_1 \cdot (\Sigma \cos \theta_i \Delta t_i) \end{cases}$$

将 $(\Sigma \cos \theta_i \Delta t_i)$ 整体看作一个未知量，在方程组中消去它，可以解出：

$$t = \frac{v_2 L}{v_2^2 - v_1^2}$$

即为所求。

本章习题

1. 两个相同的正方形铁丝框按如图所示方式叠放,并同时沿对角线分别以 v 和 $2v$ 向左、右两边移动,求两框交点 M 的运动速度大小。

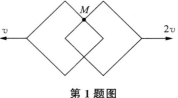

第 1 题图

2. 如图所示,两个小环 O 和 O' 分别套在两根静止不动的竖直杆上,一根不可伸长的细绳一端系在 A' 点上,穿过环 O' 后,另一端系在环 O 上。若环 O' 以恒定速度 v_1 向下运动,当 $\angle AOO' = \alpha$ 时,求环 O 的速度 v_O。

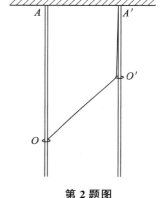

第 2 题图

3. 顶杆 AB 可在竖直滑槽 K 内滑动,其下端由凸轮 M 推动,凸轮绕 O 轴以匀角速度 ω 转动,如图所示,在图示的瞬间,凸轮轮缘与 A 接触处法线 n 与 OA 之间的夹角为 α,$|OA| = r$,试求此瞬时顶杆 AB 的速度 v。

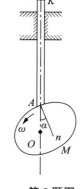

第 3 题图

4. 长度分别为 l_1 和 l_2 的两根硬杆在 A 点由铰链相连,两杆自由端沿着一条直线分别以速度 v_1 和 v_2 互相分离(如图所示),求当两杆垂直时 A 点的加速度大小。(设两杆的运动在同一平面中)

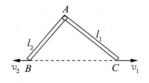

第 4 题图

5. 长均为 L 的两杆用铰链 P 相连,如图所示,杆 OP 的 O 端用铰链 O 固定,另一根杆 PQ 的自由端 Q 以大小和方向恒定的速度 v_0 运动,并且速度 v_0 平行于此时两杆夹角 $\angle OPQ$ 的角平分线。求当 $\angle OPQ = 2\alpha$ 时,铰链 P 点的加速度 a 的大小和方向。

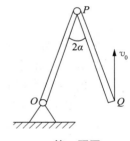

第 5 题图

6. 一人身高 h,在灯下以匀速率 v_A 沿水平直线行走。如图所示,设灯距地面高度为 H,求人影的顶端 M 点沿地面移动的速度大小。

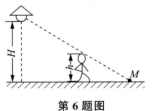

第 6 题图

7. 狐狸追赶野兔,方向始终对准野兔。兔子总想沿着朝向狐狸运动的反方向逃跑,但兔子过度紧张,总在斜着眼看后方的狐狸,使得实际上兔子的速度始终与它们的连线成 $\theta = 60°$ 角,如图所示。开始兔子与狐狸之间距离为 L,它们速度大小均等于 v,问经过多少时间狐狸追上野兔?

第 7 题图

8. 在舞台上,甲、乙、丙、丁四位舞蹈演员分别从边长为 a 的正方形顶点 A、B、C、D 出发,随舞曲节拍以平均速率 v 运动,其舞蹈行进的规则为:以舞曲的若干节拍为时间单位,在第一个时间单位里,他们始终保持甲朝乙、乙朝丙、丙朝丁、丁朝甲运动;在第二个单位时间内,则始终保持甲朝丁、丁朝丙、丙朝乙、乙朝甲运动;往后若四位演员一直以上述方式交替运动。求:(1)经过多少时间四人相遇;(2)每位演员行进的路程;(3)甲演员刚开始运动瞬间的加速度。

9. 如图所示,五个质点 A、B、C、D、E,某一时刻正好位于一个半径为 R 的圆上五个等分的位置。今让各质点均以速率 v 运动,而且在运动中质点 A 始终指着 C,质点 B 始终指着 D,质点 C 始终指着 E,质点 D 始终指着 A,质点 E 始终指着 B。试问:

(1) 从开始直至五个质点汇聚到一点所经历的时间为多长?

(2) 质点 A 在运动中将沿一条曲线运动,初始时此曲线的曲率半径为多大?

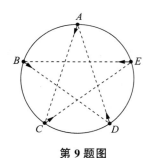

第 9 题图

10. 当船速为 20 km/h 时,船桅杆上旗与航向成 60°角。不改变航向,船速增加一倍时,旗与航向成 30°角,试根据这些数据,求:(1)风速大小(可视为恒定);(2)当船速为多少时旗与航向所成的角度为 90°。

11. 某商场内底层至二楼之间有一部电动扶梯以恒定的速度运转着,有人用某个相对于电梯不变的速率从底端走至二楼过程中共踏过 N_1 级踏板,用相同的相对于电梯的速率由二楼走到底端过程共踏过 N_2 级踏板。问:若电动扶梯停止不动,则从底层至二楼之间应可以看到几级踏板?

12. 一人划船横渡一条河,船相对于水的速度为 v_1,水流的速度为 v_2,且 $v_1 > v_2$。当人划船的划行方向垂直于河岸时,渡河时间为 T_1;当航线与河岸垂直时,渡河时间为 T_2。试求船相对于水的速度与水流速度之比。

13. 如图所示,质点 1 和质点 2 同时从 A、B 两点出发,分别以速度 v_1 沿 AB 和以速度 v_2 沿 BC 做匀速直线运动,BC 和 BA 的夹角为 α,开始时质点 1 和质点 2 距离为 l,试求两质点之间的最短距离。

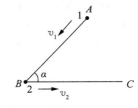

第 13 题图

14. 反坦克手站在离公路 $h = 50$ m 远的地方,路上有一敌方坦克驶来,如图所示,坦克速度为 $v_1 = 10$ m/s。若这时坦克与反坦克手相距为 $s = 200$ m。已知反坦克手带上了装备,全力奔跑的速度为 $v_2 = 3$ m/s,问反坦克手应向什么方向跑才能尽快与坦克相遇?又当反坦克手的速度小于多少时就不可能遇上坦克?

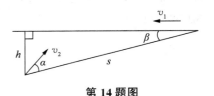

第 14 题图

15. 如图所示，一个半径为 R 的轴环 O_1 立在水平面上，另一个同样的轴环 O_2 以速度 v 从这个轴环旁通过。求两轴环上部交叉点 A 的速度大小 v_A 与两环中心的间距 d 之间的关系。（轴环很薄且第二个轴环紧靠第一个轴环）

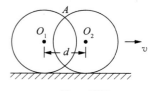

第 15 题图

16. 如图所示，曲柄滑杆由曲柄 OA 和滑杆组成。曲柄 OA 长为 R，以角速度 ω 转动。滑杆由导杆 BC 和圆弧形滑槽焊接而成，滑杆可沿水平方向滑动，圆弧形滑槽半径为 R，圆弧形滑槽的圆心在导杆 BC 上，曲柄的 A 端卡在圆弧形滑槽中。当该结构在图示位置时，曲柄与水平线交角 $\theta=30°$，求此时滑杆的速度。

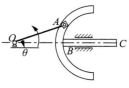

第 16 题图

17. 如图所示，长为 l 的细杆两端 A 和 B 分别在 x 轴和 y 轴上运动，B 端沿 y 轴负方向以速度大小 v_B 做匀速直线运动。杆上 P 点离 B 端距离为杆长 l 的 k 倍（$0<k<1$）。当杆与 y 轴夹角为 θ 时，求 P 点的加速度。

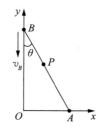

第 17 题图

18. 从地面上的同一地点分别以 v_1 和 v_2 的初速度先后竖直向上抛出两个可视为质点的小球 A、B。B 被抛出后经过 Δt 时间，A、B 两个小球在空中相遇。已知抛出 B 时 A 还在空中，且 $v_2>v_1$，问：Δt 最大为多少？

19. 蚂蚁离开巢沿直线爬行,它的速度与蚂蚁到蚁巢中心的距离成反比。当蚂蚁爬到距巢中心 $L_1=1$ m 的 A 点处,速度是 $v_1=2$ cm/s。蚂蚁运动轨迹上的 B 点到巢中心距离 $L_2=2$ m。问:蚂蚁从 A 点爬到 B 点需要多少时间?

20. 一只蜘蛛把一条长 1 m 的"超弹性"丝线的一端固定在一堵竖直墙上,丝线上某处趴着一小毛虫。饥饿的蜘蛛静止不动地待在丝线的另一端,以 $v_0=1$ cm/s 的速度匀速拉动丝线,同时小毛虫以 1 mm/s 的速度相对于丝线向墙的方向逃跑。试讨论小毛虫能否逃到墙上?

第 20 题图

21. 如图所示,半径为 R 的水平圆板做匀速转动,在圆板中心轴正上方 h 处以初速度 v_0 水平抛出一小球,抛出时圆板上的半径 OB 刚好与 v_0 平行。不计空气阻力。(1)若小球恰好落在圆板上的 B 点,则初速度 v_0 为多少? 圆板转动的角速度满足什么条件?(2)若每隔相等的时间都以相同的初速度抛出一小球,小球出射频率为 N,则发现小球在板边缘共有6个均匀分布的落点,问:圆板转动的角速度为多少?

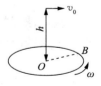

第 21 题图

22. 如图所示，MN 为一竖直墙面，距墙面 L 的 A 点固定有一点光源。现从 A 点把一小球以水平速度向墙面抛出，问小球在墙面上的影子运动做何种运动？

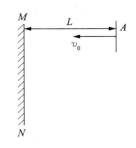

23. 如图所示，AB 为斜面，BC 为水平面，从 A 点分别以 v_0 和 $2v_0$ 的速度水平抛出两小球，两小球的射程记为 s_1、s_2。不计空气阻力，求 s_1 与 s_2 的比值的范围。

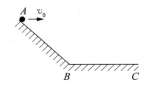

第 23 题图

24. 在一倾角为 θ 的山坡脚下有一门大炮，以初速度 v_0 沿和坡面成 β 角的方向射击山坡上一目标，结果炮弹恰好沿垂直于坡面方向击中目标。求：(1)山坡坡面的倾角 θ；(2)炮弹击中目标时速度的大小 v_t；(3)射击目标与大炮间的距离 L。

25. 如图所示，水平面上有一半球形碗，碗口处于水平面，球心为 O，半径为 R。从碗沿以一指向球心的初速度平抛一小球，问小球是否可能垂直击中碗的内表面？若可能，求出小球下落的高度；若不可能，说明理由。

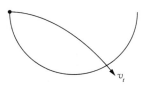

第 25 题图

26. 公园的转椅以恒定的角速度 ω 绕其竖直对称轴在水平面内做匀速运动,如图所示,转椅上的人以相对转椅 v 的速度平抛一小球,为使小球能击中转椅架底部中心点 O,试求 v 的大小。(已知小球抛出点比 O 点高 h,与竖直转轴的距离为 R)

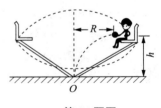

第 26 题图

27. 一架飞机沿水平方向做匀速直线运动,每隔相等时间从飞机上落下一物,不计空气阻力,问各物体处于一根怎样的曲线上?若飞机做匀加速运动,结果又如何?

28. 如图所示,质点以速率 v_0 自空中某点 O 射出,欲使其以最短的时间到达与水平面成 α 角的平面 MN,试求抛射角 θ。

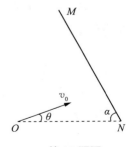

第 28 题图

29. 如图所示,有一只虫子静止在开口的方盒里,方盒很薄,内壁光滑,其形状是边长 $h=30\sqrt{3}$ cm 的正方体。虫向任意方向起跳的最大速率都是 $v_0=3$ m/s,为使虫子能从盒内一次性跳出,放置盒子与水平面所成的最小角度 θ 是多少?

第 29 题图

30. 如图所示,在宽 s、高 H 的矩形障碍物左侧的水平地面上与障碍物相距为 $\dfrac{s}{2}$ 的 A 点,斜向上射出一质量为 m 的小球,结果小球越过障碍物,且正好击中障碍物右侧水平地面上与障碍物相距 $\dfrac{s}{2}$ 的 B 点。

(1)若小球以最低的抛物线越过障碍物并击中 B 点,求小球的初速度大小 v_0;

(2)在障碍物高度 H 满足什么条件时,小球的最小初速度大小 $v_{0\min}$ 与障碍物高度 H 无关?求出此时小球的初速度大小 $v_{0\min}$。

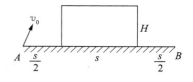

第 30 题图

31. 如图所示,在倾角为 α 的斜面上有一点 A,从 A 点向斜面下方抛出一小球,小球初速度为 v_0,初速度与斜面的夹角为 θ,求:

(1)若 v_0 大小固定,问 θ 为多少时落点与 A 的距离最大?并求此最大距离 $l_{\max}$。

(2)在 A 点下方斜面上有另一点 B,A、B 间的距离为 l,l 小于上一小题中的 $l_{\max}$。仍以大小确定的初速 v_0 将小球抛出,若要小球击中 B,问应使 θ 等于多少?

(3)在(2)中改变 θ,为使小球击中 B,需要的最小初速度大小 $v_{0\min}$ 多大?$v_{0\min}$ 对应的 θ 为何值?

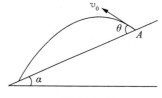

第 31 题图

32. 如图所示,以大小为 v_0 的初速度将一小球从 A 抛出并砸中 B 的可能抛体运动轨迹有两条,一条用时 t_1,另一条用时 t_2。若 A、B 之间的距离为 L,求 t_1 与 t_2 的乘积。

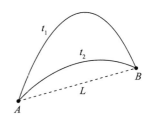

第 32 题图

33. 一位同学把球投入篮圈,为了在以与水平方向成$\alpha_1=30°$角投射时命中,他应该使球具有初速度$v_1=v$,而以$\alpha_2=60°$角投射时则初速度$v_2=\dfrac{v}{2}$。问:篮圈相对投掷点的高度h为多少? 抛出点与篮圈的连线与水平方向的夹角θ是多少?(假设每次从同一点投射,忽略空气阻力)

34. 如图所示,高为h的旗杆顶端有一物P,一个很矮的小男孩在距离旗杆底端A点距离s处的O点欲用弹弓弹射小石块击中物P。记弹弓弹射出的小石块初速度为v_0,问小石块能击中物P的最小v_0值为多少? 石块的出射方向与水平方向的夹角θ为多大?

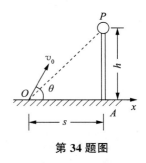

第 34 题图

35. 在同一抛掷点,用相同大小的初速度v_0在同一竖直面内以各不相同的抛射角抛出物体,求各抛物线轨道的最高点所组成曲线形状。

36. 炮弹欲击中地面上某一目的物。但若以仰角α发射,则落在目的物前a米;若以仰角β发射,则落在目的物后b米。假定炮弹的出口速度相同,并且空气阻力不计,试证:击中目的物的适当仰角应为$\dfrac{1}{2}\arcsin\left(\dfrac{a\sin 2\beta+b\sin 2\alpha}{a+b}\right)$。

37. 如图所示,一枪自同一点射出两颗子弹,发射的时间间隔为 Δt 秒。若两子弹在同一竖直平面内运动,则其相遇的条件为:

$$2v_0\sin\frac{\alpha_1-\alpha_2}{2}=g\Delta t\cos\frac{\alpha_1+\alpha_2}{2}$$

其中 α_1、α_2 为两次发射的仰角,v_0 为初速度大小。试证之。

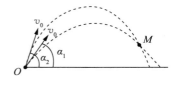

第 37 题图

38. 当人在电影银幕上看到汽车向前行驶时,如图所示的车轮并没有转动时,则汽车运动可能的最小速度约为多少?(已知电影每秒钟放映 24 帧画面,车轮半径为 0.5 m。)

第 38 题图

39. 电风扇在闪光灯下运转,闪光灯每秒钟闪光 30 次。风扇的叶片有三个,均匀安装在转轴上,如图所示。已知人的视觉暂留时间为 0.1 s,则当观察者感觉叶片有六个时,风扇的转速可能是多少?

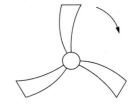

第 39 题图

40. (1) 在听磁带录音机的录音时发觉:带轴上带卷的半径经过时间 $t_1=20$ min 减小一半。问:此后半径又减小一半需要多少时间 t_2?

(2) 磁带录音机的空带轴以恒定角速度转动,重新绕上磁带。绕好后带卷的末半径 $r_{末}$ 为初半径 $r_{初}$ 的 3 倍。绕带的时间为 t_1。要在相同的带轴上重新绕上带长相同、厚度为原磁带一半的薄磁带,问:需要多少时间 t_2?

41. 在海面上有三艘轮船,船 A 以速度 u 向正东方向航行,船 B 以速度 $2u$ 向正北方向航行,船 C 以速度 $2\sqrt{2}u$ 向东偏北 $45°$ 方向航行。在某一时刻,船 B 和 C 恰好同时经过船 A 的航线并位于船 A 的前方,船 B 到船 A 的距离为 a,船 C 到船 A 的距离为 $2a$。若以此时刻作为 0 时刻,求在 t 时刻 B、C 两船连线的中点 M 到船 A 的连线 MA 绕 M 点转动的角速度 ω。

42. 如图所示,在光滑水平面上立着一根半径为 R 的竖直圆柱子,借助长为 L 的细长线将小冰球与柱子相连。开始冰球位于平面上并且线被拉紧,现在猛一推冰球,使其具有垂直于线的初速度度 v_0,于是冰球开始绕柱子运动,将线缠在柱子上,若线系在柱子下部,靠近冰球滑动的平面,问:经过多少时间后线全部缠在柱子上?

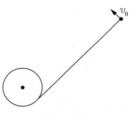

第 42 题图

43. 如图所示,半径为 R 的圆柱夹在互相平行的两板之间,两板分别以速度 v_1、v_2 反向运动,圆柱与板之间无相对滑动。问:圆柱上与板接触处的 A 点的加速度 a 是多少?

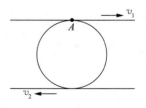

第 43 题图

44. 一只兔子以恒定速度 5 m/s 沿直线奔跑,某一时刻狐狸发现了这只兔子,就开始追它。狐狸速度大小恒定为 4 m/s,并且速度方向始终指向兔子所在的点。起初它们之间的距离减小,后来开始增加,最近距离为 30 m。求狐狸与兔子相距最近时狐狸的加速度 a 的大小。

45. 与水平方向成 α 角以初速度 v_0 抛出石块,石块将沿某一轨迹运动,且石块上升的最大高度为 H。如果一只鸟以大小恒定的速率 v_0 沿这轨迹飞行,求鸟飞到高度 $\dfrac{H}{2}$ 处的加速度。（空气阻力不计）

46. 一质点在半径为 R 的圆柱表面等螺距螺旋线上做匀速率运动,已知此螺旋线的曲率半径为 ρ,质点在垂直于轴平面内的投影的运动周期为 T,求质点做此螺旋线运动中沿轴方向的分速度为多大。

47. 仿照例 1.42 和例 1.44 的方法,自选参量,求摆线上任意一点的曲率半径。（摆线是指:圆柱体在水平面上做无滑动的滚动时,圆柱体边缘上固定点的运动轨迹。）

第二章　牛顿运动定律

第一节　牛顿运动定律

本节简单地回顾和拓展一些知识。

第一章曾提到,牛顿的经典力学可以分为运动学和动力学,运动学描述物体的运动,动力学解释物体为何按某种特定的方式运动。牛顿运动定律是整个经典力学的动力学基础,一切经典力学的动力学结论都由牛顿运动定律导出的。牛顿运动定律是每一位物理学习者的必修课。

一、牛顿运动定律

牛顿运动定律有三,也被称为牛顿三定律,表述如下:

牛顿第一定律:质点总是保持静止或匀速直线运动状态,直到有外力迫使它改变这种运动状态为止。

牛顿第二定律:质点的加速度大小与质点所受合外力大小成正比,与质点的质量成反比。质点的加速度方向与合外力方向相同。

牛顿第三定律:相互作用的两质点间的作用力和反作用力总是大小相等、方向相反、作用在同一条直线上。

牛顿第一定律中的**运动状态**是指速度这一物理量,质点的运动状态改变是指质点的速度发生变化,质点的运动状态不变是指质点的速度大小和速度方向都不发生变化。质点保持原有运动状态的属性称为惯性,牛顿第一定律也称惯性定律。

对于任意质点,合外力 $\Sigma \vec{F} = \vec{0}$ 时,牛顿第一定律有数学表达:

$$\vec{a} = \vec{0}$$

对于任意质点,牛顿第二定律有数学表达:

$$\vec{a} = k \frac{\Sigma \vec{F}}{m} \tag{2.1.1}$$

其中,$\vec{a}$ 是质点的加速度,m 是该质点的质量,$\Sigma \vec{F}$ 是该质点所受的合外力。取力的单位为 $kg \cdot m/s^2$,能使 $k=1$,于是牛顿第二定律成为:

$$\vec{a} = \frac{\Sigma \vec{F}}{m} \tag{2.1.2}$$

为纪念牛顿的伟大贡献,称此单位为牛顿,简称牛,用 N 表示,即 $1\ N = 1\ kg \cdot m/s^2$。

在对质点进行受力分析时,可以利用牛顿第二定律的分量式将矢量运算化为加减运算,例如在空间直角坐标系 $O\text{-}xyz$ 中,沿 x、y、z 轴正方向分别有:

$$\Sigma \vec{F}_x = m\vec{a}_x,\ \Sigma \vec{F}_y = m\vec{a}_y,\ \Sigma \vec{F}_z = m\vec{a}_z \tag{2.1.3}$$

其中，$\sum \vec{F}_x$为质点受到的各个力沿x轴正方向分量的代数和，$\vec{a}_x$是加速度$\vec{a}$在x轴方向上的分量；另两个方向类似。

对于任意两质点，质点1和质点2，牛顿第三定律有数学表达：

$$\vec{F}_{12} = -\vec{F}_{21} \tag{2.1.4}$$

其中，$\vec{F}_{12}$是质点1对质点2的作用力，$\vec{F}_{21}$是质点2对质点1的作用力。从牛顿第三定律知道，作用力和反作用力同时出现或消失。

牛顿三定律的对象是质点，而并非适用于任意物体。

二、牛顿运动定律的适用范围

经典力学认为，质点间的相互作用不取决于参照系的选取，即：在任意参照系中看到的质点间的相互作用的受力情况都是等同的。从第一章中知道，在不同参照系中（例如有相对加速度的相互平动的参照系、有相互转动的参照系）同一质点有不同的加速度，这也就是说牛顿第一定律不可能在所有参照系都成立。

定义：满足牛顿第一定律的参照系称为**惯性参照系**，简称**惯性系**；不满足牛顿第一定律的参照系称为**非惯性参照系**，简称**非惯性系**。

从定义可以知道，质点在惯性系中具有惯性，质点在非惯性系中不具有惯性。**牛顿第二定律只在惯性参照系中成立**，在非惯性系中牛顿第二定律需要修正，这是因为牛顿第二定律$\vec{a} = \dfrac{\sum \vec{F}}{m}$明确包含一个特例：$\sum \vec{F} = \vec{0}$时$\vec{a} = \vec{0}$。

不妨在惯性系A和相对于A平动的参考系B中考察任意一个受合外力为0的质点P。根据惯性系的定义知惯性系A中P的加速度$\vec{a}_{PA} = \vec{0}$，则参考系B中质点P的加速度为：

$$\vec{a}_{PB} = \vec{a}_{PA} + \vec{a}_{AB} = \vec{a}_{AB} \tag{2.1.5}$$

所以，当$\vec{a}_{AB} = \vec{0}$时，B系为惯性系；当$\vec{a}_{AB} \neq \vec{0}$时，$B$为非惯性系。

这个结论可以方便地推广：惯性参照系有无穷多个，每两个惯性参照系之间必定相互平动且没有相对加速度。当某个参照系相对一个惯性系有相对加速度或有相对转动时，此参照系为非惯性系。

惯性系是一类特殊的参照系，但没有哪一个惯性系比其他惯性系更特殊。无数实验告诉物理学家，在所有惯性系中，物理规律都是等同的，这个论断称为**狭义相对性原理**。

在经典力学中，牛顿第一定律看似是牛顿第二定律的特殊情况，但其实牛顿第一定律的本质和作用是定义了惯性参照系，参照系满足牛顿第一定律是使用牛顿第二定律的条件。在使用牛顿运动定律时，原则上要先使用牛顿第一定律来判断所选参照系是否是惯性参照系，再使用牛顿第二定律和牛顿第三定律考查问题。

在考察近地表面的物理问题时，常认为地面参照系是一个惯性系，相对于地面平动的无加速度的参照系也是惯性系；在考察月球或人造卫星绕地球转动时，常认为地球有自转，并取地轴不动的参照系为惯性系；在考察太阳和行星之间的相对运动时，常认为太阳参照系是一个惯性系……我们将在第三节非惯性系中讨论惯性系的选取问题，以后，不特殊指明，都在惯性系中考察动力学。

另外，所有科学理论都有适用范围，经典力学只有在满足：**低速**、**宏观**和一些其他条件时才能使用。低速是指质点的速度远小于真空中的光速；宏观是与微观相对应的概念，宏观和微观没有明确的界限，在这里宏观可理解为：被抽象成质点的研究对象的大小远超原子、分子的尺度。高速条件下，经典力学需要用狭义相对论修正；微观世界中，经典力学要用量子力学替代。本册限于讨论经典力学适用的情况，关于狭义相对论和量子力学初步的内容，可参见本系列丛书第三册。

简单地说，一般可以认为牛顿运动定律的适用条件是：低速、宏观、惯性参照系。

三、质点系的牛顿第二定律

把多个质点看作一个整体，称这个整体为**质点系统**，简称**质点系**或**系统**。对于不可看作质点的任意物体，总是可以将物体切割为无数个小部分，使每一个小部分可以被看作质点，所以任意物体都可以看成是一个质点系，由多个物体和质点共同组成的整体也可以看作质点系。

现考虑由 n 个质点组成的质点系。用 F_i 表示质点系外物体对第 i 个质点的作用力，用 F_{ji} 表示第 j 个质点对第 i 个质点的作用力，用 m_i、a_i 分别表示第 i 个质点的质量和加速度。则可对每一个质点应用牛顿第二定律，有：

$$
\begin{cases}
F_1 + F_{21} + F_{31} + \cdots + F_{n1} = m_1 a_1 \\
F_2 + F_{12} + F_{32} + \cdots + F_{n2} = m_2 a_2 \\
F_3 + F_{13} + F_{23} + \cdots + F_{n3} = m_3 a_3 \\
\cdots \qquad\qquad \cdots \qquad\quad \cdots \\
F_i + F_{1i} + F_{2i} + \cdots + F_{ni} = m_i a_i \\
\cdots \qquad\qquad \cdots \qquad\quad \cdots \\
F_n + F_{1n} + F_{2n} + \cdots + F_{(n-1)n} = m_n a_n
\end{cases}
\tag{2.1.6}
$$

注意所有运算都是矢量运算。

将上述 n 式相加。根据牛顿第三定律，第 j 个质点对第 i 个质点的作用力 F_{ji} 和第 i 个质点对第 j 个质点的作用力 F_{ij} 满足：$F_{ji} + F_{ij} = 0$，可以发现，n 式相加后质点系内的质点之间的相互作用力都两两抵消了，等式成为：

$$
F_1 + F_2 + \cdots + F_n = m_1 a_1 + m_2 a_2 + \cdots + m_n a_n \tag{2.1.7}
$$

(2.1.7)式左边称为质点系所受的合外力，可用 ΣF 表示，(2.1.7)式成为：

$$
\Sigma F = m_1 a_1 + m_2 a_2 + \cdots + m_n a_n \tag{2.1.8}
$$

(2.1.8)式表达形式与牛顿第二定律相似，称为**系统的牛顿第二定律**。

如果将一质量为 M_A 的物体 A 视为质点系统，当物体 A 平动时，每一个质点的加速度都时刻保持一致，记为 a_A，故(2.1.8)式可改写为：

$$
\Sigma F = (m_1 + m_2 + \cdots + m_n) a_A = M_A a_A \tag{2.1.9}
$$

系统的牛顿第二定律又变回了质点的牛顿第二定律的形式！这告诉我们，对于质点和平动物体，公式 $\Sigma F = ma$ 都是适用的。应该注意，当对平动物体使用公式 $\Sigma F = ma$ 时，实际上同时用到了牛顿第二定律和牛顿第三定律。

如果将多个平动的物体 A_1、A_2、$\cdots$ 看作一个质点系统，同样有：

$$
\Sigma F = M_{A_1} a_{A_1} + M_{A_2} a_{A_2} + \cdots \tag{2.1.10}
$$

(2.1.10)式也称为**系统的牛顿第二定律**。

请读者注意,对惯性系中的平动物体应用系统的牛顿第二定律时,其实同时用到了三个牛顿运动定律。转动物体的处理较为复杂,可见本书第五章。

"将世界中的小物体抽象为质点,对质点提出定律,再将所有物体都切割成质点来考察。"这样,原则上所有物体都可以用牛顿的理论来解释而不会出现矛盾,这是牛顿的创举,也是牛顿的天才之处。牛顿的理论是这样一种理论:只要知道了物体的初状态和物体间的相互作用规律,就能无限精确地预言将来。他的理论非常成功,他的理论与实验符合得如此之好,以致于牛顿和当时代的物理学先驱认为世界是一台精密的机械。(所谓机械,也就是:无论有多复杂,只要知道机械初始的状态和机械的运行规律,就能无限精确地预言机械以后的运行状态。)这就是机械宇宙观。时至今日,现代物理的实验现象让大多物理学家不相信机械宇宙观,但"机械运动""机械能""机械振动""机械波"这些物理学名词中仍保留了"机械"二字。

四、其他预备知识提要

①摩擦力存在条件有三,缺一不可:接触面不光滑、有正压力、有相对运动或相对运动趋势。

②对简单模型考察时,通常认为摩擦力与接触面形状无关。当正压力 N 和接触面性质确定时,最大静摩擦力 $f_{静max}$ 略大于滑动摩擦力 $f_滑$,两者差异在计算时可忽略不计,令 $f_滑=\mu N$,称 μ 为动摩擦因数,μ 由接触面材料性质与粗糙程度决定。

③轻弹簧在其弹性限度内满足:$F=kx$。F 是轻弹簧对物体施加的弹力大小,x 是弹簧的形变量,k 称为弹簧的劲度系数,是一个由轻弹簧的性质唯一确定的常量。

五、常用模型和常用概念提要

先列举一些十分常见且基础的模型,读者应对这些模型的推导烂熟于心。

(一)自由落体运动和抛体运动

考虑一小物体做自由落体运动或抛体运动。小物体在运动过程中只受重力 mg 作用,根据牛顿第二定律有:物体的加速度 $a=\dfrac{mg}{m}=g$。故自由落体运动和抛体运动都是加速度为重力加速度的匀变速运动。

(二)沿斜面自由运动的物体

考虑一小物体在倾角为 θ 的固定斜面上自由地向上滑动,设物体质量为 m,物体与斜面间的动摩擦因数为 μ。

如图 2-1-1 所示画出受力图,将重力 mg 沿斜面方向和垂直斜面方向分解为 $mg\sin\theta$ 和 $mg\cos\theta$。由于小物体沿斜面运动,故小物体沿垂直斜面方向的加速度分量为 0,小物体的加速度应沿斜面方向。写出牛顿第二定律在沿垂直斜面方向和沿斜面方向的分量式:

$$\begin{cases} N-mg\cos\theta=0 \\ mg\sin\theta+f=ma \end{cases} \quad (2.1.11)$$

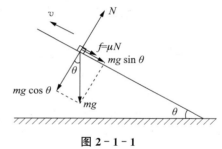

图 2-1-1

再根据 $f = \mu N$ 可以解得：

$$a = g\sin\theta + \mu g\cos\theta \tag{2.1.12}$$

注意到 a 是一个由 μ、g 和 θ 确定的值，与小物体的质量 m、速度 v 都无关，a 的方向沿斜面向下。这也就是说，装置确定后，小物体向上滑行时，做匀减速直线运动。

类似地，当小物体向下滑行时，小物体的加速度大小为 $a = |g\sin\theta - \mu g\cos\theta|$。当重力沿斜面向下分量 $mg\sin\theta$ 大于摩擦力 f 时，加速度方向向下，小物体匀加速下滑；当重力沿斜面向下分量 $mg\sin\theta$ 小于摩擦力 f 时，小物体匀减速下滑，若斜面够长，小物体将会减速到 0，之后摩擦力变为静摩擦，小物体静止在斜面上。

可以简单地推广，若在斜面上将小物体由静止释放，只有当重力沿斜面向下分量 $mg\sin\theta$ 大于最大静摩擦力时，小物体才会开始运动，小物体做加速度大小为 $a = g\sin\theta - \mu g\cos\theta$ 的匀加速直线运动。

特别地，当斜面光滑时，小物体自由向上或向下运动时，都做加速度大小为 $a = g\sin\theta$ 的匀变速直线运动。

（三）等时圆

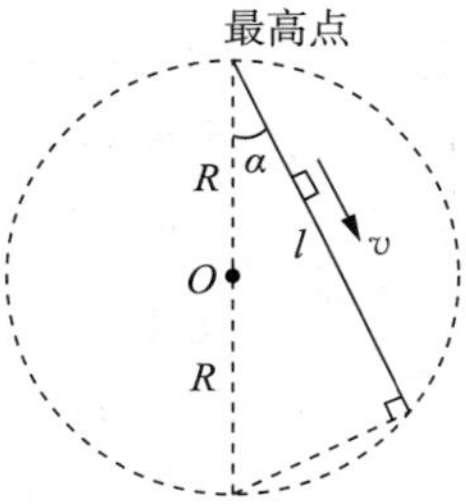

考虑竖直平面内的一个圆。在圆的最高点和圆周上任意一点之间架设一光滑直轨道，将一质点从轨道最高处由静止释放，使其在重力和弹力的作用下自由下滑。

不妨设圆半径为 R，光滑轨道与竖直方向夹角为 α，如图 2 - 1 - 2 所示，质点的加速度 a 和轨道长度分别为：

$$a = g\cos\alpha \tag{2.1.13}$$

$$l = 2R \cdot \cos\alpha \tag{2.1.14}$$

图 2 - 1 - 2

质点做初速为 0 的匀加速直线运动。则质点从轨道顶端滑至底端所需时间 t 为：

$$t = \sqrt{\frac{2l}{a}} = \sqrt{\frac{4R}{g}} \tag{2.1.15}$$

(2.1.15)式说明时间 t 与角 α 无关。这也就是说：如图 2 - 1 - 3 所示，从这个圆周的最高点到圆周上任意一点架设光滑轨道，质点从静止出发滑到轨道末端所需的时间 t 都相同；同理，如图 2 - 1 - 4 所示，若该质点从圆周上任意一点滑到圆周的最低点，时间也都相同。

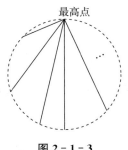

图 2 - 1 - 3

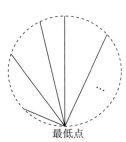

图 2 - 1 - 4

鉴于此优良的等时性质,称此类模型为**等时圆**。

此模型可以拓展,比如考察在同一竖直平面内的两个圆,使它们相切于各自的最高点和最低点,如图 2-1-5 所示。若架设多条过两圆切点的光滑直轨,使质点由静止出发,从一圆滑到另一圆,则这些过程也是等时的,时间 $t = \sqrt{\dfrac{4(R_1 + R_2)}{g}}$,请读者自证。也请读者思考,还有没有其他拓展方式?

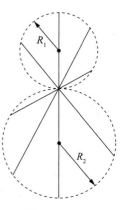

图 2-1-5

(四) 连接体问题

解决连接体问题,一般都要利用到相连接的各个物体受力和加速度之间的关系,其中常用且重要的关系有:

①若一根不可伸长的轻绳处于张紧的状态,则该绳上任意位置的内部张力都相等;

②若几个物体在趋向于 0 的 Δt 时间内的位移大小满足:$k_1 s_1 + k_2 s_2 + \cdots + k_n s_n = 0$,则它们之间的加速度满足:$k_1 a_1 + k_2 a_2 + \cdots + k_n a_n = 0$;若几个物体在趋向于 0 的 Δt 时间内的速度大小始终满足:$k_1 v_1 + k_2 v_2 + \cdots + k_n v_n = 0$,则它们之间的加速度也满足:$k_1 a_1 + k_2 a_2 + \cdots + k_n a_n = 0$;

③上述结论中若将位移(速度)换成某个方向的位移分量(速度)分量,结论依然成立;

④相互接触的物体间注意使用速度叠加和加速度叠加。

现在来看一些具体的应用例子。

例 2.1 如图 2-1-6(a)所示,质量为 M 的木块下用细绳悬挂着一质量为 m 的小球,木块沿倾角为 θ 的固定斜轨加速滑下时,小球相对木块静止且不与斜轨接触。已知木块与斜轨间的摩擦因数为 μ,求细线与竖直方向的夹角 α。

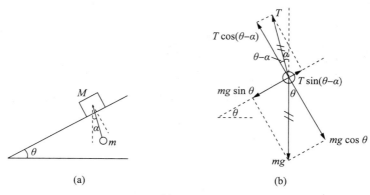

(a)　　　　(b)

图 2-1-6

解 对 M 和 m 组成的系统进行考察,根据前文结论,系统应做匀加速直线运动,加速度 a 为:

$$a = g \sin\theta - \mu g \cos\theta$$

再对小球进行受力分析,小球受到绳的拉力 T 和重力 mg,如图 2-1-6(b)所示,在垂

直斜面方向小球受力平衡,在沿斜面方向的力共同提供了合外力:

$$\begin{cases} T\cos(\theta-\alpha)=mg\cos\theta \\ mg\sin\theta-T\sin(\theta-\alpha)=ma=mg\sin\theta-\mu mg\cos\theta \end{cases}$$

化简上式,方程组成为:

$$\begin{cases} T\cos(\theta-\alpha)=mg\cos\theta \\ T\sin(\theta-\alpha)=\mu mg\cos\theta \end{cases}$$

消去 T 后,得到关于 α 的方程:

$$\tan(\theta-\alpha)=\mu$$

可解得 α:

$$\alpha=\theta-\arctan\mu$$

例 2.2 有一所有表面都光滑的斜面体 B 静止于水平面上,斜面体倾角为 θ。如图 2-1-7(a)所示,现将一小物体 A 置于斜面并由静止释放。已知小物体 A 和斜面体 B 的质量分别为 m_A、m_B,试求小物体 A 与水平面接触之前,A 和 B 的加速度。

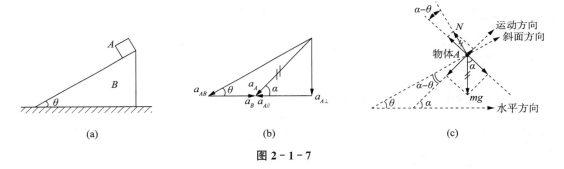

图 2-1-7

解 由于斜面体 B 光滑,斜面体 B 在物体 A 下滑时也会运动,于是 A 的速度和加速度不沿斜面方向。先来确定 A 的运动方向。根据加速度叠加,有:

$$\vec{a}_A=\vec{a}_{AB}+\vec{a}_B \qquad ①$$

$\vec{a}_B$ 是地面参照系中 B 的加速度,方向向右;$\vec{a}_{AB}$ 是 B 参照系中 A 的加速度,方向沿斜面方向向下。依照①式画矢量图,如图 2-1-7(b)所示,图中将 $\vec{a}_A$ 分解为了竖直方向 $\vec{a}_{A\perp}$ 和水平方向 $\vec{a}_{A/\!/}$。

以 A、B 为系统,系统在水平方向上不受外力,水平方向的系统的牛顿第二定律方程为:

$$m_A(-a_{A/\!/})+m_B a_B=0$$

故:

$$a_{A/\!/}:a_B:(a_B+a_{A/\!/})=m_B:m_A:(m_A+m_B) \qquad ②$$

以 α 表示 A 的加速度 $\vec{a}_A$ 与水平方向的夹角,则由 α 可确定 A 的运动方向。根据图 2-1-7(b)中的几何关系计算:

$$\frac{\tan\alpha}{\tan\theta}=\frac{\dfrac{a_{A\perp}}{a_{A//}}}{\dfrac{a_{A\perp}}{a_B+a_{A//}}}=\frac{a_B+a_{A//}}{a_{A//}}=\frac{m_A+m_B}{m_B}$$

从上式可确定 α：

$$\alpha=\arctan\left[\left(1+\frac{m_A}{m_B}\right)\tan\theta\right]$$

可以发现 α 是一个定值，说明自由释放后，A 做直线运动，A 的运动方向与水平方向的夹角为 α。

对 A 进行受力分析，如图 2-1-7(c)所示，将弹力 N 和重力 mg 沿运动方向和垂直运动方向分解，在两方向上可分别列出方程：

$$\begin{cases} m_A g\cos\alpha=N\cos(\alpha-\theta) \\ m_A g\sin\alpha-N\sin(\alpha-\theta)=m_A a_A \end{cases}$$

上述方程组有两个未知量：N、a_A。可以解得 a_A：

$$a_A=g\cdot[\sin\alpha-\cos\alpha\tan(\alpha-\theta)]$$

再根据图 2-1-7(b)和②式关系计算 B 的加速度大小 a_B：

$$a_B=\frac{m_A}{m_B}a_{A//}=\frac{m_A}{m_B}a_A\cos\alpha=g\cos\alpha\cdot[\sin\alpha-\cos\alpha\tan(\alpha-\theta)]\cdot\frac{m_A}{m_B}$$

综上，可以得到结论：

小球 A 的加速度与水平方向成 α 角，其大小 a_A 为：$a_A=g\cdot[\sin\alpha-\cos\alpha\tan(\alpha-\theta)]$；

斜面体 B 的加速度沿水平方向，其大小 a_B 为：$a_B=g\cos\alpha[\sin\alpha-\cos\alpha\tan(\alpha-\theta)]\dfrac{m_A}{m_B}$。其中，$\alpha=\arctan\left[\left(1+\dfrac{m_A}{m_B}\right)\tan\theta\right]$。

例2.3 如图 2-1-8(a)所示，地面上 O 点的正上方有 A、B 两点，相距为 h，B 点离地高度为 H，现在要在地面上寻找一点 P，在 AP 间和 BP 间分别架设光滑滑轨，使得质点由静止从 A 或 B 出发自由地滑到 P 点的时间相等。求 O、P 两点之间的距离 d。

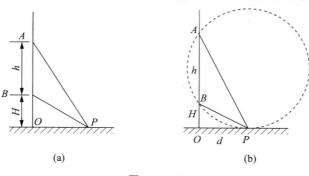

(a)　　　　　　　　　　(b)

图 2-1-8

解　根据等时圆的性质，A、B 一定在以 P 为最低点的同一个等时圆上，如图

2-1-8(b)所示。考察弦 BP，根据"弦切角等于圆周角"知：

$$\angle BPO = \angle OAP \qquad\qquad ①$$

而在直角三角形 OAP 中，有：

$$\angle OAP + \angle APO = \frac{\pi}{2} \qquad\qquad ②$$

由①②两式知：

$$\angle BPO + \angle APO = \frac{\pi}{2}$$

即两滑轨倾角互余。于是：

$$\tan\angle BPO = \cot\angle APO$$

即：

$$\frac{H}{d} = \frac{d}{h+H}$$

从上式可解出：

$$d = \sqrt{H(h+H)}$$

例 2.4 如图 2-1-9(a)所示，倾角为 θ 的斜面上方有一固定点 A，现在 A 和斜面上的一点间架设一根光滑轨道，使一小球从 A 由静止出发沿直轨滑到斜面上。为使小球的滑行时间最短，应使轨道与竖直方向夹角为多少？

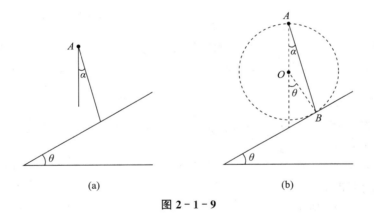

图 2-1-9

解 过 A 作一等时圆，使等时圆相切于斜面 B 点且 A 为等时圆最高点，如图 2-1-9(b)所示。

若从 A 点到切点 B 架设轨道，滑行时间等于"等时圆时间"；若从 A 点到斜面上其他点架设轨道，轨道总比等时圆的轨道长一些。显然，要使滑行时间最短，应在 A 点与切点间架设轨道。

连接切点 B 和圆心 O，由于半径 BO 垂直于切线（斜面），故 BO 与竖直方向夹角等于 θ，观察图 2-1-9(b)中的等腰三角形 OAB，θ 是顶角的外角，显然，AB 轨道与竖直方向夹角 α 为：

$$\alpha = \frac{1}{2}\theta$$

例 2.5 有一长轴竖直的椭圆,长半轴和短半轴分别为 a 和 b。有一质点由静止出发,沿椭圆的各光滑"直径"下滑,如图 2-1-10(a)所示,每次都由静止出发,从"直径"最高点滑到"直径"最低点。此质点沿光滑"直径"下滑所需要的最短时间 t_{min} 是多少?(本题中,"直径"指过椭圆中心的弦)

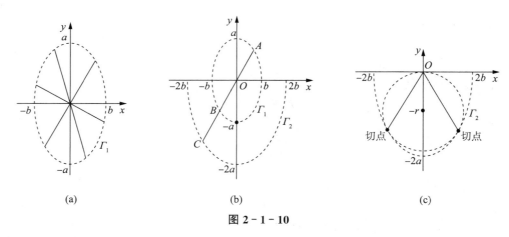

图 2-1-10

解 不妨称此椭圆为 Γ_1,如图 2-1-10(a)所示,建立平面直角坐标系,则椭圆 Γ_1 的方程为:

$$\frac{x^2}{b^2}+\frac{y^2}{a^2}=1$$

如图 2-1-10(b)所示,考虑任一"直径" AB,延长直径至 C 使 $|OC|=|AB|$,质点从此"直径"滑下所需的时间 t 相当于从 O 出发滑到 C 所需的时间 t。显然,从 O 出发的轨道的终点将落在椭圆 Γ_2: $\dfrac{x^2}{(2b)^2}+\dfrac{y^2}{(2a)^2}=1$ 上,如图 2-1-10(b)所示。

对任意轨道都做同样的操作,将质点的起点变为 O,可以将问题转化为:质点从 O 滑到椭圆 Γ_2 上所需的最短时间是多少?

如图 2-1-10(c)所示,构造等时圆,使等时圆与椭圆内切,且 O 点是等时圆最高点,容易知道等时圆的方程可写为: $x^2+(y+r)^2=r^2$。

如此,质点沿从 O 到切点的轨道下滑所需的时间等于等时圆时间;质点沿其他轨道下滑至椭圆上,其轨道长度都大于相应的等时圆的轨道长度,下滑时间也大于等时圆时间。于是,等时圆时间应为下滑最短时间 t_{min}:

$$t_{min}=\sqrt{\frac{4r}{g}}$$

现在来确定 r,分两种情况讨论。

①当切点不在椭圆 Γ_2 的最低点时,如图 2-1-11(a)所示。

联立等时圆方程和椭圆 Γ_2 的方程:

$$\begin{cases} x^2+(y+r)^2=r^2 \\ \dfrac{x^2}{(2b)^2}+\dfrac{y^2}{(2a)^2}=1 \end{cases}$$

在方程组中消去 x 得：

$$\left(1-\frac{b^2}{a^2}\right)y^2+2ry+4b^2=0$$

两切点的 y 坐标相同，故上式取到 y 的重根，根据判别式 $\Delta=0$ 可解出：

$$r=2\sqrt{a^2-b^2}\cdot\frac{b}{a}$$

可以计算最短的下滑时间 $t_{\min}$ 等于等时圆的时间：

$$t_{\min}=\sqrt{\frac{4r}{g}}=2\sqrt{\frac{b}{a}\cdot\frac{2\sqrt{a^2-b^2}}{g}}$$

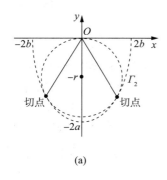 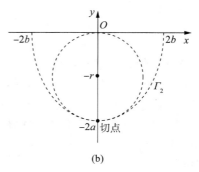

图 2 - 1 - 11

②当切点在椭圆 Γ_2 的最低点时，如图 2 - 1 - 11(b)所示。

此时，$r=a$，最短的下滑时间 $t_{\min}$ 等于等时圆的时间：

$$t_{\min}=\sqrt{\frac{4r}{g}}=\sqrt{\frac{4a}{g}}$$

那么什么情况下切点在或不在最低点呢？

我们知道 $0<\frac{b}{a}<1$。不妨假想 a 固定，而 b 从 0 变大到 a 的过程：当 b 趋向于 0 时，切点的纵坐标 y 值应趋向于 0；在 b 增大的过程中，b 越大，切点的纵坐标 y 值越小；直到切点达到椭圆 Γ_2 的最低点后，b 继续增大，切点不再移动。

切点刚达到椭圆 Γ_2 的最低点时，应满足：椭圆 Γ_2 最低点处的曲率半径等于 r，即：

$$\frac{(2b)^2}{2a}=R_{曲}=r=a$$

此时有：

$$a=\sqrt{2}b$$

根据上面的分析，$a=\sqrt{2}b$ 应为切点是否在最低点的临界条件，$a>\sqrt{2}b$ 时切点不在最低点，$b<a\leqslant\sqrt{2}b$ 时切点在最低点。

综上所述，结论是：

$$a>\sqrt{2}b\ \text{时},t_{\min}=2\sqrt{\frac{b}{a}\cdot\frac{2\sqrt{a^2-b^2}}{g}};b<a\leqslant\sqrt{2}b\ \text{时},t_{\min}=\sqrt{\frac{4a}{g}}。$$

例 2.6 如图 $2-1-12(a)$ 所示的滑轮系统中所有滑轮是轻滑轮,所有绳都是轻质细绳且不可伸长。A 物体质量为 $2M$,其余物体质量为 M。开始时,用外力保持所有物体不动且绳不松弛,然后由静止释放整个装置,求释放后的瞬间 A 的加速度。

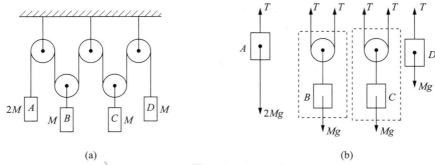

图 $2-1-12$

解 由于四个物体只受竖直方向的力,释放后的瞬间,四个物体的加速度必沿竖直方向。

取向下为正方向,考虑跨过五个滑轮的绳,当 A 发生位移 s_1 而其他物体不动时,绳会被拉长 s_1;当 B 发生位移 s_2 而其他物体不动时,绳会被拉长 $2s_2$;当 C 发生位移 s_3 而其他物体不动时,绳会被拉长 $2s_3$;当 D 发生位移 s_4 而其他物体不动时,绳会被拉长 s_4。所以,当 A、B、C、D 的位移分别为 s_1、s_2、s_3、s_4 时,绳会被拉长 $(s_1+2s_2+2s_3+s_4)$。而本题绳不可伸长,故有:
$$s_1+2s_2+2s_3+s_4=0$$
A、B、C、D 四个物体的位移在任意一段时间 Δt 内都满足上式,故它们的加速度之间也满足:
$$a_1+2a_2+2a_3+a_4=0 \qquad ①$$
设五个滑轮的绳中张力为 T,如图 $2-1-12(b)$ 所示,对图中四个对象进行受力分析,可依次列出牛顿第二定律:
$$②\quad\begin{cases} 2Mg-T=2Ma_1 \\ Mg-2T=Ma_2 \\ Mg-2T=Ma_3 \\ Mg-T=Ma_4 \end{cases}$$
不妨令 $T=Ma_0$,在②中消去 M,并与①联立,可得方程组:
$$③\quad\begin{cases} a_1+2a_2+2a_3+a_4=0 \\ 2g-a_0=2a_1 \\ g-2a_0=a_2 \\ g-2a_0=a_3 \\ g-a_0=a_4 \end{cases}$$
方程组③为五元一次方程组,从中可解出 a_1:
$$a_1=\frac{13}{19}g$$
故:释放后的瞬间 A 的加速度大小为 $\dfrac{13}{19}g$,方向竖直向下。

例 2.7 在光滑的水平面上有质量为 M 的小车,车上有质量为 $5M$ 和 M 的立方体,装置静止。现用跨过轻滑轮的不可伸长的轻绳连接两个立方体,并用水平方向的恒力开始拉动滑轮,如图 2-1-13(a)所示。已知开始时绳不与滑轮接触的两段是水平的,小车表面与两立方体间的动摩擦因数 $\mu=0.1$。若小车的加速度 $a=0.2g$,问:两立方体和滑轮的加速度各为多少?

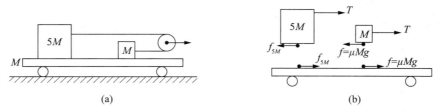

图 2-1-13

解 先判断两个立方体相对于小车是否运动。

如果两个立方体和小车保持相对静止,则两个立方体的加速度相同,$5M$ 立方体受到的合外力应该更大,但拉它们运动的动力是同一根绳的拉力 T,故 $5M$ 受到小车的摩擦力应更小。再看小车的运动,小车的加速度 $0.2g$,合外力为 $0.2Mg$,由两个立方块的摩擦力提供。$5M$ 立方体给小车的摩擦力更小,所以 M 立方体给小车的摩擦力大于 $0.1Mg$。但 M 立方体最大只能提供 $0.1Mg$ 的摩擦力,故与题目条件矛盾。

如果两个立方体都相对于小车运动,则分别给小车施加大小为 $0.1Mg$、$0.5Mg$ 大小的摩擦力,不可能做到给小车的合外力为 $0.2Mg$,也与题目条件矛盾。

故此时只有 M 立方体相对小车运动。$5M$ 立方体的加速度与小车一致:

$$a_{5M}=a=0.2g$$

对车、$5M$ 立方体和 M 立方体分别受力分析,如图 2-1-13(b)所示,画出它们在水平方向的受力,有:

$$\begin{cases} f_{5M}+\mu Mg=M\cdot 0.2g \\ T-f_{5M}=5M\cdot 0.2g \\ T-\mu Mg=M\cdot a_M \end{cases}$$

由此方程组可以解得:

$$a_M=g$$

以向右为正方向,考虑绳长变化:当 $5M$ 发生位移 s_{5M} 而 M 和滑轮不动时,绳会缩短 s_{5M};当 M 发生位移 s_M 而 $5M$ 和滑轮不动时,绳会缩短 s_M;当滑轮发生位移 $s_{滑轮}$ 而 $5M$ 和 M 不动时,绳会伸长 $2s_{滑轮}$。绳是不可伸长的绳,故在任意一段时间内,有:

$$s_{5M}+s_M=2s_{滑轮}$$

所以滑轮的加速度 $a_{滑轮}$ 始终满足:

$$a_{5M}+a_M=2a_{滑轮}$$

由此计算,滑轮的加速度 $a_{滑轮}$ 为:

$$a_{滑轮}=0.6g$$

综上所述,两立方块和滑轮加速度方向都向右,其大小分别为:$a_{5M}=0.2g$,$a_M=g$,$a_{滑轮}=0.6g$。

例 2.8 如图 $2-1-14(a)$ 所示，A 为倾角 α 固定斜面体，斜面上由一固定挡板 B，一段在 B 上的绳跨过滑轮 P 后系在 m_1 上，P 通过一跨过滑轮 Q 的绳系在 m_2 上。物体 m_1 与斜面间的动摩擦因数为 μ，将系统由静止释放，求 m_2 的加速度。

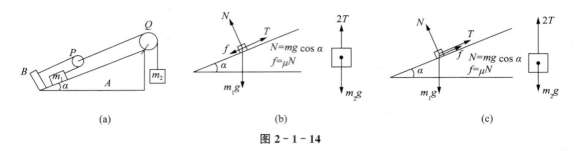

图 $2-1-14$

解 设 m_1 的加速度为 a_1，设 m_2 的加速度为 a_2。

P 是 B 端固定的动滑轮，使每一段时间 Δt 内 m_1、m_2 的位移大小之比都为 $2:1$，于是有：

$$|a_1| = 2|a_2|$$

取沿斜面向上为 a_1 的正方向，取竖直向下为 a_2 的正方向，则上式成为：

$$a_1 = 2a_2 \qquad \qquad ①$$

假设 m_1 受到的拉力为 T，则对轻滑轮 P 进行受力分析，易知：m_2 受到绳的拉力为 $2T$。由于摩擦力方向未知，需要分类讨论。

第一种情况，当 m_1 沿斜面向上加速，m_2 竖直向下加速时：

m_1 受到的摩擦力沿斜面向下，按如图 $2-1-14(b)$ 所示的受力分析对 m_1、m_2 列出牛顿第二定律：

$$\begin{cases} T - m_1 g \sin\alpha - \mu m_1 g \cos\alpha = m_1 a_1 \\ m_2 g - 2T = m_2 a_2 \end{cases}$$

将①式代入上述方程组，得到关于 a_2、T 的方程组：

$$\begin{cases} T - m_1 g \sin\alpha - \mu m_1 g \cos\alpha = 2m_1 a_2 \\ m_2 g - 2T = m_2 a_2 \end{cases} \qquad ②$$

由②式解得：

$$a_2 = g \cdot \frac{m_2 - 2m_1(\sin\alpha + \mu\cos\alpha)}{4m_1 + m_2}$$

此解只有在 $a_2 > 0$ 时是有意义的，显然 $a_2 > 0$ 的条件是：

$$m_2 > 2m_1(\sin\alpha + \mu\cos\alpha)$$

第二种情况，当 m_1 沿斜面向下加速，m_2 竖直向上加速时：

m_1 受到的摩擦力沿斜面向上，按如图 $2-1-14(c)$ 所示的受力分析对 m_1、m_2 列出牛顿第二定律：

$$\begin{cases} T - m_1 g \sin\alpha + \mu m_1 g \cos\alpha = m_1 a_1 \\ m_2 g - 2T = m_2 a_2 \end{cases}$$

将①式代入上述方程组，得到关于 a_2、T 的方程组：

$$\begin{cases} T-m_1 g\sin\alpha+\mu m_1 g\cos\alpha=2m_1 a_2 \\ m_2 g-2T=m_2 a_2 \end{cases} \quad ③$$

由③式解得：

$$a_2=g\cdot\frac{m_2-2m_1(\sin\alpha-\mu\cos\alpha)}{4m_1+m_2}$$

此解只有在 $a_2<0$ 时是有意义的,显然 $a_2<0$ 的条件是：

$$m_2<2m_1(\sin\alpha-\mu\cos\alpha)$$

第三种情况,在 m_1、m_2 相对于斜面静止时,m_2 既不向上运动又不向下运动,故其对应的条件应为：

$$2m_1(\sin\alpha-\mu\cos\alpha)\leqslant m_2\leqslant 2m_1(\sin\alpha+\mu\cos\alpha)$$

综上所述,当 $m_2>2m_1(\sin\alpha+\mu\cos\alpha)$ 时,m_1 沿斜面向上加速,m_2 竖直向下加速,m_2 的加速度为 $a_2=g\cdot\dfrac{m_2-2m_1(\sin\alpha+\mu\cos\alpha)}{4m_1+m_2}$；当 $m_2<2m_1(\sin\alpha-\mu\cos\alpha)$ 时,m_1 沿斜面向下加速,m_2 竖直向上加速,m_2 的加速度大小为 $|a_2|=g\cdot\dfrac{2m_1(\sin\alpha-\mu\cos\alpha)-m_2}{4m_1+m_2}$；当 $2m_1(\sin\alpha-\mu\cos\alpha)\leqslant m_2\leqslant 2m_1(\sin\alpha+\mu\cos\alpha)$ 时,m_1、m_2 相对于斜面保持静止。

例 2.9 一根未被固定的质量为 m 的均质弹簧,当其两端受到大小相等方向相反的两个外力而静止于地面时,它的伸长量 Δl 和外力大小 F 之间满足胡克定律:$F=k\Delta l$。如图 2-1-15(a)所示,在此弹簧一端施加恒力 F_0,弹簧在 F_0 的作用下沿光滑地面稳定加速时,其长度为 L_1。如图 2-1-15(b)所示,用此弹簧将重物悬挂于天花板上,当重物静止时,弹簧长度为 L_2。若 $L_1=L_2$,求重物的质量 M。

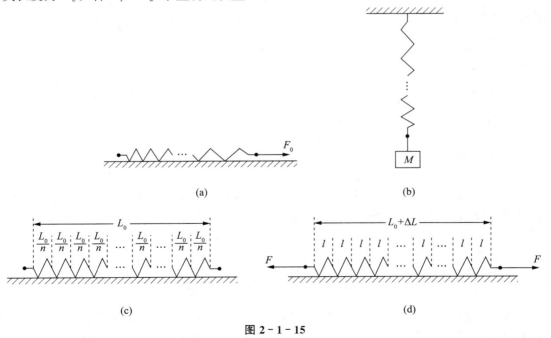

图 2-1-15

解 先来分析重弹簧的特征。将处于原长 L_0 的质量为 m 的重弹簧分成 n 等份,如图

$2-1-15(c)$所示,则每等份原长为$\frac{L_0}{n}$,质量为$\frac{m}{n}$。

如图$2-1-15(d)$所示,假想重弹簧受到两端的2个拉力F而平衡的情况,重弹簧伸长量ΔL满足:

$$F=k\Delta L,\Delta L=\frac{F}{k}$$

故重弹簧长度从L_0变为了$L=L_0+\frac{F}{k}$。记重弹簧伸长为原长的λ倍,则λ为:

$$\lambda=\frac{L}{L_0}=1+\frac{F}{kL_0}$$

显然,重弹簧中每一段都在两端受到大小为F的拉力,如图$2-1-$
16所示,它们伸长的比例都应相同,故每一小段重弹簧伸长后的长度l
应为:

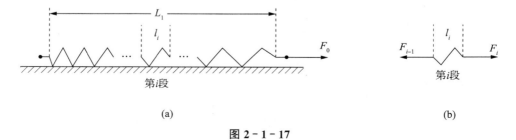

图 $2-1-16$

$$l=\frac{L_0}{n}\cdot\lambda=\frac{L_0}{n}\cdot\left(1+\frac{F}{kL_0}\right)=\frac{L_0}{n}+\frac{F}{nk} \qquad ①$$

这样我们就可以得出一个重要的结论:当重弹簧中原长为$\frac{L_0}{n}$的一小段两端受到大小为

F的拉力时,这一小段重弹簧的长度变为$l=\frac{L_0}{n}+\frac{F}{nk}$。

现在来计算L_1和L_2。

图$2-1-15(a)$中的重弹簧的加速度$a=\frac{F_0}{m}$。此时,仍可以将重弹簧看成前述的n段,

使每段的原长相等,如图$2-1-17(a)$和(b)所示,考察在图中从左往右数第i段。

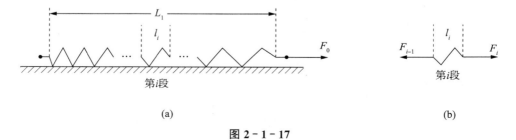

图 $2-1-17$

第i段给第$(i-1)$段的力F_{i-1}为左边$(i-1)$段提供了加速度a,第$(i+1)$段给第i段
的力F_i为左边i段提供了加速度a,故有:

$$F_{i-1}=\left[(i-1)\cdot\frac{m}{n}\right]a=(i-1)\cdot\frac{m}{n}\cdot\frac{F_0}{m}=\frac{i-1}{n}F_0$$

$$F_i=\left(i\cdot\frac{m}{n}\right)a=i\cdot\frac{m}{n}\cdot\frac{F_0}{m}=\frac{i}{n}F_0$$

第i段受到向左的F_{i-1}和向右的F_i,如图$2-1-17(b)$所示,在n趋向于无穷时,F_{i-1}
和F_i几乎没有区别,可以认为第i段两端受到大小为F_i的拉力,根据①式结论,第i段的
长度伸长为:

$$l_i = \frac{L_0}{n} + \frac{F_i}{nk} = \frac{L_0}{n} + i\,\frac{F_0}{n^2 k}$$

弹簧总长度 L_1 应该是每一段长度 l_i 的和：

$$L_1 = \sum_{i=1}^{n} l_i = \sum_{i=1}^{n}\left(\frac{L_0}{n} + i\,\frac{F_0}{n^2 k}\right) = L_0 + \frac{F_0}{n^2 k}\sum_{i=1}^{n} i = L_0 + \frac{(n+1)F_0}{2nk}$$

在 n 趋向于无穷大时，$\dfrac{n+1}{n}$ 趋向于 1，故：

$$L_1 = L_0 + \frac{F_0}{2k} \qquad\qquad ②$$

同理，对图 2-1-15(b) 的情况做类似的分析。如图 2-1-18(a) 和 (b) 所示，从下往上数第 i 段两端受到大小可认为是 $F'_i = Mg + \dfrac{i}{n}mg$ 的拉力，长度 $l'_i = \dfrac{L_0}{n} + \dfrac{F'_i}{nk} = \dfrac{L_0}{n} + \dfrac{Mg}{nk} + i\,\dfrac{mg}{n^2 k}$。而 L_2 等于图 2-1-18(a) 中每一段长度的和。

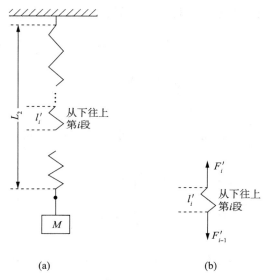

图 2-1-18

$$L_2 = \sum_{i=1}^{n} l'_i = \sum_{i=1}^{n}\left(\frac{L_0}{n} + \frac{Mg}{nk} + i\,\frac{mg}{n^2 k}\right) = L_0 + \frac{Mg}{k} + \frac{mg}{2k} \qquad\qquad ③$$

由于题目要求 $L_1 = L_2$，故比较 ②③ 两式，有：

$$\frac{F_0}{2k} = \frac{Mg}{k} + \frac{mg}{2k}$$

可以解得：

$$M = \frac{F_0}{2g} - \frac{1}{2}m$$

例 2.10　物体以速度 v_0 从地面竖直上抛，落地时速度为 v_t。运动中所受阻力 f 始终与速度 v 相反且阻力 f 大小满足 $f = kmv$，其中 k 是一常量、m 为物体的质量。若重力加速度大小为 g，(1) 求物体在空中运动时间 t；(2) 求 k 与 v_0、v_t、g 之间满足的关系。

解题之前，先介绍**自然底数 e** 的定义：e 是函数 $\left(1+\frac{1}{x}\right)^x$ 在 x 趋向于 ∞ 时的极限。即：

$$e=\lim_{x\to\infty}\left(1+\frac{1}{x}\right)^x \qquad (2.1.16)$$

不妨考察 x 趋向于 $-\infty$ 时函数 $\left(1+\frac{1}{x}\right)^x$ 的极限：

$$\left(1+\frac{1}{x}\right)^x=\left(\frac{x}{x+1}\right)^{-x}=\left(1+\frac{1}{-x-1}\right)^{-x}=\left(1+\frac{1}{-x-1}\right)^{-x-1}\cdot\left(1+\frac{1}{-x-1}\right) \qquad (2.1.17)$$

利用上式计算 x 趋向于 $-\infty$ 时函数 $\left(1+\frac{1}{x}\right)^x$ 的极限：

$$\lim_{x\to-\infty}\left(1+\frac{1}{x}\right)^x=\lim_{(-x-1)\to+\infty}\left(1+\frac{1}{-x-1}\right)^{(-x-1)}\cdot\lim_{x\to-\infty}\left(1+\frac{1}{-x-1}\right)=e\times1=e \qquad (2.1.18)$$

可以看到，无论 x 趋向于 $+\infty$ 还是 $-\infty$，函数 $\left(1+\frac{1}{x}\right)^x$ 的极限都是同一个值，故书写 (2.1.16) 式时不必区分 $+\infty$ 和 $-\infty$。令 $x=\frac{1}{t}$，还可以将 (2.1.16) 式变为另一种常见形式：

$$e=\lim_{t\to0}(1+t)^{\frac{1}{t}} \qquad (2.1.19)$$

综合起来，下列表达式都等于 e：

$$\lim_{x\to+\infty}\left(1+\frac{1}{x}\right)^x=\lim_{x\to-\infty}\left(1+\frac{1}{x}\right)^x=\lim_{x\to\infty}\left(1+\frac{1}{x}\right)^x=\lim_{x\to0^+}(1+x)^{\frac{1}{x}}=\lim_{x\to0^-}(1+x)^{\frac{1}{x}}=\lim_{x\to0}(1+x)^{\frac{1}{x}}=e \qquad (2.1.20)$$

感兴趣的读者可仿照上述推导过程证明下列极限：

$$\lim_{x\to\infty}\left(1-\frac{1}{x}\right)^x=\lim_{x\to0}(1-x)^{\frac{1}{x}}=\frac{1}{e} \qquad (2.1.21)$$

现在来解例 2.10：

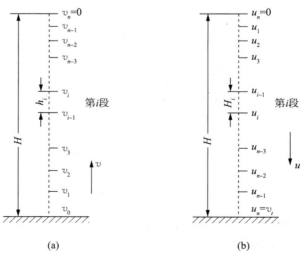

(a) (b)

图 2 - 1 - 19

解 设物体上升高度为 H，上升过程中物体运动了 t_1 时间，下降过程中物体运动了 t_2 时间，则 $t = t_1 + t_2$。

将上升过程的时间 t_1 分成 n 个 Δt_1，设第 i 段 Δt_1 的位移大小为 h_i，初速度为 v_{i-1}、末速度为 v_i，如图 2-1-19(a) 所示，速度从 v_0 依次达到 v_1、v_2、v_3、…、v_n，$v_n = 0$。

使 n 趋向于无穷，则每一段 Δt_1 都趋向于 0，在每一段时间内速度和加速度几乎都不发生变化。故有：

$$t_1 = n \cdot \Delta t_1$$
$$H = \Sigma h_i = \Sigma v_{i-1} \Delta t_1$$

将下降过程的时间 t_2 分成 n 个 Δt_2，设第 i 段 Δt_2 的位移大小为 H_i，初速度为 u_{i-1}、末速度为 u_i，如图 2-1-19(b) 所示，则类似地，$u_0 = v_n = 0$，$u_n = v_t$。

使 n 趋向于无穷，则每一段 Δt_2 都趋向于 0，在每一段时间内速度和加速度几乎都不发生变化。故有：

$$t_2 = n \cdot \Delta t_2$$
$$H = \Sigma H_i = \Sigma u_{i-1} \Delta t_2$$

（1）在上升过程中，对第 i 段 Δt_1 应用牛顿第二定律有：

$$\frac{v_{i-1} - v_i}{\Delta t_1} = |a_i| = \frac{mg + kmv_i}{m}$$

故有：

$$v_{i-1} - v_i = (g + kv_i) \Delta t_1 \qquad ①$$

①式在上升过程中的 n 段时间 Δt_1 内都成立，将这 n 个式子累加：

$$\sum_{i=1}^{n} (v_{i-1} - v_i) = \sum_{i=1}^{n} (g + kv_i) \Delta t_1$$

可以化简得：

$$v_0 - v_n = g \cdot t_1 + k \cdot \Sigma v_i \Delta t_1$$

即：

$$v_0 - 0 = gt_1 + kH \qquad ②$$

在下降过程中，对第 i 段 Δt_2 应用牛顿第二定律有：

$$\frac{u_i - u_{i-1}}{\Delta t_2} = |a_i| = \frac{mg - kmu_i}{m}$$

故有：

$$u_i - u_{i-1} = (g - ku_i) \Delta t_2 \qquad ③$$

③式在下降过程中的 n 段时间 Δt_2 内都成立，将这 n 个式子累加：

$$\sum_{i=1}^{n} (u_i - u_{i-1}) = \sum_{i=1}^{n} (g - ku_i) \Delta t_2$$

可以化简得：

$$u_n - u_0 = g \cdot t_2 - k \cdot \Sigma u_i \Delta t_2$$

即：

$$v_t - 0 = gt_2 - kH \qquad ④$$

将②④两式相加，有：

$$v_0 + v_t = g(t_1 + t_2)$$

故可求到运动的总时间 t：

$$t = t_1 + t_2 = \frac{v_0 + v_t}{g} \qquad \text{⑤}$$

（2）在上升过程中，第 i 段 Δt_1 中，①式可依次变形为：

$$\frac{1}{k}\left[(g + kv_{i-1}) - (g + kv_i)\right] = (g + kv_i)\Delta t_1$$

$$\frac{(g + kv_{i-1}) - (g + kv_i)}{g + kv_i} = k\Delta t_1$$

$$\frac{g + kv_{i-1}}{g + kv_i} = 1 + k\Delta t_1 \qquad \text{⑥}$$

⑥式右边是一个定值，⑥式对上升过程中的 n 段时间 Δt_1 都成立，将这 n 个式子累乘，得：

$$\prod_{i=1}^{n} \frac{g + kv_{i-1}}{g + kv_i} = (1 + k\Delta t_1)^n$$

化简左边的累乘，并计算，依次有：

$$\frac{g + kv_0}{g + kv_n} = (1 + k\Delta t_1)^n$$

$$\frac{g + kv_0}{g} = (1 + k\Delta t_1)^n = \left[\left(1 + \frac{kt_1}{n}\right)^{\frac{n}{kt_1}}\right]^{kt_1}$$

注意到 n 趋向于无穷大时上式中 $\frac{kt_1}{n}$ 趋向于 0，则 $\left(1 + \frac{kt_1}{n}\right)^{\frac{n}{kt_1}} = e$，故有：

$$\frac{g + kv_0}{g} = e^{kt_1} \qquad \text{⑦}$$

在下降过程中，第 i 段 Δt_2 中，③式可依次变形为：

$$\frac{1}{k}\left[(g - ku_{i-1}) - (g - ku_i)\right] = (g - ku_i)\Delta t_2$$

$$\frac{(g - ku_{i-1}) - (g - ku_i)}{g - ku_i} = k\Delta t_2$$

$$\frac{g - ku_{i-1}}{g - ku_i} = 1 + k\Delta t_2 \qquad \text{⑧}$$

⑧式右边是一个定值，⑧式对下降过程中的 n 段时间 Δt_2 都成立，将这 n 个式子累乘，得：

$$\prod_{i=1}^{n} \frac{g - ku_{i-1}}{g - ku_i} = (1 + k\Delta t_2)^n$$

化简左边的累乘，并计算，依次有：

$$\frac{g - ku_0}{g - ku_n} = (1 + k\Delta t_2)^n$$

$$\frac{g}{g - kv_t} = (1 + k\Delta t_2)^n = \left[\left(1 + \frac{kt_2}{n}\right)^{\frac{n}{kt_2}}\right]^{kt_2}$$

注意到 n 趋向于无穷大时上式中 $\dfrac{kt_2}{n}$ 趋向于 0，则 $\left(1+\dfrac{kt_2}{n}\right)^{\frac{n}{kt_2}}=\mathrm{e}$，故有：

$$\frac{g}{g-kv_t}=\mathrm{e}^{kt_2} \qquad ⑨$$

在整个运动过程中，将⑧式与⑨式相乘，得到 k 满足的关系：

$$\frac{g+kv_0}{g-kv_t}=\mathrm{e}^{kt_1} \cdot \mathrm{e}^{kt_2}=\mathrm{e}^{k(t_1+t_2)}=\mathrm{e}^{kt}$$

再将第一问中得到的 t 的表达式[即⑤式]代入上式，得：

$$\frac{g+kv_0}{g-kv_t}=\mathrm{e}^{\frac{k(v_0+v_t)}{g}}$$

简化上式的表达，知：k 与 v_0、v_t、g 之间满足的关系为：

$$k \cdot (v_0+v_t)=g \cdot \ln\frac{g+kv_0}{g-kv_t}$$

第二节　曲线运动的动力学处理初步

本节运用牛顿运动定律处理曲线运动问题。

例 2.11　如图 $2-2-1$(a)所示，在竖直轴的顶端系一根长为 L_1 的细线，线的下端悬挂质量为 m_1 的重物，再在这重物上系另一根长 L_2 的细线，线的下端悬挂质量为 m_2 的另一个重物。轴以恒定角速度 ω 转动，当两重物跟随轴稳定旋转时，两线与竖直方向夹角分别为 α 和 β，如图所示。试比较 α 和 β 的大小。

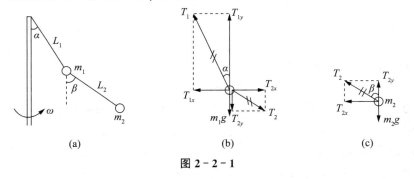

图 2-2-1

解　如图 $2-2-1$(b)和(c)所示，对两小球进行受力分析，有：

$$\begin{cases} T_{1x}-T_{2x}=m_1\omega^2 r_1 \\ T_{1y}=T_{2y}+m_1 g \\ T_{2x}=m_2\omega^2 r_2 \\ T_{2y}=m_2 g \end{cases}$$

可以解得：

$$\begin{cases} T_{1x} = m_1\omega^2 r_1 + m_2\omega^2 r_2 \\ T_{1y} = m_1 g + m_2 g \\ T_{2x} = m_2\omega^2 r_2 \\ T_{2y} = m_2 g \end{cases}$$

显然，$r_1 < r_2$，即：

$$\frac{m_1 r_1}{m_1} < \frac{m_2 r_2}{m_2}$$

根据分数的性质知：

$$\frac{m_1 r_1}{m_1} < \frac{m_1 r_1 + m_2 r_2}{m_1 + m_2} < \frac{m_2 r_2}{m_2} = r_2$$

可以得到不等式：

$$\frac{m_1 r_1 + m_2 r_2}{m_1 + m_2} < r_2 \qquad ①$$

计算 $\tan\alpha$ 和 $\tan\beta$：

$$\tan\alpha = \frac{T_{1x}}{T_{1y}} = \frac{m_1\omega^2 r_1 + m_2\omega^2 r_2}{m_1 g + m_2 g} = \frac{m_1 r_1 + m_2 r_2}{m_1 + m_2} \cdot \frac{\omega^2}{g}$$

$$\tan\beta = \frac{T_{2x}}{T_{2y}} = \frac{m_2\omega^2 r_2}{m_2 g} = r_2 \cdot \frac{\omega^2}{g}$$

故有：

$$\tan\alpha : \tan\beta = \frac{m_1 r_1 + m_2 r_2}{m_1 + m_2} : r_2 \qquad ②$$

根据①②两式知：

$$\tan\alpha < \tan\beta$$

α、β 都是锐角，故可判断：

$$\alpha < \beta$$

例 2.12 如图 $2-2-2$(a)所示，在水平桌面上固定一个轮轴 A，轮半径为 r，其边缘绕有一条足够长的质量不计的细绳，绳子的自由端系着小物体 B。已知 B 与桌面间的滑动摩擦因数为 μ。先使轮轴 A 以匀角速度 ω 旋转起来，若 B 能跟随 A 做稳定的圆周运动，求：(1)B 的运动半径 R；(2)角速度 ω 的最大值。

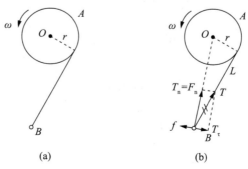

(a)　　　　　　　　(b)

图 2-2-2

解 （1）设绳与轮轴相切的点到 B 的绳长为 L。对 B 受力分析，如图 $2-2-2(b)$ 所示，可将绳的拉力 T 分解为向心力 T_n 和一个与摩擦力 f 平衡的分力 T_τ，满足：

$$\begin{cases} T_n = m\omega^2 R = m\omega^2\sqrt{L^2+r^2} \\ T_\tau = f = \mu mg \end{cases}$$

根据图中关系，有：

$$\frac{r}{L} = \tan\theta = \frac{T_\tau}{T_n} = \frac{\mu mg}{m\omega^2\sqrt{L^2+r^2}} = \frac{\mu g}{\omega^2\sqrt{L^2+r^2}}$$

在上述方程中可以解出 L：

$$L = \frac{\omega^2 r^2}{\sqrt{\mu^2 g^2 - \omega^4 r^2}}$$

由几何关系 $R^2 = L^2 + r^2$ 得：

$$R = \frac{\mu gr}{\sqrt{\mu^2 g^2 - \omega^4 r^2}}$$

（2）要使 B 能运动，上述解 R 必须有物理意义，即要满足：

$$\mu^2 g^2 - \omega^4 r^2 > 0$$

由此解得：

$$\omega < \sqrt{\frac{\mu g}{r}}$$

故 ω 可取的最大值为：

$$\omega_{max} = \sqrt{\frac{\mu g}{r}}$$

例 2.13 有一半顶角为 θ 的圆锥面，其轴线竖直，有一物体在圆锥面内距圆锥顶点高为 h 处，如图 $2-2-3(a)$ 所示。（设小物体与圆锥面有相对运动时，只滑动不滚动；弹力相等时，最大静摩擦力等于滑动摩擦力）

（1）若圆锥面内表面光滑，小物体在该高度做匀速圆周运动，试求小物体的角速度和半径。

（2）若圆锥面与小物体间的动摩擦因数为 μ，当圆锥面绕其轴线匀角速度旋转时，为使小物体保持 h 不变且跟随圆锥面一起绕轴做圆周运动，求角速度 ω 的范围。

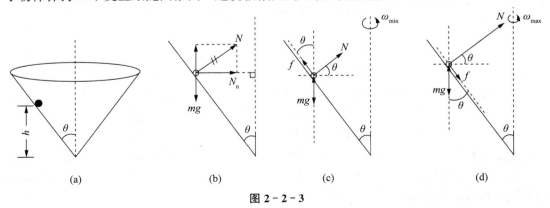

图 $2-2-3$

解 （1）小物体运动半径为 $r=h\tan\theta$，对小物体进行受力分析如图 $2-2-3$(b)所示，N 的竖直方向分力与重力平衡，N 的水平方向分力提供向心力：

$$N_n=m\omega^2 r$$

依照图中关系，上式可化为：

$$mg\cot\theta=m\omega^2 h\tan\theta$$

可以解出角速度 ω：

$$\omega=\sqrt{\frac{g}{h}\cot\theta}$$

故角速度 $\omega=\sqrt{\dfrac{g}{h}\cot\theta}$，半径 $r=h\tan\theta$。

（2）ω 越大，小物体所需向心力越大，小物体对圆锥面的挤压就越明显，弹力 N 就越大，弹力 N 的竖直方向分量就越大，那么阻止小物体向上运动的向下的摩擦力 f 就越大。ω 若先增大到使向下摩擦力 f 等于 μN，再增大 ω，则小物体会产生向上的加速度而脱离圆周运动。

ω 越小，小物体所需向心力越小，弹力 N 就越小，弹力 N 的竖直方向分量就越小，那么阻止小物体向下运动的向上的摩擦力 f 就越大。ω 若先减小到使向上的摩擦力 f 等于 μN，再减小 ω，则小物体会产生向下的加速度而脱离圆周运动。

设两种临界情况对应的角速度分别为 $\omega_{\min}$、$\omega_{\max}$。

当角速度 ω 取最小值 $\omega_{\min}$ 时，此时摩擦力 f 向上并等于 μN，如图 $2-2-3$(c)所示。

可以在竖直方向和水平方向分别列出牛顿第二定律的分量式：

$$\begin{cases}N\sin\theta+\mu N\cos\theta=mg\\N\cos\theta-\mu N\sin\theta=m\omega_{\min}^2(h\tan\theta)\end{cases}$$

解得：

$$\omega_{\min}=\sqrt{\frac{g}{h}\cot\theta\cdot\frac{\cos\theta-\mu\sin\theta}{\sin\theta+\mu\cos\theta}}$$

如图 $2-2-3$(d)所示，当角速度 ω 取最大值 $\omega_{\max}$ 时，摩擦力 f 向下并等于 μN。

可以在竖直方向和水平方向分别列出牛顿第二定律的分量式：

$$\begin{cases}N\sin\theta-\mu N\cos\theta=mg\\N\cos\theta+\mu N\sin\theta=m\omega_{\max}^2(h\tan\theta)\end{cases}$$

解得：

$$\omega_{\max}=\sqrt{\frac{g}{h}\cot\theta\cdot\frac{\cos\theta+\mu\sin\theta}{\sin\theta-\mu\cos\theta}}$$

要使小物体能随圆锥面一起做圆周运动，需要 $\omega_{\min}<\omega<\omega_{\max}$，即：

$$\sqrt{\frac{g}{h}\cot\theta\cdot\frac{\cos\theta-\mu\sin\theta}{\sin\theta+\mu\cos\theta}}<\omega<\sqrt{\frac{g}{h}\cot\theta\cdot\frac{\cos\theta+\mu\sin\theta}{\sin\theta-\mu\cos\theta}}$$

例 2.14 如图 $2-2-4$(a)所示，有一倾角 $\alpha=30°$ 的光滑斜面体，矩形斜面 $ABCD$ 的宽度 $|CD|=4$ m。现自 A 点以 AB 方向的水平速度 $v_0=8$ m/s 射出一个小球，若小球沿斜面恰好能到达斜面的底端 C 点，求 $|AD|$ 的长度。

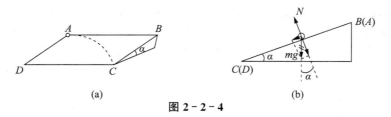

图 2-2-4

解 如图 2-2-4(b)所示是斜面的右视图,小球只受重力 mg 和弹力 N 作用,在斜面上运动时,图中 $mg\cos\alpha=N$,小球所受合外力为沿斜面向下的 $mg\sin\alpha$,是恒力。

所以,小球的加速度为 $g\sin\alpha$,方向沿斜面向下,小球做类平抛运动。分别沿 CD 方向和 AD 方向考察小球的运动,有:

$$\begin{cases} |CD|=v_0\Delta t \\ |AD|=\dfrac{1}{2}g\sin\alpha\Delta t^2 \end{cases}$$

代入数据 $|CD|=4$ m,$v_0=8$ m/s,$g=10$ m/s^2,$\sin\alpha=\dfrac{1}{2}$ 可以解得:

$$\begin{cases} t=\dfrac{1}{2} \text{ s} \\ |AD|=\dfrac{5}{8} \text{ m} \end{cases}$$

例 2.15 质量为 m,长为 l 的链条套在顶角为 2α 的光滑圆锥体上,如图 2-2-5 所示,圆锥体的轴线竖直,链条张紧成圆形,圆处于水平面内。若链条和圆锥体一起绕圆锥体的轴线以角速度 ω 旋转,求链条的内部张力。

解 链条全长为 l,因其现成圆形,故其半径 r 为:

$$r=\frac{l}{2\pi}$$

取链条上一小段 Δm 作为研究对象,如图 2-2-6(a)所示,[图 2-2-6(b)为正视图,图 2-2-6(c)为俯视图]使这对应的圆心角 $\Delta\theta$ 趋向于 0,Δm 可用 $\Delta\theta$ 表示为:

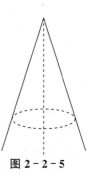

图 2-2-5

$$\Delta m=m\cdot\frac{\Delta\theta}{2\pi}$$

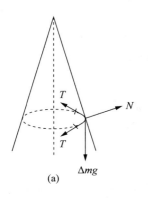

(a)

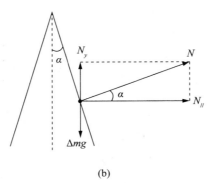

(b)

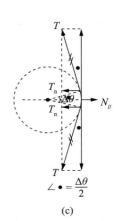

(c)

$\angle\bullet=\dfrac{\Delta\theta}{2}$

图 2-2-6

对这一小段受力分析,它受到重力 Δmg、弹力 N 和两端的 2 个张力 T 的作用,在图中将 N 分解为竖直方向的 N_y 和水平方向的 $N_{/\!/}$。

这小段在竖直方向没有运动,而 2 个张力 T 沿水平方向,故如图 2-2-6(b),在竖直方向上有:

$$\Delta mg = N_y$$

根据图 2-2-6(b)中关系,知:

$$N_{/\!/} = \Delta mg \cdot \cot\alpha = m \cdot \frac{\Delta\theta}{2\pi} \cdot g \cdot \cot\alpha$$

如图 2-2-6(c)所示,在水平方向上,将张力 T 沿法线方向和切线方向分解,根据图中关系:

$$T_n = T \cdot \sin\frac{\Delta\theta}{2}$$

$\Delta\theta$ 趋向于 0 时这一小段可视为质点,可以应用牛顿第二定律和向心力公式:

$$2T_n - N_{/\!/} = \Delta m\omega^2 r$$

将 T_n、$N_{/\!/}$、Δm、r 的表达式代入上式,有:

$$2T \cdot \sin\frac{\Delta\theta}{2} - m \cdot \frac{\Delta\theta}{2\pi} \cdot g \cdot \cot\alpha = m \cdot \frac{\Delta\theta}{2\pi} \cdot \omega^2 \cdot \frac{l}{2\pi}$$

利用 $\Delta\theta$ 趋向于 0 时 $\sin\frac{\Delta\theta}{2} \approx \frac{\Delta\theta}{2}$ 代入上式,再略整理得:

$$T\Delta\theta - \frac{mg\cot\alpha}{2\pi}\Delta\theta = \frac{m\omega^2 l}{4\pi^2}\Delta\theta$$

在上式中约去 $\Delta\theta$ 后解得:

$$T = \frac{1}{2\pi}mg\cot\alpha + \frac{1}{4\pi^2}m\omega^2 l$$

例 2.16 将一根光滑的钢丝弯成如图 2-2-7(a)所示的形状,坐标系 x 轴水平、y 轴竖直。在钢丝上套一小环。当钢丝以恒定角速度 ω 绕其竖直对称轴旋转时,小环在钢丝上任何位置都能保持相对静止,求钢丝的形状。

引理:抛物线 $y = ax^2$ 在 (x_0, y_0) 处的切线斜率为 $k = 2ax_0$。

引理的证明:可以构造平抛运动来证明,略。也可以直接计算:

$$k = \lim_{\Delta x \to 0}\frac{\Delta y}{\Delta x} = \lim_{\Delta x \to 0}\frac{a(x_0 + \Delta x)^2 - ax_0{}^2}{\Delta x} = \lim_{\Delta x \to 0}(2ax_0 + a\Delta x) = 2ax_0$$

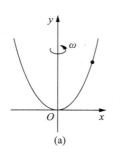

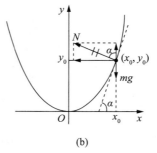

(a)   (b)

图 2-2-7

解 用曲线方程 $y = f(x)$ 来描述钢丝的形状。取钢丝上任意一点 (x_0, y_0),考察小环在该位置随钢丝做的运动,设曲线在该点的切线斜率为 k、与水平方向夹角为 α,如图 2-2-7(b)所示,对小环进行受力分析,则向心力 F_n 大小:

$$F_n = mg\tan\alpha = m\omega^2 x_0$$

故有:

$$k = \tan\alpha = \frac{\omega^2 x_0}{g}$$

每个 x 位置对应的切线斜率都确定,那么曲线形状应该是唯一的。与引理比较知:$y = \frac{\omega^2}{2g}x^2$ 是满足要求的曲线。

钢丝形状的曲线方程为:$y = \frac{\omega^2}{2g}x^2$。

例 2.17 一根光滑、细长的水平杆 OA,可绕过 O 点的竖直轴转动,杆上从 O 点用两根相同的轻弹簧依次串上两个小物体,如图 2-2-8(a)所示。轻弹簧的劲度系数为 k,两物体的质量均为 m。问:角速度 ω 取何范围时,两个小物体才有可能稳定地绕转轴 MN 匀速转动?

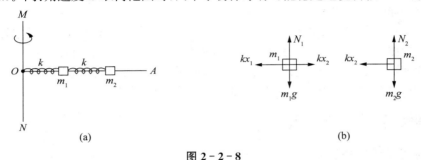

图 2-2-8

解 设弹簧原长为 L,运动稳定后长度分别伸长 x_1、x_2。则对两个物体受力分析,如图 2-2-8(b)所示,有:

$$\begin{cases} kx_1 - kx_2 = m\omega^2(L+x_1) \\ kx_2 = m\omega^2(2L+x_1+x_2) \end{cases}$$

解出 x_1、x_2:

$$\begin{cases} x_1 = m\omega^2 L \cdot \dfrac{3k-m\omega^2}{m^2\omega^4 - 3mk\omega^2 + k^2} \\ x_2 = m\omega^2 L \cdot \dfrac{2k-m\omega^2}{m^2\omega^4 - 3mk\omega^2 + k^2} \end{cases}$$

令 $\lambda = \dfrac{m\omega^2}{k}$,则 x_1、x_2 可用 λ 表示为:

$$\begin{cases} x_1 = \dfrac{m\omega^2 L}{k} \cdot \dfrac{3-\lambda}{\lambda^2 - 3\lambda + 1} \\ x_2 = \dfrac{m\omega^2 L}{k} \cdot \dfrac{2-\lambda}{\lambda^2 - 3\lambda + 1} \end{cases}$$

两物体稳定运动时需要向心力,弹簧一定伸长,故只有当 x_1、$x_2 > 0$ 的解才是有物理意义的。x_1、$x_2 > 0$ 的条件为:

$$\begin{cases} \dfrac{3-\lambda}{\lambda^2-3\lambda+1}>0 \\[3mm] \dfrac{2-\lambda}{\lambda^2-3\lambda+1}>0 \end{cases}$$

解上述不等式组,得 λ 的范围:

$$0<\lambda<\frac{3-\sqrt{5}}{2}$$

最终将 $\lambda=\dfrac{m\omega^2}{k}$ 代入上式解得 ω 的范围:

$$0<\omega<\frac{\sqrt{5}-1}{2}\sqrt{\frac{k}{m}}$$

第三节 非惯性参照系

本节讨论非惯性系中的动力学。

从第一节已经知道,满足牛顿第一定律的参照系称为惯性参照系,否则称为非惯性参照系。惯性参照系有无穷多个,每两个惯性参照系间都相互平动并且没有相对加速度。在每一个惯性参照系中,物理学规律都是等同的,牛顿第二定律只在惯性参照系中成立。要考察非惯性参照系中的动力学,就要考察非惯性系和惯性系的关系。

一、平动非惯性参照系

(一)平动非惯性系的处理

相对于惯性参照系平动且有相对加速度的非惯性参照系,称为**平动非惯性参照系**。

由于惯性参照系间都相互平动并且没有相对加速度,所以平动非惯性系相对于每一个惯性参照系的相对加速度都相同。

如图 2-3-1,考察质点 P 在惯性系 S_1 和平动非惯性系 S_2 中的运动,令非惯性系 S_2 相对于惯性系 S_1 的加速度为 $\vec{a}_{21}$、质点在惯性系 S_1 中的加速度为 $\vec{a}_{惯}$、质点在非惯性系 S_2 中的加速度为 $\vec{a}$,则有:

$$\vec{a}_{惯}=\vec{a}+\vec{a}_{21} \tag{2.3.1}$$

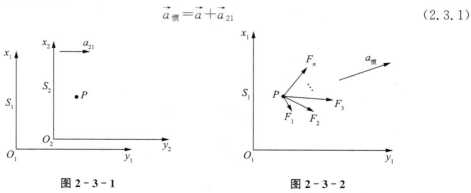

图 2-3-1   图 2-3-2

如图 2-3-2,在惯性系 S_1 中考察质点 P 的运动,若质点共受到 n 个外力:$\vec{F}_1$、$\vec{F}_2$、$\cdots$、

$\vec{F}_n$，则质点满足牛顿第二定律：

$$\vec{F}_1+\vec{F}_2+\cdots+\vec{F}_n=m\vec{a}_{惯} \qquad (2.3.2)$$

如图 2-3-3，在非惯性系 S_2 中观察质点 P，结合（2.3.1）式和（2.3.2）式知，质点所受外力 $\vec{F}_1$、$\vec{F}_2$、$\cdots$、$\vec{F}_n$ 与加速度 $\vec{a}$ 的关系为：

$$\vec{F}_1+\vec{F}_2+\cdots+\vec{F}_n+(-m\vec{a}_{21})=m\vec{a} \qquad (2.3.3)$$

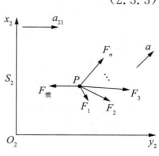

图 2-3-3

可以看到，（2.3.3）式比牛顿第二定律多了一项 $(-m\vec{a}_{21})$，这项的量纲与力的量纲一致，不妨记为 $\vec{F}_{惯}$，称 $\vec{F}_{惯}$ 为**惯性力**。于是（2.3.3）式成为：

$$\vec{F}_1+\vec{F}_2+\cdots+\vec{F}_n+\vec{F}_{惯}=m\vec{a} \qquad (2.3.4)$$

若把 $\vec{F}_{惯}$ 当作一个作用在质点上的力，将（$\vec{F}_1+\vec{F}_2+\cdots+\vec{F}_n+\vec{F}_{惯}$）看作质点的合外力 $\Sigma\vec{F}$，则（2.3.3）式又可写为牛顿第二定律 $\Sigma\vec{F}=m\vec{a}$ 的形式。

（2.3.4）式告诉我们，在受力分析时若考虑惯性力 $\vec{F}_{惯}$ 的存在，将会使牛顿第一定律和牛顿第二定律在非惯性系中重新成立。但需要指出，惯性力是一个假想的力而不是真实存在的，惯性力没有施力物体，也没有反作用力。

仔细考察惯性力 $\vec{F}_{惯}$。在平动非惯性系 S_2 中，质点受到的惯性力表达式为：

$$\vec{F}_{惯}=-m\vec{a}_{21} \qquad (2.3.5)$$

故 $\vec{F}_{惯}$ 方向与平动非惯性系 S_2 相对于惯性系的加速度 $\vec{a}_{21}$ 相反，$\vec{F}_{惯}$ 的大小与 m 和 a_{21} 的乘积一致。这也就是说，对平动非惯性系 S_2 中质点用有惯性力的"牛顿第二定律"时，仍要考察平动非惯性系 S_2 与惯性系之间的关系，其动力学规律并不独立于惯性系而存在。

举一例来说明平动非惯性系中惯性力的使用方式。在平直轨道上匀加速运行列车的车厢中，如图 2-3-4 所示，考虑一个与车厢一起运动的吊灯。设列车相对于地面的加速度为 a，吊灯质量为 m。

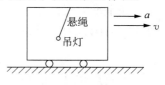

图 2-3-4

地面参照系是惯性系，在地面参照系中看，吊灯的加速度与列车加速度 a 相同。如图 2-3-5 所示，吊灯受到重力 mg 和拉力 T，此二力的合力提供加速度 a。

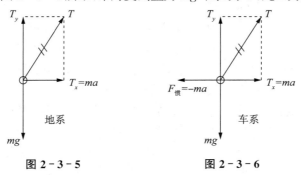

图 2-3-5　　　　　　图 2-3-6

车厢参照系是平动非惯性系，其相对于惯性系（地面参照系）的加速度为 a，方向指向列车前进的方向。在车厢参照系中，吊灯受到重力 mg、拉力 T 和惯性力 $F_{惯}$，如图 2-3-6 所示。$F_惯$ 大小为 ma，方向指向列车行进的反方向。简单可以判断，重力、拉力和惯性力平衡，故考虑惯性力后，吊灯受合外力为 $\vec{0}$，吊灯在车厢参照系中加速度为 $\vec{0}$，即吊灯相对于车厢的加速度为 $\vec{0}$。

（二）惯性力的本质

考虑一般的非惯性系，对非惯性系中运动的质点，总是可以找到质点所受的所有外力 $\vec{F_1}$、$\vec{F_2}$、$\cdots$、$\vec{F_n}$ 和质点的加速度 a。非惯性系中牛顿第二定律不成立，不妨令 $m\vec{a}$ 与合外力的差为 $\vec{\Delta}$，即：

$$\vec{\Delta} = m\vec{a} - (\vec{F_1} + \vec{F_2} + \cdots + \vec{F_n}) \tag{2.3.6}$$

在一般的非惯性系中，$\vec{\Delta}$ 与许多因素有关，包括但不限于：非惯性系相对于惯性系的角速度、质点在非惯性系中的速度、非惯性系原点相对于惯性系的加速度……

将上式变形为：

$$\vec{F_1} + \vec{F_2} + \cdots + \vec{F_n} + \vec{\Delta} = m\vec{a} \tag{2.3.7}$$

用这样一种数学技巧，我们便可以说：若假想有一个形如 $\vec{\Delta}$ 的力存在，则非惯性系中牛顿第一定律和牛顿第二定律便又成立了，由于 $\vec{\Delta}$ 的存在使物体在非惯性系中又获得了惯性这种属性。

故称差 $\vec{\Delta}$ 为**惯性力**，用 $\vec{F_惯}$ 表示，使(2.3.7)式化为：

$$\vec{F_1} + \vec{F_2} + \cdots + \vec{F_n} + \vec{F_惯} = m\vec{a} \tag{2.3.8}$$

平动非惯性系是其中最简单和特殊的情形，平动惯性系中的惯性力有十分简单的表达形式 $\vec{F_惯} = -m\vec{a_{21}}$。

（三）超重现象、失重现象

在平动非惯性系中考虑一个质点，质点所受重力 $m\vec{g}$ 和惯性力 $\vec{F_惯} = -m\vec{a}$ 都是恒力，故此二力的合力也是恒力。看成一个等效的重力 $\vec{G_{等效}}$，即：

$$\vec{G_{等效}} = m\vec{g} + \vec{F_惯} = m(\vec{g} - \vec{a}) \tag{2.3.9}$$

则质点在这个非惯性系中的运动，等效于在惯性系中质点在等效重力 $\vec{G_{等效}}$ 作用下的运动。也可以将其运动想象为：在一个重力加速度为 $\vec{g_{等效}} = \vec{g} - \vec{a}$ 的星球上，物体受到等效重力 $G_{等效}$ 而在等效的地面参照系中运动。

特别地，考虑 $\vec{a}$ 沿竖直方向的情况，根据不同的情况分开看待，将 $\vec{G_{等效}} > m\vec{g}$ 的现象称为**超重现象**；将 $\vec{G_{等效}} < m\vec{g}$ 的现象称为**失重现象**；将 $\vec{G_{等效}} = \vec{0}$ 的现象称为**完全失重现象**。

举例来说，考察以相对于地面上下运动的电梯为参照系的电梯参照系：当电梯加速度向上时，电梯参照系中发生超重现象；当电梯加速度向下且小于重力加速度时，电梯参照系中发生失重现象；当电梯的加速度等于重力加速度时，电梯参照系内发生完全失重现象。

在加速度不沿竖直方向的平动非惯性系和一些特殊的转动非惯性系的情况中，重力 $m\vec{g}$ 与惯性力 $\vec{F_惯}$ 的合力也可能大小不变，有时也称这些现象为超重现象或失重现象。特别地，在绕地自由运动的卫星或航天器参照系中考虑物体的运动，可以看作完全失重。

例 2.18 如图 2-3-7(a)所示，一不可伸长的轻绳跨过在固定于电梯天花板的轻质光滑滑轮上，绳两端各悬挂质量为 m_1 和 m_2 的重物，电梯以向上的加速度 a_0 上升。两物体稳定运动时,求:重物 m_1 相对于电梯的加速度和相对于地的加速度。

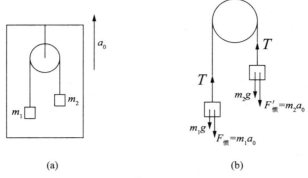

图 2 - 3 - 7

解 考察 m_1、m_2 的运动,设它们相对于电梯的加速度为 $\vec{a}_{10}$、$\vec{a}_{20}$,则

$$\vec{a}_{10} = -\vec{a}_{20} \qquad ①$$

电梯参照系是非惯性系,在电梯参照系中受力分析,如图 2 - 3 - 7(b)所示,可列方程:

$$m_1\vec{g} + (-m_1\vec{a}_0) + \vec{T} = m_1\vec{a}_{10} \qquad ②$$

$$m_2\vec{g} + (-m_2\vec{a}_0) + \vec{T} = m_2\vec{a}_{20} \qquad ③$$

联立①②③三式可以解出:

$$\begin{cases} \vec{a}_{10} = \dfrac{m_1 - m_2}{m_1 + m_2} \cdot (\vec{g} - \vec{a}_0) \\[3mm] \vec{a}_{20} = \dfrac{m_2 - m_1}{m_1 + m_2} \cdot (\vec{g} - \vec{a}_0) \end{cases}$$

在地面参照系中 m_1、m_2 的加速度 $\vec{a}_1$、$\vec{a}_2$ 根据加速度叠加 $\vec{a}_1 = \vec{a}_{10} + \vec{a}_0$,$\vec{a}_2 = \vec{a}_{20} + \vec{a}_0$ 计算得:

$$\begin{cases} \vec{a}_1 = \dfrac{m_1 - m_2}{m_1 + m_2}\vec{g} + \dfrac{2m_2}{m_1 + m_2}\vec{a}_0 \\[3mm] \vec{a}_2 = \dfrac{m_2 - m_1}{m_1 + m_2}\vec{g} + \dfrac{2m_1}{m_1 + m_2}\vec{a}_0 \end{cases}$$

例 2.19 如图 2 - 3 - 8(a)所示,长为 L_1 的绳将质量为 m_1 的小球 A 悬挂于天花板上的点 O,长为 L_2 的绳将质量为 m_2 的小球 B 悬挂于 A 下方。两绳都是不可伸长的轻绳。开始时,系统处于静止状态,小球 A 受到其他物体的碰撞,瞬间获得了水平向右的速度 v,问:此瞬间绳 L_1、L_2 的内部张力为多少?

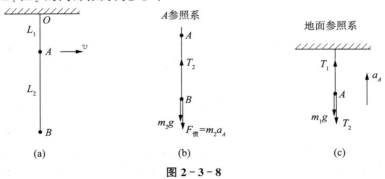

图 2 - 3 - 8

解 碰撞瞬间,小球 A 绕悬点 O 做圆周运动且不受水平方向的外力,故小球 A 的加速度 a_A 为竖直向上的向心加速度,其大小为:

$$a_A = \frac{v^2}{L_1} \qquad ①$$

B 与 A 的距离保持为 L_2,取 A 参照系研究 B 小球的运动,B 应绕 A 做速率为 v 的圆周运动。A 是非惯性系,在 A 系中对 B 进行受力分析,如图 2-3-8(b)所示,可列出方程:

$$T_2 - m_2 g - m_2 a_A = m_2 \cdot \frac{v^2}{L_2} \qquad ②$$

结合①②两式解得:

$$T_2 = m_2 \left(g + \frac{v^2}{L_1} + \frac{v^2}{L_2} \right) \qquad ③$$

绳 L_2 的内部张力 T_2 由上式给出。再在地面参照系中考察 A,如图 2-3-8(c)所示,根据牛顿第二定律有:

$$T_1 - m_1 g - T_2 = m_1 a_A$$

将 T_2、a_A 代入可以解得:

$$T_1 = m_1 \left(g + \frac{v^2}{L_1} \right) + m_2 \left(g + \frac{v^2}{L_1} + \frac{v^2}{L_2} \right) \qquad ④$$

综上,碰撞后瞬间绳 L_1、L_2 的内部张力 T_1、T_2 分别由③④两式给出。

例 2.20 如图 2-3-9(a)所示,跨过定滑轮 A 的绳的两端分别固连着物体 m_1 和滑轮 B;跨过定滑轮 B 的绳的两端分别固连着物体 m_2 和 m_3。所有绳都是不可伸长的轻绳,不计摩擦。静止释放整个装置,若 $m_1 = 5$ kg,$m_2 = 3$ kg,$m_3 = 2$ kg,求每个物体的加速度。

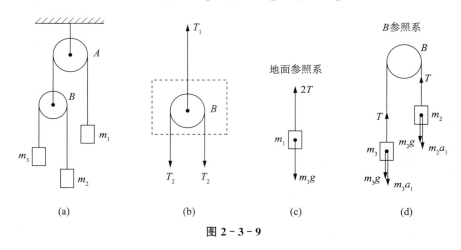

图 2-3-9

解 如图 2-3-9(b)所示,对滑轮 B 和两段绳组成的轻质系统受力分析,有:

$$T_1 - 2T_2 = 0$$

上式表明:跨过 A 的绳中的张力 T_1 是跨过 B 的绳中的张力 T_2 的 2 倍,不妨将 T_1、T_2 记为 $2T$、T。

可以简单判断到 m_1 向下加速,m_2 相对于滑轮 B 向下加速,m_3 相对于滑轮 B 向上加速。设 m_1 的加速度大小为 a_1,m_2、m_3 相对于滑轮 B 的加速度大小分别为 a_{2B}、a_{3B}。

如图 2-3-9(c)所示，对 m_1 受力分析，有：
$$m_1g-2T=m_1a_1 \tag{①}$$

滑轮 B 的加速度为向上的 a_1，滑轮 B 参照系为非惯性系。在滑轮 B 参照系中考察 m_2、m_3 的运动，如图 2-3-9(d)所示，有：
$$\begin{cases} a_{2B}=a_{3B} \\ m_2g+m_2a_1-T=m_2a_{2B} \\ T-m_3g-m_3a_1=m_3a_{3B} \end{cases} \tag{②}$$

结合①式和方程组②，共有四个未知量 a_1、a_{2B}、a_{3B}、T，四个方程，代入质量数据后，可以解出：
$$\begin{cases} a_1=\dfrac{1}{49}g \\ a_{2B}=a_{3B}=\dfrac{10}{49}g \end{cases}$$

再利用加速度叠加判断 m_2、m_3 相对于地面的加速度方向和大小 a_2、a_3：
$$a_2=\frac{9}{49}g,a_3=\frac{11}{49}g$$

综上所述，m_1 加速度大小为 $\dfrac{1}{49}g$、竖直向下；m_2 加速度大小为 $\dfrac{9}{49}g$、竖直向下；m_3 加速度大小为 $\dfrac{11}{49}g$、竖直向上。

*二、转动非惯性参照系

转动非惯性参照系超越了全国竞赛考纲和本书规划难度，这里只做简单提要和科普性质的说明。

感兴趣的读者不妨回看例 1.21，让我们重新审视例 1.21。题中浅涉到两个参照系：圆盘参照系和桌面参照系。不妨使 O 参照系为惯性参照系，则桌面参照系相对于圆盘参照系匀角速度转动，为非惯性参照系。

圆盘上质点 P 在惯性系 O 参照系中做匀速直线运动，无加速度；但换到桌面参照系上考察时，质点 P 的加速度 $\vec{a_P}$ 除了有形似向心加速度的分量 $a_{Pn}=\omega^2R$ 外，还有一项 $a_{P\tau}=2\omega v$，与质点 P 在 O 参照系中的运动 v 有关。这说明在转动非惯性参照系中，不光有与平动非惯性系一样的径向的惯性力，还有切向的惯性力，而且切向的惯性力还与质点本身的运动有关。在更一般的情况下，相对于惯性系匀速转动的非惯性系中，切向加速度为 $(2\vec{v} \times \vec{\omega})$，称为**科里奥利加速度**或**科氏加速度**；切向惯性力为 $(2m\vec{v} \times \vec{\omega})$，称为**科里奥利力**或**科氏力**。在考察相互转动的参照系时，科氏加速度容易被忽略，但这一项是重要的，许多物理现象都与它有关，例如季风的方向、台风的形成、潮汐现象和傅科摆现象等。

本章习题

1. 一质量分别是 $2M$ 和 M 的光滑物体 A 和 B 放在光滑的水平面上，A、B 之间的接触面与水平面夹角为 θ，如图所示。用水平推力 F 推动 A、B 前进，若 A、B 间无相对滑动，求 F 的取值范围。

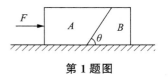

第 1 题图

2. 质量为 M，厚度可忽略的薄板静置于水平桌面上，其左端与桌边对齐，在板上距板左端为 l 处放一质量为 m 的小花瓶，如图所示。已知桌面长 L，用一水平恒力 F 作用于板上将板抽出，若要花瓶不从桌上掉下，则 F 至少为多大？（已知花瓶、板和桌面两两之间动摩擦因数均为 μ，且板在抽出过程中始终保持水平，花瓶只平动而不翻倒。）

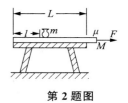

第 2 题图

3. 如图所示，物体 A 和 B 的质量分别为 m_A 和 m_B，B 的两端受光滑挡板 C 和 D 的限制不能左右移动，A 与 B 间和 A 与地间的动摩擦因数分别为 μ_1 和 μ_2，用与水平方向成 θ 角的力 F 斜向上拉 A 时，求 A 的加速度。

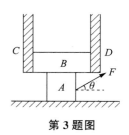

第 3 题图

4. 如图所示,将质量为 1 kg 的小球挂在倾角为 30°的光滑斜面上,

(1) 当斜面以 $a = \dfrac{g}{3}$ 的加速度沿水平方向向右做匀加速运动时,求绳对球的拉力和球对斜面的压力;

(2) 当斜面水平运动时,若球对斜面压力为零,则求加速度的大小和方向;

(3) 当斜面水平运动时,若绳的拉力为零,则求斜面加速度的大小和方向。

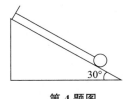

第 4 题图

5. 如图所示,质量为 m 的物体静止在倾角为 θ 的斜面体上,斜面体的质量为 M,斜面体与水平地面间的动摩擦因数为 μ。现用水平拉力 F 向右拉斜面体,要使拉动后物体与斜面体间无相互作用力,水平拉力 F 至少要达到多大?

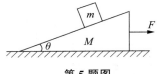

第 5 题图

6. 质量为 m_2 的立方体放在光滑的地面上,质量为 m_1 的光滑斜面体的直角边靠在光滑的竖直墙上,斜面与水平面间的夹角为 α,如图所示。先使斜面体的斜面压在立方体上,使立方体和斜面体静止,然后静止释放。如果释放后瞬间斜面体和立方体都平动,求释放后斜面体和立方体的加速度大小。

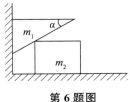

第 6 题图

7. 如图所示,一块质量为 M、长为 L 的均质板放在很长的光滑水平桌面上,板的左端有一质量为 m 的小物体,物体上连接一根很长且不可伸长的细绳,细绳跨过位于桌边的定滑轮。现以恒定的速率 v 向下拉绳,并使绳在滑轮与物体 m 之间的部分保持水平。物体最多只能到达板的中点,且物体到达板的中点时板的右端尚未到达桌边定滑轮外。则:(1)当物体刚到达板中点时,求板的位移;(2)若板与桌面之间有摩擦,为使物体能达到板的右端,求板与桌面之间的动摩擦因数的范围。

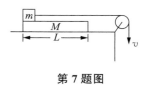

第 7 题图

8. 在长为 L 的轻杆的一端通过轻滑轮用绳子悬挂了质量为 m_1 和 m_2 两个重物,另一端挂了一个质量为 M 的重物,如图所示。已知 $m_1 > m_2$。在重物 m_1 和 m_2 相对滑轮运动的情况下,要使轻杆保持平衡,支点应移到距离重物 M 的悬挂点多远的位置上?

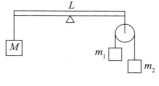

第 8 题图

9. 如图所示,重物 1 和 2 被两根不可伸长的轻绳固连,两绳分别绕过两个轻滑轮。重物 1、2 和 3 的质量依次为 m、$2m$ 和 $3m$。开始时绳与滑轮连接的部分都竖直,忽略摩擦,现使三个重物自由运动。若它们马上能达到稳定的运动模式,求它们稳定运动时的加速度。

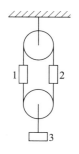

第 9 题图

10. 如图所示,质量为 M 的立方体放在光滑水平面上,在立方体一条棱中点固定一光滑滑轮,一根不可伸长的轻线穿过滑轮,线两端各固定质量为 m 的小物体,线在滑轮两边的部分分别处于水平方向和竖直方向。已知两物体与立方块之间摩擦因数均为 μ,$\mu<1$ 且设最大静摩擦力等于滑动摩擦力。如图所示,对立方体施加水平推力 F,若立方体和小物体都只发生平动,问:F 为多大时,才能使质量为 m 的两个小物体相对立方体不发生滑动?

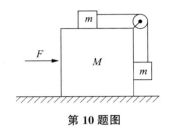

第 10 题图

11. 两个质量分别为 m_1 和 m_2($m_2>m_1$)的物体叠放在水平桌面上,另一质量为 m 的物体通过细绳及滑轮系统 m_1、m_2 相连,如图所示。忽略绳与滑轮的质量以及轴承处的摩擦。(1)若 m_1 与 m_2 之间的动摩擦因数为 μ,桌面光滑,求 m_1 与 m_2 之间无相对滑动的条件;(2)若各接触面之间的动摩擦因数均为 μ,求 m_1 与 m 运动而 m_2 保持静止的条件。

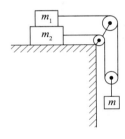

第 11 题图

12. 轻滑轮分别固定在质量为 M 和 $\dfrac{M}{2}$ 的物体上,通过不可伸长的轻绳穿过滑轮将两个物体连接起来,该系统在力 F_0 的作用下沿水平桌面运动,如图所示,图中画出的各段绳都处于水平方向上。求绳上 A 点的加速度大小 a。(绳的自由段为水平方向,绳的伸长以及各种摩擦不计。)

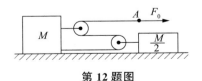

第 12 题图

13. 如图所示，竖直向上的力 F 作用在滑轮 A 的轴处，两物体质量分别为 m_1 和 m_2。已知图中的绳是不可伸长的轻绳，滑轮的重力可忽略不计，滑轮与绳之间没有摩擦力，图中画出的各段绳都处于竖直方向上。求滑轮 A 的加速度。

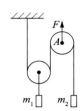

第 13 题图

14. 如图所示，从竖直墙上任意一点架设光滑直轨道到地面上的定点 A，定点 A 到墙的距离为 b。若将一小球从轨道顶端由静止释放，则小球滑到 A 至少需要多少时间？

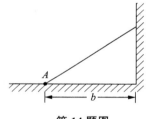

第 14 题图

15. 如图所示，点 P 和圆 O 在同一竖直平面内，圆 O 的半径为 R，点 P 到点 O 的水平距离为 L，点 P 的位置比点 O 高 H。$H>R$，$L>R$。现要从 P 搭建一条光滑直轨道到圆 O 上，使小物体从轨道上的 P 点释放后，能沿轨道下滑到圆 O 上。若要使下滑时间 t 最短，应使轨道与竖直方向夹角 α 为多大？

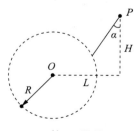

第 15 题图

16. 某一恒力作用在以恒定速度 u 运动的物体上,经过时间 t,物体的速率减少一半,再经过时间 t,物体的速率又减少一半,试求再经过时间 t 后,物体的速率。

17. 如图所示,为使摩托车手能够在圆锥面内侧以角速度 ω 沿半径 R 的圆周运动,求车胎橡胶与圆锥内表面间的动摩擦因数 μ 至少要为多少?(已知圆锥体的顶角为 2α)

第 17 题图

18. 一根长金属丝绕成螺距为 h、半径为 R 的螺旋线,如图所示,螺旋线的轴线竖直。螺旋线上串有一小环,金属丝与小环之间动摩擦因数为 μ。使小环沿螺旋线自由下滑,若小环做匀速率运动,求小环的速率 v_0。

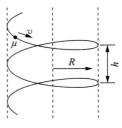

第 18 题图

19. 质量为 m 的均质细弹性绳无内部张力时的长度为 L,劲度系数为 k。如图所示,将它保持水平地套在半径为 r 的竖直圆柱上,$L < 2\pi r$ 成为一个圆环,套上后其质量分布仍是均匀的。弹性绳与柱面之间的动摩擦因数为 μ。现在圆柱体绕竖直轴转动起来,问:要保持弹性绳不滑下,圆柱转动的角速度 ω 最大为多少?

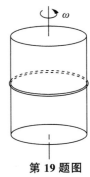

第 19 题图

20. 如图所示,用劲度系数为 k、质量为 m 的细线做成半径为 r_0 的环,将此环套在顶角为 2α 的直角锥体上,圆锥轴是竖直的,圆锥面是光滑的,要使圆锥上环的半径变为 $2r_0$,环和圆锥一起绕圆锥轴的角速度 ω 应取多少?

第 20 题图

21. 一个小石头落入半径为 R 的汽车轮胎内,小石头与内胎之间动摩擦因数为 μ。问:当汽车速度最小为多少时,小石头可始终与车轮一起转动?

22. 如图所示,斜面与水平面成 α 角,起初物体静止在 A 点。沿斜面向上 h,向右 l 处的 B 点有一小坑。现使物体以可能的最小初速度出发,使它无摩擦地滑落到小坑内,则小物体沿斜面的初速度 v 与水平面的夹角应为多少?

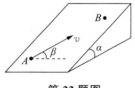

第 22 题图

23. 橡皮圈挂在钉子上,如图所示,这时它的长度为 $2h$。现使橡皮圈在水平面上旋转起来,稳定时橡皮圈成圆形,绕圆心做圆周运动,这时发现它的长度也为 $2h$。若橡皮圈可看作弹性绳,求橡皮圈转动时的角速度大小。

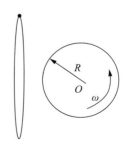

第 23 题图

24. 如图所示，升降机里的水平桌面上有一质量为 m 的物体 A，物体 A 通过一根跨过定滑轮的不可伸长的细绳与另一质量为 $2m$ 的物体 B 相连，定滑轮固定在桌面上。A 物与桌面间的摩擦因数为 μ，滑轮与绳间的没有摩擦力，忽略绳的质量。当升降机以加速度 $a = \dfrac{g}{2}$ 向下加速时，求 A、B 两物相对地面的加速度大小。

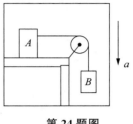

第 24 题图

25. 如图所示，一条不可伸长的轻绳两端分别系着质量为 m_1 和 m_2 的两个物体，通过定滑轮挂在车厢顶，绳与滑轮的摩擦忽略不计，$m_1 > m_2$。若此时车厢开始以恒定的加速度 a 向右做加速运动，车厢内的物体稳定运动后，m_2 仍相对于车厢静止时，m_1 静止在地板上不动。问：(1)绳对重物的拉力 T 为多大？（2）地板与 m_1 之间的动摩擦因数 μ 至少要多大？

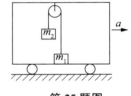

第 25 题图

26. 如图所示，质量为 m 的小物体用长为 l 的不可伸长的轻绳悬挂在天花板上，小物体在光滑桌面上做速率为 v 的匀速圆周运动，绳与竖直方向成 α 角。突然，天花板开始以加速度 a 向上做加速运动，天花板开始运动的瞬间，重物没有离开桌面，求这个瞬间绳中张力为多大。

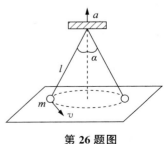

第 26 题图

27. 如图所示,在小车上固定着轻质等臂杠杆,杠杆可绕质点无摩擦地转动,臂长为 l。如图所示,在天平上放两个大小相同但由不同材料制造的均匀立方块,每个立方块边长为 a。若当小车以大小为 $\dfrac{g}{2}$ 的加速度沿水平面方向运动时,杠杆和两立方块相对于车能保持静止,且杠杆在水平方向上。若杠杆可看作细杆,求两立方块材料的密度之比。

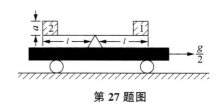

第 27 题图

28. 在一体积为 V,质量为 M 的铁盒内置有一固定于铁盒的滑轮,有两物体通过不可伸长的轻绳跨接在轻滑轮两端,已知两物体的质量分别为 m_1 和 m_2,绳与滑轮间没有摩擦力。现将此铁盒放入密度为 ρ 的液体中,如图所示。若在系统运动时,铁盒只平动不转动,忽略液体的黏滞阻力,试求铁盒在下沉过程中的加速度 a。

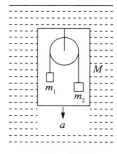

第 28 题图

第三章 机 械 能

第一节 功和功率、质点的动能定理

本节简单回顾功和功率的概念以及质点的动能定理,并做一些提高。

一、功和功率

考察作用于质点的力 $\vec{F}$,用 $\Delta\vec{s}$ 表示质点的位移,用 F 和 Δs 分别表示力 $\vec{F}$ 和位移 $\Delta\vec{s}$ 的大小,用 α 表示力 $\vec{F}$ 与位移 $\Delta\vec{s}$ 的夹角。

若力 $\vec{F}$ 为恒力,如图 3-1-1 所示,定义力 $\vec{F}$ 对质点做的**功** W 为:

$$W = F \cdot \Delta s \cdot \cos\alpha = F \cdot (\Delta s)_F = F_s \cdot \Delta s = \vec{F} \cdot \Delta\vec{s}$$

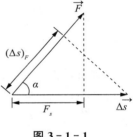

图 3-1-1

(3.1.1)

(3.1.1)式给出四个等价的表达式,其中,$(\Delta s)_F$ 是位移 $\Delta\vec{s}$ 沿力 $\vec{F}$ 方向分量的大小,F_s 是力 $\vec{F}$ 沿位移 $\Delta\vec{s}$ 方向分量的大小,最后一个表达式是"矢量的点乘"。当 $0 \leqslant \alpha < 90°$ 时,力 $\vec{F}$ 对质点做正功;当 $90° < \alpha \leqslant 180°$ 时,力 $\vec{F}$ 对质点做负功;当 $\alpha = 90°$ 时,力 $\vec{F}$ 对质点做功为 0。

若力 $\vec{F}$ 为变力,将运动分成无数小段,将每一段的位移记为 $\Delta\vec{s}_1$、$\Delta\vec{s}_2$、$\Delta\vec{s}_3$、$\cdots$、$\Delta\vec{s}_n$,使每一段运动过程中力 $\vec{F}$ 都可以视为恒力,定义变力 $\vec{F}$ 对质点做的**功** W 为每一段运动中力 $\vec{F}$ 做功之和,即:

$$W = \Sigma(F_i \cdot \Delta s_i \cdot \cos\alpha_i)$$

(3.1.2)

其他三种表达式类似。

在单向直线运动中,F_s-s 图象"曲线下方的面积"代表功 W;在一般情况下,若以 F_v 表示力 $\vec{F}$ 沿速度 v 方向的分量,以 s 表示路程,则 F_v-s 图象"曲线下方的面积"代表功 W。计算变力做功时,将功的计算转化为面积的计算,是一种便捷又普遍的方法。

取一段时间 Δt,取 Δt 内力 $\vec{F}$ 对质点做的功 W,定义力 $\vec{F}$ 在 Δt 内的**平均功率** $\overline{P}$ 为:

$$\overline{P} = \frac{W}{\Delta t}$$

(3.1.3)

特别地,当 Δt 趋向于 0 时,称为**瞬时功率** P,简称**功率**。以 $\vec{v}$ 和 v 表示速度和速率,又根据功的定义,瞬时功率 P 的定义以及计算式可表示为:

$$P = \frac{W}{\Delta t}\bigg|_{\Delta t \to 0} = F \cdot v \cdot \cos\alpha = F \cdot v_F = F_v \cdot v = \vec{F} \cdot \vec{v}$$

(3.1.4)

功率 P 的大小反映了力 $\vec{F}$ 做功的快慢。当 $0 \leqslant \alpha < 90°$ 时,力 $\vec{F}$ 对质点做正功;当 $90° < \alpha \leqslant$

$180°$ 时, 力 $\vec{F}$ 对质点做负功; 当 α 恒等于 $90°$ 时, 力 $\vec{F}$ 对质点不做功。

功的国际标准单位为焦耳(J), 功率的国际标准单位为瓦特(W)。功和功率都是标量。

易证, 功(功率)有以下性质: 合力做的功(功率)等于各分力做的功(功率)的和。特别地, 合外力做的功等于所有外力做功的和; 合外力的功率等于所有外力功率的和。以后, 未经特殊说明, 将不对这两种表述做区分。

二、质点的动能定理

定义质点 A 的动能 E_k 为:

$$E_k = \frac{1}{2}mv^2 \tag{3.1.5}$$

动能是一个描述质点的状态量。

考察质点 A 的任意一小段运动, 当时间段 Δt 趋向于 0 时, 这段运动的位移、初速度、末速度都在轨迹的切线方向上。取这段运动的位移大小 Δs_i, 初速度大小 v_0, 末速度大小 v_t, 切向加速度 a_τ, 合外力的切向分量大小 F_τ。

考虑合外力做的功:

$$W_{\Sigma F} = F_\tau \cdot \Delta s_i = F_\tau \cdot \frac{v_t^2 - v_0^2}{2a_\tau} = \frac{1}{2}m(v_t^2 - v_0^2) = \Delta E_k \tag{3.1.6}$$

故在任意一小段位移内, 合外力做的功等于质点动能的增量。故在任意一大段时间内, 合外力做的总功都等于质点动能的增量, 这个规律称为**质点的动能定理**。质点的动能定理有数学表达:

$$W_{\Sigma F} = \Delta E_k \tag{3.1.7}$$

由于功的运算可以用矢量的点乘描述, 而矢量的点乘满足乘法分配律, 故合外力做的功 $W_{\Sigma F}$ 等于外力做功的和 ΣW。质点的动能定理在应用时, 经常写成: 外力做功的和等于质点动能的增量:

$$\Sigma W = \Delta E_k \tag{3.1.8}$$

可以看到, 质点的动能是恒为非负的。当动能为 0 时速度也为 0, 这时无论什么方向的合外力施加在物体上, 都只能做正功, 使动能增加。

特别地, 考虑质量为 m 的小物体在只有重力做功时的运动: 若小物体在一段时间内升高了 h 高度, 重力做功 $-mgh$; 若小物体在一段时间内降低了 h 高度, 重力做功 mgh。对小物体应用动能定理, 有:

$$\begin{cases} \text{升高 } h \text{ 高度} \quad -mgh = \frac{1}{2}mv_t^2 - \frac{1}{2}mv_0^2 \\ \text{降低 } h \text{ 高度} \quad mgh = \frac{1}{2}mv_t^2 - \frac{1}{2}mv_0^2 \end{cases} \tag{3.1.9}$$

可以解得末速度大小 v_t:

$$\begin{cases} \text{升高 } h \text{ 高度} \quad v_t = \sqrt{v_0^2 - 2gh} \\ \text{降低 } h \text{ 高度} \quad v_t = \sqrt{v_0^2 + 2gh} \end{cases} \tag{3.1.10}$$

可以看到此时末速度大小 v_t 仅与初速度大小 v_0 和初末时刻的高度差有关。在只有重力做功时, 物体升高, 速度减小; 物体降低, 速度增大。此结论对于抛体运动、在光滑表面自由运动等都成立,用起来十分便捷。但注意,动能定理只能得出速度大小,而不能得出速度方向。

例 3.1 打桩机每一次对水泥地面冲击消耗的有用功都相同,桩受到水泥的阻力与桩深入地平线的长度成正比,且阻力大小 f 远远大于桩的重力。如果第一次冲击,水泥地面被向下压下去 1 m,那么第 n 次冲击时水泥地面被向下压下去多少米?

解 设第 i 次冲击后水泥达到地面下方 x_i 处,如图 3-1-2 所示,则 $x_1 = 1$ m,x_{i-1} 到 x_i 区间 f-s 图下方包围的梯形面积等于打桩机第 n 次冲击时克服水泥阻力做的功,故图中每个小梯形面积都相等。通过图形关系,可以知道:

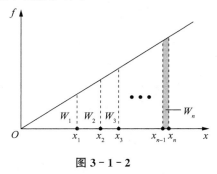

$$x_1 : x_2 : x_3 : x_4 : \cdots = 1 : \sqrt{2} : \sqrt{3} : \sqrt{4} : \cdots$$

故有:$x_{n-1} = \sqrt{n-1}$ m,$x_n = \sqrt{n}$ m。

第 n 次冲击时水泥被压下降 h_n 为:

$$h_n = (\sqrt{n} - \sqrt{n-1})\ \text{m}$$

图 3-1-2

例 3.2 某质点在 x 轴上单向运动,受到 $F = 6x^2$(N)的力的作用,其中,x 的单位是 m。问:质点从原点出发处运动到 x_0,力 F 做了多少功?

解 将这段运动的路程分成 n 等分,每份路程 $\Delta x = \dfrac{x_0}{n}$。使 n 趋向于无穷,则 Δx 趋向于 0,每一段路程中力都可以看作不变。

在第 i 段 Δx 中,质点临近坐标 $x = i \cdot \dfrac{x_0}{n}$,力 F 可以表示为 $F_i = 6x^2 = i^2 \cdot \dfrac{6x_0^2}{n^2}$,力 F 做的功 ΔW_i 为:

$$\Delta W_i = F_i \cdot \Delta x = i^2 \cdot \frac{6x_0^2}{n^2} \cdot \frac{x_0}{n} = i^2 \cdot \frac{6x_0^3}{n^3}$$

故整个过程 F 做的功 W 为每一段过程中 F 做功的和:

$$W = \sum_{i=1}^{n} \Delta W_i = \sum_{i=1}^{n} \left(i^2 \cdot \frac{6x_0^3}{n^3} \right) = \frac{6x_0^3}{n^3} \cdot \sum_{i=1}^{n} i^2$$

当 n 趋向于无穷时,$\Sigma i^2 = \dfrac{n(n+1)(2n+1)}{6} \approx \dfrac{n^3}{3}$,代入上式,有:

$$W = 2x_0^3\ (\text{J})$$

例 3.3 一辆质量 $m = 1\,000$ kg 的汽车在平直的公路上以某一初速度运动,运动过程中牵引力 F 保持恒定的牵引功率 P,且受到的阻力大小 f 恒定。设其速率为 v、加速度大小为 a,a-$\dfrac{1}{v}$ 图象如图 3-1-3 所示。求功率 P 和阻力大小 f。

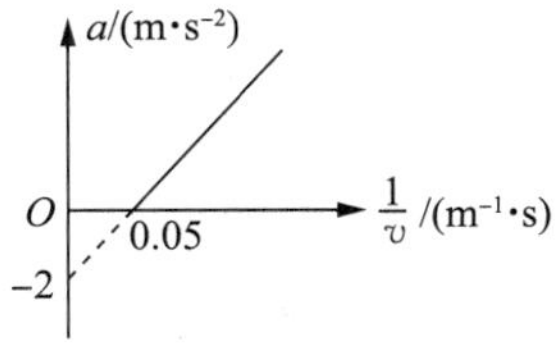

解 汽车行进过程中,始终满足:

$$\begin{cases} P = Fv \\ F - f = ma \end{cases} \quad \text{①}$$

图 3-1-3

在方程组①中消去 F 后,有:

$$a = \frac{P}{m} \cdot \frac{1}{v} - \frac{f}{m} \qquad ②$$

由于 m、P、f 都为定值,故 a 与 $\frac{1}{v}$ 成线性关系,比较②式和 $a - \frac{1}{v}$ 图象知:

$$\frac{P}{m} = 40 \text{ m/s}^3, \frac{f}{m} = 2 \text{ m/s}^2$$

将 $m = 1\,000$ kg 代入上式,得:

$$P = 40\,000 \text{ W}, f = 2\,000 \text{ N}$$

例 3.4 在固定的光滑半球面上有一点 P 距球心高度为 H。一质点从 P 出发由静止开始自由下滑。若质点离开球面的瞬间位于 Q 点,求 Q 点与球心间的高度差 h。

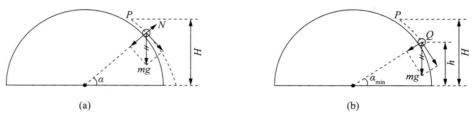

(a)   (b)

图 3 - 1 - 4

解 依题意作图,如图 3 - 1 - 4(a),图中给出质点下滑时的受力情况。质点所受重力 mg 的法向分力和弹力 N 的合力充当向心力 $\frac{mv^2}{R}$,即:

$$mg \sin\alpha - N = \frac{mv^2}{R}$$

从上式看,质点在下滑过程中速度 v 不断增大,所需向心力 $\frac{mv^2}{R}$ 不断增大,但 α 不断减小,提供向心力的 $mg \sin\alpha$ 不断减小,这就导致弹力 N 不断变小。

在弹力 N 减小到 0 的时刻,质点和球面之间已经没有挤压和形变,$mg \sin\alpha$ 刚好提供向心力 $\frac{mv^2}{R}$;弹力 N 减小到 0 后的瞬间,$mg \sin\alpha$ 已不能提供质点在球面上滑动所需的向心力,质点开始脱离球面做斜抛运动。故弹力 N 减小到 0 的时刻,质点在 Q 点。

如图 3 - 1 - 4(b)所示,根据上述分析,质点达到 Q 点时满足:

$$\begin{cases} \frac{mv^2}{R} = mg \sin\alpha_{\min} = mg \cdot \frac{h}{R} \\ mg(H - h) = \frac{1}{2}mv^2 - 0 \end{cases}$$

由方程组可以解得:

$$h = \frac{2}{3}H$$

例 3.5 从距水平地面高度为 H 的平台上以初速度大小 v_0 斜向上抛出小球,小球经历抛体运动后落到地面上。问:该抛体运动的水平位移最大为多少?

解 依题意作图,如图 $3-1-5$(a)所示,设初速度 $\vec{v}_0$ 与水平方向夹角为 α,则水平方向初速度大小 $v_{0/\!/}=v_0\cos\alpha$。再根据动能定理知:小球落到地面前的瞬间速度大小 v_t $=\sqrt{v_0^2+2gH}$。

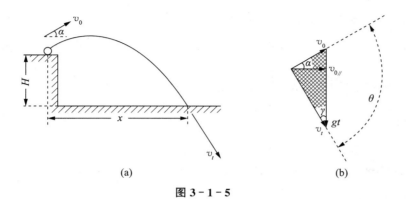

图 $3-1-5$

由抛体运动的知识知道,初速度 $\vec{v}_0$ 和末速度 $\vec{v}_t$ 在水平方向的分量 $\vec{v}_{0/\!/}$ 相等,且差 $\vec{v}_t-\vec{v}_0=\vec{g}t$,见矢量图 $3-1-5$(b),其中 $\vec{v}_0$ 和 $\vec{v}_t$ 的夹角为 θ。则图(b)中阴影三角形面积 $S_\triangle$ 可以表示为:

$$S_\triangle=\frac{1}{2}v_{0/\!/}\cdot gt=\frac{1}{2}v_0\cdot v_t\cdot\sin\theta \qquad ①$$

设抛体运动经历的时间为 t,则水平位移 x 为:

$$x=v_{0/\!/}\cdot t \qquad ②$$

求最大水平位移,就是求 x 的最大值。利用①式将②式变形,有:

$$x=\left(\frac{1}{2}v_{0/\!/}\cdot gt\right)\cdot\frac{2}{g}=S_\triangle\cdot\frac{2}{g}=\frac{v_0\cdot v_t\cdot\sin\theta}{g}=\frac{v_0\sqrt{v_0^2+2gH}}{g}\cdot\sin\theta$$

显然,$\theta=\dfrac{\pi}{2}$,$\sin\theta=1$ 时,水平位移 x 有最大值 $x_{\max}$:

$$x_{\max}=\frac{v_0\sqrt{v_0^2+2gH}}{g}$$

最后,要确认 θ 可以取到 $\dfrac{\pi}{2}$。从图 $3-1-5$(b)可以发现,$\theta=\dfrac{\pi}{2}$ 时,有 $\alpha=\gamma$,有:

$$\tan\alpha=\tan\gamma=\frac{v_0}{v_t}=\frac{v_0}{\sqrt{v_0^2+2gH}}$$

反之亦然,当 $\tan\alpha=\dfrac{v_0}{\sqrt{v_0^2+2gH}}$ 时,θ 取到 $\dfrac{\pi}{2}$。

综上所述,当初速度 $\vec{v}_0$ 与水平方向夹角 $\alpha=\arctan\dfrac{v_0}{\sqrt{v_0^2+2gH}}$ 时,水平位移 x 有最大值 $x_{\max}=\dfrac{v_0\sqrt{v_0^2+2gH}}{g}$。

例 3.6 一根内壁光滑的细钢管被弯成 $\frac{3}{4}$ 圆周的形状,如图 3-1-6 所示,图中两虚线分别处于水平和竖直方向。一小钢球从 A 孔处正对管口射入,第一次小球恰能达到最高点,第二次小球从最高点平抛出来,恰好落回 A 孔。求小球两次进入 A 孔时动能之比。

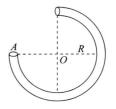

图 3-1-6

解 设小球第一次进入 A 孔的动能为 E_{k1},第二次进入 A 孔的动能为 E_{k2}。

依题意,第一次小球到达最高点时速度为 0,根据动能定理,有:

$$-mgR = 0 - E_{k1}$$

解得:

$$E_{k1} = mgR \qquad ①$$

设第二次小球到达最高点时的速度为 v_3,则根据平抛运动水平和竖直方向的分运动可以列出方程组:

$$\begin{cases} R = v_3 \cdot t \\ R = \dfrac{1}{2}gt^2 \end{cases}$$

可以解得 $v_3 = \sqrt{\dfrac{1}{2}gR}$,即 $\dfrac{1}{2}mv_3^2 = \dfrac{1}{4}mgR$。对"从小球第二次进入 A 孔到小球达到最高点的过程"应用动能定理,有:

$$-mgR = \frac{1}{2}mv_3^2 - E_{k2} = \frac{1}{4}mgR - E_{k2}$$

解得:

$$E_{k2} = \frac{5}{4}mgR \qquad ②$$

由①②两式知,小球两次进入 A 孔时动能之比为:

$$E_{k1} : E_{k2} = 4 : 5$$

例 3.7 如图 3-1-7(a)所示,A 是一固定有竖直立柱的木块,总质量为 M,位于水平地面上。B 是一质量为 m 的小球,通过一不可伸长的轻绳连接到立柱的顶端。现使绳伸直并处于水平位置,使 A、B 静止,然后释放两个装置。如在小球 B 与立柱发生碰撞前,A 始终未开始移动,问:木块与地面之间的动摩擦因数至少为多大?

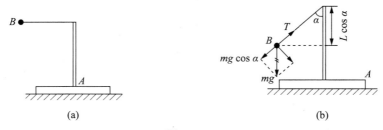

(a)

(b)

图 3-1-7

解 设绳长为 L,如图 3-1-7(b)所示,当小球 B 运动至绳与竖直方向夹角为 α 时小

球 B 下降了 $L\cos\alpha$ 高度,根据动能定理知:此时小球 B 的速度 $v=\sqrt{2gL\cos\alpha}$。

依照图 3-1-7(b),对小球 B 的受力分析,在沿绳方向有:

$$T-mg\cos\alpha=\frac{mv^2}{L}=2mg\cos\alpha$$

可以解得:

$$T=3mg\cos\alpha$$

于是,A 受到地面对 A 的正压力 N 和摩擦力 f 分别为:

$$\begin{cases}N=Mg+T\cos\alpha=Mg+3mg\cos^2\alpha\\f=T\sin\alpha=3mg\sin\alpha\cos\alpha\end{cases}$$

可以求得:

$$\frac{f}{N}=\frac{\sin\alpha\cos\alpha}{\dfrac{M}{3m}+\cos^2\alpha}$$

动摩擦因数满足 $\mu\geqslant\dfrac{f}{N}$。要使 A 在 B 向下运动的过程中都不运动,就是要 $\mu\geqslant\dfrac{f}{N}$ 在 $0\leqslant\alpha\leqslant\dfrac{\pi}{2}$ 内恒成立,也就是要 μ 大于等于 $\dfrac{f}{N}$ 的最大值 $\left(\dfrac{f}{N}\right)_{\max}$。现在来求 $\dfrac{f}{N}$ 的最大值 $\left(\dfrac{f}{N}\right)_{\max}$:

$$\frac{f}{N}=\frac{\sin\alpha\cos\alpha}{\dfrac{M}{3m}+\cos^2\alpha}=\frac{\sin\alpha\cos\alpha}{\dfrac{M}{3m}\sin^2\alpha+\left(\dfrac{M}{3m}+1\right)\cos^2\alpha}$$

$$=\frac{\tan\alpha}{\dfrac{M}{3m}\tan^2\alpha+\dfrac{M+3m}{3m}}=\frac{1}{\dfrac{M}{3m}\cdot\tan\alpha+\dfrac{M+3m}{3m}\cdot\dfrac{1}{\tan\alpha}}$$

$$\leqslant\frac{1}{2\sqrt{\dfrac{M}{3m}\cdot\dfrac{M+3m}{3m}}}=\frac{3m}{2\sqrt{M(M+3m)}}$$

故有 $\dfrac{f}{N}$ 的最大值 $\left(\dfrac{f}{N}\right)_{\max}$:

$$\left(\frac{f}{N}\right)_{\max}=\frac{3m}{2\sqrt{M(M+3m)}}$$

根据前面的分析,μ 要满足 $\mu\geqslant\left(\dfrac{f}{N}\right)_{\max}$。故 μ 至少为 $\dfrac{3m}{2\sqrt{M(M+3m)}}$。

例 3.8 质量为 m 的小球通过长为 L 的轻质细绳悬挂起来,悬点为 O,A 是绳自然下垂时小球平衡的位置。现用外力保持绳水平伸直,如图 3-1-8(a)所示,将小球从 B 位置由静止释放。在 OA 连线上有一钉子 P,钉子 P 距悬点 O 的距离为 d,当小球运动到 A 处时,绳在悬点和钉子间的部分被钉子挡住,小球开始绕钉子转动。关于绳被钉子挡住之后小球的运动,问:(1)d 在什么范围时,小球会绕钉子做圆周运动?(2)d 为多少时,小球将击中钉子?[这种情况中小球运动的轨迹在图 3-1-8(b)中给出]

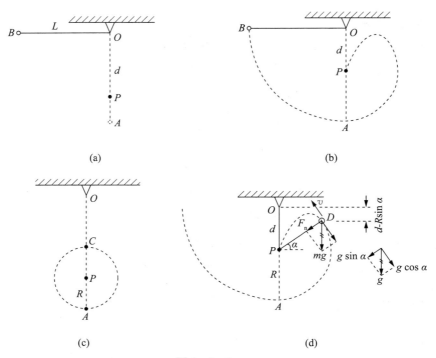

(a)

(b)

(c)

(d)

图 3 - 1 - 8

解 （1）小球绕钉子的转动半径 $R=L-d$。设圆周顶点为 C，如图 $3-1-8(c)$ 所示，则 C 到悬点 O 的高度差 $h=2d-L$。在小球运动过程中，只有重力做功，故小球若能运动到 C，则运动到 C 时，其速率 v_C 满足：

$$v_C^2=2gh=2g(2d-L)$$

要使小球做圆周运动，就要使小球运动到圆周顶点 C 时所需的向心力 F_n 大于等于重力 mg，有：

$$\frac{mv_C^2}{R}\geqslant mg$$

将 R 和 v_C^2 代入上式，得：

$$\frac{m\cdot 2g(2d-L)}{L-d}\geqslant mg$$

可以解出 d 需满足的条件：

$$d\geqslant\frac{3}{5}L$$

考虑到钉子还必须挡住绳，故 d 需要满足：

$$\frac{3}{5}L\leqslant d<L$$

（2）考虑小球最终击中钉子的情况。小球达到 A 后，应先绕钉子 P 做一段圆周运动，到某一位置起再做斜抛运动，最终击中钉子。做斜抛运动时绳是松弛的。

小球做圆周运动的半径 R 为：

$$R=L-d \tag{①}$$

设小球开始做斜抛运动的位置为 D，PD 与水平方向夹角为 α，如图 3-1-8(d) 所示。小球刚开始做斜抛运动的瞬间，也是小球刚停止做圆周运动的瞬间，重力沿法向的分力应恰好充当向心力：

$$mg\sin\alpha = m\frac{v^2}{R}$$

即：

$$g\sin\alpha = \frac{v^2}{R} \qquad\qquad ②$$

只有重力对小球做功，故考察小球从出发到 D 的过程，根据动能定理，小球运动到 D 位置时其速度 v 的大小为：

$$v = \sqrt{2g(d-R\sin\alpha)} \qquad\qquad ③$$

设小球从做斜抛运动开始到击中钉子所经历的时间为 t。斜抛运动的初速度为 v。分别沿 v 方向和垂直 v 方向将加速度 g 分解为 $g\cos\alpha$ 和 $g\sin\alpha$，则沿这两个方向可以分别列出方程：

$$\begin{cases} \text{沿 } v \text{ 方向：} t = \dfrac{2v}{g\cos\alpha} & ④ \\[2mm] \text{垂直 } v \text{ 方向：} R = \dfrac{1}{2}\cdot g\sin\alpha\cdot t^2 & ⑤ \end{cases}$$

联立 ①-⑤ 五式，可以解出：

$$\begin{cases} \alpha = \arctan\dfrac{\sqrt{2}}{2} \\[2mm] d = (2\sqrt{3}-3)L \\[2mm] R = (4-2\sqrt{3})L \\[2mm] v = \sqrt{\left(\dfrac{4\sqrt{3}}{3}-2\right)gL} \\[2mm] t = \sqrt{(4\sqrt{2}-2\sqrt{6})\dfrac{L}{g}} \end{cases}$$

综上，要使小球击中钉子，则需使 $d = (2\sqrt{3}-3)L$。

第二节　保守力和势能

一、保守力

（一）保守力的概念

对于任意系统，其内力总是以一对对的作用力和反作用力的形式出现。

考察一对内力的做功情况。如果在任意一段时间内，一对内力的做功之和只与系统的初状态、末状态有关，而与系统内质点的具体运动路径无关，则称这对内力为**保守内力**，简称**保守力**；不符合此性质的内力称为**非保守内力**，或称**耗散力**。

（二）保守力的特点

保守力有两个重要的特点：

①考虑作用在质点 A、B 之间的一对保守力 F_{AB}、F_{BA}。当质点 A 不动，而质点 B 从点 P 出发沿某轨迹运动一周回到 P，则运动过程中保守力对 B 做的总功必为 0。反之，如果不是保守力，就没有此性质。

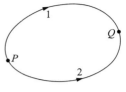

图 3-2-1

证明：取轨迹上的任意一点 Q，如图 3-2-1 所示，根据保守力的定义，"B 从 P 出发沿第 1 段轨迹运动到 Q" 和 "B 从 P 出发沿第 2 段轨迹运动到 Q" 这两个过程中，保守力对 B 做的功 W 相等。故 B 从 Q 出发沿第 2 段轨迹运动到 P 的过程中，保守力对 B 做的功应为 $-W$。所以 B 从 P 出发先沿第 1 段轨迹运动到 Q 再沿第 2 段轨迹运动回到 P 的过程中，保守力对 B 先做 W 的功再做 $-W$ 的功，保守力对 B 做的总功为 0。证毕。

②若一对内力满足牛顿第三定律且只与两质点间距 r 有关，则这对内力是保守力。

证明：因为满足牛顿第三定律，这样一对作用在质点 A、B 之间的力必为引力或斥力。如图 3-2-2 所示（不妨画成引力），考虑 A、B 在某一小段时间内分别有趋向于 0 的位移 $\Delta \vec{s}_A$、$\Delta \vec{s}_B$ 而运动到图中 A' 和 B' 位置，则力几乎可以看作没有变化，图中还给出距离 r 的变化情况。设 A 对 B 的作用力 $\vec{F}_{AB} = F(r)$，则 B 对 A 的作用力 $\vec{F}_{BA} = -F(r)$，内力做的功的和 $W_{和}$ 等于：

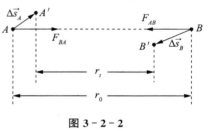

图 3-2-2

$$W_{和} = \vec{F}_{BA} \cdot \Delta \vec{s}_A + \vec{F}_{BA} \cdot \Delta \vec{s}_B = -F(r_0) \cdot \Delta r \tag{3.2.1}$$

上述表达式只与距离 r 有关，即只与初末位置有关。故只要 $\vec{F}_{AB} = F(r)$ 的关系不发生变化，任意一段时间内，这对内力做功的和都只与初末位置有关。根据保守力的定义，这对内力是保守力。证毕。所以，重力和其反作用力、万有引力、分子间作用力、静电场的电场力都是保守力。

二、势能

若一个系统在一对保守力的作用下从 A 状态运动到 B 状态，则保守力做的功 W 可由 A、B 状态决定，将 W 表示成 A、B 的函数：

$$W = f(A, B) \tag{3.2.2}$$

若存在一个关于状态的函数 E_p，使 $f(A, B) = E_p(A) - E_p(B)$，则保守力做的功可表示为：

$$W = E_p(A) - E_p(B) = -\Delta E_p \tag{3.2.3}$$

我们称函数 E_p 为**保守力的势能**，E_p 是系统状态的函数，故保守力的势能是系统的能量，而非单独一个质点所有的。（3.2.3）式表明，保守力做的功等于势能增量的负值，有些教材称之为**势能定理**，但它其实是势能的定义：

$$W = -\Delta E_p = -(E_{pt} - E_{p0}) \tag{3.2.4}$$

在"势能"这个概念上，势能的绝对大小是不重要的，重要的是势能的增量。只要势能不发生变化，保守力不做功，那么势能的绝对大小就算再大也不能释放出来，也不会影响到系统的运动。(3.2.4)式还告诉我们,如果能预先找到保守力的势能的表达式,则可以直接用势能增量的负值来计算保守力做的功。通常为了方便使用,会规定一个势能何时为 0,以使势能的表达形式变得简单,但不同的规定方式并不影响功能关系。

三、力学中几种常见的势能的表达式

(一) 重力势能

在地面参照系中,近地表面处,地球和任意一个物体之间的重力和其反作用力是一对保守内力。地面参照系中地球不动,故只有重力对物体做功。

设物体质量为 m,重力为 mg,我们知道:物体在重心升高 L 高度的过程中,重力做功 $W_{mg} = -mgL$;物体在重心降低 L 高度的过程中,重力做功 $W_{mg} = mgL$。

若以竖直向上为正方向建立一根高度轴 h 轴,如图 3-2-3 所示,则:

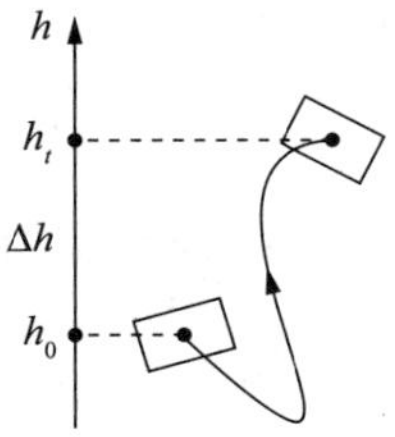

$$W_{mg} = -mg \Delta h = mgh_0 - mgh_t \qquad (3.2.5)$$

图 3-2-3

令 $E_{p重} = mgh$,则满足:

$$W_{mg} = -\Delta E_{p重} \qquad (3.2.6)$$

$E_{p重} = mgh$ 是地球和物体组成的系统内重力和其反作用力的势能,称为**重力势能**。重力势能是高度的函数,说明重力做的功只与物体初末状态的高度差有关。

h 轴的原点可以任取,若物体重心的位置在与原点等高的水平面上,则物体的重力势能为 0,称此面为重力势能的零势能面。h 轴的原点和零势能面是可以任意选取的,但一旦选定,在计算过程中就不能再改变了。

(二) 弹簧的弹性势能

考虑一根满足胡克定律的轻弹簧(原长为 L,形变量记为 x),如图 3-2-4 所示,弹簧对其两端物体 A、B 的弹力 F_A、F_B 等大、反向、共线,且其大小只与弹簧的形变量 x 有关。

图 3-2-4

从(3.2.1)式知道,在一段过程中弹簧对 A、B 做功之和 $W_弹$ 只与弹簧初末状态的伸长量有关,虽然 F_A、F_B 不是一对作用力和反作用力,但也可视为一对特殊的保守力,可以定义 F_A、F_B 的势能 $E_{p弹}$,称为**弹性势能**。

考察下列情形:固定物体 A,并使 B 在过 A 的 x 轴上运动,x 轴的原点与 A 的距离为弹簧的原长 L。则有:

$$F_B = -kx \qquad (3.2.7)$$

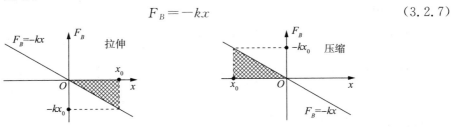

图 3-2-5

A 没有位移,故 F_A 做功 $W_A = 0$;B 从形变量 $x = 0$ 处运动到 $x = x_0$ 位置的过程中,无论弹簧被拉伸还是被压缩,F_B 做的功 W_B 都是负功,且 W_B 的绝对值应为图 3-2-5 中的

面积,故 W_B 为:

$$W_B = -\frac{1}{2}kx_0^2 \tag{3.2.8}$$

于是弹簧对 A、B 做功之和 $W_弹$ 为:

$$W_弹 = W_A + W_B = -\frac{1}{2}kx_0^2 \tag{3.2.9}$$

通常规定弹簧处于原长($x=0$)时弹性势能 $E_{p弹}(0)=0$,则弹簧不处于原长($x=x_0$)时有:

$$E_{p弹}(x_0) = E_{p弹}(0) + \Delta E_{p弹} = E_{p弹}(0) - W_弹 = \frac{1}{2}kx_0^2 \tag{3.2.10}$$

故轻弹簧的弹性势能在取弹簧原长为零势能时,有表达式:

$$E_{p弹} = \frac{1}{2}kx^2 \tag{3.2.11}$$

此弹性势能的表达式 $E_{p弹}$ 是非负的。

(三) 引力势能

考虑两个质点间万有引力,万有引力是保守力,称其势能为**引力势能** $E_{p引}$。

考虑质量为 M 的质点静止、质量为 m 的质点从与质点 M 距离 r_0 位置起不断远离 M 直至无限远的过程。

万有引力对 M 没有做功。如图 3-2-6 所示,将 m 运动的过程分为无数段,使每段位移大小都趋向于 0,设第 i 段末端到质点 M 的距离为 r_i。在第 i 段内,万有引力 F_i 的大小几乎不发生变化:

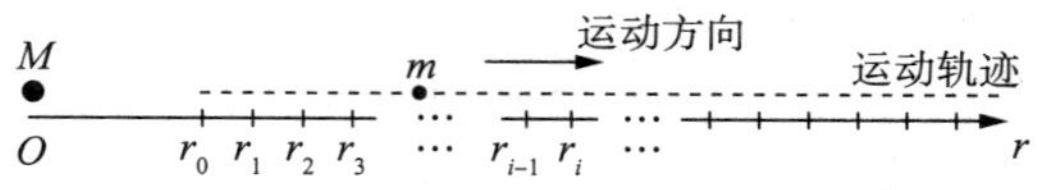

图 3-2-6

$$F_i \approx \frac{GMm}{r_i^2} \approx \frac{GMm}{r_{i-1}^2} \approx \frac{GMm}{r_i r_{i-1}} \tag{3.2.12}$$

则第 i 段内万有引力 F_i 对 m 做的功为:

$$\Delta W_i = -F_i \cdot (r_i - r_{i-1}) = -\frac{GMm}{r_i r_{i-1}} \cdot (r_i - r_{i-1}) = -GMm\left(\frac{1}{r_{i-1}} - \frac{1}{r_i}\right) \tag{3.2.13}$$

所以整个过程中,万有引力对 M、m 做的总功 $W_引$ 等于万有引力对 m 做的总功 W 为:

$$W_引 = W = \sum_{i=1}^{\infty}\left[-GMm\left(\frac{1}{r_{i-1}} - \frac{1}{r_i}\right)\right] = -GMm \cdot \sum_{i=1}^{\infty}\left(\frac{1}{r_{i-1}} - \frac{1}{r_i}\right) = -\frac{GMm}{r_0} \tag{3.2.14}$$

在这个过程中,有:

$$E_{p引}(\infty) - E_{p引}(r_0) = \Delta E_{p引} = -W_引 = \frac{GMm}{r_0} \tag{3.2.15}$$

通常取两质点距离无限远时的引力势能 $E_{p引}(\infty)=0$,即取无穷远为零势能面,此时通过(3.2.15)式可以得到引力势能 $E_{p引}$ 的表达式：

$$E_{p引}(r) = -\frac{GMm}{r} \tag{3.2.16}$$

上式告诉我们，取无穷远为零势能面时，引力势能恒为负值，并且只与两质点的距离有关。

第三节　质点系的功能原理、机械能守恒定律

一、质点系的动能和势能

定义**质点系的动能** $E_{k系}$ 为质点系内所有质点的动能的和。若对质点系内所有质点都应用动能定理，再将所有式子相加，则无论是系统的外力做功还是内力做功都被计入其内，有：

$$W_{外} + W_{内} = \Delta E_{k系} \tag{3.3.1}$$

若一个质点系统内存在 n 对保守内力，每对保守内力做功的和分别记为 W_1、W_2、W_3、$\cdots$、W_n；相应的每对保守内力的势能分别记为 E_{p1}、E_{p2}、E_{p3}、$\cdots$、E_{pn}。根据势能的定义，有：

$$\begin{cases} W_1 = -\Delta E_{p1} \\ W_2 = -\Delta E_{p2} \\ W_3 = -\Delta E_{p3} \\ \cdots \quad \cdots \\ W_n = -\Delta E_{pn} \end{cases} \tag{3.3.2}$$

定义**质点系统的势能** $E_{p系}$ 为 $E_{p系} = E_{p1} + E_{p2} + E_{p3} + \cdots + E_{pn}$；记所有保守内力做功的和为 $W_{保内} = W_1 + W_2 + W_3 + \cdots + W_n$，则将方程组(3.3.2)中的所有方程相加，可以得到：

$$W_{保内} = -\Delta E_{p系} \tag{3.3.3}$$

这也就是说，系统内所有保守内力做功的和等于系统势能的增量的负值。

我们看到，动能定理和势能定理可以简单地推广到质点系上，以后不致误会时，本书将不对质点(质点系)的动能、保守力(质点系)的势能作区分。

二、质点系的功能原理

在惯性参照系内考察任意一个质点系，将系统内质点受到的所有力分为外力、保守内力和非保守内力。根据动能定理知道：

$$W_{外} + W_{保内} + W_{非保内} = E_{kt} - E_{k0} \tag{3.3.4}$$

注：弹簧不是质点，不能应用动能定理。对轻弹簧来说，质量等于 0，弹簧的动能始终等于 0。故在(3.3.4)式中，如果系统内有满足胡克定律的轻弹簧，则不用考虑其他物体对弹簧做的功。事实上，从热力学观点来看，其他物体对弹簧做的功增大了弹簧的内能，系统的弹性势能的本质也就是弹簧内能的一部分，这超越了本书讨论的力学的范围，感兴趣的读者可以阅读本系列第三分册。

而保守内力做功满足：

$$W_{保内} = -\Delta E_{p系} = E_{p0} - E_{pt} \tag{3.3.5}$$

将(3.3.4)式与(3.3.5)式相减,得:

$$W_{外}+W_{非保内}=(E_{kt}+E_{pt})-(E_{k0}+E_{p0}) \tag{3.3.6}$$

定义**系统的机械能** $E_{机}$ 等于系统动能 E_k 和系统势能 E_p 之和,即:$E_{机}=E_k+E_p$。

则(3.3.6)式成为:

$$W_{外}+W_{非保内}=E_{机t}-E_{机0}=\Delta E_{机} \tag{3.3.7}$$

(3.3.7)式告诉我们:质点系外力与非保守内力做功的和等于系统的机械能的增量,这称为**质点系的功能原理**。

三、质点系的机械能守恒定律

在惯性参照系内,当质点系中只有保守内力做功时,即 $W_{外}=W_{非保内}=0$ 时,(3.3.7)式成为:

$$\Delta E_{机}=0 \text{ 或 } E_{机t}=E_{机0} \tag{3.3.8}$$

即机械能是不变的,这个结论称为**机械能守恒定律**,即:惯性参照系中,只有保守内力做功时,系统的机械能守恒。

另外,在"没有外力、非保守内力"或"外力做功与非保守内力做功的和恒等于 0"时,系统的机械能也是守恒的。

机械能 $E_{机}$ 等于系统动能 E_k 和系统势能 E_p 的和,机械能守恒的过程中,机械能在动能和势能中相互转化,机械能守恒也有写作下列几种常见的形式:

$$\begin{cases} E_{k0}+E_{p0}=E_{kt}+E_{pt} & \tag{3.3.9} \\ E_k+E_p=C & \tag{3.3.10} \\ \Delta E_k=-\Delta E_p & \tag{3.3.11} \end{cases}$$

(3.3.9)式表示初态机械能等于末态机械能;(3.3.10)式中表示系统动能与系统势能的和是一个恒定不变的值;(3.3.11)式表示系统动能的增量等于系统势能的减少量。

在地面参照系中,当系统内只有重力做功时,动能与重力势能的和守恒;在地面参照系中,当系统只有重力和弹性形变的轻弹簧的弹力做功时,动能、重力势能与弹性势能的和守恒;在大尺度的天文参照系中,若参照系是惯性系且只有引力做功,则动能与引力势能的和守恒,等等。

注:中国全日制高中实行的考纲中,大多省级行政区在力学中只要求考查重力势能和弹性势能,少数省级行政区(如上海市)在力学中只要求考查重力势能。

研究守恒律和其条件是在物理的各分支学科中的常见方法论,因为守恒律是物理量之间最简单的一种关系(方程),而有物理量之间的关系就能帮助我们更好地理解物理。用类似机械能守恒的思路来研究物理不仅限于力学,可以简单地推广一些情况:经典观点下,在质心系中,只有分子间作用力做功时,分子动能与分子势能的和守恒;静电场中,电场力是保守力,只有电场力做功时,动能和电势能的和守恒;只有重力和电场力做功时,动能、重力势能与电势能的和守恒。

在考察能的转化和守恒问题时,经常有一种错误认识,认为能量是一种"物质",可以被转移,但其实在经典力学中能量只是一种数学定义。我们可以简单发现,在不同的参照系中系统具有不同的动能,在非惯性系中惯性力这种假想的力可以做功使动能发生变化而没有其他能量减少,这些显而易见的结论都告诉我们,在经典力学中,能量不是作为物质的存在。

例3.9 如图3-3-1所示,放在光滑水平面上的质量为 $m=1$ kg 的物体左端连着劲度系数为 $k=100$ N/m 的弹簧,并用牵引绳牵引着。开始时,物体静止在 A 点,这时弹簧对物体的拉力为 2.5 N,在牵引绳拉力的作用下,物体沿水平面从 A 运动到 B,到达 B 时的速度 $v=2$ m/s。若 A、B 两点相距 0.2 m,求这一过程中拉力对物体所做的功。

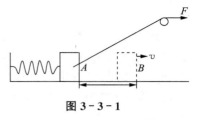

图 3-3-1

解 根据弹簧 $F=k\Delta l$ 的公式,可以知道:物体在 A 点时,弹簧伸长量为 $\Delta l_0=0.025$ m;物体在 B 点时,弹簧伸长量为 $\Delta l_t=0.225$ m。

拉力对物体做功 W 所消耗的能量最终转化为物体的动能和弹簧的弹性势能。根据能的转化和守恒,可以列出方程:

$$W=\Delta E_{p弹}+\Delta E_k=\left(\frac{1}{2}k\Delta l_t^2-\frac{1}{2}k\Delta l_0^2\right)+\left(\frac{1}{2}mv^2-0\right)$$

将 m、v、k、Δl_0、Δl_t 代入上式计算,得:

$$W=4.5 \text{ J}$$

例3.10 如图3-3-2(a)所示,在一个半径为 R 的半圆形光滑固定轨道边缘,装着一个小定滑轮,用不可伸长的轻绳跨过定滑轮,并分别系着两个质量分别为 m_1、m_2 的物体 ($m_1>m_2$)。开始时两物体静止,将两物体自由释放后,m_1 从轨道边缘沿圆弧滑至最低点,问:m_1 达到最低点时的速度多大?

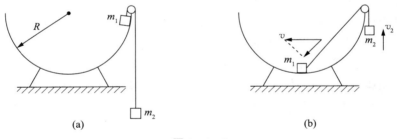

(a)   (b)

图 3-3-2

解 如图3-3-2(b)所示,在 m_1 从出发到达到圆弧最低点的过程中,m_1 下降了 R 高度,并使滑轮左方的绳伸长了 $\sqrt{2}R$,故 m_2 升高了 $\sqrt{2}R$ 高度。

m_1、m_2 被不可伸长的绳连接在固定的定滑轮两端,故它们的速度沿绳方向的分量相等。按照图3-3-2(b)中几何关系,若 m_1 的速度大小为 v,则 m_1 的速度沿绳方向的分量为 $\frac{\sqrt{2}}{2}v$,故 m_2 的速度大小为 $\frac{\sqrt{2}}{2}v$。

将 m_1、m_2 和绳与地球组成的系统作为研究对象,机械能是守恒的,根据 $\Delta E_k=-\Delta E_p$ 可列出方程:

$$\left[\frac{1}{2}m_1v^2+\frac{1}{2}m_2\left(\frac{\sqrt{2}}{2}v\right)^2\right]-0=-\left[-m_1gR+m_2g(\sqrt{2}R)\right]$$

由上式解得：

$$v=\sqrt{\frac{4m_1-4\sqrt{2}\,m_2}{2m_1+m_2}gR}$$

例3.11 如图3-3-3(a)所示，在光滑水平地面上方，质量为m的小球通过长为L的轻杆固连在铰链A上，铰链A固连于地面不移动。开始时轻杆处于竖直位置，小球与地面上质量为M的立方块互相接触，整个系统静止。某时刻，小球受到微小的扰动，开始倒向立方块。从杆转到与水平方向成$30°$角时开始小球与立方块脱离。问：M与m的比值为多少？小球与立方块脱离时，立方块的速度v为多少？

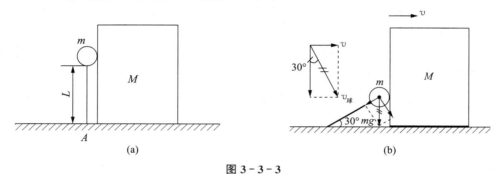

图 3 - 3 - 3

解 考察小球和物块水平方向的运动。若小球受到杆对球向右的力，则小球向右挤压物块，小球和物块一起向右加速，小球和物块在水平方向上的加速度由杆对小球的力的水平方向分量提供。若小球受到杆对球向左的力，则小球在水平方向上减速，而物块则继续向右做匀速直线运动，导致小球与物块分离。

小球与物块分离之前在水平方向上的运动完全一致，杆对小球有挤压的弹力，故根据上述分析，小球与物块分离的瞬间，杆对小球的作用力刚好减小到0。

小球与杆分离的瞬间如图3-3-3(b)所示。在这个瞬间，小球与物块在水平方向的分速度仍一致。小球做圆周运动，故小球的速度$v_{球}$沿垂直杆方向，物块的速度v沿水平方向，根据图3-3-3(b)中几何关系，有：

$$v_{球}=2v$$

在这个瞬间，小球只受重力mg，杆和物块对小球都没有作用力，有：

$$mg\sin30°=\frac{m(2v)^2}{L} \qquad ①$$

从出发到分离，小球、物块和地球组成的系统的机械能守恒，根据$\Delta E_k=-\Delta E_p$可列出方程：

$$\left[\frac{1}{2}m(2v)^2+\frac{1}{2}Mv^2\right]-0=-\left(-mg\cdot\frac{1}{2}L\right) \qquad ②$$

联立①②两式，可以解得：

$$\begin{cases} \dfrac{M}{m}=4 \\[2mm] v=\sqrt{\dfrac{1}{8}gL} \end{cases}$$

例 3.12 半径等于 R 的半球形水池。水池口是一个半径为 R 的圆,位于一水平面内。水池内充满了水,水的密度为 ρ。现要把水池内的水抽干,问:外力至少要对水做多少功?

引理: 若 y 随 x 变化且满足 $y = x^2$,则在 x 有一个趋向 0 的增量 Δx 时,y 的增量可视为 $\Delta y = 2x \cdot \Delta x$。

引理的证明: $\Delta y = y_t - y_0 = (x + \Delta x)^2 - x^2 = 2x \cdot \Delta x + \Delta x^2$,当 Δx 趋向于 0 时,Δx^2 比 $2x \cdot \Delta x$ 小得多,可以忽略不计,故 $\Delta y = 2x \cdot \Delta x$。

解 要把水抽干,就至少要将水抽至水池口的高度。在这个过程中,水的动能、重力势能以及其他损耗的能量都由外力提供,故外力对水做的功 W 最少等于重力势能的总增量 $\Delta E_{p总}$。

如图 3-3-4 所示,将水池内的水沿水平方向切成无数个薄片,使每片的厚度趋向于 0,可近似看作一个薄圆柱体。考察从上到下第 i 片,设其上表面到水池口的高度差为 x_{i-1},下表面到水池口的高度差为 x_i,则该薄片的厚度 $\Delta x = x_i - x_{i-1}$,底面面积近似为 $\pi(R^2 - x_i^2)$(从图中阴影三角形中求出底面半径得出)。

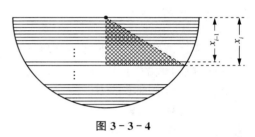

图 3-3-4

将第 i 个薄片内的水抽到水池口,重力势能的增量 ΔE_{pi} 为:
$$\Delta E_{pi} = \rho \cdot \pi(R^2 - x_i^2) \Delta x \cdot g \cdot x_i = \pi \rho g (R^2 - x_i^2) \cdot x_i \Delta x$$

设 $y = x^2$,应用引理 $\Delta y_i = 2x_i \cdot \Delta x$,故 ΔE_{pi} 可化为:
$$\Delta E_{pi} = \frac{1}{2} \pi \rho g (R^2 - y_i) \cdot \Delta y_i$$

再用引理,令 $z = y^2 = x^4$,则 $\Delta z_i = 2y_i \cdot \Delta y$,故 ΔE_{pi} 可再变形:
$$\Delta E_{pi} = \frac{1}{2} \pi \rho g R^2 \Delta y_i - \frac{1}{4} \pi \rho g \Delta z_i$$

将水池中所有水都抽到水池口的过程中,重力势能的总增量 $\Delta E_{p总}$ 等于每层水和地球间重力势能增量 ΔE_{pi} 的和,即:
$$\Delta E_{p总} = \sum_i \Delta E_{pi} = \sum_i \left(\frac{1}{2} \pi \rho g R^2 \Delta y_i - \frac{1}{4} \pi \rho g \Delta z_i \right) = \frac{1}{2} \pi \rho g R^2 \sum_i \Delta y_i - \frac{1}{4} \pi \rho g \sum_i \Delta z_i \quad ①$$

累加时,x 从 0 增大到 R,故 y 从 0 增大到 R^2,z 从 0 增大到 R^4,所以:
$$\sum_i \Delta y_i = (\Delta y)_总 = R^2, \sum_i \Delta z_i = (\Delta z)_总 = R^4 \quad ②$$

将②式结论代入①式得:
$$\Delta E_{p总} = \frac{1}{2} \pi \rho g R^2 \cdot R^2 - \frac{1}{4} \pi \rho g \cdot R^4 = \frac{1}{4} \pi \rho g R^4$$

所以要把水抽干,外力对水做的功 W 至少为 W_{min}:
$$W_{min} = \Delta E_{p总} = \frac{1}{4} \pi \rho g R^4$$

第四节　其他方法与题选

本节再略举两个机械能中常用的技巧。

考察摩擦力做功的特征。如图 $3-4-1$ 所示，一质量为 m 的小物块在倾角为 θ 的斜面上单向自由滑行 L 的距离，若斜面与小物块间的动摩擦因数为 μ，则摩擦力大小 $f=\mu mg\cos\theta$，摩擦力做的功 W_f 为：

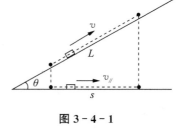

$$W_f=-f\cdot L=-\mu mg\cos\theta\cdot L \qquad (3.4.1)$$

图 3-4-1

注意到 L 在水平面上的投影距离 $s=L\cos\theta$，故摩擦力做的功 W_f 可表示为：

$$W_f=-\mu mg\cdot s \qquad (3.4.2)$$

上式告诉我们，若地面的材料性质与斜面相同，则摩擦力做的功 W_f 相当于物块自由地在地面上滑过 s 距离时摩擦力做的功。

更一般地，如果小物块自由地接连滑过几段由光滑小圆弧连接的斜面，如图 $3-4-2$ 所示，若每段斜面与小物块间的动摩擦因数都为 μ，则利用 $(3.4.2)$ 式的结论，摩擦力在整个过程中对小物块做的功可以方便地表示为：

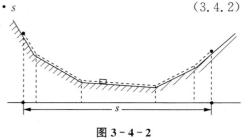

图 3-4-2

$$W_f=-\mu mg\cdot s \qquad (3.4.3)$$

其中，s 是初末位置的水平距离。

$(3.4.3)$ 式告诉我们，虽然摩擦力并非保守力，但当物块在直道上自由单向滑行时，仍可以找到简便的运算方式。

例 3.13　如图 $3-4-3(a)$ 所示，在一直角墙角 A 处有一铰链，铰链上连接了一块足够长的均匀粗糙木板，可绕 A 转动。木板上有一小物块反复自 A 向远离墙角处滑动，每次初速度大小都相同。当木板水平时，物块滑至 B 点静止；当木板竖直时，物块上滑最高至 C 点。已知 $|AB|=s_1$，$|AC|=s_2$，求木板与水平面夹角 θ 为多少时，物块向上滑动的路程最短，并求此最短路程。

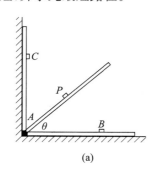
(a)

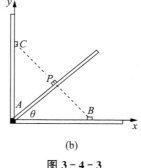
(b)

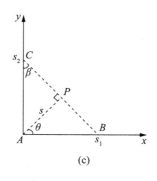
(c)

图 3-4-3

方法一:设初速度大小为 v_0,物体与木板间的动摩擦因数为 μ。

当木板竖直时,物块做竖直上抛运动,有 $s_2 = \dfrac{v_0^2}{2g}$。

当木板水平时,物块加速度大小为 μg,故有 $s_1 = \dfrac{v_0^2}{2\mu g}$。$\mu$ 可表示为 $\mu = \dfrac{s_2}{s_1}$。

当木板与水平面间的夹角为 θ 时,物块加速度大小为 $g\sin\theta + \mu g\cos\theta$,故物块向上滑动的路程 s 为:

$$s = \frac{v_0^2}{2(g\sin\theta + \mu g\cos\theta)} = \frac{\dfrac{v_0^2}{2g}}{\sin\theta + \mu\cos\theta}$$

利用辅助角公式可将上式变形:

$$s = \frac{\dfrac{v_0^2}{2g}}{\sqrt{1+\mu^2}\,\sin(\theta+\varphi)}$$

其中 $\varphi = \arctan\mu$。式中只有 θ 是变量,易知,当 $\theta = \dfrac{\pi}{2} - \varphi = \arctan\dfrac{1}{\mu}$ 时 s 取到最小值 $s_{\min}$:

$$s_{\min} = \frac{\dfrac{v_0^2}{2g}}{\sqrt{1+\mu^2}}$$

将结论中的 $\dfrac{v_0^2}{2g}$、μ 分别用已知量表示为 s_2、$\dfrac{s_2}{s_1}$,有:

当 $\theta = \arctan\dfrac{s_1}{s_2}$ 时,s 取到最小值 $s_{\min} = \dfrac{s_2}{\sqrt{1+\left(\dfrac{s_2}{s_1}\right)^2}} = \dfrac{s_1 s_2}{\sqrt{s_1^2 + s_2^2}}$。

方法二:以 A 为原点,分别以 AB 方向和 AC 方向为 x、y 轴正方向建立坐标系,如图 3 - 4 - 3(b)所示。设物块在某个过程中滑至 P 点时速度减到 0,则 AP 间的距离就是物块向上滑行的路程。

设物块质量为 m,P 点坐标为 (x,y)。考察物块从 A 滑至 P 的过程,重力对物块做功 $-mgy$,摩擦力对物块做功 $-\mu mgx$,则可以写出动能定理:

$$-mgy + (-\mu mgx) = 0 - \frac{1}{2}mv_0^2$$

从上式容易看出 x、y 成线性关系,这也就是说,不论木板的倾角 θ 为多少,物块速度为 0 的位置总在上式所示的直线上。

题目已经告诉了我们直线上的两点,分别是 B、C。故 P 点一定落在线段 BC 上,见图(b)中直线,亦如图 3 - 4 - 3(c)所示,由图中几何关系易知:当 $AP \perp BC$ 时,路程 $s = |AP|$ 最短,有:

$$\theta = \beta = \arctan\frac{s_1}{s_2}$$

$$s_{\min} = \frac{s_1 s_2}{\sqrt{s_1^2 + s_2^2}}$$

例 3.14 如图 3-4-4(a)所示,有一 U 形滑道,滑道由底端粗糙半圆形滑道和两段长度相等的光滑竖直滑道组成。竖直滑道与半圆形滑道平滑连接。现有一小球从距滑道右端最高点 H 处由静止落下,沿滑道运动后在左端向上冲出,冲出左端后达到的最高高度为 h。已知 $H = 2h$。试论证小球重新下落后,可以再次从右端冲出。

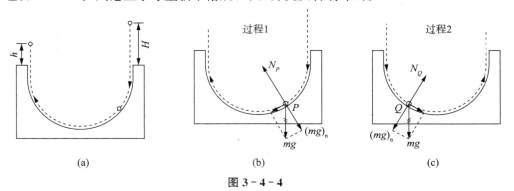

图 3-4-4

解 设小球从右端进入到从左端冲出的过程为过程 1,从左端进入后的过程为过程 2。

如图 3-4-4(b)(c)所示,考察过程 1 和过程 2 中对称的两位置 P、Q(图中未画出摩擦力)。

小球从 P 运动到 Q 的过程中,有摩擦力做负功,故小球在 Q 位置时的速率 v_Q 小于小球在 P 位置时的速率 v_P,故小球在 Q 位置时需要的向心力 F_{nQ} 小于小球在 P 位置时需要的向心力 F_{nP}。

小球的向心力 F_n 由弹力 N 和重力分力 $(mg)_n$ 的合力充当。由于 P、Q 位置对称,$(mg)_n$ 相等,所以小球在 Q 位置时受到的弹力 N_Q 小于小球在 P 位置时受到的弹力 N_P,小球在 Q 位置时受到的摩擦力 f_Q 也就小于小球在 P 位置时受到的摩擦力 f_P。

我们可以对每一组这样对称的位置进行分析,过程 2 中的摩擦力总是小于过程 1 中对称位置的摩擦力,所以过程 2 中小球克服摩擦力做的功必定小于过程 1 中小球克服摩擦力做的功。过程 1 中,小球克服摩擦力做功为 mgh,使机械能减少了 mgh,使小球能达到的高度降低了 h;故过程 2 中小球克服摩擦力做功小于 mgh,机械能减少量小于 mgh,小球能达到的高度应降低了不到 h,故小球可以再次从右端冲出。

【讨论和说明】 在此题中,由于轨道并非直轨道,小球运动时需要向心力,故不能直接利用摩擦力做功等于 $\mu mg \cdot s$ 的结论。

例 3.15 如图 3-4-5(a)所示,在地面上,有一半圆形的细铁链静止在一光滑半圆柱面上。圆柱面底面半径为 R、铁链质量为 m 且质量分布均匀。求铁链重心的位置。

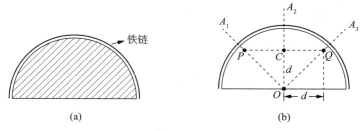

图 3-4-5

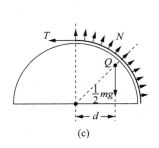

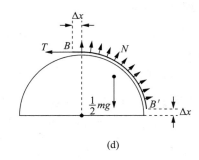

(c)   (d)

图 3-4-5

解 如图 3-4-5(b)所示,过圆心 O 的直线 OA_1、OA_2、OA_3 将铁链四等分。根据对称性易知,铁链的重心 C 在 OA_2 上,铁链的左半部分重心 P 在 OA_1 上,铁链右半部分重心 Q 在 OA_3 上,且 C、P、Q 等高,C 是 P、Q 的中点。于是,只要确定了 Q 的位置,就可以确定 C 的位置。

现来求右半部分铁链的重心 Q,其关键是如何找到图 3-4-5(b)中的长度 d。

对右半部分铁链进行受力分析,如图 3-4-5(c)所示,除作用在 Q 点的重力外,左半部分铁链对右半部分铁链施加水平向左的张力 T,圆柱在各处对右半部分铁链施加弹力 N。

右半部分铁链受力而平衡,弹力 N 的分布情况复杂,为排除弹力 N 的影响,自然地想到取 O 为参考点考察力矩,有:

$$\frac{1}{2}mg \cdot d = T \cdot R \qquad \qquad ①$$

从①式发现,要求得 d,只需要知道张力 T 的大小即可。

求张力 T 要用到一些特殊技巧,现在来求张力 T。

不妨假想右半部分铁链在 T 的作用下缓慢地移动,使顶端 B 向左移动一段很小的距离 Δx,如图 3-4-5(d)所示。右半部分铁链受到张力 T 时是平衡的,在移动这样一小段距离时,整个过程可视为准静态过程,整个过程中 T 的大小都不发生变化。这样,右半部分铁链好似整体沿半圆柱向上滑行,从而另一顶端 B' 向上移动了距离 Δx。

由于是准静态过程,铁链的动能没有增加。故此过程好似是"将 B' 处一段长为 Δx 的铁链从底部搬运到了顶部 B 处"的过程,这一小段铁链的质量为 $m \cdot \dfrac{\Delta x}{\pi R}$,抬高了 R 的高度,铁链和地球间的重力势能因此增加了 $m \cdot \dfrac{\Delta x}{\pi R} \cdot g \cdot R$。

再考察做功的情况,各处的弹力 N 始终和位移垂直,不做功,故张力 T 做的功增大了铁链和地球间的重力势能,可列出方程:

$$T \cdot \Delta x = W_T = \Delta E_p = m \cdot \frac{\Delta x}{\pi R} \cdot g \cdot R$$

在上式左右两边消去 Δx,可以得到 T:

$$T = \frac{mg}{\pi} \qquad \qquad ②$$

将②式代入①式,求出 d:

$$d = \frac{2}{\pi}R$$

如图(b)所示,图中 d 的大小为 $\frac{2}{\pi}R$,铁链重心 C 的位置由 d 决定。

【讨论和说明】 本题中求 T 的技巧巧妙地运用了能量转化的观点,帮助我们找到内部的张力。通常,使用这种技巧时,要设一微小的位移,这个位移可以是实际发生的,也可以是假想的,但不能是非物理的,这样的位移被称为虚位移。让我们再看两例,来熟悉这种处理技巧。

注:此技巧被一些教材称为"虚功原理""虚位移原理"或其他名称,这是不准确的。事实上,在物理学中,"虚功原理"是指理论力学的一个基本原理,"虚功原理"只对理想约束的受力平衡的系统适用。而我们在例 3.15~例 3.17 中适用的功能关系,是普遍适用的。

例3.16 如图 3 - 4 - 6(a)所示,质量为 m、长度为 L 的均匀柔软细绳跨过半径为 R 的滑轮,绳的两端吊在天花板上的两个钩子上,两钩间距离为 $2R$。滑轮轴上挂一重物,重物与滑轮总质量为 M,且相互间无摩擦,求绳上最低点 C 处的张力。

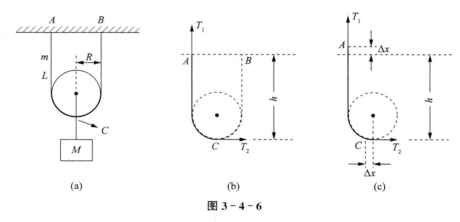

图 3 - 4 - 6

解 钩子在 A、B 处对绳的作用力 T_1 都竖直向上,且大小都为:

$$T_1 = \frac{1}{2}(m+M)g \qquad ①$$

A、C 间的高度差 h 为:

$$h = \frac{L-\pi R}{2} + R = \frac{L}{2} + \left(1 - \frac{\pi}{2}\right)R \qquad ②$$

对绳的 AC 段进行受力分析,如图 3 - 4 - 6(b)所示,这段绳受到 A 处竖直向上的 T_1、受到 C 处"绳的 BC 段"施加的水平向右的 T_2、滑轮在各处对绳的弹力 N 和其重力作用[图 3 - 4 - 6(b)中未画出]。

不妨假想右半部分绳子在这些力的作用下缓慢地移动,使顶端 A 竖直向上移动一段很小的距离 Δx,则顶端 C 移动了 Δx 路程,如图 3 - 4 - 6(c)所示。当 Δx 趋向于 0 时,顶端 C 可视为向左移动,整段过程可视为准静态过程,期间力的大小可视为不发生变化。

由于是准静态过程,绳的动能没有增加。故此过程好似是"将 C 处一段长为 Δx 的绳从底部搬运到了顶部 A 处"的过程,这一小段绳的质量为 $m \cdot \dfrac{\Delta x}{L}$,且被抬高了 h 的高度,故绳和地球间的重力势能因此增加了 $m \cdot \dfrac{\Delta x}{L} \cdot g \cdot h$。

再考察做功的情况,各处的弹力 N 始终和位移垂直,不做功,故拉力 T_1、T_2 做的功 W_1、W_2 增大了铁链和地球间的重力势能,可列出方程:

$$W_1 + W_2 = \Delta E_p$$

即:

$$T_1 \cdot \Delta x + (-T_2 \cdot \Delta x) = m \cdot \dfrac{\Delta x}{L} \cdot g \cdot h \qquad ③$$

将①②两式代入③式,并消去 Δx,可以解得 T_2:

$$T_2 = \dfrac{1}{2}Mg + \left(\dfrac{\pi}{2} - 1\right)mg \cdot \dfrac{R}{L}$$

T_2 即为题目所求 C 处绳的内部张力。

例 3.17 如图 3-4-7 所示,游乐列车由许多节车厢组成。考察列车整体的运动时,可认为列车是"柔软"的。列车全长 L,圆形轨道半径为 R。已知列车总长度大于圆形轨道周长,且列车高度远小于 R。若轨道光滑,试问:为防止列车开上圆形轨道时车厢脱离轨道,列车冲上圆形轨道前,在水平轨道上至少应该具有多大的初速度 v_0?

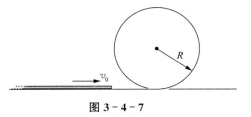

图 3-4-7

解 要使车厢不脱离轨道,只要保证"列车有最小速率 v 时,列车不脱离轨道"即可。

由于轨道是光滑的,故列车和地球组成的系统的机械能守恒。当列车的一部分充满圆形轨道时,列车和地球间的重力势能最大,此时列车的动能最小、速率最小。这也就是说,要保证车厢不脱离轨道,只要保证"列车的一部分充满圆形轨道时,列车不脱离轨道"即可。

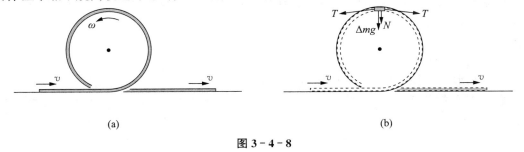

(a)   (b)

图 3-4-8

设列车的质量为 M。如图 3-4-8(a)所示,从列车冲上圆形轨道之前到列车的一部分充满圆形轨道的过程中,长为 $2\pi R$ 的列车车身的重心被抬高了 R 的高度,这段车身的质量为 $M \cdot \dfrac{2\pi R}{L}$,故列车和地球间的重力势能增加了 $M \cdot \dfrac{2\pi R}{L} \cdot g \cdot R$,根据机械能守恒,有:

$$\Delta E_k + \Delta E_p = \left(\dfrac{1}{2}Mv^2 - \dfrac{1}{2}Mv_0^2\right) + M \cdot \dfrac{2\pi R}{L} \cdot g \cdot R = 0 \qquad ①$$

由①式可以解得，列车的一部分充满圆形轨道时，列车达到最小速率 v：

$$v = \sqrt{v_0^2 - 4\pi g \frac{R^2}{L}} \qquad ②$$

取此时位于圆形轨道顶端的一小段列车质元 Δm，如图 3-4-8(b) 所示，此质元除了受到重力 Δmg、轨道的弹力 N 作用外，还受到两侧车厢对它的张力 T 作用。要使列车不脱离轨道，就要使重力 Δmg 与两张力 T 的合力小于等于质元 Δm 做圆周运动所需要的向心力 F_n。故我们需要求出张力 T。

张力 T 与轨道顶部的张力几乎一致，对圆形轨道顶端后的"半截列车"进行受力分析，如图 3-4-9(a) 所示，这"半截列车"受到顶端的张力 T、轨道各处的弹力 N 和重力（图中未画出）。

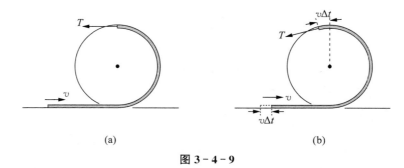

图 3-4-9

在一段小时间 Δt 内，这"半截列车"继续向"前"运动 $v\Delta t$ 距离，且速率保持为 v 不变。相当于这"半截列车"在 T 的作用下，将一小段长为 $v\Delta t$ 的列车从地面搬运到了圆形轨道顶端，如图 3-4-9(b) 所示，T 做的功等于这一小段列车重力势能的增量，有：

$$T v \Delta t = M \cdot \frac{v \Delta t}{L} \cdot g \cdot 2R \qquad ③$$

由③式可以解得，列车的一部分充满圆形轨道时，列车在圆形轨道顶端的内部张力 T 为：

$$T = \frac{2MgR}{L} \qquad ④$$

回到圆形轨道顶端的列车质元 Δm，设其对应的圆心角为 θ，如图 3-4-10 所示，则质元质量 Δm 为：

$$\Delta m = M \cdot \frac{\theta R}{L} \qquad ⑤$$

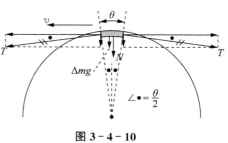

图 3-4-10

要求重力 Δmg 与两张力 T 的合力小于等于提供向心力 F_n，故根据图 3-4-10 中关系，有：

$$2T \cdot \sin \frac{\theta}{2} + \Delta mg \leqslant \Delta m \frac{v^2}{R}$$

由于 θ 趋向于 0，利用 $\sin \frac{\theta}{2} \approx \frac{\theta}{2}$，上式成为：

$$T\theta + \Delta mg \leqslant \Delta m \frac{v^2}{R} \qquad \qquad ⑥$$

将④⑤两式代入⑥式，可以消去 θ，从而得到 v 满足的关系：

$$v \geqslant \sqrt{3gR} \qquad \qquad ⑦$$

再比较②⑦两式，有：

$$v_0^2 - 4\pi g \frac{R^2}{L} \geqslant 3gR \qquad \qquad ⑧$$

由⑧式知 v_0 需满足：

$$v_0 \geqslant \sqrt{3gR + 4\pi g \frac{R^2}{L}}$$

综上所述，为防止列车开上圆形轨道时车厢脱离轨道，列车冲上圆形轨道前，在水平轨道上至少应该具有 $v_0 = \sqrt{3gR + 4\pi g \dfrac{R^2}{L}}$ 的初速度。

本章习题

1. 锤子打木桩，锤每次从距上一次打完后的木桩上方的同一高度处落下，每次均有 80% 的能量传给木桩，且木桩所受阻力 f 与插入深度 x 成正比。

（1）试求木桩每次打入的深度比。

（2）若第一次打击使木桩全长的 $\dfrac{1}{3}$ 插入地面，问：全部插入需锤击多少次？

2. 如图所示，图中细绳跨过两定滑轮，两端各系质量为 m 的小球，中间用光滑的轻钩挂质量也为 m 的小球，系统平衡。不计滑轮的重力及摩擦，现用外力将挂 A 滑轮的悬点水平向右缓慢地移动一距离 s，忽略一切摩擦，则移动过程中作用在 A 滑轮悬点外力所做的功为多少？

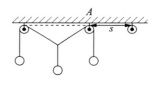

第 2 题图

3. 正常人心脏在一次搏动中输出血量为 70 mL，推动血液流动的平均压强为 1.6×10^4 Pa，设心脏主动脉的内径约为 2.5 cm，每分钟搏动 75 次。问：（1）长时间来看心脏推动血液流动的平均功率是多大？（2）长时间来看血液从心脏流出的平均速率是多少？

4. 一质点的质量为 m，受到有心斥力的排斥，斥力的大小 $F = \mu mr$，其中 r 为质点离开力心的距离。在开始时，$r_0 = s$，$v_0 = 0$，若质点除此有心斥力外不受其他力，求：在质点运动产生了大小为 s 的总位移的瞬间，质点的速度大小。

5. 如图所示，一个粗细均匀的 U 形管内装有同种液体，在管口右端用盖板 A 密闭，这时两液面的高度差为 h，液柱静止，液柱的总长度为 $4h$。现揭开盖板，则液体开始运动。设揭开盖板后管内右侧气体的压强瞬间恢复到大气压强，则当两液面高度相等时，求右侧液面下降的速度大小 v。

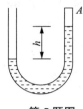

第 5 题图

6. 如图所示，一不可伸长的轻绳跨越一固定的水平光滑细杆，其两端系着两个完全相同的小球。开始时，球 a 置于地面，a 位于杆的正下方，球 b 与杆等高，绳伸直，且系统静止。使球 a 和球 b 自由运动。求 a 球恰要离开地面的瞬间，绳在杆两侧的两段之间的夹角。

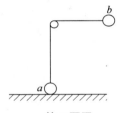

第 6 题图

7. 如图所示，将单摆上的小摆球拉至水平位置，使绳伸直，然后由静止释放。当摆球的竖直方向分速度达到最大值时，求绳与水平方向的夹角 θ。

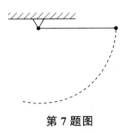

第 7 题图

8. 筑路工人为了提高工作效率,把从山上挖出来的土石,盛在一个箩筐里,沿一条钢索道滑至山下。以竖直向上为 y 方向建立一个平面直角坐标系 xOy,x 轴水平,索道形状为形如 $x^2 = 4ay$ 的抛物线。设箩筐相对于索道看被看作质点。若箩筐和箩筐内土石的总质量为 m,求:箩筐自 $x = 2a$ 处自由滑至抛物线顶点时的速率和此时箩筐对钢索的压力。(忽略一切摩擦力)

9. 如图所示,在仰角 $\alpha = \dfrac{\pi}{6}$ 的雪坡上举行跳台滑雪比赛。运动员从坡上方 A 点开始下滑,到点 O 时起跳,起跳时借助设备和技巧保持速率不变。起跳后落在坡上 B 点,坡上 OB 两点距离 L 为此项运动的成绩。已知 A 点高于 O 点 $h = 50$ m,忽略空气阻力和摩擦,求 L 最大为多少?

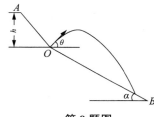

第 9 题图

10. 如图所示,一仓库高 25 m,宽 40 m。今在仓库前 l、高 5 m 的 A 处斜抛一石块,使石块抛过屋顶。问:距离 l 为多大时可以使初速度 v_0 之值最小?

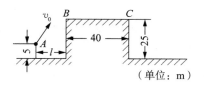

第 10 题图

11. 质点的势函数 $V(r)$ 定义为:单位质量的质点在 r 位置所具有的势能。今有一质量为 m 的质点,在一维直线势场 $V(x) = A|x|$ 的作用下,在直线 x 上运动,A 为大于零的常量。已知质点的动能与质点与场源物质间的势能之和为 E,求质点运动周期 T。

12. 如图所示,木块 A 的质量为 m,木块 B 的质量为 $1.2m$,两木块用细线相连,跨在光滑的圆木上,开始时 OA 呈水平,放手后发生运动,则当 A 到达圆木最高点 C 时,A 对圆木的压力大小为多少?(已知 A 在上升时不脱离圆柱体)

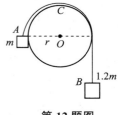

第 12 题图

13. (1) 如图(a)所示,长为 l 的轻杆,一端通过转轴与固定点 O 相连,杆的另一端上固定一质量为 m 的质点,将杆从水平位置由静止释放。求杆运动到竖直位置 OA' 时,质点在 A' 处的速度大小和杆的内部张力大小。

(2) 如图(b)所示,将轻杆延长至 $2l$ 长,杆的自由端上再固定一质量为 m 的质点。考察杆从水平位置由静止出发运动到竖直位置的过程,求两质点抵达杆竖直时的位置 A' 和 B' 时的速度大小和杆对两质点分别做多少功。

(3) 若在图(b)中杆在水平位置时,A、B 之间再系一个质量同为 m 的质点 C(图中未画出),当杆抵达竖直位置时,若杆对质点 C 做的总功为零,试给出 $|OC|$ 的长度。

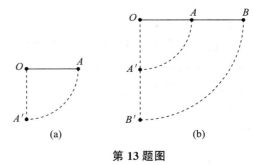

(a)　　　　(b)

第 13 题图

14. 在水平面上放有质量 $m=11$ kg 的石块,石块上固定劲度系数 $k=200$ N/m 的弹簧,石块与平面之间的摩擦因数 $\mu=0.1$。开始弹簧未形变,在弹簧自由端施加与水平方向成角 $\alpha=45°$ 的力 F,如图所示,使石块缓慢移动距离 $s=50$ cm,问:F 做了多少功?

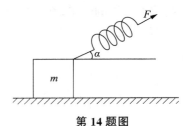

第 14 题图

15. 两只质量均为 m 的小球用长为 l 的轻杆相连,该系统从竖直位置由静止开始靠着竖直的光滑墙运动。上端小球沿竖直线运动,下端小球无摩擦地沿水平面滑动,如图所示。求当上球离开竖直墙时,下球的运动速度。

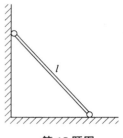

第 15 题图

16. 一物体沿斜面向上滑动时动能每减少 $1\,\text{J}$,重力势能增加 $0.75\,\text{J}$。则当此物体沿此斜面下滑时,动能每增加 $1\,\text{J}$,重力势能减少多少?

17. 物体以 $60\,\text{J}$ 的初动能,竖直向上抛出,在运动过程中空气阻力大小保持不变,当它第一次达到动能比初动能减少了 $50\,\text{J}$ 时,它的机械能损失了 $10\,\text{J}$,则物体返回抛出点时的动能大小为多少?

18. 小球由地面竖直上抛,上升的最大高度为 H,小球运动时所受阻力大小恒定。取小球和地球为系统,取地面为零势能面。在小球上升至离地高度 h 处时,小球的动能是系统重力势能的 2 倍;在小球下落至离地高度 h 处,系统重力势能是小球动能的 2 倍。求 h 与 H 的比值。

19. 如图所示,水平传送带以恒定速度 v 水平运送从漏斗漏下的砂子,砂子刚落下时可视为静止的。忽略传动装置中的机械能损耗,若每秒有 20 kg 的砂子落到皮带上,要维持皮带以恒定速率 $v=1.5$ m/s 运动,发动机需对皮带有多大的做功功率? 通过皮带提供给砂子的能量中,有多少转化为砂子的动能? (忽略砂子间的相互作用)

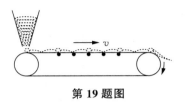

第 19 题图

20. 如图所示,质量为 m 的小物体从高为 h 的斜面顶端自静止开始下滑,最后停在水平面上的 B 点。小物体再从顶端以初速度 v_0 开始沿斜面滑下,停在水平面上的 C 点。已知 $|AB|=|BC|$,斜面与地面间用光滑的小圆弧连接,则小物体在斜面上克服阻力所做的功为多少?

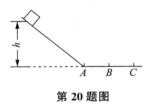

第 20 题图

21. 如图所示,小球以初速 v_0 从 A 点沿不光滑的轨道运动到比 A 高 h 高度的 B 点后自动返回,已知轨道是由两条直轨道以光滑小圆弧连接而成。小球返回途中仍经过 A 点,则小球重新经过 A 点的速度大小为多少?

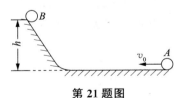

第 21 题图

22. 如图所示,某物体以初动能 E_0 从倾角 $\theta=37°$ 的斜面底端 A 点沿斜面上滑,物体和斜面间的摩擦因数 $\mu=0.5$,而且 $\sin\theta>\mu\cos\theta$。当物体滑到 B 点时动能为 E,滑到 C 点时动能为 0,物体从 C 点下滑到 AB 中点 D 时的动能又为 E。已知 $AB=s$,求 BC 的长度。

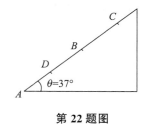

第 22 题图

23. 如图所示为某高台滑雪轨道部分简化示意图。其中 AB 段是助滑雪道,倾角为 α,BC 段是水平起跳台,CD 段是滑雪雪道,倾角 $\theta=37°$,轨道各部分与滑雪板间的动摩擦因数均为 $u=0.25$,图中轨道最高点 A 处的起滑台距起跳台 BC 的竖直高度 $h=10$ m。A 点与 C 点的水平距离 $L_1=20$ m,C 点与 D 点的距离为 $DC=28.125$ m,运动员连同滑雪板的质量 $m=60$ kg。滑雪运动员从 A 点由静止开始起滑,通过起跳台从 C 点水平飞出,在落到滑雪雪道上时,运动员靠改变姿势将自己的速度全部转化成沿着斜面方向的速度,且无能量损失。运动员均可视为质点,设运动员在全过程中不使用雪杖助滑,忽略空气阻力的影响,取重力加速度 $g=10$ m/s²,求滑雪运动员从 A 到 D 克服摩擦力做的功为多少。

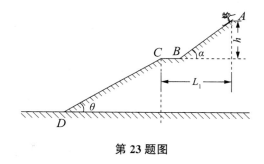

第 23 题图

24. 如图所示,一个负重的轻三足支架每边长度均为 l,每边都与竖直方向成同一角 θ,三杆的底端置于一光滑水平面上,且三个底端端点恒成一正三角形,现用一绳圈套在三足支架的三足上,使其不能改变与竖直线间的夹角,设三足支架负重为 G,试求绳中张力 T。

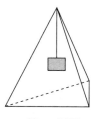

第 24 题图

25. 水平地面上整齐堆放着三个质量分布均匀、长度相等、半径均为 R 的光滑圆柱体 A、B、C，其横截面如图所示。三个圆柱体 A、B、C 的质量满足 $m_A = 2m_B = 2m_C = 2m$。将三个圆柱体从图中位置静止释放，求柱 A 落地时的速度大小 v。

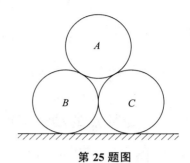

第 25 题图

26. 质量为 m 的小球以某一初速度 v_0 竖直上抛，若运动中所受阻力大小与速率的平方成正比，$f = kv^2$，最大阻力为重力的 $\dfrac{11}{25}$ 倍，试求小球上升的最大高度 H 及落回抛出点时的速度 v_t。

第四章 动 量

第一节 动量定理和动量守恒定律

一、质点的动量定理

在惯性系内考察任意质点 A，设质点 A 的质量为 m，受到合外力为 $F_合$，加速度为 a，则有：$F_合 = ma$。$F_合$ 和 a 可随时间变化。

对一段时间 t，可以将 t 分成无数段趋向于 0 的时间段：Δt_1、Δt_2、Δt_3、$\cdots$，对每一段小时间 Δt_i，都可以将合外力 F_i 看作恒力，将 Δt_i 时间内的运动看作一小段匀加速运动，故有：

$$F_i \Delta t_i = ma_i \Delta t_i = m \Delta v_i \tag{4.1.1}$$

将所有时间段的上式累加，则有：

$$\sum_i F_i \Delta t_i = \sum_i m \Delta v_i = m \sum_i \Delta v_i = m \Delta v = \Delta(mv) \tag{4.1.2}$$

令：

$$I = \sum_i F_i \Delta t_i \tag{4.1.3}$$

$$p = mv \tag{4.1.4}$$

则 (4.1.2) 式可以改写为：

$$I = \Delta p \tag{4.1.5}$$

称 I 为合外力的冲量(简称冲量)，p 为**质点的动量**，则 (4.1.5) 式表明：**在惯性系中，合外力的冲量等于质点动量的增量。**(4.1.5) 式称为**质点的动量定理**。在非惯性系中，若将惯性力的冲量考虑在内，(4.1.5) 式仍能满足。

定义：任意力 F 的冲量 $I = F \Delta t_i$。

易知，合外力的冲量等于外力冲量的和，故 (4.1.5) 式可变为外力冲量的和等于质点动量的增量：

$$\Sigma I = \Delta p \tag{4.1.6}$$

(4.1.6) 式使用起来更加方便。动量 p 和冲量 I 都是矢量，且动量 p 的方向与质点的速度 v 同向。冲量 I 是过程量，动量 p 是状态量。动量 p 的常用单位是 $\text{kg} \cdot \text{m/s}$，冲量 I 的常用单位是 $\text{N} \cdot \text{s}$。

若力 F 是恒力，那么力 F 的冲量 I 可以简单表示为：$I = Ft$。若力 F 的方向不变，但是变力，那么力 F 的冲量 I 的大小为 $F - t$ 图象下方包围的面积。

质点的动量 p 和动能 E_k 间的一个常用关系为：

$$E_k = \frac{p^2}{2m} \tag{4.1.7}$$

注意，(4.1.7) 式中，如果有质点的动量 p 和质量 m，可以得到质点的动能 E_k，但如果

有质点的动能 E_k 和质量 m，却只能得到动量 p 的大小，不能知道动量 p 的方向。

例 4.1 总质量为 M 的列车，沿水平直线轨道匀速前进，其动力由列车头提供。中途，质量为 m 的末节车厢脱节，脱离后 t 时间驾驶员才发现，于是立即关闭油门，除去牵引力。设机车的牵引力恒定，运动的阻力与重力成正比，求至列车两部分都停止为止，列车头比末节车厢多行驶的时间 Δt。

解 末节车厢未脱离时列车做匀速直线运动，故牵引力大小 F 等于总阻力大小 $f_总$。

根据运动的阻力与重力成正比，除末节列车外的列车受到阻力 f 大小为：

$$f = \frac{M-m}{M} f_总 = \frac{M-m}{M} F \tag{①}$$

不妨设想，若末节车厢一脱离，驾驶员就除去牵引力，那么列车的两部分一定同步减速、同时停止。称这个设想的过程为过程 1。

现在对除末节列车外的列车部分进行分析，至这部分列车停止为止，这部分列车比过程 1 多运动了 Δt 时间，相比于过程 1，多受到了牵引力 F 在 t 时间内的冲量和阻力 f 在 Δt 时间内的冲量，故有：

$$Ft + (-f\Delta t) = 0 \tag{②}$$

联立①②两式解得：

$$\Delta t = \frac{M}{M-m} t$$

例 4.2 如图 4-1-1 所示，四个质量均为 m 的质点由三根不可伸长的绳子依次连接，置于光滑水平面上，绳 1 和绳 2 的夹角、绳 2 和绳 3 的夹角都为 $120°$，今有一冲量作用在端点 A 并使这个质点速度为 u，方向沿绳向外，求此后的瞬间质点 D 的速度。

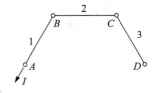

图 4-1-1

解 设此瞬间 D 的速度大小为 v；C 的速度沿绳 2、绳 3 的分量大小为 v_{C2}、v_{C3}，B 的速度沿绳 1、绳 2 的分量大小为 v_{B1}、v_{B2}。由动量定理和冲量方向知 D 的速度沿绳 3 方向，故根据绳上 2 定点沿绳方向速度分量相等，有：

$$v = v_{C3}, \quad v_{C2} = v_{B2}$$

设绳 1 给 A、B 的冲量大小为 I_1，绳 2 给 B、C 的冲量大小为 I_2，绳 3 给 C、D 的冲量大小为 I_3。三组冲量分别沿绳方向。

对 D 应用动量定理，有：

$$I_3 = mv - 0 \tag{①}$$

对 C 列动量定理在绳 3 方向的分量式，有：

$$\frac{1}{2} I_2 - I_3 = mv_{C3} - 0 = mv \tag{②}$$

结合①②两式知：

$$I_2 = 4mv \tag{③}$$

对 C 列动量定理在绳 2 方向的分量式，有：

$$I_2 - \frac{1}{2} I_3 = mv_{C2} - 0 \tag{④}$$

结合①③④三式知：

$$v_{C2} = \frac{7}{2}v \qquad ⑤$$

对 B 列动量定理在绳 2 方向的分量式，有：

$$\frac{1}{2}I_1 - I_2 = mv_{B2} - 0 = mv_{C2} \qquad ⑥$$

结合③⑤⑥三式知：

$$I_1 = 15mv \qquad ⑦$$

对 B 列动量定理在绳 1 方向的分量式，有：

$$I_1 - \frac{1}{2}I_2 = mv_{B1} - 0 \qquad ⑧$$

结合③⑦⑧三式知：

$$v_{B1} = 13v$$

根据 A、B 沿绳 1 方向的速度分量相等，知：

$$u = v_{B1} = 13v$$

故 D 的速度 v 为：

$$v = \frac{1}{13}u$$

例 4.3 军训中，战士距墙 s_0 以速度 v_0 起跳，如图 4-1-2(a)所示，到达墙面后再用脚蹬墙面一次使身体竖直向上运动，继续升高。设墙面与鞋底之间的静摩擦因数为 μ，脚蹬墙的时间可以忽略不计。要使战士质心升高高度最大，应使起跳角 θ 等于多少？

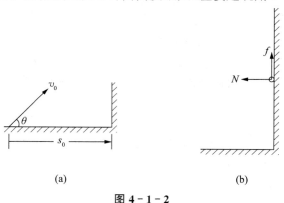

(a)   (b)

图 4-1-2

解 战士的质心先做斜抛运动，斜抛运动的水平方向速度大小为 $v_0\cos\theta$，运动时间 $t_1 = \frac{s_0}{v_0\cos\theta}$，到达墙面时竖直方向的高度 h_1 和竖直方向速度 v_{y1} 分别为：

$$h_1 = v_0\sin\theta \cdot t_1 - \frac{1}{2}gt_1^2 = s_0\tan\theta - \frac{gs_0^2}{2v_0^2\cos^2\theta} \qquad ①$$

$$v_{y1} = v_0\sin\theta - gt_1 = v_0\sin\theta - \frac{gs_0}{v_0\cos\theta} \qquad ②$$

脚蹬墙时，战士受到弹力 N 和摩擦力 f，如图 4-1-2(b)所示。脚蹬墙后战士失去了水平方向动量,故弹力 N 的冲量使战士水平方向的动量从向右的 $mv_0\cos\theta$ 减为零,故弹力 N 的冲量大小 I_N 为:

$$I_N=mv_0\cos\theta$$

考察摩擦力 f 的冲量大小 I_f 和弹力 N 的冲量大小 I_N 的关系,有:

$$I_f=\Sigma(f_i\Delta t_i)\leqslant\Sigma(\mu N_i\Delta t_i)=\mu\Sigma(N_i\Delta t_i)=\mu I_N \qquad ③$$

要使战士的质心升高得越高,就要使蹬墙后竖直向上的动量越大,也就要使摩擦力 f 的冲量是竖直向上的可能的最大冲量。从③式看到,应使 $I_f=\mu I_N$,即:

$$I_f=\mu mv_0\cos\theta \qquad ④$$

根据动量定理,脚蹬墙后,战士质心的速度 v_{y2} 满足:

$$I_f=mv_{y2}-mv_{y1}$$

将②④代入上式,解得:

$$v_{y2}=\mu v_0\cos\theta+v_0\sin\theta-\frac{gs_0}{v_0\cos\theta}$$

战士的质心以 v_{y2} 做竖直上抛运动,继续升高的高度 h_2 为:

$$h_2=\frac{v_{y2}^2}{2g}=\left(\mu v_0\cos\theta+v_0\sin\theta-\frac{gs_0}{v_0\cos\theta}\right)^2/2g$$

故战士的质心所能升高的总高度 H 为:

$$H=h_1+h_2=s_0\tan\theta-\frac{gs_0^2}{2v_0^2\cos^2\theta}+\left(\mu v_0\cos\theta+v_0\sin\theta-\frac{gs_0}{v_0\cos\theta}\right)^2/2g$$

化简得:

$$H=-\mu s_0+\frac{v_0^2}{2g}(\sin\theta+\mu\cos\theta)^2$$

显然,H 随 θ 变化,当 $\theta=\arctan\dfrac{1}{\mu}$ 时,H 取最大值 H_{max}:

$$H_{max}=-\mu s_0+\frac{v_0^2(1+\mu^2)}{2g}$$

综上所述,应使起跳角 $\theta=\arctan\dfrac{1}{\mu}$。

二、质点系的动量定理

第二章中已经说过,任意物体或系统,总是可以看成无数个质点的集合。我们用与第二章第一节类似的方法研究系统的动量问题。

将一个系统分成:质点 1、质点 2、$\cdots$、质点 n。用 m_i、a_i、F_i 表示第 i 个质点的质量、加速度、受到的系统外施加给质点的力,用 F_{ij} 表示第 i 个质点给第 j 个质点的力。则根据牛顿第二定律,有:

$$\begin{cases} F_1+F_{21}+F_{31}+\cdots+F_{n1}=m_1a_1 \\ F_2+F_{12}+F_{32}+\cdots+F_{n2}=m_2a_2 \\ \qquad\qquad\cdots \\ F_n+F_{1n}+F_{2n}+\cdots+F_{(n-1)n}=m_na_n \end{cases} \qquad (4.1.8)$$

对于一段时间很短的过程 Δt ,有:

$$\begin{cases} (F_1+F_{21}+F_{31}+\cdots+F_{n1})\Delta t=m_1a_1\,\Delta t=m_1\Delta v_1 \\ (F_2+F_{12}+F_{32}+\cdots+F_{n2})\Delta t=m_2a_2\Delta t=m_2\Delta v_2 \\ \cdots \\ (F_n+F_{1n}+F_{2n}+\cdots+F_{(n-1)n})\Delta t=m_na_n\Delta t=m_n\Delta v_n \end{cases} \quad (4.1.9)$$

由牛顿第三定律,有: $F_{ij}=-F_{ji}$ 。将上述方程组中的方程累加,并利用牛顿第三定律得:

$$(F_1+F_2+\cdots+F_n)\Delta t=m_1\Delta v_1+m_2\Delta v_2+\cdots+m_n\Delta v_n$$
$$=\Delta(m_1v_1+m_2v_2+\cdots+m_nv_n) \quad (4.1.10)$$

上式对一段时间很短的过程成立,容易推证,对任意一个时间段也都成立。(4.1.10)式左边是系统受到的外力的冲量,右边是某个量的增量,与质点的动量定理十分相像。

定义:系统的动量 $p=m_1v_1+m_2v_2+\cdots+m_nv_n$,则(4.1.10)式可以写作:

$$\Sigma I=\Delta p \quad (4.1.11)$$

(4.1.11)式从数学表达上看,与(4.1.6)式完全一致。(4.1.11)式表明:**系统所受外力的冲量 I 等于系统动量 p 的增量。**(4.1.11)式称为**质点系的动量定理**。

质点的动量定理和质点系的动量定理,统称动量定理。

例4.4 如图 $4-1-3$(a)所示,质量为 M 、长为 L 的一根铁链竖直悬挂着,下端正好碰到台秤。铁链从静止开始下落,试问台秤的最大读数是多少。(设铁链落到台秤上后不反弹,且在台秤上的部分可看作是柔软的。)

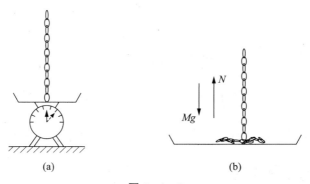

图 $4-1-3$

解 以铁链开始下落的时刻为 0 时刻。在 t 时刻,应有 $\frac{1}{2}gt^2$ 长的铁链落到了台秤上,剩余部分长度为 $\left(L-\frac{1}{2}gt^2\right)$,以 gt 的速率向下运动。故以向下为正方向, t 时刻的铁链整体的动量 p 可以表示为:

$$p=\frac{L-\frac{1}{2}gt^2}{L}M\cdot gt=Mgt-\frac{Mg^2}{2L}t^3$$

取一小段时间 Δt ,则在 Δt 内,铁链动量的增量为:

$$\Delta p = \left[Mg(t+\Delta t) - \frac{Mg^2}{2L}(t+\Delta t)^3 \right] - \left(Mgt - \frac{Mg^2}{2L}t^3 \right)$$

$$= Mg\Delta t - \frac{Mg^2}{2L}(3t^2\Delta t + 3t\Delta t^2 + \Delta t^3)$$

在 $\Delta t \to 0$ 的条件下, $3t\Delta t^2$ 和 Δt^3 可以忽略不计, Δp 成为:

$$\Delta p = Mg\left(1 - \frac{3gt^2}{2L}\right)\Delta t$$

设 t 时刻铁链受到重力 Mg 和台秤对铁链的弹力 N, 如图 $4-1-3(\mathrm{b})$ 所示, 用 Mg 和 N 表示力的大小, 则根据动量定理, 有:

$$Mg\Delta t - N\Delta t = \Delta p = Mg\left(1 - \frac{3gt^2}{2L}\right)\Delta t$$

可以解得 t 时刻铁链受到的台秤对铁链的弹力大小 N:

$$N = Mg \cdot \frac{3gt^2}{2L}$$

台秤的示数为 $\dfrac{N}{g} = 3 \cdot M \cdot \dfrac{\frac{1}{2}gt^2}{L}$。在铁链下落过程中, $\dfrac{1}{2}gt^2$ 最大为 L, 故台秤示数最大为铁链质量 M 的 3 倍。

例 4.5 盛满水的碗置于倾盆大雨中, 其碗口面积 $S = 500\ \mathrm{cm}^2$。雨以 $v = 5\ \mathrm{m/s}$ 的匀速率竖直下落, 单位面积上的质量增率为 $\dfrac{\Delta m}{\Delta S \Delta t} = 10^{-3}\,\mathrm{g/(cm}^2 \cdot \mathrm{s})$。若过量的水, 以可忽略的速度从碗口流走, 求因下雨所产生的作用在碗上的力。

解 雨滴匀速率下落, 说明雨滴的重力与空气阻力相等, 故只有碗对雨水的作用力的冲量改变雨滴的动量。设 t 时间内, 有 m 质量的雨水落到碗口, 取这部分雨水考察, 碗对水的作用力 F 使雨水的动量从向下变为 0, 取竖直向上为正方向, 根据动量定理有:

$$Ft = 0 - (-m \cdot v)$$

整理得:

$$F = \frac{m}{St} \cdot S \cdot v = \frac{\Delta m}{\Delta S \Delta t} \cdot S \cdot v = 2.5 \times 10^{-3}\,\mathrm{N}$$

雨水对碗的作用力 N 为 F 的反作用力。雨水对碗的作用力 N 竖直向下, 大小为 $2.5 \times 10^{-3}\,\mathrm{N}$。

三、动量守恒定律

若质点所受合外力为 0, 则合外力的冲量为 0, 根据动量定理知: 质点的动量增量为 0, 将保持恒定。若质点系所受合外力为 0, 则质点系受到外力的冲量为 0, 根据动量定理知: 系统动量增量为 0, 也保持恒定。于是我们可以得到一条规律:

动量守恒定律: 合外力为零时, 动量守恒。

在"时间段长度趋向于 0"或"内力远大于外力"的过程中, 系统动量可以近似视为守恒。前者保证了外力的冲量趋向于 0, 后者使得系统内质点受内力改变的动量远大于外力的冲量, 使外力的冲量可以忽略不计。

举例来说，子弹沿水平方向射入水平桌面上的木块并在很短的时间内穿出，虽然木块受到摩擦力，但在这段时间内，由于时间很短，仍可以将木块和子弹组成的系统看作动量守恒；又比如，做抛体运动的手榴弹在空中炸开，碎裂成 3 个部分，虽然炸裂过程中重力有冲量，但由于炸裂时系统的内力远大于外力，在炸裂过程中也可将手榴弹系统近似看作动量守恒。

在有些情况下，系统所受的外力不为 0，但外力在某个方向没有分量，这时动量在这个方向上的分量是守恒的。

应当指出，动量守恒定律在经典力学中是牛顿运动定律的推论，它实际是一个定理而不是一个定律。动量守恒定律被称为定律的原因如下：我们知道牛顿理论的适用范围是：宏观、低速。高速运动的情况要用狭义相对论修正，在狭义相对论中虽然牛顿运动定律不成立，但动量守恒定律还是成立的，并且与实验相符。也就是说，在物理学中，动量守恒定律的适用范围比牛顿运动定律广，是一条重要的实验定律。

例 4.6　如图 $4-1-4$ 所示，质量相同的 A、B 两木块从同一高度自由下落，至某一位置时，A 被水平飞来的子弹击中（子弹未穿出）。如果 A 从与子弹相遇到与子弹一起运动的过程所经历的时间可以忽略不计，问：A、B 两物体哪一个先落地？

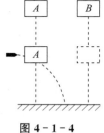

图 $4-1-4$

解　A 被子弹射中前后，A 与子弹组成的系统动量守恒。子弹的动量在射入 A 前是沿水平方向的，子弹射入 A 后，在竖直方向上，子弹获得了一个向下的动量分量，A 向下的动量减小了。故 A 与子弹一起运动后的瞬间，A 在竖直方向上的速度比子弹与 A 相遇前小。由此可以判断，B 先落地。

第二节　质心和质心系

一、质心的定义

下面要讨论的质心是一个特殊的质点，是一个假想的质点。有关质心的物理量一般用下标 C 表示，比如质心的动量一般写作 p_C。

定义一个假想的质点需要知道质点的位置和质量。这是因为：知道一个质点的位置信息，就可以了解这个质点的运动，如果再知道质量，便可以知道这个质点的动力学信息。

今在参考系 S（空间直角坐标系）中考察一个质点系统，系统由质点 1、质点 2、…、质点 n 组成。每个质点都有质量和所在位置的坐标：

$$\begin{cases} m_1(x_1,y_1,z_1) \\ m_2(x_2,y_2,z_2) \\ \cdots \\ m_n(x_n,y_n,z_n) \end{cases} \tag{4.2.1}$$

定义质心的质量和位置 $m_C(x_C,y_C,z_C)$：

$$\begin{cases} m_C = m_1 + m_2 + \cdots + m_n \\[2mm] x_C = \dfrac{m_1 x_1 + m_2 x_2 + \cdots + m_n x_n}{m_1 + m_2 + \cdots + m_n} \\[2mm] y_C = \dfrac{m_1 y_1 + m_2 y_2 + \cdots + m_n y_n}{m_1 + m_2 + \cdots + m_n} \\[2mm] z_C = \dfrac{m_1 z_1 + m_2 z_2 + \cdots + m_n z_n}{m_1 + m_2 + \cdots + m_n} \end{cases} \qquad (4.2.2)$$

可以看到,质心的质量等于系统的总质量,系统的坐标的每个分量都等于每个质点坐标关于质量的加权平均。

把宏观物体看作无穷多个质量趋向于 0 的质点组成的质点系时,如果使每一个质点的质量都相同,那么由(4.2.2)式可知:质心坐标分量即为各质点位置相应坐标分量的算术平均值。也就是说,质量分布均匀的对称性良好的规则物体,其质心总是在物体形状的几何中心上。

如果一个质点系由两个宏观物体组成,第一个物体包含质点 1 ～质点 k,质心为 x_{C1};第二个物体包含质点 $(k+1)$ ～质点 n,质心为 x_{C2}。我们考察系统质心的 x 分量,有:

$$\begin{aligned} x_C &= \frac{m_1 x_1 + m_2 x_2 + \cdots + m_n x_n}{m_1 + m_2 + \cdots + m_n} \\[2mm] &= \frac{(m_1 x_1 + \cdots + m_k x_k) + (m_{k+1} x_{k+1} + \cdots + m_n x_n)}{(m_1 + \cdots + m_k) + (m_{k+1} + \cdots + m_n)} \\[2mm] &= \frac{(m_1 + \cdots + m_k) x_{C1} + (m_{k+1} + \cdots + m_n) x_{C2}}{(m_1 + \cdots + m_k) + (m_{k+1} + \cdots + m_n)} \end{aligned} \qquad (4.2.3)$$

另两个分量类似。

可以看到,求这个系统的质心位置,可以先分别求两物体的质心,再对它们的质心组成的质点系求质心。同样地,对于多个物体求质心的问题,也总是可以这样处理。

需要指出,系统质心的位置仅由系统本身决定,而不依赖于坐标的选取。诚然,可以在不同的坐标系中计算同一系统的质心,计算出了不同的坐标值,这些坐标值代表的始终是同一个位置。

例 4.7 求证:均质薄三角板的质心在三角形三条中线的交点上。

证明: 如图 4-2-1 所示,将三角板沿三角形的任意一条边的方向分割成无数条梯形,使每一条的宽度都趋向于 0,每一条都可以近似地视为细长的长方形,于是三角板的质心可以看作这无数条长方形的质心组成的系统的质心。

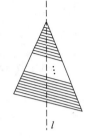

这无数条长方形的质心都在这三角形的中线 l 上,所以这无数个质心组成的系统的质心也在中线 l 上,所以三角板的质心在中线 l 上。

同理,沿另两条边分割三角板,也可以证明三角形的质心在另两条中线上。

图 4-2-1

证毕。

例 4.8 如图 4-2-2 所示，在半径为 R 的均质薄圆盘中挖去一个半径为 $\dfrac{R}{2}$ 的圆，且挖去的圆与圆盘边缘内切。求剩余部分的质心到圆盘质心的距离。

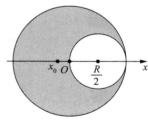

图 4-2-2

解 若挖去部分的质量为 m，则剩余部分的质量为 $3m$，整个薄圆盘的质量为 $4m$。

将挖去的部分补回，则挖去部分的质心和剩余部分的质心组成的系统的质心为整个薄圆盘的质心，故这三个质心必共线。以圆盘圆心为原点，向挖去部分的圆心方向建 x 轴，如图所示，则整个薄圆盘的质心位置在 $x=0$ 位置，挖去部分的质心在 $x=\dfrac{R}{2}$ 位置。设剩余部分质心在 $x=x_0$ 位置，则有：

$$4m \cdot 0 = m \cdot \frac{R}{2} + 3m \cdot x_0$$

解得剩余部分质心位置为

$$x_0 = -\frac{R}{6}$$

二、质心的动力学方程

（一）质心的速度和动量

考察质心的速度的 x 方向分量，由速度的定义有：

$$
\begin{aligned}
v_{Cx} &= \frac{\Delta x_c}{\Delta t}\bigg|_{\Delta t \to 0} = \frac{\Delta\left(\dfrac{m_1 x_1 + m_2 x_2 + \cdots + m_n x_n}{m_1 + m_2 + \cdots + m_n}\right)}{\Delta t} \\
&= \frac{m_1 \dfrac{\Delta x_1}{\Delta t} + m_2 \dfrac{\Delta x_2}{\Delta t} + \cdots + m_n \dfrac{\Delta x_n}{\Delta t}}{m_1 + m_2 + \cdots + m_n} \\
&= \frac{m_1 v_{1x} + m_2 v_{2x} + \cdots + m_n v_{nx}}{m_1 + m_2 + \cdots + m_n}
\end{aligned}
\tag{4.2.4}
$$

类似地，上式对 y、z 分量也成立。由于上式对三个分量都成立，可以直接写作整体的表达式：

$$v_C = \frac{m_1 v_1 + m_2 v_2 + \cdots + m_n v_n}{m_1 + m_2 + \cdots + m_n} \tag{4.2.5}$$

由于质心质量等于系统总质量，所以上式可以化为：

$$m_C v_C = m_1 v_1 + m_2 v_2 + \cdots + m_n v_n \tag{4.2.6}$$

上式左边为质心的动量，右边为系统的动量。由此，我们找到了一个重要的关系：

$$p_C = p_{系} \tag{4.2.7}$$

即质心动量等于系统动量。

（二）质心的加速度

与（4.2.4）式推导同理，利用 $a_{Cx} = \dfrac{\Delta v_{Cx}}{\Delta t}\bigg|_{\Delta t \to 0}$，我们也可以得到：

$$m_C a_C = m_1 a_1 + m_2 a_2 + \cdots + m_n a_n \tag{4.2.8}$$

（三）质心的动力学方程

设系统所受的合外力为 ΣF，外力的冲量为 I。则有：

$$I = \Delta p_系 = \Delta p_C \tag{4.2.9}$$

$$\Sigma F = m_1 a_1 + m_2 a_2 + \cdots + m_n a_n = m_C a_C \tag{4.2.10}$$

由(4.2.9)和(4.2.10)式可知，系统受到的合外力可以看作质心受到的合外力，系统受到的冲量可以看作质心受到的冲量，这样，质心作为一个假想的质点，其动力学方程就和其他质点是完全一致的了。

三、质心系

以质心为参照物建立参照系，称为质心参照系，简称质心系。质心系有着优良的物理学性质：在质心系中，各质点位置和质心位置的关系如(4.2.2)式仍然成立。在质心系中，系统往往体现出一些对称性，应用质心系可以方便我们的处理，尤其在两体问题中，质心系应用极多又方便。质心系的选取是很自然的，所以在科研中，考虑最多的参照系是"实验室参照系"和"质心系"。

下面我们来看一些质心系的性质：

（一）质心系中的动量

质心在质心系中不动，故在质心系中质心的动量等于 0。而质心动量等于系统动量，故在质心系中系统动量等于 0。

（二）质心系的种类

对于不受外力的系统来说，系统的质心在任意惯性系中没有加速度，此时，质心系也是一个惯性参照系。

（三）质心系与其他参照系中系统动能的关系

现在考虑一个比较复杂的性质，即系统的动能。假设有惯性参照系 S（通常是地面参照系）和质心系 C，两参照系间平动，质心系 C 相对于参照系 S 的速度为 u。显然，质心在参照系 S 中的速度为 u。

设质点 i 在参照系 S 和质心系 C 中的速度分别为 v_i、v_{iC}。

在参照系 S 中，质点系的总动能可表示为：

$$E_{k系} = \sum_i \frac{1}{2} m_i v_i^2 \tag{4.2.11}$$

根据牛顿的速度叠加原理，有：

$$v_i = v_{iC} + u \tag{4.2.12}$$

则在参照系 S 中，质点系的总动能可写为：

$$E_{k系} = \sum_i \frac{1}{2} m_i v_i^2 = \sum_i \frac{1}{2} m_i (v_{iC} + u)^2$$

$$= \sum_i \frac{1}{2} m_i v_{iC}^2 + \left(\sum_i m_i v_{iC}\right) \cdot u + \sum_i \frac{1}{2} m_i u^2 \tag{4.2.13}$$

式中第一项为系统在质心系中的动能，由于 v_{iC} 在 S 参照系中看等于质点 i 相对于质心 C 的运动速度，故将第一项称为相对运动动能 $E_{k相}$；第二项括号内是质心系中的系统动量,等于 0;第三项为质心在参照系 S 中的动能,用 E_{kC} 表示。

于是(4.2.13)式可写成:

$$E_{k系}=E_{kC}+E_{k相}$$ (4.2.14)

即系统动能等于质心动能与相对运动动能的和。

对于孤立系统或动量守恒的系统,质心的速度是不变的,故质心动能不变。但由于内力、外力做功,相对运动动能可能发生改变。由(4.2.14)式知:相对运动动能 $E_{k相}$ 即系统可以损失的动能,系统动能 $E_{k系}$ 的最小值等于质心动能 E_{kC},最小值在所有质点相对质心静止时取到。

注:本书不考虑变质量系统。

例 4.9 两个质量均为 m 的小球,用长为 $2L$ 的轻绳连接起来,置于光滑水平面上,绳恰好处于伸直状态,如图 4-2-3(a)所示。今用一个恒力 F 作用在绳的中点,F 的方向水平且垂直于绳的初始方向,原来静止的两个小球因此运动。问:在两个小球第一次相碰前的瞬间,小球在垂直于 F 方向的速度分量 $v_\perp$ 为多大?

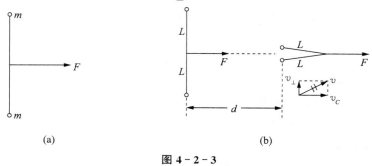

图 4-2-3

解 两球的运动是关于 F 所在直线对称的,即:两球垂直于 F 的速度分量等大反向,两球平行于 F 的速度分量相等。

设两球的质心速度为 v_C,容易看出,两球平行于 F 的速度分量 $v_\parallel = v_C$。在碰撞前瞬间,可将两球的速度分量沿平行于 F 方向和垂直于 F 方向分解为 v_C 和 $v_\perp$。

考察从两球开始运动到两球碰撞前瞬间的过程,设质心移动了距离 d,如图 4-2-3(b)所示。

对质心应用动能定理,有:

$$F \cdot d = \frac{1}{2} \cdot 2m \cdot v_C^2 - 0$$ ①

力 F 的作用点移动了 $d+L$ 距离,根据能的转化,力 F 提供给系统的能量应转化为两球的动能:

$$F(d+L)=2\times\frac{1}{2}m(v_C^2+v_\perp^2)-0$$ ②

②式减去①式得:

$$FL=mv_\perp^2$$

可以解出 $v_\perp$:

$$v_\perp=\sqrt{\frac{FL}{m}}$$

例 4.10 如图 4-2-4 所示,在光滑水平面上放有小物体 A 和 B,两者彼此接触。A 上有半径为 R 的光滑半圆形轨道,现把物体 C 放在轨道最高处从静止下滑,已知 A、B、C 的质量均为 m,求:物体 A 和 B 分离后,物体 C 所能达到的最大高度 H。

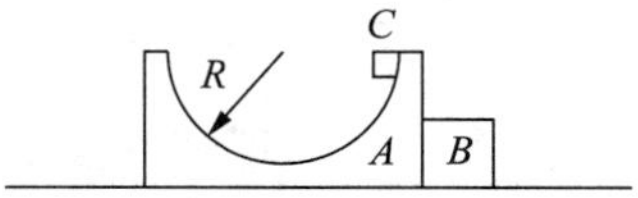

图 4-2-4

解 物体 C 在下滑过程中始终对 A 施加向右的分力,故 A、B 一起向右加速。当物体 C 到达最低点后,C 对 A 的力的水平分量方向变为向左,这时起,A 获得向左的加速度而减速运动,而 B 继续做匀速直线运动,A、B 分离。故 A、B 刚分离时,A、B 的速度相等,C 恰好运动到最低处。设此时 A、B 速度大小为 v_1,C 的速度大小为 v_2,取向右为正方向,对 A、B、C 组成的系统列水平方向动量守恒方程和机械能守恒方程:

$$\begin{cases} mv_2 + 2mv_1 = 0 \\ mgR - 0 = 2 \times \dfrac{1}{2}mv_1^2 + \dfrac{1}{2}mv_2^2 \end{cases}$$

由方程组解得:

$$\begin{cases} v_1 = \sqrt{\dfrac{1}{3}gR} \\ v_2 = -\sqrt{\dfrac{4}{3}gR} \end{cases}$$

A 与 B 分离后,B 不再与 A 相遇。取 A、C 为系统,则 A 与 B 分离后,A、C 系统的水平方向动量和机械能也是守恒的。计算 A、C 系统的质心速度 v_C:

$$v_C = \frac{mv_1 + mv_2}{2m} = -\sqrt{\frac{1}{12}gR}$$

当 C 达到后续过程中的最高处时,C 应相对于 A 静止,这时,A、C 的速度都等于 A、C 系统的质心速度 v_C。根据 A、C 系统机械能守恒知:

$$\frac{1}{2} \cdot 2m \cdot v_C^2 - \left(\frac{1}{2}mv_1^2 + \frac{1}{2}mv_2^2 \right) = -mgH$$

将 v_1、v_2、v_C 代入上式,可以解得 H:

$$H = \frac{3}{4}R$$

例 4.11 在光滑水平桌面上有一座高为 H、底部长为 L 的"山","山"是轴对称的,如图 4-2-5 所示。它可以自由地沿桌面滑动。一辆小车以速度 v 驶向这座"山",小车质量为"山"质量的 3 倍,车在"山"上逗留时间为 T。求当小车离开"山"时"山"滑动的距离。

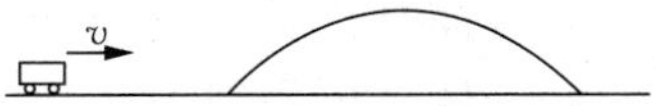

图 4-2-5

解 取小车与"山"的整体为系统,系统的质心速度为 $v_C = \dfrac{3}{4}v$。故在 T 时间内,系统质心向前运动了 $\dfrac{3}{4}vT$ 距离。

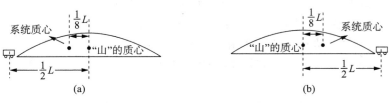

图 4 - 2 - 6

小车与"山"相遇的瞬间和离开"山"的瞬间,小车都在"山脚"处。如图 $4 - 2 - 6$(a)或图(b)所示,在系统的质心系中看,这两个瞬间,小车到系统质心的水平距离都为 $\frac{1}{8}L$,相应地,"山"的质心到系统质心的水平距离为 $\frac{3}{8}L$。

分两种情况讨论:

第 1 种情况:如果小车还没到达"山顶"就返回了,没有翻越"山",则在系统的质心系中看,小车和"山"在 T 时间内相对于系统质心的位移都为 0。故在地面参照系上,"山"向前移动的距离与系统质心移动的距离相同,移动了 $\frac{3}{4}vT$。

第 2 种情况:如果小车翻越了"山",则在系统的质心系中看,"山"相对于系统质心有向左的大小为 $\frac{3}{4}L$ 的位移。在地面参照系上看,系统质心向右移动了 $\frac{3}{4}vT$,"山"相对于系统质心向左移动了 $\frac{3}{4}L$,故"山"向右移动了 $\left(\frac{3}{4}vT - \frac{3}{4}L\right)$ 的距离。

第三节 碰撞和反冲

一、碰撞的定义和分类

定义:相互接近的物体,在很短的时间内,由于很大的相互作用力,改变了运动状态的现象称为碰撞。

碰撞是一类广泛的物理学现象,在生活中随处可见。完整的碰撞过程是指从两物体之间开始体现出作用力开始,到两物体之间的作用可以忽略不计的过程。发生碰撞的物体间可以有接触,也可以没有接触。例如 α 粒子散射实验中,α 粒子与金原子核的碰撞就没有接触。

根据定义,碰撞时间很短,故可认为碰撞过程的内力很大。碰撞过程往往可以视为动量守恒的过程。

碰撞按碰撞物体的数量分类,可以分为二体碰撞和多体碰撞。我们着重研究二体碰撞。

按运动方向分,二体碰撞可以分为正碰撞和斜碰撞。若两个物体在相互接近,总可以取到一个参照系,使两物体在此惯性系中相向运动,即碰撞前在同一直线上运动。如图

4-3-1所示,正碰撞是指碰撞后,两物体仍在此直线上运动的过程,正碰撞又称为对心碰撞;斜碰撞是指碰撞后小球不沿此直线运动的碰撞。

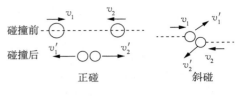

图 4-3-1

正碰撞是一维的碰撞,只涉及一直线上的运动。斜碰撞是二维的碰撞。

按能量和相对速度大小损失分,还可将所有碰撞分为以下 3 种:

$$\begin{cases} 1. \text{ 完全弹性碰撞(简称弹性碰撞)} \\ 2. \text{ 非完全弹性碰撞} \\ 3. \text{ 完全非弹性碰撞} \end{cases}$$

碰撞过程中,由于时间很短,位移很小,故外力做功几乎为 0。碰撞过程中,一般认为没有外界的能量输入。生活中的经验告诉我们,两个宏观物体碰撞时往往会发出声音,说明碰撞过程往往伴随着能量损失。

由于碰撞导致的直接的结果之一是物体的运动变化,我们关注动能的损失。

完全弹性碰撞是指**没有动能损失的碰撞过程**。完全弹性碰撞是理想的碰撞过程。**完全非弹性碰撞**是指**碰撞后物体间没有相对运动的碰撞过程**。即碰撞后所有物体一起平动,像是粘了一起一样。发生完全非弹性碰撞后,所有物体都以质心速度运动,从(4.2.14)式知:系统可损失的动能(相对运动动能)全部被损失,故完全非弹性碰撞是损失动能最多的一种碰撞。

除完全弹性碰撞和完全非弹性碰撞以外的碰撞,都称为**非完全弹性碰撞**。系统发生了部分动能损失,但碰撞的物体间还有相对运动。

二、三种二体正碰撞

现在我们来试着解这三种碰撞。解碰撞是指:已知碰撞前物体的动力学信息和碰撞的种类,求碰撞后物体的运动状态。

如图 4-3-2 所示,在图示方向碰撞的两质点,质量分别为 m_1、m_2,速度分别用 v_1、v_2 表示。

取向右为正方向(若速度向左,则取负值),设碰撞前两质点速度为 v_{10}、v_{20},碰撞后两质点速度为 v_{1t}、v_{2t}。

目标是:已知 m_1、m_2、v_{10}、v_{20},解出 v_{1t}、v_{2t}。

(一)完全非弹性碰撞

对于完全非弹性碰撞,碰后 $v_t = v_{1t} = v_{2t}$。由于碰撞时间极短,故有动量守恒:

$$m_1 v_{10} + m_2 v_{20} = (m_1 + m_2) v_t \tag{4.3.1}$$

可以解得:

$$v_{1t} = v_{2t} = v_t = \frac{m_1 v_{10} + m_2 v_{20}}{m_1 + m_2} \tag{4.3.2}$$

(二)完全弹性碰撞

对于完全弹性碰撞,有动量守恒和动能守恒:

$$\begin{cases} m_1 v_{1t} + m_2 v_{2t} = m_1 v_{10} + m_2 v_{20} & (4.3.3a) \\ \dfrac{1}{2} m_1 v_{1t}{}^2 + \dfrac{1}{2} m_2 v_{2t}{}^2 = \dfrac{1}{2} m_1 v_{10}{}^2 + \dfrac{1}{2} m_2 v_{20}{}^2 & (4.3.3b) \end{cases}$$

方程组(4.3.3)有两个未知量 v_{1t}、v_{2t} 和两个方程,应该可以解得。但由于动能守恒方程为 v 的二次方程,解起来有难度,故在此介绍一种较为简便的方法:

将方程组(4.3.3)整理为:

$$\begin{cases} m_1(v_{1t} - v_{10}) = m_2(v_{20} - v_{2t}) & (4.3.4a) \\ m_1(v_{1t}{}^2 - v_{10}{}^2) = m_2(v_{20}{}^2 - v_{2t}{}^2) & (4.3.4b) \end{cases}$$

以(4.3.4b)式除以(4.3.4a)式,得:

$$v_{1t} + v_{10} = v_{20} + v_{2t} \qquad\qquad (4.3.5)$$

或者可以表示为:

$$v_{1t} - v_{2t} = v_{20} - v_{10} \qquad\qquad (4.3.6)$$

而(4.3.3a)式与(4.3.6)式均为一次方程,利用这两式,可以容易地解出:

$$\begin{cases} v_{1t} = \dfrac{m_1 v_{10} + 2 m_2 v_{20} - m_2 v_{10}}{m_1 + m_2} \\[3mm] v_{2t} = \dfrac{2 m_1 v_{10} + m_2 v_{20} - m_1 v_{20}}{m_1 + m_2} \end{cases} \qquad (4.3.7)$$

注意,原方程组中(4.3.3b)为二次方程,故方程组应有两组解。除了上述解以外,还有一组解为平庸解: $\begin{cases} v_{1t} = v_{10}, \\ v_{2t} = v_{20}。 \end{cases}$

即碰撞前的状态,这组解在(4.3.4b)式除以(4.3.4a)式时被除掉了。

至此,我们可以确认,完全弹性碰撞的解为方程组(4.3.7)。

虽然这个解法看起来很复杂,但在实际应用中,若数据已知,那么原方程会是很简单的形式。例如: $m_1 = 2 \text{ kg}, m_2 = 4 \text{ kg}, v_{10} = 3 \text{ m/s}, v_{20} = 2 \text{ m/s}$ 时,原方程(4.3.3)将成为:
$\begin{cases} 2 v_{1t} + 4 v_{2t} = 14, \\ v_{1t}{}^2 + 2 v_{2t}{}^2 = 17, \end{cases}$ 解起来一点都不麻烦。

既然实际应用中如此简单,那为何还要费力地研究一般解的形式呢?下面是一些有意义的特殊情况:

① $m_1 = m_2$ 时,解(4.3.7)成为:

$$\begin{cases} v_{1t} = v_{20} \\ v_{2t} = v_{10} \end{cases} \qquad\qquad (4.3.8)$$

(4.3.8)式表明,物体1碰撞后的速度与物体2碰撞前的速度相等,物体2碰撞后的速度与物体1碰撞前的速度相等,物理上将这个解称为"交换速度"。

如果发生碰撞的是两个一模一样的小物体,那么在速度交换时,看上去就像是两物体互相穿过了对方而没有对彼此产生任何影响,因为它们碰撞时间极短而且它们都以对方原来的速度继续运动。

② $m_1 \ll m_2$, $v_{20} = 0$ 时：

此条件用语言来表述,即为:小质量物体撞向一个静止的大质量物体。利用 $\dfrac{m_1}{m_2} \to 0$ 和 $v_{20} = 0$,解(4.3.7)成为:

$$\begin{cases} v_{1t} = -v_{10} \\ v_{2t} = 0 \end{cases} \tag{4.3.9}$$

即大质量物体不动,而小质量物体以原速度大小被弹回。

注意,解(4.3.9)是解(4.3.7)在 $\dfrac{m_1}{m_2} \to 0$ 情况下的极限,即 v_{2t} 应趋向于 0,而 m_2 可以认为趋向于无穷。碰撞后物体 2 的动能趋向于 0,使动能守恒;而动量 $m_2 v_{2t}$ 不等于 0,$m_2 v_{2t} = 2m_1 v_{10}$,保证动量守恒。

③ $m_1 \gg m_2$ 时：

同样地,我们来研究 $m_1 \gg m_2$ 的情况。利用 $\dfrac{m_2}{m_1} \to 0$,解(4.3.7)成为:

$$\begin{cases} v_{1t} = v_{10} \\ v_{2t} = 2v_{10} - v_{20} \end{cases} \tag{4.3.10}$$

(4.3.10)式表明碰撞后物体 1 速度不变,但物体 2 的速度表达式并不是一个容易记忆的表达式,这是一个易错点,是最容易出错的地方。

在处理非完全弹性碰撞之前,先进一步考察物体的相对速度。

在解完全弹性碰撞的过程中,出现了(4.3.6)式:

$$v_{1t} - v_{2t} = v_{20} - v_{10} \tag{4.3.6}$$

仔细观察后发现,此式左边是碰撞后物体 1 相对于物体 2 的相对速度,右边是碰撞前物体 2 相对于物体 1 的速度。也就是说,在弹性碰撞前后,两物体相对速度的大小相等! 而完全非弹性碰撞中,碰后的相对速度为 0,也比较特殊。那么相对运动速度为何会出现这样的特殊性呢? 现在作一般性考察:

如图 4-3-3 所示,在质心系内看碰撞的两物体,由于碰撞过程极短,动量守恒,故碰撞过程中质心系可看作惯性系。

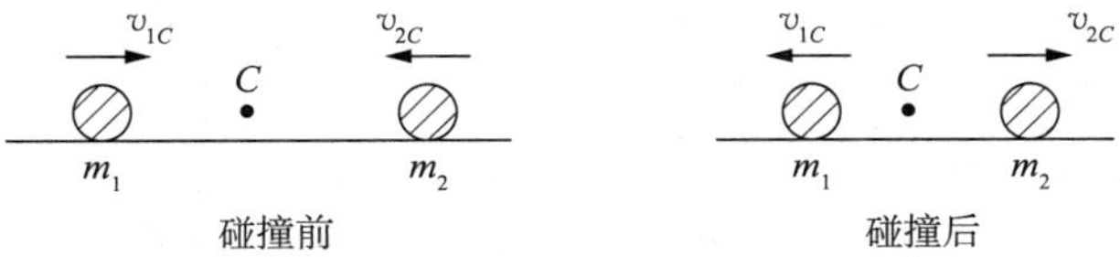

图 4-3-3

碰撞前,两物体应该在同时靠近质心,碰撞后两物体应该在同时远离质心或静止在质心处。用 v_{1C} 和 v_{2C} 表示两物体在质心系中的速度。在质心系中,系统动量为 0,故有:

$$m_1 |v_{1C}| = m_2 |v_{2C}| \tag{4.3.11}$$

可以看到,$|v_{1C}|$ 越大,$|v_{2C}|$ 越大。

在原参照系下可损失的相对运动动能,应为质心系的动能:

$$E_{k相} = \frac{1}{2} m_1 v_{1C}^2 + \frac{1}{2} m_2 v_{2C}^2 \tag{4.3.12}$$

而两物体相对运动速度大小应该在这两个参照系中相等（因为相对运动不依赖于参照系）：

$$|v_{相}| = |v_{1C}| + |v_{2C}| \tag{4.3.13}$$

可以判断：$|v_{1C}|$ 越大、$|v_{2C}|$ 越大，导致 $E_{k相}$ 越大，相对运动速度大小 $|v_{相}|$ 越大；反之，相对运动动能 $E_{k相}$ 越大，$|v_{1C}|$、$|v_{2C}|$ 越大，相对运动速度大小 $|v_{相}|$ 也越大。

由此可以推断：如果碰撞过程中动能一点也不损失，那么相对运动速度大小也不损失；如果可损失的动能 $E_{k相}$ 全部损失，那么相对运动速度大小 $|v_{相}|$ 也全部损失而变为 0。前者是完全弹性碰撞，后者是完全非弹性碰撞。

定义碰撞恢复系数 e：

$$e = \left| \frac{v_{1t} - v_{2t}}{v_{20} - v_{10}} \right| \tag{4.3.14}$$

则：对于完全弹性碰撞，$e = 1$；对于完全非弹性碰撞，$e = 0$。

（三）非完全弹性碰撞

对于非完全弹性碰撞，若不知道损失多少能量，则只有一个动量守恒的方程，不足以确定碰撞后的状态，故需要再找到一个方程。

非完全弹性碰撞损失动能，但碰撞后两物体间有一定的相对速度。由前文的讨论可知，在非完全弹性碰撞中，碰撞恢复系数 e 满足：$0 < e < 1$。

牛顿做了大量碰撞实验，发现在两物体材料性质确定时，碰撞前的速度对碰撞恢复系数的影响不显著。在高中竞赛范围内，不作特殊指明时，将碰撞恢复系数看作定值，以利于计算或近似。

这时，非完全弹性碰撞满足的方程变为：

$$\begin{cases} m_1 v_{1t} + m_2 v_{2t} = m_1 v_{10} + m_2 v_{20} & (4.3.15a) \\ v_{1t} - v_{2t} = e(v_{20} - v_{10}) & (4.3.15b) \end{cases}$$

这是个简单的方程组。篇幅限制，这里不作详细讨论了。

至此，我们获得了两个角度来看待三种二体碰撞，分别是动能损失的角度和相对运动速度的角度。总结如下：

	动能损失角度	相对速度损失角度	碰撞恢复系数
完全弹性碰撞	不损失动能	不损失相对速度	$e = 1$
非完全弹性碰撞	损失部分动能	损失部分相对速度	$0 < e < 1$
完全非弹性碰撞	完全损失相对运动动能	相对速度损失到 0	$e = 0$

碰撞的逆过程有时被称为反冲运动，比如大炮打出炮弹的过程，宇宙飞船向后高速喷出燃料以改变自身的速度等。

例 4.12 如图 4-3-4(a)所示，质量分别为 m_1 和 m_2 的两木块用劲度系数为 k 的弹簧相连，静止地放在光滑地面上。质量为 m 的子弹以水平初速 v_0 射入木块 m_1 并与木块 m_1 一起运动，设子弹射入过程的时间极短。试求：(1)弹簧的最大压缩长度 x；(2)木块 m_2 相对地面的最大速度和最小速度。

图 4 - 3 - 4

解 （1）子弹与木块 m_1 做完全非弹性碰撞，碰撞后瞬间，子弹和木块 m_1 整体有向右的速度 v_1：

$$v_1 = \frac{m}{m+m_1} v_0 \qquad ①$$

此后，子弹与两木块组成的系统是动量守恒的，系统的质心速度 v_C 为：

$$v_C = \frac{m}{m+m_1+m_2} v_0 \qquad ②$$

弹簧压缩量最大时，弹簧的弹性势能最大，系统的动能最小。从系统动能的知识知道，系统的动能最小应在子弹与两木块的速度均为质心速度 v_C 时取到。由此，可以列出碰撞后的过程中机械能守恒的方程：

$$\frac{1}{2} k x^2 + \frac{1}{2}(m+m_1+m_2) v_C^2 = 0 + \frac{1}{2}(m+m_1) v_1^2 \qquad ③$$

将①②代入③，可以解得 x：

$$x = m v_0 \sqrt{\frac{m_2}{(m+m_1)(m+m_1+m_2)k}}$$

（2）设木块 m_2 相对于地面的速度为 $\vec{v}_2$，相对于质心的速度为 $\vec{v}_{2C}$，则根据速度叠加，有：

$$\vec{v}_2 = \vec{v}_{2C} + \vec{v}_C \qquad ④$$

现在来考察木块 m_2 相对于质心的速度为 $\vec{v}_{2C}$。

系统的质心系是惯性系，在质心系中看，完全非弹性碰撞后，子弹与木块 m_1 具有向右的初速度，木块 m_2 具有向左的初速度，如图 4 - 3 - 4(b)所示。质心系中，系统质心是不动的，子弹与两木块在弹簧弹力的作用下在质心旁做简谐振动。开始时，弹簧处于原长，故弹簧的弹力为 0，子弹与木块 m_1 正向右通过平衡位置，木块 m_2 正以最大的相对于质心的速度 $v_{2C\max}$ 向左通过平衡位置。而木块 2 相对于地面是静止的，所以，木块 m_2 在质心系中通过平衡位置的速度大小 $v_{2C\max}$ 就等于地面上的质心速度 $v_C = \dfrac{m}{m+m_1+m_2} v_0$。

再利用③式知：木块 m_2 的速度 v_2 最小为 0；最大为 $\vec{v}_{2\max} = 2 v_C = \dfrac{2m}{m+m_1+m_2} v_0$。最小速度在木块 m_2 在质心系中向左通过平衡位置时刻取到；最大速度在木块 m_2 在质心系中向右通过平衡位置时刻取到。

【分析与说明】 在质心系中考察系统的运动无疑是方便的，这样的模型十分常见，读者应熟悉之。

例 4.13 光滑地面上一质量为 M 的车上装有一根杆，用一细绳将质量为 μ 的球挂在杆顶上 P 点，车和球的初速度为 v，这辆车碰撞另一辆质量为 m 的静止车并且和它粘在一起,如图 4-3-5(a)所示。若细绳的长度为 L,L 小于杆长。未撞时,小球竖直悬挂无摆动。

（1）若能使小球相对于 P 达到圆周运动顶点所需的车 M 的最小初速度为 $v_{\min}$,请给出求解 $v_{\min}$ 的思路;

（2）在 $\mu \ll m$ 条件下求 $v_{\min}$。

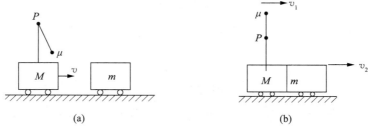

图 4-3-5

解 （1）两车碰撞时绳处于竖直方向,故绳对碰撞没有影响,碰撞也对小球没有影响。两车做完全非弹性碰撞后瞬间一起运动的速度为 $v_0 = \dfrac{M}{M+m}v$。

之后,小球的水平方向速度比两车的速度大,将向上运动。在小球向上运动的过程中,车 M 始终受到绳对车 M 向右的拉力,M 与 m 不会分离。

假如小球能到达最高点,如图 4-3-5(b)所示,设小球到达最高点时,小球速度为 v_1,两车的速度为 v_2。两车和球组成的系统的机械能和水平方向动量都是守恒的,可列出方程:

$$\begin{cases} \left[\dfrac{1}{2}\mu v^2 + \dfrac{1}{2}(M+m)v_0^2\right] - \left[\dfrac{1}{2}\mu v_1^2 + \dfrac{1}{2}(M+m)v_2^2\right] = \mu g \cdot 2L \\ (\mu + M)v = \mu v_1 + (M+m)v_2 \end{cases} \quad ①$$

当小球达到最高点时,绳又处于竖直方向,此时小车没有加速度,故车参照系是惯性系。小球相对于车做速度大小为 $(v_1 - v_2)$ 的圆周运动,故小球能达到最高点的条件应为所需向心力大于等于重力,即:

$$\frac{\mu(v_1 - v_2)^2}{L} \geqslant \mu g \quad ②$$

在方程组①中解出 v_1、v_2 并代入②后,应能解得 v 的范围。

（2）当 $\mu \ll m$ 时,小球 m 的运动不影响车的运动。故碰撞后,车参照系可看作惯性系。碰撞后,在车参照系中,小球的初速度为 $v - v_0 = \dfrac{m}{M+m}v$。

要使小球能到达最高点,则小球到达最高点时的速度至少为 $\sqrt{gR}$,根据机械能和圆周运动的知识易知条件为:

$$\frac{m}{M+m}v \geqslant \sqrt{5gL}$$

所以,能取的最小的 v 为:

$$v_{\min} = \frac{M+m}{m}\sqrt{5gL}$$

例 4.14 如图 4-3-6 所示,在光滑的水平面上,质量为 m 的 88 个相同弹性小球,沿直线 MN 静止排列,编号自右向左分别为 1 至 88。现有一质量为 $2m$ 的弹性小球 A 沿 MN 直线以速率 v_0 水平向右与第 88 号小球相碰。设所有碰撞均为弹性正碰,求这 89 个小球最后的速度。

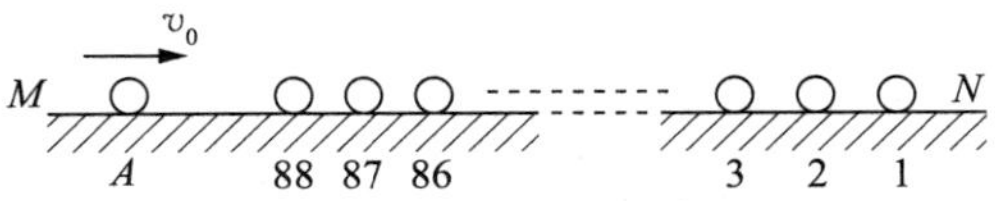

图 4-3-6

解 先考察一般情况,考虑 A 以速率 u 撞上静止的 88 号小球。设碰撞后 A 的速度为 u',88 号小球的速度为 u_{88},根据弹性碰撞要求可列出方程组:

$$\begin{cases} 2mu+0=2mu'+mu_{88} \\ u_{88}-u'=u-0 \end{cases}$$

解得:

$$\begin{cases} u'=\dfrac{1}{3}u \\ u_{88}=\dfrac{4}{3}u \end{cases}$$

这也就是说,A 球碰撞到静止的 88 号球后,A 球的速率将减为碰前的 $\dfrac{1}{3}$,88 号球将获得 $\dfrac{4}{3}$ 倍 A 球碰前的速率。

运用上述结论,A 球第一次与 88 号球碰撞后,A 球速率变为 $\dfrac{1}{3}v_0$,88 号球获得速率 $\dfrac{4}{3}v_0$。88 号球向前运动,去碰前方的球。由于质量相等的小球做弹性碰撞时交换速度,所以 $\dfrac{4}{3}v_0$ 会一次次向前传递,最终使 1 号小球获得 $\dfrac{4}{3}v_0$,而传递的过程中,88 号球已经再次静止下来了。

A 球又会以 $\dfrac{1}{3}v_0$ 的速率再次撞向重新静止的 88 号球,碰撞后 A 球速率变为 $\left(\dfrac{1}{3}\right)^2 v_0$,88 号球获得速率 $\dfrac{4}{3}\cdot\dfrac{1}{3}v_0$。88 号球向前运动,又会使 $\dfrac{4}{3}\cdot\dfrac{1}{3}v_0$ 一次次向前传递,最终使 2 号小球获得 $\dfrac{4}{3}\cdot\dfrac{1}{3}v_0$,而这时 1 号小球已经有 $\dfrac{4}{3}v_0$ 的速率了,2 号小球再也追不上 1 号小球。传递的过程中,88 号球已经再次静止下来了。

依次类推……每一次 A 与 88 号小球碰撞,都使 A 球的速率变为原来的 $\dfrac{1}{3}$,而 88 号球将获得的速率向前传递到另一个小球,直到 88 号球追不上 87 号球为止。

按照上述分析,可以写出第 i 号小球的最终速率 v_i 为:

$$v_i = \frac{4}{3^i} v_0 \quad (i = 1, 2, 3, \cdots, 88)$$

A 球最终速率 v_{At} 为:

$$v_{At} = \frac{1}{3^{88}} v_0$$

三、斜碰

斜碰撞中,仍称没有能量损失的碰撞为完全弹性碰撞,有能量损失的斜碰仍称为非完全弹性碰撞。

两物体做斜碰时,往往有一个接触面。在有明显的接触面时,可以取出相碰撞的两物体在垂直于接触面方向的速度分量:碰前记为 $v_{10\perp}$、$v_{20\perp}$,碰后记为 $v_{1t\perp}$、$v_{2t\perp}$。这时,斜碰的碰撞恢复系数 e 定义为:

$$e = \left| \frac{v_{1t\perp} - v_{2t\perp}}{v_{20\perp} - v_{10\perp}} \right|$$

我们用几个例子来理解斜碰撞。

例 4.15 质量为 m、速度为 $\vec{v_0}$ 的小球 A 与原来静止且质量为 M 的小球 B 发生弹性碰撞。问:(1)碰撞后小球 B 的速度 $\vec{v_B}$ 与 $\vec{v_0}$ 的夹角最大可能是多少?(2)若 $m = M$,求证 A、B 发生斜碰撞后的运动方向必互相垂直。

解 (1)碰撞过程中,小球 A 对小球 B 施加的力沿 $\vec{v_0}$ 方向的分量必与 $\vec{v_0}$ 同向,故 A 对 B 作用的冲量必使 B 在 $\vec{v_0}$ 方向上获得与 $\vec{v_0}$ 同向的分速度。由此知:$\vec{v_B}$ 与 $\vec{v_0}$ 的夹角不超过 $90°$。

(2)设碰撞后 A 的速度为 $\vec{v_A}$,根据动能守恒和动量守恒,可列出方程:

$$\begin{cases} m\vec{v_0} = m\vec{v_A} + m\vec{v_B} \\ \dfrac{1}{2}m\vec{v_0}^2 = \dfrac{1}{2}m\vec{v_A}^2 + \dfrac{1}{2}m\vec{v_B}^2 \end{cases}$$

上述方程组可化简为:

$$\begin{cases} \vec{v_0} = \vec{v_A} + \vec{v_B} & ① \\ \vec{v_0}^2 = \vec{v_A}^2 + \vec{v_B}^2 & ② \end{cases}$$

将①式平方后与②式相减,可以得到:

$$\vec{v_A} \cdot \vec{v_B} = 0$$

$\vec{v_B} = 0$ 对应着碰撞前的状态;$\vec{v_A} = 0$ 对应着正碰"交换速度"的解;除此之外的情况对应着斜碰,$\vec{v_A}$ 与 $\vec{v_B}$ 的点积为 0,故 $\vec{v_A} \perp \vec{v_B}$。

例 4.16 如图 $4-3-7$ 所示,台阶每级的宽和高均为 s。一小球向下逐级弹跳,每次反弹后,达到的相对本级台阶的最大高度均为 H,每次的下落点均在各级的同一地点。已知小球与台阶碰撞时的恢复系数为 e,忽略空气阻力。求小球的水平速度 $v_{/\!/}$ 和 H。

解 设先后两次撞击台阶的时间间隔为 t,小球与台阶碰撞前竖直

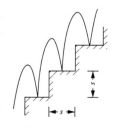

图 $4-3-7$

方向分速度大小为 v_1，小球与台阶碰撞后瞬间竖直方向分速度大小为 v_2。

根据 t 时间内的水平方向运动知：

$$s = v_{/\!/} t \tag{①}$$

根据 t 时间内的竖直方向运动知：

$$v_1 + v_2 = gt \tag{②}$$

$$\frac{v_1^2 - v_2^2}{2g} = s \tag{③}$$

根据碰撞恢复系数 e 知：

$$v_2 - 0 = e(v_1 - 0) \tag{④}$$

根据反弹高度 H 知：

$$v_2^2 = 2gH \tag{⑤}$$

根据①—⑤五式，解得：

$$v_{/\!/} = \sqrt{\frac{(1-e)}{(1+e)} \cdot \frac{gs}{2}}$$

$$H = \frac{e^2}{1 - e^2} s$$

四、多体碰撞例和不能看作质点的物体的碰撞例

再举两个分析非二体碰撞过程细节的例子。

例 4.17 三个球半径相同，质量不同，如图 4-3-8 所示，并排平行悬挂在同样长度的绳子上，彼此相互接触。现把质量为 m_1 的球拉开一段小距离后，再在纸面平面内由静止释放，释放时绳是伸直的。要使碰撞后三个球具有同样的动量，试问 m_2、m_3 应各为多少。

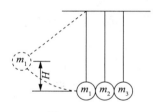

图 4-3-8

解 碰撞过程可以看作球 m_1 先与球 m_2 发生二体正碰，球 m_2 再与球 m_3 发生二体正碰。设球 m_1 与球 m_2 碰撞前的瞬间动量为 $3p$，则碰后球 m_2 应获得动量 $2p$；球 m_2 再与球 m_3 发生碰撞后，球 m_2 和球 m_3 均有 p 的动量。利用动能表达式 $E_k = \dfrac{p^2}{2m}$，分别对两次碰撞列出动能守恒方程：

$$\begin{cases} \dfrac{(3p_0)^2}{2m_1} = \dfrac{(p_0)^2}{2m_1} + \dfrac{(2p_0)^2}{2m_2} \\[2mm] \dfrac{(2p_0)^2}{2m_2} = \dfrac{p_0^2}{2m_2} + \dfrac{p_0^2}{2m_3} \end{cases}$$

约去 p_0 后可以解得：

$$\begin{cases} m_2 = \dfrac{1}{2} m_1 \\[2mm] m_3 = \dfrac{1}{6} m_1 \end{cases}$$

【分析与说明】本题中只能找到动量守恒和机械能守恒这两个方程,若将本题的碰撞过程直接看作三体碰撞,是解不出这三个球的末速度的。解决此类模型中的问题时,只能假设碰撞是在两两小球之间依次发生的,才能解出结果。为验证这种计算方式的正确性,可以用做实验的方式来确定。

19 世纪 60 年代人们制造了"牛顿摆",将 5 个质量相同的小球并排悬挂起来,类似于本题的模型,如图 4 - 3 - 9 所示。当左方小球向右撞击其余四个小球后的瞬间,右方的小球向右飞起了,而其余小球都保持静止。用本题中的假设,两两小球依次发生碰撞时都交换速度,最终将左方小球的速度"传递"给右方小球。这样,就可以很好地解释"牛顿摆"的现象。

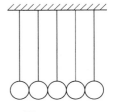

图 4 - 3 - 9

例 4.18 如图 4 - 3 - 10 所示,三个质量都是 m 的刚性小球 A、B、C 位于光滑的水平桌面上,A、B 之间与 B、C 之间分别用刚性轻杆相连,杆与 A、B、C 的各连接处皆为"铰链式"的(不能对小球产生垂直于杆方向的作用力)。已知杆 AB 与 BC 的夹角为 $\pi-\alpha$,$\alpha<\dfrac{\pi}{2}$。DE 为固定在桌面上一块挡板,它与 AB 连线方向垂直。现令 A、B、C 一起以共同的速度 v 沿垂直于 DE 方向向 DE 运动,已知在 C 与挡板碰撞过程中 C 与挡板之间无摩擦力作用,求碰撞时当 C 沿垂直于 DE 方向的速度由 v 变为 0 这一极短时间内挡板对 C 的冲量的大小 I。

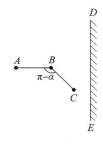

图 4 - 3 - 10

解 B、C 间的杆对 B 或 C 施加的均为沿杆方向的推力,设 B、C 间的杆对 B 或 C 的冲量的大小为 I'。以 v_C 表示 C 此过程末的速度;以 $v_{B/\!/}$ 和 $v_{B\perp}$ 分别表示此过程末 B 沿 DE 方向和垂直 DE 方向的速度分量。

在 DE 方向和垂直 DE 方向对 C 列出动量定理的分量式:

$$I'\sin\alpha=mv_{C/\!/} \qquad\qquad ①$$
$$I-I'\cos\alpha=mv \qquad\qquad ②$$

在 BC 方向对 B 列出动量定理的分量式:

$$I'\sin\alpha=mv_{B/\!/} \qquad\qquad ③$$

由于 A、B 沿 AB 间的杆的方向速度都等于 $v_{B\perp}$,故在 AB 方向对 A、B 整体可以列出动量定理的分量式:

$$-I'\cos\alpha=2mv_{B\perp}-2mv \qquad\qquad ④$$

再由 B、C 沿 BC 间的杆方向的速度分量相等列出方程:

$$v_{C/\!/}\sin\alpha=v_{B\perp}\cos\alpha-v_{B/\!/}\sin\alpha \qquad\qquad ⑤$$

联立①—⑤五式,可解得:

$$I=\frac{3+\sin^2\alpha}{1+3\sin^2\alpha}mv$$

本章习题

1. 将一粗细均匀的长木棒竖直匀速地按入水中，水面宽阔而平静。$t=0$ 时刻，棒刚与水面接触浸入水中。设 $t=n$ s 时刻木棒尚未全部没入水中，忽略表面张力的影响，且水始终是平静的。已知如果在第 1 s 内浮力对木棒的冲量为 I_0，则在第 n s 内和前 n s 内浮力对木棒的冲量大小分别是多少？

2. 如图所示，静止在光滑水平面上的木板，右端有一根轻质弹簧沿水平方向与木板相连，木板质量 $M=3$ kg。木板上左端有一小铁块，铁块质量 $m=1$ kg，以水平初速度 $v_0=4$ m/s 开始沿板面向右滑行，开始时木板是静止的。铁块压缩弹簧后又被弹回，最终恰好停在木板的左端。求上述过程中弹簧具有的最大弹性势能。

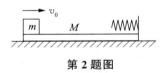

第 2 题图

3. 某人在一艘静止的小船上练习射击，船和人连同枪（不包括子弹）、靶的总质量为 M，枪内装有 n 颗子弹，每颗子弹质量为 m，枪口到靶的距离为 L。子弹射出枪口时相对于地面的速度为 v，子弹射到靶上后停留在靶中。每次发射子弹时，前一颗子弹都已经陷入靶中了。求：在发射完 n 颗子弹后，小船移动的距离。（船在宽阔而平静的水面上，不计水的阻力和空气阻力。）

4. 如图所示，A、B、C 三质点静止放置在光滑水平面上，它们的质量分别为 m_1、m_2 和 m_3，用不可伸长的轻质细绳相连，开始时绳伸直，AB 与 BC 的夹角为 α。在某瞬间沿 BC 方向对 C 施加一个冲量 I，如图所示，试求质点 A 开始运动时的初速度大小 v_0。

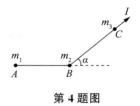

第 4 题图

5. 竖直飞行的炮弹，在自己轨道的最高点炸成三块碎片，质量分别为 $m_1 = 2m$，$m_2 = 3m$，$m_3 = 4m$，它们以相同大小的初速度向各方向飞出。爆炸后经一段时间，质量为 m_1 和 m_2 的碎片相距 L，此时，碎片 m_1 和 m_3 间的距离为多少？（设碎片无一着地，忽略空气阻力，忽略弹药质量。）

6. 在光滑的水平面上平放着质量为 M，半径为 R 的圆环，质量为 m 的甲虫停在环上。如果甲虫沿环爬动，那么甲虫和环中心各沿怎样的轨迹运动？

7. 质量为 m 的小珠子套在质量为 M 的均质大环上，将它们平放在水平桌面上。开始时珠子具有速度 v，大环静止。不计摩擦，求在以后运动过程中珠子的最小动能 $E_{k\min}$。

8. 如图所示，光滑水平面上物块 A 质量 $m_A = 2\ \text{kg}$，物块 B 与物块 C 质量相同：$m_B = m_C = 1\ \text{kg}$。用一轻质弹簧将物块 A 与 B 连接，现在用力使三个物块靠近，A、B 间弹簧被压缩，然后将装置由静止释放。若压缩过程中外力对整个系统做功 72 J，则在释放后的运动过程中：

（1）物块 B 与 C 分离时，B 对 C 做功多少？

（2）当弹簧被拉到最长时，物块 A 和 B 的速度各为多少？

（3）当弹簧被拉到最长后又恢复到原长时，物块 A 和 B 的速度各为多少？

（4）当弹簧再次被压缩到最短而后又伸长到原长时，物块 A 和 B 的速度各为多少？

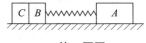

第 8 题图

9. 有三个弹性小球，质量分别为 m_1、m_2 和 m_3，依次静止在一直线上。现使第一个小球获得 v_1 的初速度，沿此直线向 m_2 运动。设三个小球间的碰撞都是完全弹性碰撞。问：第二球质量 m_2 应为何值，才能使第三球最终速度最大？

10. 质量为 m_1，m_2 的物体从 h 高处几乎紧挨在一起下落，如图所示。设开始下落后所有碰撞都是完全弹性碰撞，且物体的运动方向都是竖直的。忽略空气阻力。问：

（1）如果碰撞后 m_2 处于平衡状态，两物体质量之比是多少？

（2）在（1）中，m_1 升起多高？

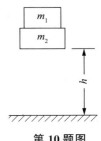

第 10 题图

11. 如图所示,长为 l 的轻质悬线,下端系一质量为 M 的沙袋。开始时沙袋静止。一颗质量为 m 的子弹以速度 v_0 水平射入沙袋并停留在沙袋中。子弹射入沙袋后一起绕绳上端悬挂点摆动,求沙袋的最大摆角 θ。

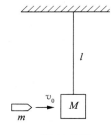

第 11 题图

12. 两个小湿泥球用相同长度的细线悬挂在 O 点,把两个小球都拉到水平位置后,从静止开始释放,如图所示。两球摆动过程中相碰,碰撞后粘在一起运动,碰后两球最高可达 P 处,OP 与竖直方向的夹角为 $60°$,求两个小球的质量之比。

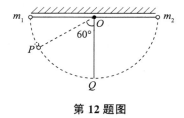

第 12 题图

13. 如图所示,质量为 m 的小球随质量为 M 的甲小车一起以速度 v 做匀速运动,小球静止于小车内,位于小车上半径为 r 的圆弧形槽最低点。运动中甲车与乙车发生完全非弹性碰撞,乙车的质量也为 M。不计摩擦,求:

（1）两车碰撞后小球能上升的最大高度 $h_{\max}$；

（2）两车碰撞后小球第一次回到圆弧形槽最低点时对小车压力 N 多大？

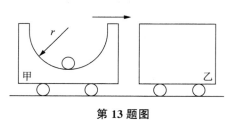

第 13 题图

14. 如图所示,用不可伸长的轻绳跨接在光滑定滑轮两边的两物体质量分别为 m_1 和 m_2,$m_1 > m_2$。开始时,m_1 被维持在离水平面 h 高处,而 m_2 物体在水平面上,图中画出的绳上的两段都是竖直的。无初速释放两物体后,m_1 下落,并与地面完全非弹性碰撞。求 m_1 与地面完全非弹性碰撞后它上升的最大高度是多少?(滑轮离两物体足够远)

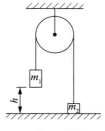

第 14 题图

15. 有两个密度相同的钢球,如图所示,下方钢球的半径为 $2a$,上方钢球的半径为 a。两钢球从静止出发落向水平地面,出发时两球球心的连线方向竖直,两球几乎紧挨在一起,下方钢球的球心距离地面的高度为 h。若所有的碰撞均是弹性的,求:下方钢球与地面碰撞后,上方钢球达到的最大高度是多少?(用球心到地面的距离表示)

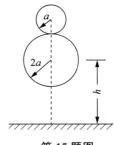

第 15 题图

16. 如图所示,在光滑水平冰面上,有两座可以在冰面上无摩擦滑动的小冰山 A 和 B,它们的质量都是 M。质量为 m 的物体由 A 的 H 高度处由静止滑下(下滑前 A,B 静止),后又滑到 B 上去,若不计一切摩擦,求 m 滑上 B 后能达到的最大高度 H' 为多大。

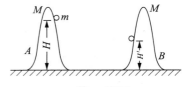

第 16 题图

17. 一质量为 m 的小滑块 A 沿斜坡由静止开始下滑,与一质量为 km 的静止在水平地面上的小滑块 B 发生正碰撞,如图所示。已知两小球间发生的是完全弹性碰撞,不计一切摩擦。为使二者能且只能发生两次碰撞,求 k 的范围。

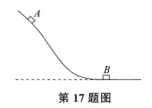

第 17 题图

18. 如图所示,质量分别为 m_1、m_2 的两个小球系在长为 l 的不可伸长的轻绳两端,放置在光滑水平桌面上,初始时绳是拉直的,在桌面上另有一质量为 m_3 的光滑小球,以垂直于绳的速度 u 与小球 m_1 发生对心正碰,若恢复系数为 e,求碰后瞬时绳中的张力大小 T。

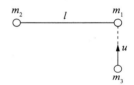

第 18 题图

19. 如图所示,A、B、C 三个质量均为 m 的小球沿一直线排列在光滑水平桌面上,A 球受冲击后以速度 v 向着 B 运动发生对心碰撞,设两两小球之间的恢复系数均为 $e = \dfrac{1}{2}$,求所有碰撞结束后三个球的速度 v_A、v_B、v_C。

第 19 题图

20. 光滑的水平地面上有两个质量分别为 m_1、m_2 的小球 A、B，在与右侧竖直墙垂直的直线上前后放置着，如图所示。设球 B 开始时处于静止状态，球 A 以速度 v 朝着球 B 运动。设系统处处无摩擦，且所有碰撞均无机械能损失。若要求两球能且仅能发生两次碰撞，求它们的质量比 $\dfrac{m_1}{m_2}$ 的取值范围。

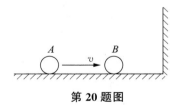

第 20 题图

21. 质量为 M 的物体具有平动动能 E_k，但不转动。某刻物体内的弹簧机构将它分成质量分别为 m_1 和 m_2 的两个物体，两物体分离后均平动，且它们的运动方向都沿与原运动方向成 θ 角的方向上。试证明：弹簧至少已释放出 $E_k \tan^2\theta$ 的势能。

22. 两个相同的小球发生弹性碰撞，如图所示，它们碰撞前速度大小分别为 v_1 和 v_2（且 $v_1 \neq v_2$），碰撞前的速度的夹角为 α。求碰撞后两球最大可能的"分散角" β（β 在图中给出）。

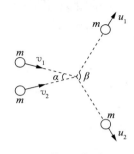

第 22 题图

23. 如图所示，质量足够大的长平板在水平方向上以 v_0 速率朝右匀速运动，板上方 H 高处有一小球从静止出发自由下落并与平板发生碰撞。小球与平板间的滑动摩擦因数为 μ，小球反弹后做斜抛运动。若小球斜抛运动的初速度与水平方向夹角为 α，斜抛运动的最高点距离平板上表面的高度仍为 H，碰撞过程中用外力保持平板做匀速直线运动，试确定 $\tan\alpha$ 与 $\sqrt{H}$ 之间的函数关系。

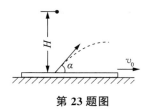

第 23 题图

24. 三个质量分别为 $3m$、$2m$、m 的小球 A、B、C 由两根长度相等的不可伸长的轻质细绳相连，如图所示，整个装置放置在光滑水平桌面上，三个小球正好位于正三角形的三个顶点位置，且细绳正好伸直。现使小球 A 以速度 v_0 沿平行于 BC 的方向运动，求细绳张紧后的瞬间小球 C 的速度大小 v。

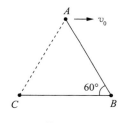

第 24 题图

25. 如图所示，光滑水平面旁有固定不动的光滑墙，在水平面上，由刚性轻杆连接两个很小的重球组成哑铃以速度 v_0 沿垂直于墙的方向平动，并且"哑铃"的轴与墙面成 $45°$ 的角。两球质量相等。试确定：当哑铃与墙不再发生弹性碰撞后哑铃的运动模式。

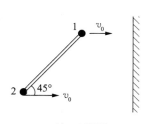

第 25 题图

26. 如图所示,两根长度均为 l 的刚性轻质细杆,一端用质量为 m 的小球形铰链相连,两杆另一端分别安装质量为 m 和 $2m$ 的小球。开始时两杆几乎紧挨在一起,铰链在另两球正上方,整个装置竖直放置在光滑桌面上。将装置由静止释放后,下方两球开始向两边滑动,两杆始终保持在同一铅垂面内。忽略所有摩擦,试求:(1)铰链球碰桌面时的速度 u;(2)当两杆夹 90°角时,质量为 $2m$ 的小球的速度 v。

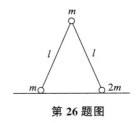

第 26 题图

27. 光滑水平桌面上放有两副相同的哑铃,哑铃由两个相同的光滑弹性球用刚性轻杆相连而成,球的半径均为 R,两球球心之间的距离为 $L=2\sqrt{3}R$,刚性轻质细杆的两端分别固定于两球球心。现在一副哑铃以速度 v 向另一副哑铃运动,如图所示,两哑铃第一次接触时,4 个弹性球中的两个发生对心碰撞。设弹性球间的碰撞都是完全弹性碰撞,问:最终两副哑铃将如何运动?

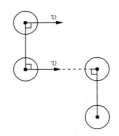

第 27 题图

28. 一个光滑直槽长为 L,固定在水平面上,直槽两端有固定的竖直挡板,槽内有两个质量相同的光滑小球。设水平向右为 x 轴正方向,$t=0$ 时刻,小球 1 位于 $x=0$ 处,速度为 v,运动方向向右;小球 2 位于 $x=L$ 处,速度为 $2v$,运动方向向左,如图所示。小球间的碰撞是完全弹性的,而且小球每次与槽壁碰撞都使小球的速度大小减为碰撞前的二分之一。问:在哪些时间段内两小球的速度大小、方向相同? 速度大小为多少?

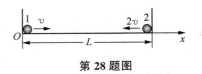

第 28 题图

第五章　角动量和刚体

　　本章知识较难,在全国中学生物理竞赛的预赛和复赛阶段中考查不多,初读者可以选看。本章第一节是面向中学生的必要数学基础的补充,后三节是物理内容。

　　一本好书的各章节内容应当是难度相当的,故不宜使本章比其他章节难太多,故后三节以基础知识为主,保证讲述完整、逻辑清晰、推导严格,但例题、习题和模型分析从简。

第一节　矢量的叉乘

　　对任意一个矢量,只需要确定其模和其方向,就能将矢量完全确定下来。

　　现取任意矢量 $\vec{a}$、$\vec{b}$,记它们的模为 $|\vec{a}|$、$|\vec{b}|$,记它们的夹角为 θ。

　　定义矢量 $\vec{c}$,使矢量 $\vec{c}$ 的模 $|\vec{c}|$ 为:

$$|\vec{c}| = |\vec{a}| \cdot |\vec{b}| \cdot \sin\theta \tag{5.1.1}$$

　　且矢量 $\vec{c}$ 的方向用**右手螺旋定则**确定。右手螺旋定则是指:将矢量 $\vec{a}$、$\vec{b}$ 的起点置于同一点。如图 5-1-1 所示,先将**右手摊开**,四指并拢,使大拇指与四指垂直并处于同一平面上。然后用四指指向矢量 $\vec{a}$ 方向,使四指能沿 θ 角内转向 $\vec{b}$,如图 5-1-2 和图 5-1-3 所示,这时大拇指所指的方向定义为矢量 $\vec{c}$ 的方向,如图 5-1-4 所示。

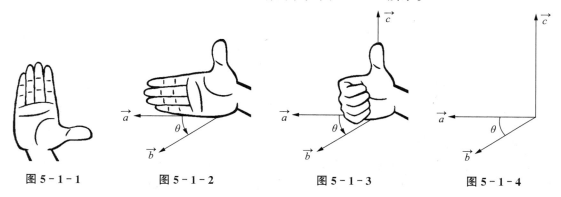

图 5-1-1　　　　　　　图 5-1-2　　　　　　　图 5-1-3　　　　　　　图 5-1-4

　　注意,当"矢量 $\vec{a}$、$\vec{b}$ 平行"或"矢量 $\vec{a}$、$\vec{b}$ 中的任意一个为 $\vec{0}$"时,右手螺旋定则是失效的,但此时矢量 $\vec{c}$ 的模 $|\vec{c}|=0$,故矢量 $\vec{c}$ 亦为 $\vec{0}$,不必关心矢量 $\vec{c}$ 的方向问题。

　　由此,可以用矢量 $\vec{a}$、$\vec{b}$ 确定矢量 $\vec{c}$。将这个确定矢量 $\vec{c}$ 的运算过程记为:

$$\vec{c} = \vec{a} \times \vec{b} \tag{5.1.2}$$

　　其中"×"是运算符号,称"×"运算为**矢量的叉乘**。矢量 $\vec{c}$ 称为矢量 $\vec{a}$、$\vec{b}$ 的**矢积**,也称**叉积**、**外积**或**向量积**。

　　总之,当符号"×"写在两矢量 $\vec{a}$、$\vec{b}$ 之间时,表示对矢量 $\vec{a}$、$\vec{b}$ 进行叉乘运算。注意,矢量的叉乘的运算符号"×"在书写时不能省略。

　　接下来,我们列举 10 条关于矢量的叉乘的基本性质,并简证之。

性质① 对任意不等于 $\vec{0}$ 的矢量 $\vec{c}=\vec{a}\times\vec{b}$，有：$\vec{c}\perp\vec{a}$，$\vec{c}\perp\vec{b}$。如果矢量 $\vec{a}$、$\vec{b}$ 共面于 α，则矢量 $\vec{c}$ 亦垂直于面 α。

证明： 根据右手螺旋定则易知。

性质② 对于任意的标量 λ 和矢量 $\vec{a}$、$\vec{b}$，有：

$$\lambda(\vec{a}\times\vec{b})=(\lambda\vec{a})\times\vec{b}=\vec{a}\times(\lambda\vec{b}) \tag{5.1.3}$$

证明：(5.1.3)式中的三种运算方式都包含标量 λ 与一个矢量的数乘。由于数乘不改变矢量的方向，根据叉乘的定义比较上述三种运算结果的模和方向，容易证明它们是相等的。类似地，$(\vec{a}\times\vec{b})\lambda=(\vec{a}\lambda)\times\vec{b}=\vec{a}\times(\vec{b}\lambda)$，与它们也是相同的。

(5.1.3)式显示了数乘和叉乘的混合积的性质，由于这些写法的结果都是相同的，所以一般书写时不将括号写出，将其运算记为：$\lambda\vec{a}\times\vec{b}$ 或 $\vec{a}\times\lambda\vec{b}$。特别地，当 $\lambda=-1$ 时，记为 $-\vec{a}\times\vec{b}$。

性质③ 对于任意的矢量 $\vec{a}$、$\vec{b}$，有：

$$\vec{a}\times\vec{b}=-\vec{b}\times\vec{a} \tag{5.1.4}$$

即矢量的叉乘不满足"乘法交换律"，而满足"**乘法反交换律**"。

证明： 根据矢量的叉乘的定义易知。

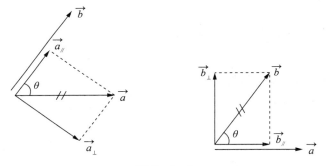

图 5-1-5

性质④ 对于任意的矢量 $\vec{c}=\vec{a}\times\vec{b}$，将矢量 $\vec{a}$ 分解为平行于 $\vec{b}$ 方向的分量 $\vec{a}_{/\!/}$ 和垂直于 $\vec{b}$ 的方向上的分量 $\vec{a}_\perp$，将矢量 $\vec{b}$ 分解为平行于 $\vec{a}$ 方向的分量 $\vec{b}_{/\!/}$ 和垂直于 $\vec{a}$ 的方向上的分量 $\vec{b}_\perp$，如图 5-1-5 所示。则矢量 $\vec{c}$ 的模 $|\vec{c}|$ 可表示为：

$$|\vec{c}|=|\vec{a}_\perp|\cdot|\vec{b}|=|\vec{a}|\cdot|\vec{b}_\perp| \tag{5.1.5}$$

而矢量 $\vec{c}$ 可以表示为：

$$\vec{c}=\vec{a}_\perp\times\vec{b}=\vec{a}\times\vec{b}_\perp \tag{5.1.6}$$

证明： 由图 5-1-5 的几何关系知：$|\vec{a}_\perp|=|\vec{a}|\cdot\sin\theta$，$|\vec{b}_\perp|=|\vec{b}|\cdot\sin\theta$，故有：

$$|\vec{c}|=|\vec{a}|\cdot|\vec{b}|\cdot\sin\theta=|\vec{a}_\perp|\cdot|\vec{b}|=|\vec{a}|\cdot|\vec{b}_\perp| \tag{5.1.7}$$

(5.1.5)式得证。而 $\vec{a}_\perp$ 与 $\vec{b}$ 垂直，故它们的夹角 $\beta=90°$，故 $|\vec{a}_\perp\times\vec{b}|=|\vec{a}_\perp|\cdot|\vec{b}|\cdot\sin\beta=|\vec{a}_\perp|\cdot|\vec{b}|=|\vec{c}|$，再比较 $\vec{a}_\perp\times\vec{b}$ 与 $\vec{c}$ 的方向，知：$\vec{c}=\vec{a}_\perp\times\vec{b}$。同理可证 $\vec{c}=\vec{a}\times\vec{b}_\perp$。

性质⑤ 矢量的叉乘满足"**乘法分配律**"，即对任意矢量 $\vec{a}$、$\vec{b}$、$\vec{c}$ 有：

$$\begin{cases} \vec{a} \times (\vec{b} + \vec{c}) = \vec{a} \times \vec{b} + \vec{a} \times \vec{c} & (5.1.8) \\ (\vec{a} + \vec{b}) \times \vec{c} = \vec{a} \times \vec{c} + \vec{b} \times \vec{c} & (5.1.9) \end{cases}$$

证明:记矢量 $\vec{b}$ 在垂直于矢量 $\vec{a}$ 的方向上的分量为 $\vec{b}_\perp$，矢量 $\vec{c}$ 在垂直于矢量 $\vec{a}$ 的方向上的分量为 $\vec{c}_\perp$，矢量 $(\vec{b} + \vec{c})$ 在垂直于矢量 $\vec{a}$ 的方向上的分量为 $(\vec{b} + \vec{c})_\perp$。容易验证:

$$(\vec{b} + \vec{c})_\perp = \vec{b}_\perp + \vec{c}_\perp \tag{5.1.10}$$

反复利用(5.1.10)式和性质④，可以证明(5.1.8)式:

$$\vec{a} \times (\vec{b} + \vec{c}) = \vec{a} \times (\vec{b} + \vec{c})_\perp = \vec{a} \times (\vec{b}_\perp + \vec{c}_\perp) = \vec{a} \times \vec{b}_\perp + \vec{a} \times \vec{c}_\perp = \vec{a} \times \vec{b} + \vec{a} \times \vec{c}$$

$$\tag{5.1.11}$$

同理可证(5.1.9)式。

性质⑥ 对于任意的矢量 $\vec{c} = \vec{a} \times \vec{b}$，如果已知矢量 $\vec{a}$ 和矢量 $\vec{c}$，不能求出矢量 $\vec{b}$。这也就是说:矢量的叉乘没有逆运算，也不能通过矢量的叉乘定义"矢量的除法"。

证明:取 2 个不同的矢量 $\vec{b}_1$、$\vec{b}_2$，使它们在垂直于 $\vec{a}$ 的方向上的分量 $\vec{b}_{1\perp}$ 和 $\vec{b}_{2\perp}$ 相等，则有:

$$\vec{a} \times \vec{b}_1 = \vec{a} \times \vec{b}_{1\perp} = \vec{a} \times \vec{b}_{2\perp} = \vec{a} \times \vec{b}_2 \tag{5.1.12}$$

故 $\vec{a} \times \vec{b}_1$ 和 $\vec{a} \times \vec{b}_2$ 的运算结果 $\vec{c}$ 是相同的。这也就是说,同一个运算结果 $\vec{c}$ 可以对应不同的矢量 $\vec{b}$($\vec{b}_1$ 和 $\vec{b}_2$),于是仅知道矢量 $\vec{a}$ 和矢量 $\vec{c}$,不能确定出矢量 $\vec{b}$。

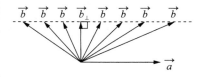

事实上,知道矢量 $\vec{a}$ 和矢量 $\vec{c}$,则可以确定矢量 $\vec{b}$ 在垂直于 $\vec{a}$ 的方向上的分量 $\vec{b}_\perp$,而如图 $5-1-6$ 所示,矢量 $\vec{a}$ 叉乘所有图中的 $\vec{b}$ 的结果都是相等的。

图 5-1-6

性质⑦ 矢量的叉乘不满足**"乘法结合律"**,即:对于任意矢量 $\vec{a}$、$\vec{b}$、$\vec{c}$,一般来说:

$$(\vec{a} \times \vec{b}) \times \vec{c} \neq \vec{a} \times (\vec{b} \times \vec{c}) \tag{5.1.13}$$

证明:根据矢量的叉乘的方向,可以简单判断到(5.1.13)式左右两边不一定同向,故(5.1.13)式左右两边不可能永远相等。

更一般地,矢量的叉乘满足**雅可比恒等式**:

$$\vec{a} \times (\vec{b} \times \vec{c}) + \vec{b} \times (\vec{c} \times \vec{a}) + \vec{c} \times (\vec{a} \times \vec{b}) = \vec{0} \tag{5.1.14}$$

利用(5.1.14),(5.1.13)式的两边的关系可以表示为:

$$\vec{a} \times (\vec{b} \times \vec{c}) = (\vec{a} \times \vec{b}) \times \vec{c} - \vec{b} \times (\vec{c} \times \vec{a}) \tag{5.1.15}$$

当且仅当 $\vec{b} \times (\vec{c} \times \vec{a}) = \vec{0}$ 时,(5.1.13)式的两边才相等。

性质⑧ 对任意矢量 $\vec{a}$ 有:$\vec{a} \times \vec{a} = \vec{0}$。

证明:矢量 $\vec{a}$ 与自己的夹角为 0,$\sin 0 = 0$,故矢积的模为 0,矢积为 $\vec{0}$。

性质⑨ 在矢量 $\vec{a}$、$\vec{b}$ 的模确定时,矢量 $\vec{a}$、$\vec{b}$ 的夹角 θ 越接近 $90°$,$\vec{c} = \vec{a} \times \vec{b}$ 越大;夹角 θ 与 $90°$ 相差越大,$\vec{c} = \vec{a} \times \vec{b}$ 越小。特别地,当 $\vec{a} \perp \vec{b}$ 时,$\theta = 90°$,$\vec{c} = \vec{a} \times \vec{b}$ 取最大值;当 $\vec{a} /\!/ \vec{b}$ 时,$\theta = 0$ 或 $180°$,$\vec{c} = \vec{a} \times \vec{b} = \vec{0}$。

证明:以矢积的模的定义易知。

性质⑩ 在空间直角坐标系 $O-xyz$ 中($O-xyz$ 为右手系*),x、y、z 正方向上的单位矢量分别记为 $\vec{i}$、$\vec{j}$、$\vec{k}$。对任意矢量 $\vec{a}(a_x, a_y, a_z)$ 和矢量 $\vec{b}(b_x, b_y, b_z)$,矢积 $\vec{c} = \vec{a} \times \vec{b}$ 可以

表示为：

$$\vec{c}=(a_yb_z-a_zb_y)\vec{i}+(a_zb_x-a_xb_z)\vec{j}+(a_xb_y-a_yb_x)\vec{k} \tag{5.1.16}$$

其中，矢量 $\vec{c}(c_x,c_y,c_z)$ 的分量为：

$$\begin{cases} c_x=a_yb_z-a_zb_y \\ c_y=a_zb_x-a_xb_z \\ c_z=a_xb_y-a_yb_x \end{cases} \tag{5.1.17}$$

为了记忆方便，也可以用行列式将矢量 $\vec{c}$ 式记为：

$$\vec{c}=\begin{vmatrix} \vec{i} & \vec{j} & \vec{k} \\ a_x & a_y & a_z \\ b_x & b_y & b_z \end{vmatrix} \tag{5.1.18}$$

证明： 只需证明(5.1.16)式即可。在右手系中，有：

$$\begin{cases} \vec{i}\times\vec{i}=\vec{0} \\ \vec{j}\times\vec{j}=\vec{0} \\ \vec{k}\times\vec{k}=\vec{0} \end{cases} 和 \begin{cases} \vec{i}\times\vec{j}=\vec{k} \\ \vec{j}\times\vec{k}=\vec{i} \\ \vec{k}\times\vec{i}=\vec{j} \end{cases} 和 \begin{cases} \vec{j}\times\vec{i}=-\vec{k} \\ \vec{k}\times\vec{j}=-\vec{i} \\ \vec{i}\times\vec{k}=-\vec{j} \end{cases} \tag{5.1.19}$$

利用上述性质和乘法分配律，有：

$$\begin{aligned} \vec{c} &=(a_x\vec{i}+a_y\vec{j}+a_z\vec{k})\times(b_x\vec{i}+b_y\vec{j}+b_z\vec{k}) \\ &=a_x\vec{i}\times(b_x\vec{i}+b_y\vec{j}+b_z\vec{k}) \\ &\quad+a_y\vec{j}\times(b_x\vec{i}+b_y\vec{j}+b_z\vec{k}) \\ &\quad+a_z\vec{k}\times(b_x\vec{i}+b_y\vec{j}+b_z\vec{k}) \\ &=(a_yb_z-a_zb_y)\vec{i}+(a_zb_x-a_xb_z)\vec{j}+(a_xb_y-a_yb_x)\vec{k} \end{aligned} \tag{5.1.20}$$

性质⑩成立！

注：右手系是指满足(5.1.19)式的空间直角坐标系。

第二节　角动量定理

本节简单介绍有关力矩和角动量的知识。

一、力矩

对任意点 O 和任意力 $\vec{F}$，设 $\vec{F}$ 的作用点为 A，定义：

$$\vec{M}=\overrightarrow{OA}\times\vec{F} \tag{5.2.1}$$

称 O 为 $\vec{M}$ 的**参考点**，称 $\vec{M}$ 为力 $\vec{F}$ 相对于参考点 O 的**力矩**。力矩是矢量，力矩的常用单位是 N・m。

根据矢量的叉乘的性质知道，$\overrightarrow{OA}$ 和 $\vec{F}$ 同向或反向时，力 $\vec{F}$ 的力矩 $\vec{M}=\vec{0}$。这也就是说，力 $\vec{F}$ 指向参考点 O 或背离参考点 O 时，力矩 $\vec{M}=\vec{0}$。特别地，有心力相对于力心的力矩为 $\vec{0}$。

若将一个作用点在点 A 的力 $\vec{F}$ 分解为 n 个分力 $\vec{F}_1$、$\vec{F}_2$、$\vec{F}_3$、$\cdots$、$\vec{F}_n$，每个分力的作用点都在力 $\vec{F}$ 的作用点上，则有：

$$\vec{M}_F = \overrightarrow{OA} \times \vec{F}$$
$$= \overrightarrow{OA} \times (\vec{F}_1 + \vec{F}_2 + \vec{F}_3 \cdots + \vec{F}_n) \tag{5.2.2}$$
$$= \overrightarrow{OA} \times \vec{F}_1 + \overrightarrow{OA} \times \vec{F}_2 + \cdots + \overrightarrow{OA} \times \vec{F}_n$$
$$= \vec{M}_1 + \vec{M}_2 + \cdots + \vec{M}_n$$

(5.2.2)式告诉我们,只要不变更作用点,就可以将合力 $\vec{F}$ 的力矩 $\vec{M}_F$ 分解为各个分力 $\vec{F}_i$ 的力矩 $\vec{M}_i$ 的和;反之,如果有几个力的作用点在同一点上,在合成这几个力时,也可以将它们的力矩直接合成起来。这个性质非常重要。

质点受力的作用点就在质点所在位点上,所以质点所受合外力的力矩总是等于质点受到的所有外力的力矩之和。

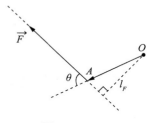

过参考点 O 作力 $\vec{F}$ 所在直线的垂线段,称此垂线段的长度 l_F 为力 $\vec{F}$ 相对于参考点 O 的**力臂**,如图 5-2-1 所示。显然,$\overrightarrow{OA}$ 在垂直于力 $\vec{F}$ 方向上的分量大小为 l_F,根据矢量的叉乘的性质 (5.1.5)式,力矩 $\vec{M}$ 的大小为:

$$|\vec{M}| = |\vec{F}| \cdot l_F \tag{5.2.3}$$

图 5-2-1

处理力矩时,经常将某个力 $\vec{F}$ 分解为径向分力 $\vec{F}_r$ 和切向分力 $\vec{F}_\tau$。径向分力 $\vec{F}_r$ 所在直线通过参考点 O,其力矩为 $\vec{0}$。故 $\vec{F}$ 的力矩与切向分力 $\vec{F}_\tau$ 的力矩相同。

考虑任意一对作用力和反作用力 $\vec{F}_{12}$、$\vec{F}_{21}$,如图 5-2-2 所示。由于 $\vec{F}_{12}$、$\vec{F}_{21}$ 共线,故它们对任意一个参考点 O 的力臂 $l_{F_{12}}$、$l_{F_{21}}$ 都是相等的。$\vec{F}_{12}$、$\vec{F}_{21}$ 又是等大反向的,故利用力矩的定义和(5.2.3)式容易知道,$\vec{F}_{12}$、$\vec{F}_{21}$ 对任意一个参考点 O 的力矩 $\vec{M}_{F_{12}}$、$\vec{M}_{F_{21}}$ 都是等大反向的。换句话说,任意一对作用力和反作用力 $\vec{F}_{12}$、$\vec{F}_{21}$ 相对于任意一个参考点的力矩之和等于 $\vec{0}$,即:

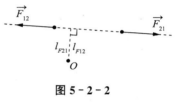

图 5-2-2

$$\vec{M}_{F_{12}} + \vec{M}_{F_{21}} = \vec{0} \tag{5.2.4}$$

应当注意,力矩与参考点 O 的选取有关。在考察多个力的力矩时,如果要将它们相加,应对同一个参考点 O 计算力矩。

二、冲量矩

考察任意一个力 $\vec{F}$,设力 $\vec{F}$ 的作用点为点 A,力 $\vec{F}$ 和点 A 随时间变化。

任意一段时间 t 都可以分割为无数段趋向于 0 的时间段 $\Delta t_1, \Delta t_2, \Delta t_3, \cdots, \Delta t_n (n \to \infty)$。每一段 $\Delta t_i (i = 1, 2, 3, \cdots, n)$ 内力 $\vec{F}$ 都可以看作恒力,作用点 A 也可看作几乎没发生变化。在 $\Delta t_i (i = 1, 2, 3, \cdots, n)$ 时间内,力 $\vec{F}$ 的冲量 $\vec{I}_i = \vec{F} \cdot \Delta t_i$,力 $\vec{F}$ 对参考点 O 的力矩 $\vec{M}_i = \overrightarrow{OA} \times \vec{F}$。

定义:

$$\vec{H}_i = \overrightarrow{OA} \times \vec{I}_i = \overrightarrow{OA} \times \vec{F} \cdot \Delta t_i = \vec{M}_i \cdot \Delta t_i \tag{5.2.5}$$

称 $\vec{H}_i$ 为 Δt_i 时间段内,力 $\vec{F}$ 对于参考点 O 的**冲量矩**。对于整段 t 时间段,又定义:

$$\vec{H} = \sum_{i=1}^{m} \vec{H}_i = \sum_{i=1}^{m} \vec{M}_i \cdot \Delta t_i \tag{5.2.6}$$

称 $\vec{H}$ 为 t 时间段内,力 $\vec{F}$ 对于参考点 O 的**冲量矩**。

通过表达式 $\vec{H}_i=\vec{M}_i\cdot\Delta t_i$ 知道:在同一段时间内,对任意参考点,一对作用力和反作用力的冲量矩之和均为 $\vec{0}$。

现在,考查任一质点 B 对于参考点 O 受到的冲量矩。设质点 B 共受到 n 个外力 $\vec{F}_1$,$\vec{F}_2$,$\vec{F}_3$,$\cdots$,$\vec{F}_n$ 的作用,则这些外力的作用点均为点 B。则在趋向于 0 的 Δt 时间段中,质点 B 受到的外力的冲量矩之和 $\Sigma\vec{H}$ 为:

$$\Sigma\vec{H}=\sum_{i=1}^{n}\vec{H}_{F_i}=\sum_{i=1}^{n}\overrightarrow{OB}\times\vec{F}_i\cdot\Delta t=\overrightarrow{OB}\times\Sigma\vec{F}\cdot\Delta t_i=\vec{H}_{\Sigma F} \qquad (5.2.7)$$

(5.2.7)式中:第二个等号之所以成立,是因为在趋向于 0 的 Δt 时间段中质点 B 的位置可视为几乎不动的;第三个等号之所以成立,是因为所有力的作用点均为同一个点,这个等号利用到了乘法分配律。

(5.2.7)式告诉我们,对于任意一个质点 B 来说,质点 B 受到合外力 $\Sigma\vec{F}$ 的冲量矩 $\vec{H}_{\Sigma F}$ 等于外力冲量矩的和 $\Sigma\vec{H}$。今后提到质点所受的合外冲量矩,无论采用哪种算法,不妨均记为 $\Sigma\vec{H}$。

三、质点的角动量和质点的角动量定理

对任意质点 B,令 B 的速度为 $\vec{v}$,动量 $\vec{p}=m\vec{v}$,速率为 v。

与力矩的定义类似,对参考点 O,定义:

$$\vec{L}=\overrightarrow{OB}\times\vec{p}=\overrightarrow{OB}\times m\vec{v} \qquad (5.2.8)$$

称 $\vec{L}$ 为质点 B 相对于参考点 O 的**角动量**,或**动量矩**。记 $|\overrightarrow{OB}|=r$,$\overrightarrow{OB}$ 与动量 $\vec{p}$ 的夹角为 θ,称 $\overrightarrow{OB}$ 在垂直于动量 $\vec{p}$ 方向上的分量大小 l_p 为**动量臂**。则:

$$|\vec{L}|=|\vec{p}|\Delta l_p=mv\Delta l_p=mvr\sin\theta \qquad (5.2.9)$$

对于任意质点 B,在一段趋向于 0 的时间段 Δt 内都有动量定理 $\Sigma\vec{I}=\Sigma\vec{F}\cdot\Delta t=\Delta\vec{p}$ 成立。动量定理表达式左叉乘 $\overrightarrow{OB}$ 得:

$$\overrightarrow{OB}\times\Sigma\vec{I}=\overrightarrow{OB}\times\Sigma\vec{F}\cdot\Delta t=\overrightarrow{OB}\times\Delta\vec{p}=\Delta(\overrightarrow{OB}\times\vec{p}) \qquad (5.2.10)$$

根据冲量矩、力矩、质点的角动量的定义,(5.2.10)式可写作:

$$\Sigma\vec{H}=\Sigma\vec{M}\cdot\Delta t=\Delta\vec{L} \qquad (5.2.11)$$

或表示为:

$$\begin{cases} \Sigma\vec{M}=\dfrac{\Delta\vec{L}}{\Delta t}\Big|_{\Delta t\to 0} & (5.2.12) \\[2mm] \Sigma\vec{H}=\Delta\vec{L} & (5.2.13) \end{cases}$$

(5.2.12)式表明:**质点所受的合外力矩 $\Sigma\vec{M}$ 等于角动量 $\vec{L}$ 的变化率**,此结论称为**质点的角动量定理**。

(5.2.13)式表明,对任意一个趋向于 0 的时间段 Δt 内,质点所受合外冲量矩 $\Sigma\vec{H}$ 都等于角动量的增量 $\Delta\vec{L}$。由此知道,任意一段时间 t 内,也满足**质点所受合外冲量矩 $\Sigma\vec{H}$ 等于角动量的增量 $\Delta\vec{L}$**。

四、质点系的角动量和角动量定理

考察由 n 个质点 D_1,D_2,D_3,$\cdots$,D_n 组成的任意质点系,对任一参考点 O,取每个质点

的角动量 $\vec{L_i} = \overrightarrow{OD_i} \times \vec{P_i} = \overrightarrow{OD_i} \times m\vec{v_i}$，定义：

$$\vec{L}_{系} = \sum_{i=1}^{n} \vec{L_i} = \sum_{i=1}^{n} \overrightarrow{OD_i} \times \vec{P_i} = \sum_{i=1}^{n} \overrightarrow{OD_i} \times m\vec{v_i} \tag{5.2.14}$$

称 $\vec{L}_{系}$ 为质点系相对于参考点 O 的**角动量**，或**动量矩**。

质点系受到的所有力可以分为外力和内力，质点系受到的所有力的力矩也可以分为外力的力矩和内力的力矩。将系统内每个质点的角动量定理表达式相加，得：

$$\Sigma \vec{M}_{外} + \Sigma \vec{M}_{内} = \left(\frac{\Delta\vec{L}_1}{\Delta t} + \frac{\Delta\vec{L}_2}{\Delta t} + \cdots + \frac{\Delta\vec{L}_n}{\Delta t}\right)\bigg|_{\Delta t \to 0} = \frac{\Delta\vec{L}_{系}}{\Delta t}\bigg|_{\Delta t \to 0} \tag{5.2.15}$$

其中，$\Sigma\vec{M}_{外}$ 是质点系所受所有外力力矩的和，$\Sigma\vec{M}_{内}$ 是质点系所受所有内力力矩的和。内力是质点系内质点之间的相互作用，内力总可以分为一对作用力和反作用力，故内力力矩也可以分为一对对作用力和反作用力的力矩，而作用力和反作用力的力矩之和为 $\vec{0}$，故 $\Sigma\vec{M}_{内}$ 必为 $\vec{0}$。于是(5.2.15)式成为：

$$\Sigma\vec{M}_{外} = \frac{\Delta\vec{L}_{系}}{\Delta t}\bigg|_{\Delta t \to 0} \tag{5.2.16}$$

(5.2.16)式表示：质点系所受的合外力矩 $\Sigma\vec{M}_{外}$ 等于质点系 $\vec{L}_{系}$ 的角动量的变化率。此结论称为**质点系的角动量定理**。

质点的角动量定理(5.2.12)式与质点系的角动量定理(5.2.16)式形式和物理意义相仿，统称为**角动量定理**。

类似地，质点系所受外力的冲量矩之和 $\Sigma\vec{H}$ 等于质点系的角动量 $\vec{L}_{系}$ 的增量。

五、角动量守恒定律

从角动量定理知道：合外力矩 $\Sigma\vec{M} = \vec{0}$ 时，角动量 $\vec{L}$ 守恒。这个结论称为**角动量守恒定律**。这里列举一些经典的合外力矩为 $\vec{0}$ 的情况：

1. 质点或质点系不受合外力；

2. 质点或质点系受到的所有外力的作用线都过参考点 O；

3. 质点受到的合外力在质点与参考点 O 的连线方向上；

4. 合外力矩恰等于 $\vec{0}$。

第 2 种情况中的外力常被称为**有心力**，这时，称质点或质点系处于**有心力场**中，称参考点 O 为**力心**。常见的有心力有：质点或球形天体提供的万有引力、一端固定的轻绳的拉力、一端固定的轻弹簧的弹力、点电荷提供的电场力等。

例 5.1 质量分别为 M 和 m 的两小球 A、B 系于原长为 L、劲度系数为 k 的弹簧的两端，并放在光滑水平桌面上，开始时两球静止且弹簧处于原长。现使小球 A 获得一与弹簧垂直的速度 $v_0 = 3L\sqrt{\dfrac{k(m+M)}{2mM}}$，求：在以后的运动过程中，两物体之间的最大距离 d。

解 B 参照系是非惯性参照系，今在 B 参照系中考察 A 的运动，应取 A 的质量为约化质量 $\mu = \dfrac{mM}{m+M}$。A 到达距 B 的距离最大前，应在远离 B；A 到达距 B 的距离最大后，应在接近 B。故 A 到达距 B 最远的时刻，是 A 远离 B 和接近 B 间的临界状态，此瞬间 A 的速度 v 应没有径向的分量，即 $\vec{v} \perp \overrightarrow{BA}$。

由于弹簧对 A 的弹力始终指向 B，故 A 的角动量守恒，即：

$$\mu v_0 L = \mu v d \qquad \text{①}$$

由 A、B 和弹簧组成的系统的机械能也守恒，有：

$$\frac{1}{2}\mu v_0^2 = \frac{1}{2}\mu v^2 + \frac{1}{2}k(d-L)^2 \qquad \text{②}$$

将 $v_0 = 3L\sqrt{\dfrac{k(m+M)}{2mM}}$，$\mu = \dfrac{mM}{m+M}$ 代入①②两式，解得：

$$d = 3L$$

六、质点的力矩和角动量的分量、平面运动的情况

用空间直角坐标系来研究质点 B 的运动，不妨以参考点 O 为原点建立右手系 $O-xyz$，x、y、z 正方向上的单位矢量分别记为 $\vec{i}$、$\vec{j}$、$\vec{k}$。

质点 B 的角动量 $\vec{L}$ 和受到的合外力矩 $\Sigma\vec{M}$ 为：

$$\vec{L} = \overrightarrow{OB} \times m\vec{v} \qquad (5.2.17)$$

$$\Sigma\vec{M} = \sum_{i=1}^{n}\overrightarrow{OB} \times \vec{F}_i = \overrightarrow{OB} \times \Sigma\vec{F} \qquad (5.2.18)$$

考察角动量定理在 z 方向的分量形式：

$$\Sigma\vec{M}_z = \frac{\Delta\vec{L}_z}{\Delta t} \qquad (5.2.19)$$

设质点 B 受到的合外力为 $\Sigma\vec{F}(F_x, F_y, F_z)$，质点 B 的速度为 $\vec{v}(v_x, v_y, v_z)$，记点 B 的坐标为 (x, y, z)。根据矢积的分量式(5.1.17)式，可写出 $\Sigma\vec{M}_z$ 和 $\vec{L}_z$ 的表达形式：

$$\Sigma\vec{M}_z = (x \cdot F_y - y \cdot F_x)\vec{k} \qquad (5.2.20)$$

$$\vec{L}_z = (x \cdot mv_y - y \cdot mv_x)\vec{k} \qquad (5.2.21)$$

结合(5.2.19)式、(5.2.20)式和(5.2.21)式得：

$$x \cdot F_y - y \cdot F_x = \frac{\Delta(x \cdot mv_y - y \cdot mv_x)}{\Delta t} \qquad (5.2.22)$$

可以看到，在 z 方向上的角动量定理，只与 xOy 平面方向的物理量有关。

如图 $5-2-3$ 所示，图中画出了过 B 而垂直于 z 轴的平面。图示平面是平行于 xOy 平面的，图中给出了 x 轴正方向和 y 轴正方向。过点 $B(x,y,z)$ 作 z 轴的垂线交 z 轴于 $H(0,0,z)$，易知矢量 $\overrightarrow{HB}$ 的坐标表示为 $\overrightarrow{HB}(x,y,0)$。记合外力 $\Sigma\vec{F}$ 在 xOy 平面方向上的投影分量为 $\Sigma\vec{F}_{xy}(F_x,F_y,0)$；速度 $\vec{v}$ 在 xOy 平面方向上的分量为 $\vec{v}_{xy}(v_x,v_y,0)$。将 $\overrightarrow{OB}_{xy}$、$\Sigma\vec{F}_{xy}$、$\vec{v}_{xy}$ 的坐标与(5.2.20)式和(5.2.21)式对比，有：

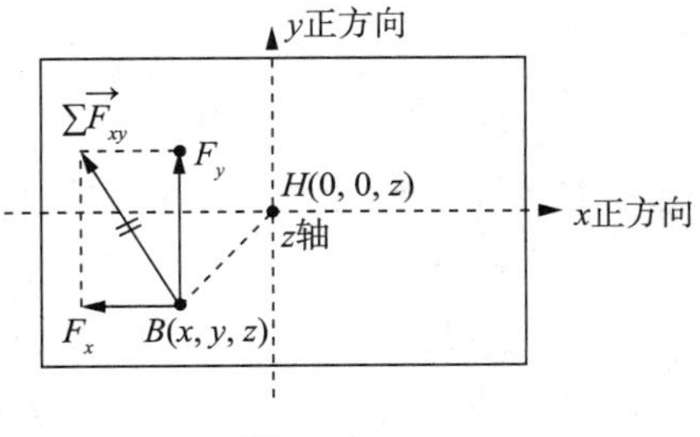

图 $5-2-3$

$$\Sigma\vec{M}_z = \overrightarrow{HB} \times \Sigma\vec{F}_{xy} \qquad (5.2.23)$$

$$\vec{L}_z = \overrightarrow{HB} \times m\vec{v}_{xy} \qquad (5.2.24)$$

这种做法就相当于将 z 轴视为一根转轴，而只关心质点在 xOy 平面方向上的受力和运

动。故以(5.2.23)式形式表达的 $\Sigma \vec{M}_z$ 称为质点所受合外力的**对 z 轴的力矩**,以(5.2.24)式形式表达的 $\vec{L}_z$ 称为质点**对 z 轴的角动量**。

在考察 z 轴方向的角动量定理时,有:质点所受的对 z 轴的力矩等于质点对 z 轴的角动量的变化率。

如图 5-2-4 所示,计算 $\Sigma \vec{M}_z$ 的大小时,可以过 H 作 $\Sigma \vec{F}_{xy}$ 的垂线交 $\Sigma \vec{F}_{xy}$ 于 H',则:

$$|\Sigma \vec{M}_z| = |\Sigma \vec{F}_{xy}| \cdot \overline{HH'}$$

垂线段长度 $|\overline{HH'}|$ 称为**合外力 $\Sigma \vec{F}$ 对 z 轴的力臂**。

质点所受的合外力对 z 轴的力矩 $\Sigma \vec{M}_z = \vec{0}$,质点对 z 轴的角动量 $\vec{L}_z$ 守恒。这是考察某个方向角动量守恒的重要定理。考虑以下 3 个特殊情况:

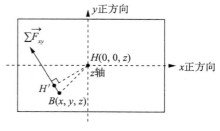

图 5-2-4

①当质点所受合外力 $\Sigma \vec{F}$ 所在直线与 z 轴有交点时,图 5-2-4 中 $\Sigma \vec{F}_{xy}$ 所在直线将通过 H,合外力 $\Sigma \vec{F}$ 对 z 轴的力臂将等于 0,故这时质点所受的合外力对 z 轴的力矩 $\Sigma \vec{M}_z = \vec{0}$,再利用(5.2.19)知:质点对 z 轴的角动量 $\vec{L}_z$ 守恒。

②当质点所受合外力 $\Sigma \vec{F}$ 与 z 轴平行时,$\Sigma \vec{F}_{xy} = \vec{0}$,故这时质点所受的合外力对 z 轴的力矩 $\Sigma \vec{M}_z = 0$,再利用(5.2.19)知:质点对 z 轴的角动量 $\vec{L}_z$ 守恒。

③当质点受到的所有外力要么平行于 z 轴,要么所在直线与 z 轴有交点,则每一个外力对 z 轴的力矩都等于 $\vec{0}$,故质点所受的合外力对 z 轴的力矩 $\Sigma \vec{M}_z = \vec{0}$,再利用(5.2.19)知:质点对 z 轴的角动量 $\vec{L}_z$ 守恒。

①、②、③从质点受力形态上给出了质点对 z 轴的角动量 $\vec{L}_z$ 守恒的条件。

例 5.2 如图 5-2-5 所示,在半顶角为 α 的光滑圆锥面内壁离锥顶 h 高处以一定初速度沿内壁水平射出质量为 m 的小球。设为使小球在离圆锥顶点 h 高度处做圆周运动,需使初速为 v_0。现使初速度为 $2v_0$,试求小球在运动过程中的最高位置和最低位置。

解 易知:

$$v_0 = \sqrt{gh} \qquad ①$$

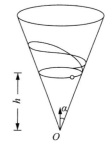

图 5-2-5

小球在运动过程中只受重力和弹力作用,重力没有水平方向分量,弹力所在直线与圆锥面的竖直轴有交点,故小球受到的对圆锥的竖直轴的合外力矩等于 0,小球对圆锥的竖直轴的角动量守恒。

设小球比离圆锥顶点 h 高度处还高出 x 距离(若小球比离圆锥顶点 h 高度处低,则取 $x < 0$),则小球到竖直轴线的垂线段的长度 $r = (h+x)\tan\alpha$。而初始时刻小球到竖直轴线的垂线段的长度 $r_0 = h\tan\alpha$。在运动到最高点或最低点时,小球的速度都沿水平方向,速度 $\vec{v}$ 与 $\vec{r}$ 垂直,故根据轴线方向的角动量守恒,有:

$$m \cdot v \cdot r = m \cdot 2v_0 \cdot r_0$$

即:

$$v(h+x)\tan\alpha = 2v_0 h \tan\alpha \qquad ②$$

又由于只有重力做功,小球与地球组成的系统的机械能守恒,故有:

$$\frac{1}{2}mv^2+mgx=\frac{1}{2}m(2v_0)^2$$

即：

$$2v_0^2-\frac{1}{2}v^2=gx \qquad\qquad ③$$

结合①②③三式，可整理得到关于 x 的三次方程：

$$x^3-3h^2x=0$$

可以解得：

$$x=0,\pm\sqrt{3}h$$

$x=0$ 是天然成立的解；$x=-\sqrt{3}h$ 会使小球的高度低于圆锥面顶点，不合理，故舍弃；$x=\sqrt{3}h$ 是比原位置高的位置。

故小球所在的最高位置为 $x=\sqrt{3}h$ 高度处，小球所在的最低位置为 $x=0$ 高度处，即出发时的高度。

第三节 刚体运动学浅涉

一、刚体的定义

（一）刚体的定义

刚体是指一种特殊的质点系统。定义：形状和大小不变，且内部各质点的相对位置关系不变的物体称为**刚体**。

对于任意刚体 R，将刚体 R 切割成无数个可视为质点的部分 $R_1,R_2,R_3,\cdots,R_n(n\to\infty)$，刚体 R 可视为由质点 $R_i(i=1,2,3,\cdots,n)$ 组成的质点系。所谓相对位置关系不变，可以理解为：任意两个质点间 R_i、R_j（$\{i,j\}\in\{1,2,3,\cdots,n\}$）的距离 $|R_iR_j|$ 都时刻保持不变。

任何宏观物体都是能产生形变的。如果物体完全没有形变，那么物体受到弹力、摩擦力的机制就产生了问题，其内力也就不能产生，这样的物体在实验中是不存在的。所有宏观物体都是由分子组成的，分子在永不停息地做无规则热运动。如果物体内的所有分子都没有相对运动，那么内能就不可能发生变化，温度也就不存在了，这样的物体在实验中也是不存在的。

但有一类物体在运动时形变量十分微小，比如致密、坚硬的固体，研究这样的物体的运动时，如果忽略其形变，可以使我们对它的运动学描述变得简单、清晰。对于这样的物体，往往将其视为刚体来研究，但其动力学又遵循牛顿力学的规律。

（二）刚体的平动和转动

刚体的运动分为平动和转动：刚体内各个质点的速度都时刻保持相同的运动称为刚体的平动；刚体内各个质点的速度不一致的运动称为刚体的转动。

刚体运动的描述是数学化的，因为在运动学中，刚体模型相当于是一个形状不发生变化的几何体。刚体的平动对应于几何体在空间中的平移，刚体的转动对应于几何体在空间中除平移外的任意运动。

二、刚体的定轴转动

（一）刚体的定轴转动

考虑任意刚体 R 绕一根固定轴 OO' 转动，轴 OO' 可以通过刚体 R，也可以不通过刚体 R。

将刚体 R 切割成无数个可视为质点的部分 $R_1, R_2, R_3, \cdots, R_n(n \to \infty)$，刚体 R 可视为由质点 $R_i(i = 1, 2, 3, \cdots, n)$ 组成的质点系。如图 $5-3-1$ 所示，刚体 R 中的任意一个质点 R_i 都绕轴 OO' 做圆周运动，过点 R_i 作轴 OO' 的垂线交 OO' 于点 H_i，则点 H_i 是质点 R_i 做的圆周运动的圆心，半径为 $r = |\overrightarrow{H_iR_i}|$，质点 R_i 与圆心 H_i 的连线 H_iR_i 也绕圆心 H_i 同步转动。

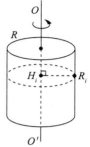

（二）角位移、角速度与角加速度

在某一段时间段 Δt 内，连线 H_iR_i 绕圆心 H_i 转过角 $\Delta \theta_i$，如图 $5-3-2$ 所示，由于刚体 R 不发生形变，所有质点 R_i 的相对位置关系不变，所以所有质点 R_i 与其圆周运动圆心 H_i 的连线在这段时间内绕圆心 H_i 转过的角 $\Delta \theta_i$ 都相等，不妨记为 $\Delta \theta$，如图 $5-3-3$ 所示。

图 5 - 3 - 1

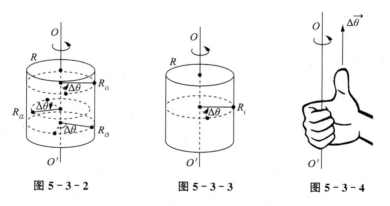

图 5 - 3 - 2 　　　　图 5 - 3 - 3 　　　　图 5 - 3 - 4

定义矢量 $\Delta \vec{\theta}$，满足：$|\Delta \vec{\theta}| = \Delta \theta$，且 $\Delta \vec{\theta}$ 的方向满足**右手螺旋定则**。在这里，右手螺旋定则是指：先将**右手**摊开，四指并拢，使大拇指与四指垂直并处于同一平面上；然后四指沿刚体 R 的转动方向握住轴 OO'，如图 $5-3-4$ 所示，这时大拇指所指的方向定义为角位移 $\Delta \vec{\theta}$ 的方向。称 $\Delta \vec{\theta}$ 为刚体 R 在时间段 Δt 内的**角位移**。角位移 $\Delta \vec{\theta}$ 是描述刚体 R 定轴转动的位置变化的物理量，角位移 $\Delta \vec{\theta}$ 的方向表现了刚体 R 的转动方向，如图 $5-3-5$ 所示。

从 t_0 时刻开始取一段趋向于 0 的 Δt 时间，若时间段 Δt 内刚体 R 的角位移为 $\Delta \vec{\theta}$，定义：

$$\vec{\omega} = \frac{\Delta \vec{\theta}}{\Delta t} \bigg|_{\Delta t \to 0} \tag{5.3.1}$$

称 $\vec{\omega}$ 为 t_0 时刻刚体 R 的**角速度**。角速度 $\vec{\omega}$ 的大小描述了在 t_0 时刻刚体 R 的转动的快慢程度；角速度 $\vec{\omega}$ 的方向也满足右手螺旋定则，如图 $5-3-6$ 所示，角速度 $\vec{\omega}$ 的方向描述了在 t_0 时刻刚体 R 的转动方向；角速度矢量 $\vec{\omega}$ 描述了刚体 R 在 t_0 时刻的转动情况。

从 t_0 时刻开始取一段趋向于 0 的 Δt 时间,若时间段 Δt 内刚体 R 的角速度的增量为 $\Delta\vec{\omega}$,定义:

$$\vec{\alpha}=\frac{\Delta\vec{\omega}}{\Delta t}\bigg|_{\Delta t\to 0} \tag{5.3.2}$$

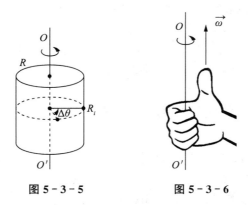

图 5 - 3 - 5　　　　图 5 - 3 - 6

称 $\vec{\alpha}$ 为 t_0 时刻刚体 R 的**角加速度**。角加速度 $\vec{\alpha}$ 的大小描述了刚体 R 的角速度 $\vec{\omega}$ 变化的快慢程度;角加速度 $\vec{\alpha}$ 的方向显示角速度 $\vec{\omega}$ 的增量的方向。若角加速度 $\vec{\alpha}$ 与角速度 $\vec{\omega}$ 同向,则角速度 $\vec{\omega}$ 正在增大;若角加速度 $\vec{\alpha}$ 与角速度 $\vec{\omega}$ 反向,则角速度 $\vec{\omega}$ 正在减小;若此刻角速度 $\vec{\omega}=0$,则角加速度 $\vec{\alpha}$ 的方向是下一瞬间角速度的方向;若在一段时间内角加速度 $\vec{\alpha}=0$,则角速度 $\vec{\omega}$ 在这段时间内不发生变化。

对任意一个质点 R_i,若将其线速度记为 $\vec{v_i}$,将其运动半径矢量 $\overrightarrow{H_iR_i}$ 记为 $\vec{r_i}$。根据刚体 R 的角速度 $\vec{\omega}$ 的方向,容易知道 $\vec{\omega}\perp\vec{r_i}$,且:

$$\vec{v_i}=\vec{\omega}\times\vec{r_i} \tag{5.3.3}$$

令质点 R_i 的速率 $v_i=|\vec{v_i}|$,半径大小 $r_i=|\overrightarrow{H_iR_i}|=|\vec{r_i}|$,刚体 R 的角速度大小 $\omega=|\vec{\omega}|$,则有:

$$v_i=\omega\cdot r_i \tag{5.3.4}$$

由于半径大小 r_i 不变,故对(5.3.4)式取增量式,再除以 $\Delta t(\Delta t\to 0)$,有:

$$\frac{\Delta v_i}{\Delta t}\bigg|_{\Delta t\to 0}=\frac{\Delta\omega}{\Delta t}\bigg|_{\Delta t\to 0}\cdot r_i \tag{5.3.5}$$

我们知道 $\dfrac{\Delta v_i}{\Delta t}\bigg|$ 等于切向加速度大小 a_τ,$\dfrac{\Delta\omega}{\Delta t}\bigg|_{\Delta t\to 0}$ 等于角加速度大小 α。故(5.3.5)式成为:

$$a_\tau=\alpha\cdot r_i \tag{5.3.6}$$

也可将(5.3.6)式写作矢量形式,则有:

$$|\vec{a_\tau}|=|\vec{\alpha}|\cdot r_i \tag{5.3.7}$$

(5.3.3)式、(5.3.4)式、(5.3.6)式、(5.3.7)式是刚体定轴转动过程中描述转动的物理量 $\vec{\omega}$、$\vec{\alpha}$ 与以前所学运动学量之间的关系。

三、刚体的平面平行运动

(一) 刚体的平面平行运动

若刚体内的各个质点的速度方向都始终平行于某一固定平面 γ，则称刚体的运动为在平面 γ 方向上的**平面平行运动**。接下来讨论的是非平动情况的平面平行运动。

考虑刚体 R 在平面 γ 方向上做平面平行运动，任何质点的速度都平行于平面 γ，则任何质点都没有垂直于平面 γ 方向的运动。由此知道，若在刚体上取一个平行于平面 γ 的截面 A，设此截面 A 开始时位于平面 δ 内，则此截面 A 在刚体 R 做平面平行运动的过程中，始终位于平面 δ 内。

如此，我们就将三维中刚体复杂的运动简化为了截面 A 的二维平面运动。

(二) 基点

截面 A 相当于一个新的薄片形状的刚体 A。考察截面 A 的平面运动，就是考察刚体 A 的运动，也就是考察刚体 R 的运动。

刚体 A 的运动是任意的平面运动，如图 5 - 3 - 7 所示，不妨考察刚体 A 从位置 1 运动到位置 2 的过程。在刚体 A 上任取一定点 O，则刚体 A 的任意运动总是可以分解成以下的两个运动：①跟随定点 O 平动；②在平面 δ 内绕定点 O 转动。图 5 - 3 - 7 中，第①个运动相当于使刚体 A 从 1 位置运动到了 $1'$ 位置，第二个运动相当于使刚体 A 从 $1'$ 位置起在平

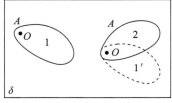

图 5 - 3 - 7

面 δ 内绕定点 O 转到 2 位置。反之，利用这两个运动的合运动可以用于描述刚体 A 在平面 δ 内的任意二维平面运动。

定点 O 称为**基点**，或简化中心。利用基点 O，总是可以将平面平行运动分解为"跟随基点 O 平动"和"绕过基点 O 且垂直于平面 δ 的轴做定轴转动"的合运动。

基点 O 是可以任取的。例如：考虑薄刚体 STU 在纸面平面内从 1 位置运动到 2 位置的过程，如图 5 - 3 - 8 所示，若选取点 S 为基点，则薄刚体 STU 的运动可以分解为跟随 S 平动到 1_S 位置，再绕过基点 S 的轴转到 2 位置；若选取点 T 为基点，则薄刚体 STU 的运动可以分解为跟随 T 平动到 1_T 位置，再绕过基点 T 的轴转到 2 位置……

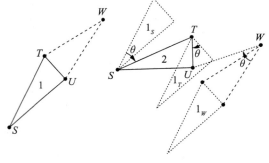

图 5 - 3 - 8

基点甚至可以不在刚体上，如图 5 - 3 - 8 所示，取点 W 为基点，则薄刚体 STU 从 1 位置运动到 2 位置的过程亦可分解为"跟随 W 平动到 1_w 位置"和"绕过基点 W 的轴转到 2 位置"。我们可以这样理解：将线段 WT、线段 WU 也视为刚体的一部分（图中虚线），亦相当于刚体在线段 WT、线段 WU 处连有 2 根不发生形变的细杆，这样，基点 W 就能被视为刚体上的一点了。

在上述的例子中知道，将基点选在刚体外时，要时刻保持基点与刚体间的位置关系不变。

特别地，如果将使平面 δ 上所有点都与刚体 A 保持位置关系不变，则整个平面 δ 都可以视为在跟随刚体 A 做平面平行运动。

（三）刚体平面平行运动的角速度和角加速度

在图 $5-3-8$ 中，容易发现，对于不同的基点，刚体的定轴转动分运动所转过的角位移 $\vec{\theta}$ 都是一致的。

事实上，在任意做平面平行运动的刚体 A 上取任意两定点 P、Q，连线 PQ 转过的角度都是一致的，我们总是可以取基点为 P，则定轴转动分运动的角位移仍是 $\vec{\theta}$。不妨称这个角位移 $\vec{\theta}$ 为刚体平面平行运动的角位移，则任意的连线 PQ 也转过角位移 $\vec{\theta}$。

这样，在平面平行运动中，我们也可以与定轴转动情况类似地定义刚体 A 的角速度 $\vec{\omega}$ 和角加速度 $\vec{\alpha}$。

若在两个相互平动的参照系中观察同一刚体 A 的运动，这时刚体 A 在两参照系中绕过基点 O 的轴定轴转动的分运动的角位移 $\vec{\theta}$ 是保持一致的，故任意一个时刻刚体 A 在两参照系中的角速度 $\vec{\omega}$ 和角加速度 $\vec{\alpha}$ 都是保持一致的。换句话说，刚体 A 的角速度 $\vec{\omega}$ 和角加速度 $\vec{\alpha}$ 不随相互平动的参照系的选取而发生变化。

（四）瞬时转动中心

在平面 δ 内做平面平行运动的刚体 A 上任取一个定点 P，设某时刻刚体 A 的角速度为 $\vec{\omega}$，点 P 的速度为 $\vec{v}$。

我们总是可以在平面 δ 上找到矢量 $\vec{r}$，使 $\vec{v}=\vec{\omega}\times\vec{r}$；再找到点 O_C，使 $\overrightarrow{O_CP}=\vec{r}$，则 P 点此刻的运动相当于正在绕点 O_C 做圆周运动，而点 O_C 此刻速度为 0。

假想平面 δ 上所有点都跟随刚体 A 一起运动，并保持点与刚体 A 的位置关系不变。这样，刚体 A 的运动相当于是整个平面的运动。平面和刚体 A 都有转动，角速度均为 $\vec{\omega}$，但平面上点 O_C 的速度为 0，这就说明整个平面在此瞬间必绕点 O_C 转动。

或者可以这样理解：若选取点 O_C 为基点，则在此瞬间，基点没有运动，故刚体 A 的平面平行运动没有"跟随基点平动"的分运动，而只有"绕过基点 O_C 的轴定轴转动"的分运动。所以刚体 A 和整个平面在此瞬间必绕点 O_C 转动。

于是，对于刚体上的任意一点 Q，点 Q 在该时刻应正在绕点 O_C 做一小段圆周运动，点 Q 在该时刻的速度 $\vec{v}_Q=\vec{\omega}\times\overrightarrow{O_CQ}$，点 Q 在该时刻的速度 $\vec{v}_Q$ 必垂直于 O_CQ 连线。

由上述确定点 O_C 的方式知道：在刚体运动的条件下，这个性质特殊的点 O_C 必定存在。点 O_C 称为刚体 A 的**瞬时转动中心**。

应当指出，若刚体 A 做任意的平面平行运动，瞬时转动中心 O_C 是会随时间改变的，不同时刻的瞬时转动中心 O_C 不同。

举例来说：可视为刚体的单摆在固定悬点下方摆动时，悬点就是瞬时转动中心 O_C，这时瞬时转动中心 O_C 是不变的；可视为刚体的车轮在地面上做无滑动地滚动时，车轮与地面的接触点就是瞬时转动中心 O_C；这时瞬时转动中心 O_C 并不是在车轮上的固定点。

确定平面平行运动的瞬时转动中心 O_C 的常用方法有两种：①在平面中找到速度为 0 的点，则该点为瞬时转动中心 O_C；②找出任意两点 P、Q 的速度 $\vec{v}_P$、$\vec{v}_Q$，过点 P、点 Q 作速度 $\vec{v}_P$、$\vec{v}_Q$ 的垂线交于一点，则交点为瞬时转动中心 O_C。上文中的两个关于瞬时转动中心的例子就是利用第①种方法确定瞬时转动中心的,我们举一例运动学中考察过的例题,说明第②种方法的用法。

例 5.3 如图 5-3-9 所示,长为 l 的细杆两端 A 和 B 分别在 x 和 y 轴上运动,B 端沿 y 轴负方向以速度大小 v_B 做匀速直线运动。当杆与 y 轴夹角为 θ 时,杆上哪一点的速度最小?并求出其速度大小。

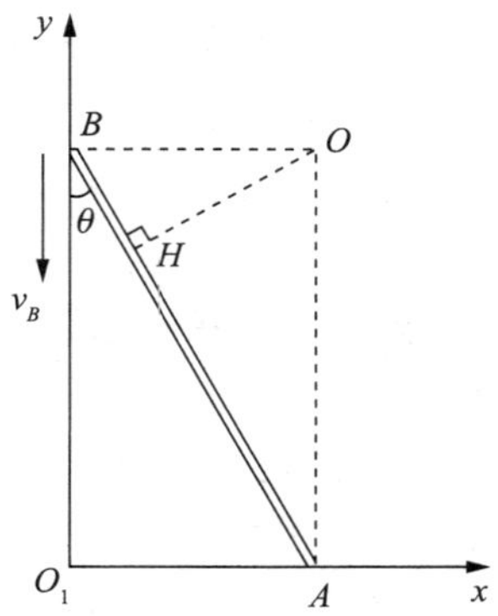

解 B 端的速度方向沿 y 轴负方向,A 端的速度方向沿 x 轴正方向,过 A、B 分别作它们的速度的垂线交于 O,如图所示,故 O 为瞬时转动中心。

图 5-3-9

杆的角速度大小 ω 为:

$$\omega = \frac{v_B}{|OB|} = \frac{v_B}{l\sin\theta}$$

过 O 作杆 AB 的垂线,垂足为 H。整根杆正在绕瞬时转动中心 O 转动,点 H 是杆上到瞬时转动中心 O 距离最近的点,故点 H 的速度最小。根据几何关系易知:

$$|OH| = l\sin\theta\cos\theta$$

故 H 点的速度大小为:

$$v_H = \omega \cdot |OH| = \frac{v_B}{l\sin\theta} \cdot l\sin\theta\cos\theta = v_B\cos\theta$$

四、刚体的一般运动

对于任意刚体 R 的一般运动,也可以任取刚体 R 上一定点 O 作为基点,将刚体 R 的一般运动视为"跟随基点 O 平动"和"绕基点 O 做定点转动"的合运动。考察刚体 R 绕基点 O 做定点转动,又总是可以在任意时刻找到一根瞬时转动轴,则每段趋向于 0 的时间段内刚体 R 绕基点 O 的定点转动又可被视为绕瞬时转动轴的定轴转动。

第四节 刚体动力学浅涉

本节研究刚体的动力学。

为叙述方便、严谨,本节将先介绍转动问题中的重要物理量**转动惯量**的定义和计算方式,再介绍刚体动力学的处理方法。但读者应当注意,转动惯量是研究刚体的转动问题时自然出现的物理量,而并不是生硬地定义出来的。从物理学研究的角度看,应当先有动力学考察,再有转动惯量。

一、转动惯量

(一)转动惯量的定义

考察任意刚体 R,将刚体 R 切割成无数个可视为质点的部分 $R_1, R_2, R_3, \cdots, R_n (n \to \infty)$,它们的质量记为 $m_i (i = 1, 2, 3, \cdots, n)$,则刚体 R 可视为由质点 $R_i (i = 1, 2, 3, \cdots, n)$ 组成的

质点系。

取任意一条轴OO',设质点R_i到轴的垂直距离为$r_i(i=1,2,3,\cdots,n)$,定义:

$$J=\sum_{i=1}^{n}m_ir_i^2 \tag{5.4.1}$$

称J为刚体R对轴OO'的**转动惯量**。

从定义(5.4.1)式知,如果刚体R切割为两部分E、F,那么刚体R对轴OO'的转动惯量J_R、刚体E对轴OO'的转动惯量J_E、刚体F对轴OO'的转动惯量J_F之间满足:

$$J_R=J_E+J_F \tag{5.4.2}$$

也就是简单地相加起来。同样地,刚体R也可以切割为许多份,那么刚体R的转动惯量J_R则可以用切割出的每一份的转动惯量全部相加得到。例如,圆柱体的转动惯量可以视为许多个薄圆盘的转动惯量之和。

反之,如果刚体R可以看作一个刚体E中切去另一个刚体F,则刚体R的转动惯量J_R等于刚体E的转动惯量J_E与刚体F的转动惯量J_F之差。例如,"厚圆筒的转动惯量"可以视为"半径较大的实心圆柱体的转动惯量"与"半径较小的实心圆柱体的转动惯量"之差。

容易发现,同一个刚体对不同的轴应有不同的转动惯量。如果对于不同的轴计算同一刚体的转动惯量时,每次都要根据定义计算,未免太过繁琐。下面就来探讨同一刚体对不同轴的转动惯量之间有什么样的关系。

(二)平行轴定理

对任意刚体R,设其质量为m,质心为C。有两根相互平行的轴L_C、L_d,轴L_C通过质心C,轴L_d与轴L_C的距离为d。则刚体R对轴L_C的转动惯量J_C和对轴L_d的转动惯量轴J_d满足:

$$J_d=J_C+md^2 \tag{5.4.3}$$

此结论称为**平行轴定理**。

证明:将刚体R切割成无数个可视为质点的部分$R_1,R_2,R_3,\cdots,R_n(n\to\infty)$,它们的质量记为$m_i(i=1,2,3,\cdots,n)$。

如图5-4-1所示,对所有质点$R_i(i=1,2,3,\cdots,n)$,过R_i作轴L_C的垂线交轴L_C于H_i,过R_i作轴L_d的垂线交轴L_d于H_i'。则R_i、H_i、H_i'组成的平面垂直于两轴,$|\overrightarrow{H_iR_i}|$为$R_i$到轴$L_C$的距离,$|\overrightarrow{H_i'R_i}|$为$R_i$到轴$L_d$的距离。

对任意一组H_i、H_i',$\overrightarrow{H_i'H_i}$都是完全相同的矢量,且不妨记为$\vec{d}$,有

$$\overrightarrow{H_i'H_i}\equiv\vec{d},|\vec{d}|=d \tag{5.4.4}$$

注:符号"$\equiv$"表示"恒等于"。

根据定义,刚体R对轴L_C的转动惯量J_C为:

$$J_C=\sum_{i=1}^{n}m_i\cdot\overrightarrow{H_iR_i}^2 \tag{5.4.5}$$

根据定义,刚体R对轴L_d的转动惯量J_d为:

$$J_d=\sum_{i=1}^{n}m_i\cdot\overrightarrow{H_i'R_i}^2 \tag{5.4.6}$$

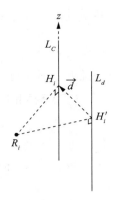

图 5-4-1

做如下推导：

$$J_d = \sum_{i=1}^{n} m_i \cdot (\overrightarrow{H'_iH_i} + \overrightarrow{H_iR_i})^2 = \sum_{i=1}^{n} m_i \cdot (\vec{d} + \overrightarrow{H_iR_i})^2$$

$$= \sum_{i=1}^{n} m_i \cdot \vec{d}^2 + \sum_{i=1}^{n} m_i \cdot \overrightarrow{H_iR_i}^2 + 2\vec{d} \cdot (\sum_{i=1}^{n} m_i \cdot \overrightarrow{H_iR_i}) \qquad (5.4.7)$$

$$= md^2 + J_C + 2\vec{d} \cdot (\sum_{i=1}^{n} m_i \cdot \overrightarrow{H_iR_i})$$

故要证明平行轴定理 $J_d = J_C + md^2$，只需证明：

$$\sum_{i=1}^{n} m_i \cdot \overrightarrow{H_iR_i} = \vec{0} \qquad (5.4.8)$$

即可。

不妨以过质心 C 的 L_C 轴为 z 轴建立空间直角坐标系 $O-xyz$，x、y 正方向上的单位矢量记为 $\vec{e}_x$，$\vec{e}_y$。质心 C 在 z 轴上，故质心 C 的坐标 (x_C, y_C, z_C) 满足：

$$x_C = y_C = 0 \qquad (5.4.9)$$

令质点 R_i 位置的坐标为 (x_i, y_i, z_i)，则根据图 $5-4-1$ 中关系，H_i 的坐标为 $H_i(0, 0, z_i)$，故有：

$$\overrightarrow{H_iR_i} = x_i \cdot \vec{e}_x + y_i \cdot \vec{e}_y \qquad (5.4.10)$$

所以

$$\sum_{i=1}^{n} m_i \cdot \overrightarrow{H_iR_i} = (\sum_{i=1}^{n} m_i x_i) \cdot \vec{e}_x + (\sum_{i=1}^{n} m_i y_i) \cdot \vec{e}_y = mx_C \cdot \vec{e}_x + my_C \cdot \vec{e}_y = \vec{0}$$

$$(5.4.11)$$

$(5.4.8)$ 得证，故平行轴定理成立！

平行轴定理的意义在于，如果要计算刚体 R 对某一根轴 L_d 的转动惯量 J_d，可以先找到通过质心且与 L_d 平行的轴 L_C，通过 $(5.4.3)$ 式快速地算出 J_d。

在应用平行轴定理时，需要先知道刚体 R 对质心轴 L_C 的转动惯量，但值得注意的是，通过质心 C 的轴有无数条，它们的方向是不同的，刚体 R 对于这些质心轴的转动惯量一般来说也是不同的。

（三）薄刚体的垂直轴定理

在刚体 R 是薄刚体的条件下，建立空间直角坐标系 $O-xyz$，使 xOy 平面平行于薄刚体 R，如图 $5-4-2$ 所示。则薄刚体 R 对于 x 轴、y 轴、z 轴的转动惯量 J_x，J_y，J_z 之间满足：

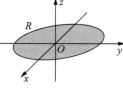

$$J_z = J_x + J_y \qquad (5.4.12)$$

此结论称为薄刚体的**垂直轴定理**。

图 $5-4-2$

证明：刚体 R 对 x 轴的转动惯量 J_x 为：

$$J_x = \sum_{i=1}^{n} m_i y_i^2 \qquad (5.4.13)$$

刚体 R 对 y 轴的转动惯量 J_y 为：

$$J_y = \sum_{i=1}^{n} m_i x_i^2 \qquad\qquad (5.4.14)$$

刚体 R 对 z 轴的转动惯量 J_z 为：

$$J_z = \sum_{i=1}^{n} m_i (x_i^2 + y_i^2) \qquad\qquad (5.4.15)$$

比较(5.4.13)式、(5.4.14)式和(5.4.15)式,显然有：

$$J_z = J_x + J_y \qquad\qquad (5.4.16)$$

即证!

(四) 常见刚体的转动惯量

对于一些形状规则的均质刚体,尤其是一些形状具有对称性的均质刚体,通常它们对于特定轴的转动惯量视为已知量,再利用平行轴定理、垂直轴定理等方式求它们对其他轴的转动惯量,或以这些转动惯量组合出组合体的转动惯量。表 5.4.1 列举了一些常见均质刚体的转动惯量。

表 5.4.1　部分常见均质刚体的转动惯量表

刚体的形状	刚体与轴的位置关系和尺寸	转动惯量	刚体的形状	刚体与轴的位置关系和尺寸	转动惯量
小球	如图 5-4-3	$J = mr^2$	薄圆盘	如图 5-4-9	$J = \frac{1}{2} mR^2$
细杆	如图 5-4-4	$J = \frac{1}{12} mL^2$	圆柱体	如图 5-4-10	$J = \frac{1}{2} mR^2$
薄矩形板	如图 5-4-5	$J = \frac{1}{3} mL^2$	薄圆筒	如图 5-4-11	$J = mR^2$
薄三角板	如图 5-4-6	$J = \frac{1}{6} mh^2$	细圆环	如图 5-4-12	$J = mR^2$
球	如图 5-4-7	$J = \frac{2}{5} mR^2$	厚圆筒	如图 5-4-13	$J = \frac{1}{2} m(R_1^2 + R_2^2)$
球壳	如图 5-4-8	$J = \frac{2}{3} mR^2$	薄"光盘"	如图 5-4-14	$J = \frac{1}{2} m(R_1^2 + R_2^2)$

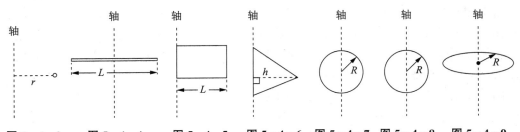

图 5-4-3　图 5-4-4　　图 5-4-5　　图 5-4-6　图 5-4-7　图 5-4-8　图 5-4-9

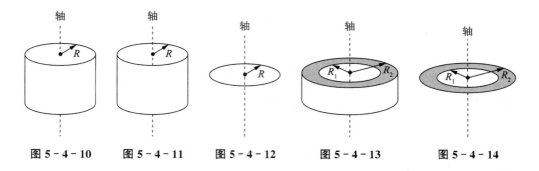

图 5-4-10　　　图 5-4-11　　　图 5-4-12　　　图 5-4-13　　　图 5-4-14

二、刚体定轴转动的动力学

(一) 定轴转动中各矢量的方向

考查刚体 R 绕轴 OO' 做定轴转动,并将 R 视为一质点系。设 R 的角速度为 $\vec{\omega}$,角加速度为 $\vec{\alpha}$,角动量为 $\vec{L}$,所受合外力矩为 $\Sigma\vec{M}$;设在某段时间内的角位移为 $\vec{\theta}$,受到外冲量矩之和为 $\Sigma\vec{H}$。

显然角位移 $\vec{\theta}$、角速度 $\vec{\omega}$ 平行于轴 OO'。

根据角加速度定义 $\vec{\alpha}=\dfrac{\Delta\vec{\omega}}{\Delta t}$ 知:角加速度 $\vec{\alpha}$ 平行于轴 OO'。

根据角动量的定义知:R 质点系内任意一个质点的角动量都平行于轴 OO',故刚体 R 的角动量 $\vec{L}$ 平行于轴 OO'。

根据角动量定理 $\Sigma\vec{M}=\dfrac{\Delta\vec{L}}{\Delta t}$ 知:合外力矩 $\vec{M}$ 平行于轴 OO'。

根据 $\vec{H}=\Delta\vec{L}$ 知:外冲量矩之和 $\Sigma\vec{H}$ 平行于轴 OO'。

由此,在刚体定轴转动时,角速度 $\vec{\omega}$、角加速度 $\vec{\alpha}$、角动量 $\vec{L}$、合外力矩 $\Sigma\vec{M}$、冲量矩 $\vec{H}$ 都沿轴 OO' 方向。在处理刚体定轴转动问题时,不妨取一平行于轴 OO' 的正方向,以正负号表示这些物理量的方向,化矢量运算为四则运算。选定正方向后,将它们记为:角位移 θ、角速度 ω、角加速度 α、角动量 L、合外力矩 ΣM、冲量矩之和 ΣH。

(二) 定轴转动的动力学方程

考察刚体 R 绕轴 OO' 做定轴转动的动力学状况,取刚体 R 的角速度矢量 $\vec{\omega}$ 的方向为正方向。

将刚体 R 切割成无数个可视为质点的部分 $R_1,R_2,R_3,\cdots,R_n(n\rightarrow\infty)$,将刚体 R 视为由质点 $R_i(i=1,2,3,\cdots,n)$ 组成的质点系。则每个质点 R_i 都绕轴做圆周运动。设第 i 个质点 R_i 的质量为 $m_i(i=1,2,3,\cdots,n)$,线速度大小为 v_i,到轴 OO' 的距离为 r_i,如图 5-4-15 所示。

则线速度大小 v_i、距离 r_i、角速度 ω 满足:

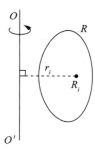

图 5-4-15

$$v_i=\omega r_i$$

(5.4.17)

根据转动惯量的定义,刚体 R 的转动惯量 J 为:

$$J = \sum_{i=1}^{n} m_i r_i^2 \tag{5.4.18}$$

根据质点系的角动量定义,刚体 R 的角动量 L 可表示为:

$$L = \sum_{i=1}^{n} m_i v_i r_i = \sum_{i=1}^{n} m_i \omega r_i^2 = \left(\sum_{i=1}^{n} m_i r_i^2 \right) \omega = J\omega \tag{5.4.19}$$

根据角动量定理,刚体 R 的合外力矩 ΣM 可表示为:

$$\Sigma M = \frac{\Delta L}{\Delta t} \Big|_{\Delta t \to 0} = J \cdot \frac{\Delta \omega}{\Delta t} \Big|_{\Delta t \to 0} = J\alpha \tag{5.4.20}$$

根据质点系的动能定义,刚体 R 的动能 E_k 可表示为:

$$E_k = \sum_{i=1}^{n} \frac{1}{2} m_i v_i^2 = \sum_{i=1}^{n} \frac{1}{2} m_i \omega^2 r_i^2 = \frac{1}{2} \cdot \left(\sum_{i=1}^{n} m_i r_i^2 \right) \cdot \omega^2 = \frac{1}{2} J\omega^2 \tag{5.4.21}$$

于是,在刚体定轴转动的条件下,我们得到了三个新的方程:

$$L = J\omega \tag{5.4.19}$$

$$\Sigma M = J\alpha \tag{5.4.20}$$

$$E_k = \frac{1}{2} J\omega^2 \tag{5.4.21}$$

(5.4.19)式、(5.4.20)式和(5.4.21)式是刚体定轴转动动力学的重要方程。

由于角速度 ω 是描述刚体转动快慢的物理量,角加速度 α 是描述角速度 ω 变化快慢的物理量,而(5.4.20)式告诉我们,当施加的合外力矩 ΣM 相同时,刚体转动惯量 J 越大,角加速度 α 越小,这也就是说刚体转动惯量 J 越大,转动的快慢越难以被改变,故转动惯量 J 反映了定轴转动问题中刚体惯性的大小。

(三) 平动问题和转动问题中物理量间的对应关系

研究质点的运动或刚体的平动时,有以下的物理量经常被考查:位移 $\vec{s}$、速度 $\vec{v}$、加速度 $\vec{a}$、质量 m、力 $\vec{F}$、动量 $\vec{p}$、冲量 $\vec{I}$。这些物理量在研究转动时仍然是可以考查的。

让我们将这些物理量与定轴转动问题中的物理量做个类比,不妨看作平动和转动之间的类比。类比的对应关系如下:

	平动			转动	
①	位移	$\vec{s}$	对应	角位移	$\vec{\theta}$
②	速度	$\vec{v}$	对应	角速度	$\vec{\omega}$
③	加速度	$\vec{a}$	对应	角加速度	$\vec{\alpha}$
④	质量	m	对应	转动惯量	J
⑤	力	$\vec{F}$	对应	力矩	$\vec{M}$
⑥	动量	$\vec{p}$	对应	角动量	$\vec{L}$
⑦	冲量	$\vec{I}$	对应	冲量矩	$\vec{H}$

在刚体 R 的定轴转动中,这 7 组物理量每组之间的对应关系是:

①对定轴转动的刚体 R 中的每个质点 R_i,在时间 $\Delta t \to 0$ 时,位移 $\vec{s_i}$ 与角位移 $\vec{\theta}$ 之间满足:

$$\vec{s}_i = \theta \cdot \vec{r}_i \qquad (5.4.22)$$

②对定轴转动的刚体 R 中的每个质点 R_i，线速度 $\vec{v}_i$ 与角速度 $\vec{\omega}$ 之间满足：

$$\vec{v}_i = \vec{\omega} \cdot r_i \qquad (5.4.23)$$

③对定轴转动的刚体 R 中的每个质点 R_i，切向加速度 $\vec{a}_{\tau i}$ 与角加速度 $\vec{\alpha}$ 之间满足：

$$\vec{a}_{\tau i} = \vec{\alpha} \cdot r_i \qquad (5.4.24)$$

④刚体 R 中各质点 R_i 的质量 m_i 与刚体 R 对轴的转动惯量 J 间的对应关系是：

$$J = \sum_{i=1}^{n} m_i r_i^2 \qquad (5.4.25)$$

⑤刚体 R 受到的各个外力 $F_j(j=1,2,3,\cdots,m)$ 与受到的对轴的合外力矩 ΣM 间的对应关系是：

$$\Sigma \vec{M} = \sum_{j=1}^{m} \vec{F}_j \cdot r_j \qquad (5.4.26)$$

⑥刚体 R 中各质点的动量 $\vec{p}_i$ 与刚体 R 的角动量 $\vec{L}$ 间的对应关系是：

$$\vec{L} = \sum_{i=1}^{n} r_i \cdot \vec{p}_i \qquad (5.4.27)$$

⑦在一段时间内，刚体 R 受到的各个外力的冲量 $\vec{I}_j(j=1,2,3,\cdots,m)$ 与受到的冲量矩之和 $\Sigma \vec{H}$ 间的对应关系是：

$$\Sigma \vec{H} = \sum_{j=1}^{m} r_j \cdot \vec{I}_j \qquad (5.4.28)$$

动力学方程同样有对应关系：

(1) 牛顿第二定律和(5.4.20)式有对应关系：
$$\Sigma \vec{F} = m\vec{a} \text{ 对应 } \Sigma \vec{M} = J\vec{\alpha} \qquad (5.4.29)$$

(2) 动量的定义式和(5.4.19)式有对应关系：
$$\vec{p} = m\vec{v} \text{ 对应 } \vec{L} = J\vec{\omega} \qquad (5.4.30)$$

(3) 动量定理和(5.2.13)式有对应关系：
$$\vec{I} = \Delta\vec{p} \text{ 对应 } \Sigma\vec{H} = \Delta\vec{L} \qquad (5.4.31)$$

(4) 动量定理与角动量定理有对应关系：
$$\Sigma\vec{F} = \frac{\Delta\vec{p}}{\Delta t}\bigg|_{\Delta t \to 0} \text{ 对应 } \Sigma\vec{M} = \frac{\Delta\vec{L}}{\Delta t}\bigg|_{\Delta t \to 0} \qquad (5.4.32)$$

(5) 平动动能与定轴转动动能有对应关系：
$$E_k = \frac{1}{2}mv^2 \text{ 对应 } E_k = \frac{1}{2}J\omega^2 \qquad (5.4.33)$$

在(5.4.29)式—(5.4.33)式的对应关系中，在左边的表达式中，将"平动组"的物理量直接替换成相对应的"转动组"的物理量，就能直接得到右边的表达式。可见，平动问题的动力学和刚体定轴转动的动力学十分相似。通过类比来学习、记忆刚体定轴转动的知识，不失为一种有效的方法。

例 5.4 如图 5-4-16 所示，一质量为 M、长度为 $2L$ 的均匀光滑细棒，可在水面内绕其中心的光滑竖直轴转动，开始细棒静止，一质量为 m 的小球，以水平速度 u 与棒的端点做弹性碰撞，求碰后

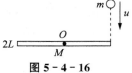

图 5 - 4 - 16

小球的速度大小和棒的角速度大小。

解 设碰撞后小球的速度为 v(以 u 方向为正方向),棒的角速度为 ω。由于碰撞时间趋向于 0,故小球受到杆的作用力垂直于杆的初始方向,小球碰撞后的运动方向必平行于碰撞前的运动方向。

研究小球和杆组成的系统。系统对轴 O 的角动量守恒,有:

$$muL = J\omega + mvL \qquad ①$$

其中,J 是杆相对于轴 O 的转动惯量:

$$J = \frac{1}{12}M \cdot (2L)^2 = \frac{1}{3}ML^2 \qquad ②$$

依题意,小球与杆的碰撞是弹性碰撞,故碰撞过程不损失动能:

$$\frac{1}{2}mu^2 = \frac{1}{2}mv^2 + \frac{1}{2}J\omega^2 \qquad ③$$

结合①②③三式,解得:

$$\begin{cases} v = \dfrac{3m-M}{3m+M}u \\[3mm] \omega = \dfrac{6mu}{(3m+M)L} \end{cases}$$

另外,从速度 v 的解大于 0 可以看出,球仍沿碰撞前速度 u 的方向运动。

三、刚体平面平行运动的动力学

任意刚体 R 做平面平行运动时,刚体 R 的运动总是可以分解为"跟随基点平动"和"绕基点的转动"。

(一)取质心轴研究刚体平面平行运动的动力学

为考察方便,可以取刚体 R 的质心 C 作为基点,于是"刚体 R 绕基点的转动"成为:刚体 R 在质心系内绕质心轴 L_C 做定轴转动。

根据质心的动力学方程 $\Sigma F = Ma_C$ 知:只要知道合外力 ΣF 就可以研究质心 C 的运动,于是刚体 R 跟随基点 C 的平动也就研究清楚了。

刚体 R 受到的合外力 ΣF 可能为 0,也可能不为 0,故质心系可能是惯性系也可能是平动非惯性系。

若质心系是惯性系,则在质心系中,刚体 R 的运动可完全按照研究定轴转动的方式来研究。

若质心系是平动非惯性系,则在质心系中,刚体 R 除 ΣF 外,还受到惯性力 $F_惯$。又由于惯性力 $F_惯$ 是作用于质心 C 的,故惯性力对于质心轴 L_C 没有力矩。于是研究刚体 R 绕质心轴 L_C 做的定轴转动,不必考虑惯性力 $F_惯$ 对转动的影响。

如此,我们将研究刚体平面平行运动的问题转化为了研究质心运动和研究定轴转动。从原理上看,刚体的平面平行运动的动力学也就完全清晰了。

(二)取任意基点研究刚体平面平行运动的动力学

从上述分析中看到,取质心为基点的好处是:刚体的平动的分运动一定是可以通过受力分析来确定的,这是因为考察刚体的受力情况就能了解质心的运动,这也是质心带来的便利性和普遍性。

但若通过运动学判断,可以知晓刚体上某个定点的运动,那么也不妨将其取为基点。例如若能找到刚体平面平行运动的瞬心,则考察刚体绕瞬心轴的一小段定轴转动可能反而比利用质心轴更方便,我们来看一个例子。

例 5.5 如图 5 - 4 - 17 所示,两根等重、等长的细杆 BC 及 AC,在 C 点用光滑铰链连接,放在光滑水平面上,设两杆由图示位置无初速地开始运动,开始时铰链 C 距地面高度为 h,且两杆处于同一竖直平面内。若在其后的运动中,两杆仍保持在这一竖直平面内,求铰链 C 落地前瞬间的速度。

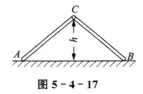

图 5 - 4 - 17

解 设两杆的杆长均为 L,两杆的质量均为 m,铰链 C 着地时的速度为 v_C。根据杆上的定点沿杆方向的速度相等,知铰链 C 落地前的瞬间点 A、点 B 的速度都为 0。铰链 C 落地前的瞬间两杆的瞬时转动中心分别为点 A、点 B,故两杆的角速度大小均为:

$$\omega = \frac{v_C}{L}$$

铰链 C 落地前的瞬间,两杆相对于过 A、B 的瞬时转动轴的转动惯量均为:

$$J = \frac{1}{3}mL^2$$

两杆的总动能为:

$$E_{k总} = 2 \times \frac{1}{2}J\omega^2 = \frac{1}{3}mv_C^2 \qquad ①$$

根据机械能守恒,有:

$$2mg \cdot \frac{h}{2} = E_{k总} - 0 \qquad ②$$

结合①②两式解得:

$$v_C = \sqrt{3gh}$$

本章习题

1. 如图所示，一个圆锥摆的摆线长为 L，悬挂点在点 B。做圆锥摆上的小球以匀角速度 ω 做匀速圆周运动，半径为 r，圆心为点 A，小球质量为 M。求：

（1）小球相对于点 A 和相对于点 B 的角动量大小；

（2）小球相对于点 A 和相对于点 B 所受的合外力矩大小。

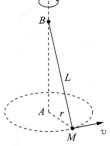

第 1 题图

2. 如图所示，两个质量都为 m 的滑冰者，在冰场两条相距 L_0 的平直跑道上均以 v_0 速率迎面匀速滑行。当两者之间的距离等于 L_0 时，两人分别抓住一根长 L_0 的轻绳两端，而后每人都用对等的力缓慢向自己一边拉绳子，绳始终张紧。观看者发现，绳始终张紧，但两人之间的距离先减小后增大。若两人之间的最小距离为 $L(L<L_0)$，求：两人之间的距离最小时，两位滑冰者的总动能 $E_{k总}$ 为多少？（假设冰面光滑，运动过程中滑冰者始终处于宽阔的冰面上）

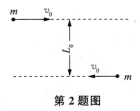

第 2 题图

3. 在光滑的水平面上，一个质量为 m 的质点系于一根原长为 L 的轻橡皮绳的一端，橡皮绳的另一端系于桌面上一固定点 O。橡皮绳可看作弹性绳，其劲度系数为 k。若质点在开始是被拉至距 O 点距离为 $2L$ 处，并获得以垂直于橡皮绳方向的初速度 v_0。

（1）若质点绕 O 点作圆周运动，求 v_0 的大小；

（2）为使橡皮绳不松弛，v_0 的最小值 v_{0min} 为多少？

（3）当 $0<v_0<v_{0min}$ 时，质点在运动中距 O 点的最小距离 r_{min} 为多少？

4. 如图所示,一小球处在光滑的水平面上。不可伸长的轻质细绳一端连接着小球,穿过水平面上的一光滑小孔后悬挂一质量为 M 的小物体。现使小球绕孔转动,且小物体 M 只在竖直方向运动。若小球与孔的距离最大为 L_1,最小为 L_2,求:小球的最大动能和最小动能。

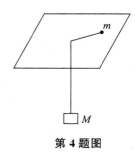

第 4 题图

5. 如图所示,圆台的上底面半径为 r,下底半径为 R,母线 AB 长为 L。现将圆台放置在光滑的水平地面上,使它在地面上做无滑动的运动。已知圆台的角速度大小为 ω,求圆台在地面上转一周回到原位置所需的时间 t。

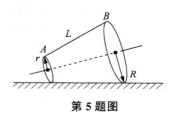

第 5 题图

6. 如图所示,半径为 R_1 的圆 O_1 以匀角速度 ω_1 绕其中心 O_1 转动,半径为 R_2 的圆 O_2 始终内切于圆 O_1,并以匀角速度 ω_2 在圆 O_1 内相对于圆 O_1 做无滑动的滚动,运动中两圆始终保持在同一平面内。求:

（1）两圆连心线 O_1O_2 的角速度 ω；

（2）在地面上看,圆 O_2 相对于地面运动一圈所需时间 t_1；

（3）圆 O_2 相对圆 O_1 运动一圈所需时间 t_2。

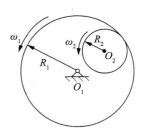

第 6 题图

7. 如图所示，缠在线轴上的绳子一头搭在墙上的光滑钉子 A 上，以恒定的速度 v 拉绳。已知线轴的外径为 R、内径为 r，且线轴沿水平面做无滑动的滚动。当绳与竖直方向成 α 角时，求线轴中心 O 的运动速度大小。

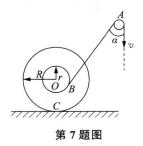

第 7 题图

8. 如图所示，圆柱体 A 的质量为 m，在圆柱体上缠绕不可伸长的轻质细绳，使绳缠绕在圆柱体上的部分处于垂直于圆柱体轴线的平面上。先将绳的一端 B 固定在天花板上，使绳在 B 和圆柱体 A 间的部分保持竖直、伸直，然后由静止释放圆柱体 A。若绳和圆柱体间不打滑，则当圆柱体降低了 h 高度时，求：圆柱体的轴的速度 v 和绳上的张力 T。

第 8 题图

9. 如图所示，一质量为 M，半径为 R 的均质转盘可在水平面内绕通过其中心的光滑竖直轴转动。一质量为 m 的人沿其边缘运动，原先人和转盘都静止。若人开始运动并沿转盘边缘相对于转盘跑动一圈，问：在此过程中相对于地面，人和转盘各转过了多大的角？

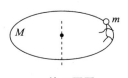

第 9 题图

10. 如图所示,半径为 R 的可视为均质薄球壳的乒乓球在粗糙的水平面上运动,开始时球的质心速度大小为 v_0,球的初角速度大小为 ω_0。其质心的初速度方向与初始转动方向如图所示。已知乒乓球的质量为 m,乒乓球与地面间的动摩擦因数为 μ。求:(1)乒乓球从开始运动到刚开始相对于地面做无滑动的滚动所经历的时间 t;(2)刚开始相对于地面做无滑动的滚动的瞬间乒乓球的质心速度 v_C。

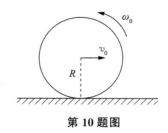

第 10 题图

11. 在倾角为 θ 的固定斜面上有一质量 m 的球,球的半径为 R,斜面光滑。球从斜面上由静止出发,在重力作用下向下运动。(1)若球相对于斜面只滚动不滑动,则球质心的加速度为多大?(2)若将球换成等质量的底面半径为 R 的圆柱体,则加速度为多大?

12. 质量分别为 m_1 和 m_2 的两个重物系于不可伸长的细绳两端(设 $m_1 > m_2$),绳子绕过一个半径为 r 的滑轮,如图所示。在滑轮的轴上固定了四个长为 L、分布均匀的细辐条,辐条端点各固定有质量为 m 的小球。质量为 m_1 和 m_2 的重物由于本身的重力做匀加速运动。将装置静止释放后,求 m_1 和 m_2 的加速度大小。(设轴的摩擦力、细辐条及滑轮质量均忽略不计,但细绳和滑轮间的动摩擦因数足够大。)

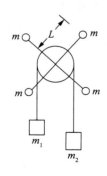

第 12 题图

第六章 静 力 学

第一节 受力平衡

一、受力平衡

从牛顿第二定律知道,物体处于平衡状态时,受到的合外力 ΣF 必为 0。

物体受到合外力 $\Sigma F=0$ 是物体平衡的必要条件,物体受合外力 $\Sigma F=0$ 能保证物体的质心 C 没有加速度,在此基础上如还能保证物体相对于质心 C 不转动或没有角加速度,才能保证物体平衡。本节主要研究物体平衡时合外力 $\Sigma F=0$ 这个方面。

物体平衡时合外力 $\Sigma F=0$,故合外力 ΣF 在任意一个方向 l 的分量大小都为 0,即 $(\Sigma F)_l=0$。一般地,在空间直角坐标系 $O-xyz$ 中分析物体的受力时,可以将所有力 F_i 沿 x、y、z 轴正方向分解为三个分力 F_{ix}、F_{iy}、F_{iz},于是在 x、y、z 轴正方向有:

$$\begin{cases} \Sigma F_{ix}=0 \\ \Sigma F_{iy}=0 \\ \Sigma F_{iz}=0 \end{cases} \tag{6.1.1}$$

我们知道方程组(6.1.1)与合外力 $\Sigma F=0$ 是等价的。只要保证方程组(6.1.1)成立,就能保证合外力 $\Sigma F=0$ 成立,这是常用的利用"力的分解"来研究受力平衡的分析方法。

特别地,如果受力分析对象是质点,则不存在转动问题。对于质点来说,只要保证合外力为 0,就能保证质点处于平衡状态,即质点静止或做匀速直线运动。

若物体缓慢地运动,则在运动过程中,每一个时刻都可以近似地看作物体是受力平衡的。这样的过程称为**准静态过程**,准静态过程的处理与平衡态的处理无异。

例 6.1 如图 6-1-1(a)所示,在墙角处有一根质量为 m 的均质细绳,绳的一端悬于天花板上的 A 点,另一端悬于竖直墙壁上的 B 点,平衡后最低点为 C。现测得 AC 间的绳长是 BC 间绳长的 2 倍,且绳在 B 点的切线与竖直方向成 α 角。求绳在 A 点和 C 点的张力大小。

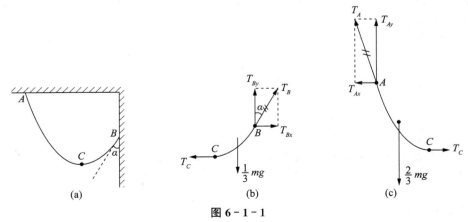

图 6-1-1

解 依题意,绳的 AC 段重 $\frac{2}{3}mg$,绳的 BC 段重 $\frac{1}{3}mg$。

对绳的 BC 段受力分析,如图 $6-1-1$(b)所示,将绳在 B 处受墙的拉力 T_B 分解为水平方向的 T_{Bx} 和竖直方向的 T_{By},根据题给条件和受力平衡,可列出方程组:

$$\begin{cases} T_{By}=\dfrac{1}{3}mg \\[2mm] T_{Bx}=T_C \\[2mm] \dfrac{T_{Bx}}{T_{By}}=\tan\alpha \end{cases}$$

解得:

$$T_C=\frac{1}{3}mg\tan\alpha$$

再对绳的 AC 段受力分析,如图 $6-1-1$(c)所示,将绳在 A 处受墙的拉力 T_A 分解为水平方向的 T_{Ax} 和竖直方向的 T_{Ay},根据受力平衡知:

$$\begin{cases} T_{Ay}=\dfrac{2}{3}mg \\[2mm] T_{Ax}=T_C=\dfrac{1}{3}mg\tan\alpha \end{cases}$$

故绳在 A 点的张力大小 T_A 可表示为:

$$T_A=\sqrt{\left(\frac{1}{3}mg\tan\alpha\right)^2+\left(\frac{2}{3}mg\right)^2}=\frac{\sqrt{4+\tan^2\alpha}}{3}mg$$

综上,绳在 A 点的张力大小 $T_A=\dfrac{\sqrt{4+\tan^2\alpha}}{3}mg$;绳在 C 点的张力大小为 $T_C=\dfrac{1}{3}mg\tan\alpha$。

例 6.2 在一内深度为 H 的容器中充满液体,液体密度关于深度呈线性变化,容器顶部液体密度为 ρ_0,容器底部液体密度为 ρ_H。液体内有两个体积为 V 的小球,两小球密度分别为 ρ_1、ρ_2,两小球用一根长为 L 且不可伸长的轻细绳连接。如图 $6-1-2$ 所示,容器、液体和两小球在图示位置静止,求绳中张力的大小。

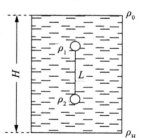

图 6-1-2

解 设上方小球所在位置液体密度为 $\rho_{液1}$,下方小球所在位置液体密度为 $\rho_{液2}$。

根据密度随深度线性变化,有:

$$\frac{\rho_{液2}-\rho_{液1}}{L}=\frac{\rho_H-\rho_0}{H}$$

得:

$$\rho_{液2}-\rho_{液1}=(\rho_H-\rho_0)\frac{L}{H} \tag{①}$$

设绳对上方小球的拉力为 $\vec{T}$,则绳对下方小球的拉力为 $-\vec{T}$。

上方小球受到重力 $\rho_1\vec{g}V$、拉力 $\vec{T}$、浮力 $(-\rho_{液1}\vec{g}V)$ 作用而平衡,有:

$$\rho_1\vec{g}V+\vec{T}+(-\rho_{液1}\vec{g}V)=\vec{0} \tag{②}$$

下方小球受到重力 $\rho_2\vec{g}V$、拉力 $(-\vec{T})$、浮力 $(-\rho_{\text{液}2}\vec{g}V)$ 作用而平衡,有:

$$\rho_2\vec{g}V+(-\vec{T})+(-\rho_{\text{液}2}\vec{g}V)=\vec{0} \qquad ③$$

②式－③式,可解出 $\vec{T}$:

$$\vec{T}=\frac{1}{2}\vec{g}V\left[(\rho_2-\rho_1)+(\rho_{\text{液}1}-\rho_{\text{液}2})\right]$$

再将①式结论代入上式,得:

$$\vec{T}=\frac{1}{2}\vec{g}V\left[(\rho_2-\rho_1)-(\rho_H-\rho_0)\frac{L}{H}\right]$$

故绳中张力大小为 $\frac{1}{2}gV\left[(\rho_2-\rho_1)-(\rho_H-\rho_0)\frac{L}{H}\right]$。

例 6.3 在山上架设一条输电缆,如图 6 - 1 - 3(a)所示,两座支架之间的电缆的质量为 M,长度为 L,质量的线密度均匀。电缆一端固定在支架 A 点处,最低点为 B,AB 之间的竖直距离为 H,电缆 AB 段长为 l。求电缆在 A 点的张力大小。

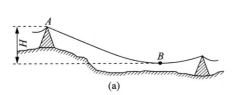 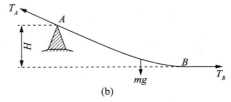

图 6 - 1 - 3

解 在山间架设电缆,电缆的粗细相对于山体的线度可以忽略不计,故将电缆看作"细绳"。

取电缆的 AB 段研究。依题意,电缆的 AB 段的质量为 $m=M\dfrac{l}{L}$。如图 6 - 1 - 3(b)所示,电缆的 AB 段受到重力 mg、B 处水平方向的拉力 T_B 和 A 处的拉力 T_A 三力作用,根据受力平衡有:

$$T_A^2=T_B^2+(mg)^2=T_B^2+M^2g^2\frac{l^2}{L^2} \qquad ①$$

再利用虚功原理:假想电缆的 AB 段在 T_A 的作用下,使 A 点沿 T_A 方向缓慢地移动一小段 Δx 距离。相当于将一小段长为 Δx 的电缆从 B 处搬运到 A 处,使这段电缆升高 H 高度。T_A 和 T_B 做的功应提供了重力势能的增量:

$$T_A\Delta x+(-T_B\Delta x)=M\frac{\Delta x}{L}\cdot gH$$

整理得:

$$T_A-T_B=Mg\frac{H}{L} \qquad ②$$

结合①②两式,解得 T_A:

$$T_A=\frac{H^2+l^2}{2HL}Mg$$

故电缆在 A 点的张力大小为 $\dfrac{H^2+l^2}{2HL}Mg$。

例 6.4 4 个半径为 R、质量为 m 的完全相同的光滑均质球静止地放在一个水平放置的半球形碗内,该 4 球球心恰在同一个水平面上,再将第 5 个相同的球放在 4 个球之上,问:要使系统仍能维持起初的 4 个球在原位置平衡,碗的半径 r 最大可以为多少?

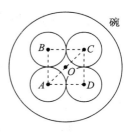

图 6 - 1 - 4

解 设碗的球心为 O,只有 4 个球时的俯视图如图 6 - 1 - 4 所示,4 球中每对相邻的球都相互挤压,4 球的球心构成边长为 $2R$ 的正方形,图中球心 A 和球心 C 之间的距离为 $|AC|=2\sqrt{2}R$,O、A、C 在同一竖直平面内。

将第 5 个球 E 置于前 4 个球上后,分析第 5 个球 E 的受力,球 E 受到重力 mg 和下方 4 球对它的 4 个弹力 N_1。根据对称性,4 个弹力 N_1 的竖直方向分力大小 N_{1y} 均为 $\frac{1}{4}mg$。由此,可以得到球 E 对下方 4 球的反作用力。

在竖直平面 OAC 内画出球 A、球 C 和第 5 个小球的截面示意图,如图 6 - 1 - 5(a) 所示,$|AE|=2R$,$|EC|=2R$,$|AC|=2\sqrt{2}R$,故 $\triangle ACE$ 是等腰直角三角形。故第 5 个小球对下方 4 球的弹力 N_1 的水平方向分力 $N_{1//}$ 和竖直方向分力 N_{1y} 大小均为 $\frac{1}{4}mg$。

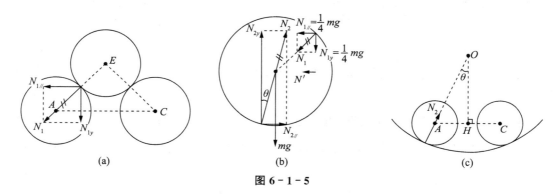

图 6 - 1 - 5

根据对称性,下方 4 球的受力情况应相同。不妨分析球 A 的受力情况,如图 6 - 1 - 5(b) 所示,其中弹力 N_2 是碗对球 A 的弹力,弹力 N' 是球 B、D(图中未画出)对球 A 施加的总弹力。由于根据受力平衡易知:弹力 N_2 的竖直方向分力 $N_{2y}=\frac{5}{4}mg$,弹力 N_2 的水平方向分力 $N_{2//}$ 需满足 $N_{2//}\geqslant\frac{1}{4}mg$。因此,要使球 A 能平衡,需使弹力 N_2 与竖直方向夹角 θ 满足:

$$\tan\theta=\frac{N_{2//}}{N_{2y}}\geqslant\frac{\frac{1}{4}mg}{\frac{5}{4}mg}=\frac{1}{5} \qquad ①$$

弹力 N_2 是指向碗的圆心 O 的,如图 6 - 1 - 5(c) 所示,在竖直平面 OAC 中,$|OA|=r-R$,$|AH|=\sqrt{2}R$,故弹力 N_2 与竖直方向夹角 θ 的正弦可表示为:

$$\sin\theta=\frac{\sqrt{2}R}{r-R} \qquad ②$$

②式结合①式的要求,知:

$$r \leqslant (2\sqrt{13}+1)R$$

故碗的半径 r 最大可以取 $(2\sqrt{13}+1)R$。

特别地,在 r 取到最大值 $r_{\max} = (2\sqrt{3}+1)R$ 的临界情况时,下方四球间恰好没有弹力,亦即图 6-1-5(b)中弹力 $N'=0$ 的情况。

二、矢量三角形

力是矢量。在物体受到三力而平衡时,三个力的矢量和为 $\vec{0}$,故三个力一定能依次首尾连接,构成一个三角形,称为**矢量三角形**,或者**力三角形**。

物体受超过三个力作用而平衡时,有时能将作用点相同的多个力合成为一个力,从而使多个力转化为三个力,进而再利用矢量三角形解题。例如:将同一接触面上的正压力 N 和摩擦力 f 合成为一个合力 F,就能减少力的个数。

通过矢量三角形研究受力情况,是十分直观、有效的方法。利用矢量三角形的几何特征、矢量三角形和实物模型之间的几何关系,可以帮助我们了解物体的受力细节。在准静态过程时,利用矢量三角形的变化也可以帮助我们看清受力情况的变化。

接下来,用几道例题来展示矢量三角形的用法。

例 6.5 质量为 m 的小物体静止于倾角为 θ 的固定斜面上,小物体与斜面之间的动摩擦因数为 μ。问:(1) μ 与 θ 满足的关系;(2) 若要沿斜面向上缓慢地拉动物体,则至少需要施加多大的拉力 $T_{上}$?(3) 若要沿斜面向下缓慢地拉动物体,则至少需要施加多大的外力 $T_{下}$?

解 (1) 小物体静止于斜面上时,受到重力 mg、弹力 N 和摩擦力 f 作用,如图 6-1-6(a)所示。易知:

$$\begin{cases} N = mg\cos\theta \\ f = mg\sin\theta \end{cases}$$

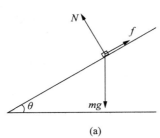

图 6-1-6

根据 $f \leqslant \mu N$ 知:

$$\mu \geqslant \frac{f}{N} = \tan\theta$$

此即题目所求 μ 与 θ 间满足的关系。

一般地,记 $\alpha = \arctan\mu$,称 α 为**摩擦角**。第(1)问的结论也可以表述为摩擦角 α 大于等于 θ。

考察小物体的受力情况,摩擦力 f 与弹力 N 的施力物体都是斜面,受力物体都是小物体。所以,摩擦力 f 和弹力 N 是斜面和小物体间的总作用力 F 的两个分力。如图 6-1-6(b)所示,当物体在斜面上向上或向下滑动时,$f_滑=\mu N$,易知,弹力 N 与合力 F 的夹角为摩擦角 α。

(2) 小物体被向上拉动时,受到重力 mg、垂直斜面向上的弹力 $N_上$、沿平行斜面向下的滑动摩擦力 $f_上=\mu N_上$ 和拉力 $T_上$。弹力 $N_上$ 与滑动摩擦力 $f_上$ 的合力 $F_上$ 与垂直斜面方向成摩擦角 α,故无论弹力 $N_上$ 与滑动摩擦力 $f_上$ 大小如何,$F_上$ 的方向都是确定的。

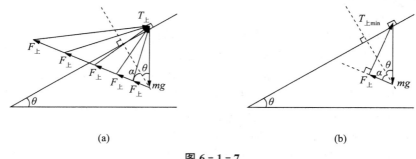

(a)   (b)

图 6-1-7

由于是缓慢地拉动,故小物体可以看作是准静态平衡的,即小物体可以看作是受力平衡的。小物体受到的力 mg、$F_上$ 和 $T_上$ 的关系如图 6-1-7(a)所示,图中给出了数组可能的受力情况。

显然,当 $T_上 \perp F_上$ 时,$T_上$ 取到最小值 $T_{上min}$,如图 6-1-7(b)所示,有:
$$T_{上min}=mg \cdot \sin(\alpha+\theta)=mg \cdot \sin(\arctan\mu+\theta)$$
故至少需要施加拉力 $T_上=mg \cdot \sin(\arctan\mu+\theta)$。

(3) 与(2)同理,在小物体被缓慢向下拉动时,其受到的滑动摩擦力向上,则力 mg、$F_下$ 和 $T_下$ 的关系如图 6-1-8(a)所示,图中给出了数组可能的受力情况。

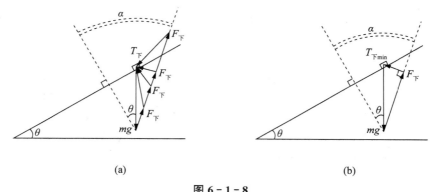

(a)   (b)

图 6-1-8

当 $T_下 \perp F_下$ 时,$T_下$ 取到最小值 $T_{下min}$,如图 6-1-8(b)所示,有:
$$T_{下min}=mg \cdot \sin(\alpha-\theta)=mg \cdot \sin(\arctan\mu-\theta)$$
故至少需要施加拉力 $T_{下min}=mg \cdot \sin(\arctan\mu-\theta)$。

例6.6 如图 6-1-9 所示,直角支架 ABC 由两根相互垂直的光滑杆焊接而成,固定在竖直平面内,杆 AC 与水平面夹角为 θ。杆 AC 和杆 BC 杆上分别套有质量为 m_1 和 m_2

的光滑圆环，m_1 和 m_2 再用轻质细绳连接。若 m_1、m_2 平衡，求：
(1)绳的内部张力；(2)绳与竖直方向的夹角 α。

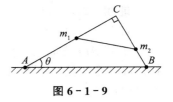

图 6 - 1 - 9

解 对 m_1、m_2 分别进行受力分析，如图 6 - 1 - 10(a)所示。

m_1 受到重力 m_1g、支架的弹力 N_1、绳的拉力 T 而平衡，弹力 N_1 垂直于杆 AC，拉力 T 沿绳方向。重力 m_1g、弹力 N_1、拉力 T 应能依次首尾相接，形成一个矢量三角形，如图 6 - 1 - 10(b)所示。同理，对 m_2 也能受力分析并画出矢量三角形，如图 6 - 1 - 10(c)所示。

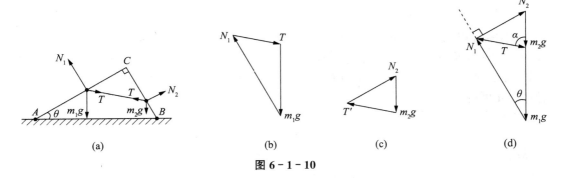

图 6 - 1 - 10

由于 m_1、m_2 分别受到的绳的拉力是等大反向的，故将两个矢量三角形的"T 边"并拢，构成一个大三角形，如图 6 - 1 - 10(d)所示。根据弹力 N_1、N_2 的方向垂直于杆，可知这个大三角形是有一个内角为 θ 的直角三角形，θ 在图 6 - 1 - 10(d)中标出。

在大三角形内，利用几何关系，容易计算出 T 和 α：

$$\begin{cases} T = \sqrt{m_1^2\sin^2\theta + m_2^2\cos^2\theta} \cdot g \\ \alpha = \arcsin\dfrac{(m_1+m_2)}{\sqrt{m_1^2\sin^2\theta + m_2^2\cos^2\theta}}\sin\theta\cos\theta \end{cases}$$

例 6.7 如图 6 - 1 - 11(a)所示，重为 P 和 Q 的两个小环 A 和 B 都套在一个竖直、固定、光滑的大圆环上。一轻绳两端分别拴在小环 A 和 B 上，并挂在光滑的钉子 O' 上，O' 位于大圆环环心 O 的正上方。当 A、B 静止不动时，A 环和 B 环到钉子 O' 的距离分别记为 r_A 和 r_B，试证明：

$$\frac{P}{r_B} = \frac{Q}{r_A}。$$

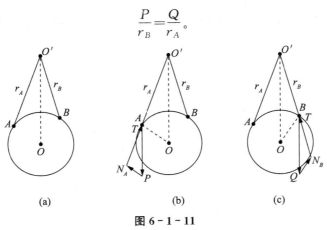

图 6 - 1 - 11

证明 轻绳对小环 A 和小环 B 的拉力大小 T 相等。

对小环 A 进行受力分析,小环 A 受到重力 P、绳的拉力 T 和大圆环的弹力 N_A 作用。拉力 T 沿 AO' 方向,弹力 N_B 沿 OA 方向。小环 A 受 3 个力而平衡,将 3 个力依次首尾相接形成一个矢量三角形,如图 6-1-11(b)所示。图(b)中的矢量三角形与 $\triangle OO'A$ 相似,由此可得:

$$\frac{|OO'|}{P}=\frac{r_A}{T}$$

故有:

$$P \cdot r_A = |OO'| \cdot T \qquad\qquad ①$$

对小环 B 进行受力分析,小环 B 受到重力 Q、绳的拉力 T 和大圆环的弹力 N_B。拉力 T 沿 BO' 方向,弹力 N_B 沿 OB 方向。小环 B 受 3 力而平衡,将 3 个力依次首尾相接,依次首尾相接形成一个矢量三角形,如图 6-1-11(c)所示。图(c)中的矢量三角形与 $\triangle OO'B$ 相似,由此可得:

$$\frac{|OO'|}{Q}=\frac{r_B}{T}$$

故有:

$$Q \cdot r_B = |OO'| \cdot T \qquad\qquad ②$$

由①②两式得:

$$P \cdot r_A = Q \cdot r_B$$

即:

$$\frac{P}{r_B}=\frac{Q}{r_A}$$

例 6.8 一个圆环状支架竖直放置,圆心在 O 点。两根轻杆 OA、OB 在 O 处连接,A、B 两端由铰链固定在支架上。重物 C 用绳悬挂在 O 点。如图 6-1-12 所示,开始时 OA 水平,OB 与 OA 夹角为 $150°$。现将圆环绕 O 点在图示平面顺时针缓慢旋转 $90°$,问两杆内部张力大小如何变化。

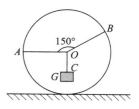

图 6-1-12

解 设重物 C 的重为 G。

取 O 点附近的一小块物质作为受力分析对象,对象应受到 OA 杆剩余部分施加的力 F_1、OB 杆剩余部分施加的力 F_2 和绳施加的力 T 作用,且 $T=G$,如图 6-1-13(a)所示。

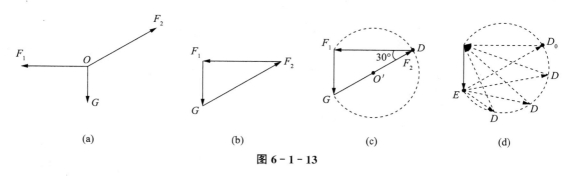

| (a) | (b) | (c) | (d) |

图 6-1-13

易知，F_1 沿 OA 方向，F_2 沿 OB 方向。由于对象受力平衡，故 F_1、F_2、G 三个力的合力大小为 0，应能依次首尾相接构成一个矢量三角形，如图 6-1-13(b) 所示。

在支架转动过程中，由于 OA 杆、OB 杆的夹角始终为 $150°$，所以矢量三角形中恒力 G 所对的内角应始终等于 $30°$。根据"同弧所对的圆周角相等"知：矢量三角形的顶点 D 始终位于以 G 为弦的一个圆周上，如图 6-1-13(c) 所示。开始时，F_2 处于该圆的一直径上。

在支架转动过程中，F_1、F_2 都绕点 O 顺时针转过 $90°$，故矢量三角形的顶点 D 沿圆周从图 6-1-13(d) 中的 D_0 位置缓慢地移动到 E 位置。根据几何关系知：F_1 先变大后变小，F_2 不断变小。

OA 杆内部张力与 F_1 大小相等，OB 杆内部张力与 F_2 大小相等。故 OA 杆内部张力先变大后变小，OB 杆内部张力不断变小。

【思考与探究】 请读者思考，本题是否还有其他解法？

第二节　可视为刚体的物体的平衡

一、物体的平衡条件

（一）物体的平衡条件

物体保持静止或匀速直线运动的状态称为**平衡状态**。物体绕一过质心的固定轴匀速转动的状态称为**转动平衡状态**。物体处于平衡或转动平衡状态时，都不发生形变，可视为刚体。

物体处于平衡或转动平衡状态，相当于同时满足："物体的质心 C 的加速度大小为 0"和"物体在其质心系内的角加速度大小为 0"。由此知道，物体处于平衡或转动平状态衡的条件是：**物体所受合外力 $\Sigma\vec{F}=\vec{0}$ 且物体所受的合外力矩 $\Sigma\vec{M}=\vec{0}$**。

在静力学中，物体所受合外力矩对任意的参考点都是相同的，故在物体的平衡条件中，要求合外力矩 $\Sigma\vec{M}=\vec{0}$，不需要指明是对哪个点的力矩。至于此性质为何成立，感兴趣的读者可参见"（二）力矩的参考点"的分析。

*（二）力矩的参考点

设物体受到 n 个力 $\vec{F}_1$、$\vec{F}_2$、$\vec{F}_3$、$\cdots$、$\vec{F}_n$，第 i 个力 $\vec{F}_i$ 的作用点为 A_i。

对任意的参考点 O_1 和 O_2，考查物体所受的合外力矩 $\Sigma\vec{M}_1$、$\Sigma\vec{M}_2$，根据力矩的定义有：

$$\Sigma\vec{M}_1 = \sum_{i=1}^{n}\overrightarrow{O_1A_i}\times\vec{F}_i \tag{6.2.1}$$

$$\Sigma\vec{M}_2 = \sum_{i=1}^{n}\overrightarrow{O_2A_i}\times\vec{F}_i \tag{6.2.2}$$

做如下的推导：

$$\sum_{i=1}^{n}\overrightarrow{O_1A_i}\times\vec{F}_i = \sum_{i=1}^{n}(\overrightarrow{O_1O_2}+\overrightarrow{O_2A_i})\times\vec{F}_i = \sum_{i=1}^{n}\overrightarrow{O_1O_2}\times\vec{F}_i + \sum_{i=1}^{n}\overrightarrow{O_2A_i}\times\vec{F}_i$$

$$=\overrightarrow{O_1O_2}\times\sum_{i=1}^{n}\vec{F}_i + \sum_{i=1}^{n}\overrightarrow{O_2A_i}\times\vec{F}_i \tag{6.2.3}$$

从(6.2.3)式得到对任意的参考点O_1、O_2的合外力矩$\Sigma \vec{M_1}$、$\Sigma \vec{M_2}$的关系：

$$\Sigma \vec{M_1} = \overrightarrow{O_1 O_2} \times \Sigma \vec{F_i} + \Sigma \vec{M_2} \tag{6.2.4}$$

注意到(6.2.4)中$\Sigma \vec{F_i}$就是合外力,而在静力学中,受力平衡的物体所受合外力$\Sigma \vec{F_i}$总是等于$\vec{0}$的,故(6.2.4)成为：

$$\Sigma \vec{M_1} = \Sigma \vec{M_2} \tag{6.2.5}$$

(6.2.5)式告诉我们,在合外力$\Sigma \vec{F} = \vec{0}$的条件下,对任意的参考点,物体受到的合外力矩$\Sigma \vec{M}$都相同。

由此知道,在能判断物体所受合外力$\Sigma \vec{F} = \vec{0}$的条件下,只需要保证物体对任意参考点受到的合外力矩$\Sigma \vec{M} = \vec{0}$,就能保证物体受到对质心的合外力矩$\Sigma \vec{M_C} = \vec{0}$,就能保证物体平衡。应当指明,**物体处于平衡或转动平状态衡的条件是：物体所受合外力$\Sigma \vec{F} = \vec{0}$且物体对任意参考点所受的合外力矩$\Sigma \vec{M} = \vec{0}$。**

二、共点力的平衡和三力平衡

当受力平衡的物体受到的所有力所在的直线都通过同一个点O时,所有力$\vec{F_i}$对参考点O都没有力矩,于是物体对参考点O受到的合外力矩$\Sigma \vec{M}$必为$\vec{0}$。这样的受力平衡称为**共点力的平衡**,这些力称为**共点力**。在考查共点力的平衡问题时,只需保证合外力$\Sigma \vec{F} = \vec{0}$,即可保证物体平衡。

考察物体受到三个力而平衡的特殊情况,有结论：**当物体受到共面且互不平行的三个力而平衡时,三力所在的直线必共点。** 证明如下：

若物体受到的三个力F_1、F_2、F_3不共点,如图$6-2-1$所示,取出力F_1、F_2所在直线的交点P。取P为参考点考查力矩,则F_1、F_2对P力矩为$\vec{0}$而F_3对P力矩不为$\vec{0}$,故物体受到的合外力矩必不为$\vec{0}$。

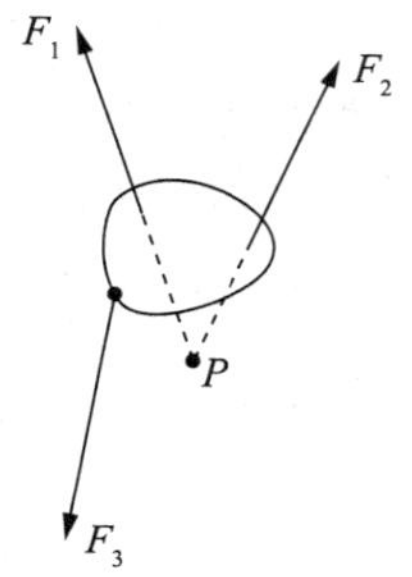

由此知道,若物体受到的三个力F_1、F_2、F_3不共点,就无法满足物体受到的合外力矩$\Sigma \vec{M} = \vec{0}$。反之,当物体受到三个力而平衡时,三力所在的直线必共点。

换句话说,如果物体仅受三个力而平衡,这三个力必为共点力。

物体受超过三个力而平衡时,有时能将作用点相同的多个力合成为一个力,从而使多个力转化为三个力,从而将多个力的平衡问题转化为三力共点而平衡的问题。例如：将同一接触面上的正压力N和摩擦力f合成为一个合力F,就能减少力的个数。

如图$6-2-2$所示,给出了一个三力平衡的例子和一个将四力平衡转化为三力平衡的例子。

图 $6-2-1$

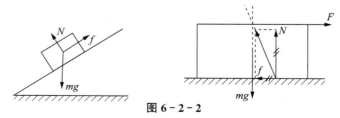

图 $6-2-2$

例6.9 半径为 R 的光滑半球形碗固定在桌面上,碗口平面水平。如图 $6-2-3(a)$ 所示,一质量均匀的细杆 AB 静止于碗上,一端在碗内,一端在碗外。已知杆在碗内的部分的长度 $|AC|=l$,求杆的全长 L。

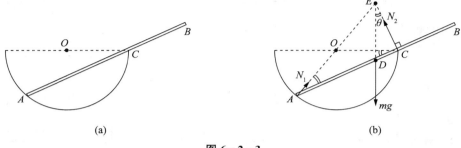

图 $6-2-3$

解 如图 $6-2-3(b)$ 所示,对杆进行受力分析。杆受到作用在中点 D 的重力 mg,杆在 A 处受到的碗的弹力 N_1 过球心 O,杆在 C 处受到的碗的弹力 N_2 垂直于杆。杆仅受重力 mg、弹力 N_1、弹力 N_2 而平衡,故重力 mg、弹力 N_1、弹力 N_2 必共点,在图 $6-2-3(b)$ 中以点 E 表示。

由几何关系易知,图 $6-2-3(b)$ 中三个用双线标出的角都相等,不妨用 θ 表示。利用等腰三角形 OAC 知:

$$\theta = \arccos \frac{l}{2R}$$

在直角三角形 ACE 中,有:

$$|CE| = l \cdot \tan\theta = \sqrt{4R^2 - l^2}$$

在直角三角形 DCE 中,有:

$$|DC| = |CE| \cdot \tan\theta = \frac{4R^2 - l^2}{l}$$

根据 $|AD| = |AC| - |DC|$,知:

$$|AD| = l - \frac{4R^2 - l^2}{l} = \frac{2l^2 - 4R^2}{l}$$

而重力的作用点 D 是杆的中点,故杆长 $L = 2|AD|$。

$$L = 4l - \frac{8R^2}{l}。$$

【思考与探究】 如果知道杆长 L,也可以用类似方法求出 θ 和 l,请读者思考。

例6.10 如图 $6-2-4$ 所示,均质杆 AB 长为 L,重为 G。杆的 A 端抵在竖直的粗糙墙面上,B 端用一强度足够的不可伸长的轻绳悬挂,绳的另一端固定于墙上 C 点。杆与墙面间的动摩擦因数为 μ,绳与杆的夹角为 θ,杆处水平位置而平衡。(1) μ 与 θ 满足什么关系?(2)杆平衡时,杆上有存在一点 P,若在 AP 间任一点悬挂重物,则

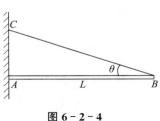

图 $6-2-4$

当重物重力 W 足够大时总可使平衡破坏；若在 PB 间任意点悬挂重物，都不能使平衡破坏，求这个点 P 离杆上 A 端的距离 x。

解 （1）对杆受力分析，如图 6-2-5(a)所示，当杆静止时，受到重力 G、拉力 T、正压力 N 和摩擦力 f。若将正压力 N 和摩擦力 f 合成为一个力 F，则可以认为杆只受三个力 G、T、F 而平衡，故 G、T、F 必共点。由几何关系，易知：$\mu \geqslant \dfrac{f}{N} = \tan\theta$。

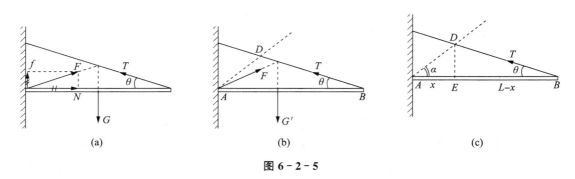

图 6-2-5

（2）将杆与重物看作一个整体，记总重力为 G'。杆和重物的整体亦只受到 G'、T、F 作用。这也就是说，如果杆和重物的整体能平衡，则平衡时 G'、T、F 必共点，如图 6-2-5(b)所示。

如图 6-2-5(c)所示，取出摩擦角 α，由于墙对杆的摩擦力 f 是静摩擦，故摩擦力 f 和正压力 N 的合力 F 必在角 α 内，于是合力 F 与拉力 T 所共的点只能在线段 BD 上。

过 D 作一条竖直线 l，交 AB 于 E，如图 6-2-5(c)所示。当总重力 G' 在直线 l 左侧时，三力 G'、T、F 不能共点，必不能平衡；当总重力 G' 在直线 l 右方时，三力 G'、T、F 可以共点，并且只要需要的 F 在角 α 内，墙就可以受到任意大小的正压力 N 和摩擦力 f，此时有 $\mu = \tan\alpha$。

对比题目要求知：E 点就是 P 点。这是因为：只要在 AE 间挂足够重的重物，总能使总重力 G' 的作用线位于在直线 l 左方；而只要在 EB 间挂重物，无论重物多重，总重力 G' 总是在直线 l 右方。

根据几何关系列出方程：

$$x \cdot \tan\alpha = (L-x) \cdot \tan\theta$$

解得：

$$x = \frac{L\tan\theta}{\tan\alpha + \tan\theta} = \frac{L\tan\theta}{\mu + \tan\theta}$$

例 6.11 如图 6-2-6(a)所示，三根质量均为 m，长均为 L 的相同均匀细杆对称地靠在一起，置于水平地面上，三杆底端间距均为 L。杆与地面间的动摩擦因数足够大。（1）若在三杆顶端悬挂一质量为 m 的物体，求 A 杆受到的地面的摩擦力大小；（2）若在 A 杆中点顶端悬挂一质量为 m 的物体，求 A 杆受到地面的摩擦力大小。

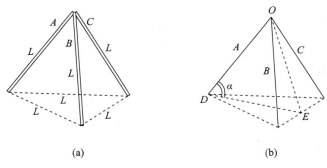

(a)   (b)

图 6 - 2 - 6

解 先求杆与地面的夹角。根据对称性知三杆与地面的夹角 α 均相等。

三根杆和其底端连线构成正四面体。如图 6 - 2 - 6(b) 所示，取 A 杆和正四面体两个表面的中线，构成等腰 $\triangle ODE$，在 $\triangle ODE$ 中，$\angle ODE$ 即为杆 A 与地面的夹角 α。等腰 $\triangle ODE$ 的底长 L、腰长 $\dfrac{\sqrt{3}}{2}L$，根据余弦定理知：

$$\alpha = \arccos\frac{\sqrt{3}}{3}$$

（1）取每根杆顶端相同的一小部分和悬挂的物体作为系统 1，则每根杆的剩余部分对系统 1 的力 F 是等大且对称的，如图 6 - 2 - 7(a) 所示，给出了受力分析图。

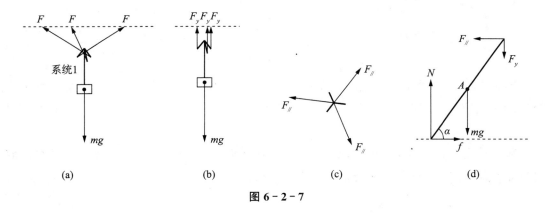

(a)   (b)   (c)   (d)

图 6 - 2 - 7

将 F 分解为水平方向的 $F_{/\!/}$ 和竖直方向的 F_y，正视图 6 - 2 - 7(b) 表现竖直方向受力，俯视图 6 - 2 - 7(c) 表现水平方向受力，根据对称性有：

$$F_y = \frac{1}{3}mg$$

对 A 杆的剩余部分受力分析，如图 6 - 2 - 7(d) 所示，A 杆在顶端受到系统 1 的反作用力。取 A 杆底端为参考点，可列出力矩方程：

$$mg \cdot \frac{1}{2}L\cos\alpha + F_y L\cos\alpha = F_{/\!/}L\sin\alpha$$

在上式中约去 L，并将 α 和 F_y 代入，解得：

$$F_{/\!/} = \frac{5\sqrt{2}}{12}mg$$

再根据 A 杆的水平方向受力平衡知：

$$f = F_{/\!/} = \frac{5\sqrt{2}}{12}mg$$

故 A 杆受到地面的摩擦力大小为 $\dfrac{5\sqrt{2}}{12}mg$

（2）根据对称性知，这一问中的受力情况是关于 ODE 平面对称的，也就是说 B、C 两杆的受力情况是完全相同的。

取每根杆顶端相同的一小部分和悬挂的物体作为系统 2，记 A 杆的剩余部分对系统 2 的力为 F_A，B、C 杆的剩余部分对系统 2 的力为 F'，如图 6-2-8(a)所示。将 F_A 和 F' 都沿水平方向和竖直方向分解，水平方向的受力情况如俯视图 6-2-8(b)，竖直方向的受力情况如图 6-2-8(c)所示。

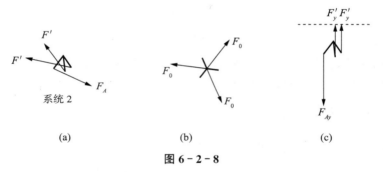

（a）　　　　　　　　（b）　　　　　　　　（c）

图 6-2-8

水平方向上，三个力两两之间的夹角均为 120° 而平衡，故水平方向的三个分力必大小相等，不妨记为 F_0。竖直方向上也受力平衡，故有：

$$F_{Ay} = 2F_y' \qquad\qquad ①$$

利用系统 2 对杆的反作用力，对 A 杆和 B 杆受力分析，如图 6-2-9 所示。选杆的底端为参考点，可对 A 杆和 B 杆分别列出力矩方程：

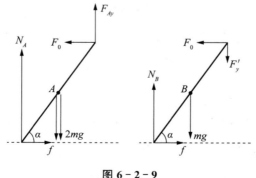

图 6-2-9

$$\begin{cases} 2mg \cdot \dfrac{1}{2}L\cos\alpha = F_0L\sin\alpha + F_{Ay}L\cos\alpha & ② \\ mg \cdot \dfrac{1}{2}L\cos\alpha + F'_yL\cos\alpha = F_0L\sin\alpha & ③ \end{cases}$$

结合①②③三式，解得：

$$\begin{cases} F_0 = \dfrac{\sqrt{2}}{3}mg \\ F_{Ay} = \dfrac{1}{3}mg \\ F'_y = \dfrac{1}{6}mg \end{cases}$$

再根据 A 杆的水平方向受力平衡知：

$$f_A = F_0 = \frac{\sqrt{2}}{3}mg$$

故 A 杆受到地面的摩擦力大小为 $\dfrac{\sqrt{2}}{3}mg$。

例 6.12　在竖直墙与轻质木板之间有四块相同的砖，如图 6-2-10 所示。用手压木板可使砖都不掉下。若每块砖的质量均为 m，在图示平面中，每块砖的高度为 H，宽度为 L。设所有接触物体间的动摩擦因数都足够大，问：手对木板的正压力 N 至少为多大才能使系统平衡？

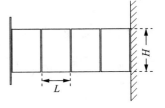

图 6-2-10

解　4 块砖块从左向右依次记为 A、B、C、D。通过受力分析，易知四块砖都同时受到两侧的 2 个正压力 N，它们受到的摩擦力方向在图 6-2-11(a) 中给出(B、C 的接触面上没有相互作用的摩擦力)，其中：

$$\begin{cases} f_1 = 2mg \\ f_2 = mg \end{cases}$$

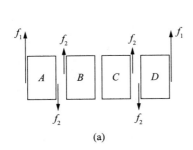

(a)

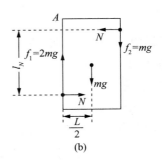

(b)

图 6-2-11

对砖 A 进行受力分析，如图 6-2-11(b) 所示。显然，A 受到的左侧弹力 N 和左侧摩擦力 $f_1 = 2mg$ 的作用点在 A 的左表面上，A 受到的右侧弹力 N 和右侧摩擦力 $f_2 = mg$ 的

作用点在 A 的右表面上。取左侧弹力 N 和左侧摩擦力 f_1 的作用点为参考点考查 A 的力矩,记右侧弹力 N 的力臂为 l_N,则有:

$$mg \cdot \frac{1}{2}L + mgL = Nl_N$$

解得:

$$N = \frac{1.5mgL}{l_N}$$

从图(b)中知道,$l_N \leqslant H$(当且仅当左侧作用点在最低点、右侧作用点在最高点时取等号),故 N 满足:

$$N \geqslant \frac{1.5mgL}{H}$$

这也就是说,要使 A 能平衡,需使 $N \geqslant \frac{1.5mgL}{H}$。

同理,对 B 进行同样的分析,知:要使 B 能平衡,需使 $N \geqslant \frac{3mgL}{2H}$;对 A、B 整体进行分析知:要使 A、B 整体能平衡,需使 $N \geqslant \frac{2mgL}{H}$;对 A、B、C 整体进行分析知:要使 A、B、C 整体能平衡,需使 $N \geqslant \frac{3mgL}{2H}$。

这些要求中,最严格的是:

$$N \geqslant \frac{2mgL}{H}$$

根据对称性,只要保证了 A 能平衡,就保证了 D 能平衡;只要保证了 B 能平衡,就保证了 C 能平衡;只要保证了 A、B 整体能平衡,就保证了 C、D 整体能平衡;只要保证了 A、B、C 整体能平衡,就保证了 B、C、D 整体能平衡。

如此,$N \geqslant \frac{2mgL}{H}$ 应可以保证所有能被独立考查的对象平衡。

综上所述,手对木板的正压力 N 至少为 $\frac{2mgL}{H}$ 才能使系统平衡。

【分析与说明】 1. 结论说明,砖块的高度越小,所需的正压力 N 越大。这个特征可以通过简单的实验体现出来:手将四本书压在墙面上很轻松,但如果要将四节干电池按串联方式压在墙上,则会困难很多。2. 对于本题中取的每一个受力分析对象,都可以把左侧弹力和摩擦力合成为一个左方的合力,再把右侧弹力和摩擦力合成为一个右方的合力,如此,可以认为对象只受到三个力而平衡。请读者思考,从三力平衡的观点看,为何 N 一定要达到某一值才能使对象平衡?

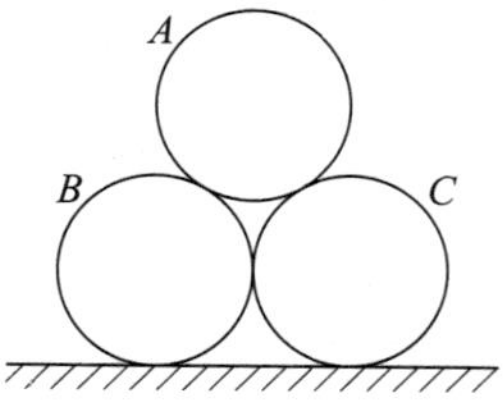

图 6 - 2 - 12

例 6.13 如图 6 - 2 - 12 所示,三个底面半径和质量均相同的圆柱体 A、B、C 按图中的方式堆放在地面上,互相接触。要使三个圆柱体在不施加外力的情况下静止,问:圆柱体和圆柱体之间、圆柱体和地面之间的动摩擦因数至少为多少?

解 设每个圆柱体的质量为 m,底面半径为 R。先假设三个圆柱体能平衡,求出弹力和摩擦力的大小。

根据对称性,易知圆柱体 B 和 C 之间无相互作用。对三个圆柱体整体进行竖直方向的受力分析,知地面对圆柱体 B 和 C 的正压力 N_2 为:

$$N_2 = \frac{3}{2}mg \qquad ①$$

如图 6-2-13(a)所示,给出了圆柱体 A 和圆柱体 B 的受力分析图,图中摩擦力方向的确定方法如下:

圆柱体 A 受到重力,一定向下挤压圆柱体 B 和 C,对圆柱体 B 和 C 施加正压力 N_1。正压力 N_1 使圆柱体 B 有向左的运动趋势,故地面必对圆柱体 B 施加一个向右的摩擦力 f_2。研究圆柱体 B 以 O_B 为轴受到的力矩,重力 mg、正压力 N_1、N_2 都不提供力矩,但摩擦力 f_2 有力矩。在摩擦力 f_2 的作用下,圆柱体 B 有绕圆心 O_B 逆时针转动的趋势,故它将受到圆柱体 A 施加的摩擦力 f_1。

在图 6-2-13(a)所示平面内,选 O_B 为参考点,考查力矩,有:

$$f_1 R = f_2 R \qquad ②$$

在图 6-2-13(a)所示平面内,选 f_1、f_2 所在直线的交点 Q 为参考点,考查力矩,有:

$$N_1 L + mgL = N_2 L \qquad ③$$

结合①②③三式,知:

$$\begin{cases} f_1 = f_2 \\ N_1 = \frac{1}{2}mg = \frac{1}{3}N_2 \end{cases}$$

故有

$$\frac{f_2}{N_2} = \frac{1}{3} \cdot \frac{f_1}{N_1} \qquad ④$$

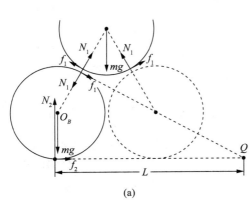

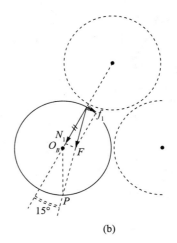

(a)   (b)

图 6-2-13

如图 6-2-13(b)所示,选 B 与地面的交点 P 考查力矩,则重力 mg、正压力 N_2、摩擦

f_2 都不提供力矩,故正压力 N_1 和摩擦力 f_1 的合力必通过点 P。根据图中几何关系,易知:

$$\frac{f_1}{N_1} = \tan 15° \qquad\qquad ⑤$$

结合④⑤两式,有:

$$\frac{f_2}{N_2} = \frac{1}{3}\tan 15°$$

动摩擦因数需满足的条件是 $\mu \geqslant \dfrac{f}{N}$。故根据上述分析知道,圆柱体 A 与圆柱体 B 之间的动摩擦因数至少要达到 $\tan 15°$;圆柱体 A 与圆柱体 C 之间的动摩擦因数至少要达到 $\tan 15°$;圆柱体 B 与圆柱体 C 之间的动摩擦因数可取任意大小;圆柱体 B 与地面间的动摩擦因数至少要达到 $\dfrac{1}{3}\tan 15°$;圆柱体 C 与地面间的动摩擦因数至少要达到 $\dfrac{1}{3}\tan 15°$。

例 6.14 如图 6-2-14 所示,地面半径为 r 的圆柱体 A 固定在水平地面上,地面半径为 R 的圆柱体 B 紧挨圆柱体 A 置于同一水平地面上,$R > r$。在圆柱体 B 上缠绕一根足够长的细绳,用可调整的水平拉力 T 缓慢地拉动圆柱体 B,问:要使圆柱体 B 能翻越过圆柱体 A,则圆柱体 A 和圆柱体 B 之间的动摩擦因数 μ 至少要多大?

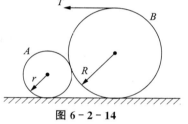

图 6-2-14

解 圆柱体 A 对圆柱体 B 施加正压力 N 和摩擦力 f。圆柱体 B 运动的过程中,正压力 N 和摩擦力 f 不断变化,动摩擦因数 μ 要在任意一刻满足 $\mu \geqslant \dfrac{f}{N}$,在整段过程中,动摩擦因数 μ 要大于或等于 $\dfrac{f}{N}$ 的最大值 $\left(\dfrac{f}{N}\right)_{\max}$。

在运动的任意时刻圆柱体 B 都准静态平衡,对圆柱体 B 进行受力分析,将摩擦力 f 和弹力 N 合成为一个合力 F,则圆柱体 B 受到重力 mg、合力 F 和拉力 T 而平衡,故重力 mg、合力 F 和拉力 T 必共点,如图 6-2-15(a)所示。

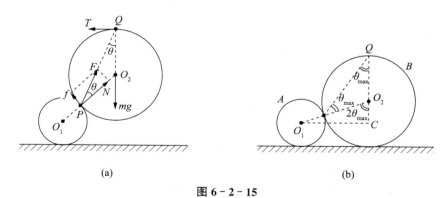

(a)　　　　　　　　　(b)

图 6-2-15

设图中 F 与两圆心连线方向夹角为 θ,则图中 $\angle PQO_2 = \theta$,且 $\dfrac{f}{N} = \tan\theta$。显然,在运动

过程中 $\angle PQO_2$ 逐渐减小，故 θ 逐渐减小，$\tan\theta$ 逐渐减小，$\dfrac{f}{N}$ 逐渐减小。θ 的最大值 θ_{max} 和 $\dfrac{f}{N}$ 的最大值 $\left(\dfrac{f}{N}\right)_{max}$ 在初始时刻取到。

如图 6-2-15(b)所示，在初始时刻，在 $\triangle O_1O_2C$ 中有：

$$\cos 2\theta_{max}=\frac{R-r}{R+r}$$

再利用万能公式 $\cos 2\theta_{max}=\dfrac{1-\tan^2\theta_{max}}{1+\tan^2\theta_{max}}$ 知：

$$\left(\frac{f}{N}\right)_{max}=\tan\theta_m=\sqrt{\frac{r}{R}}$$

最后，根据 $\mu\geqslant\left(\dfrac{f}{N}\right)_{max}$ 的要求知：动摩擦因数 μ 至少需要达到 $\sqrt{\dfrac{r}{R}}$。

例6.15 如图 6-2-16 所示，一张桌面是等腰直角三角形的轻质小桌静置于水平地面上，在等腰三角形的三个顶点处分别有竖直的细桌脚。现要在桌上放置一个质量为 m 的小重物，使其静止在桌面上，已知每个桌脚最多能承受大小为 $\dfrac{1}{2}mg$ 的压力，问：要使小桌不被损坏，小重物能放在桌面上的什么区域？

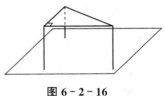

图 6-2-16

解 设桌面的直角边边长为 L，以直角顶点 O 为原点，以两直角边为轴，建立平面直角坐标系 xOy，俯视图如图 6-2-17(a)所示，则三个桌脚位于 $(0,0)$、$(0,L)$、$(L,0)$。

如图 6-2-17(a)和图(b)所示，当小重物 m 置于桌面上 (x_0,y_0) 处时，三个桌脚应分别受到压力，令这三个压力的大小依次为 N_1、N_2、N_3，则桌脚受到地面的支持力大小也为 N_1、N_2、N_3。

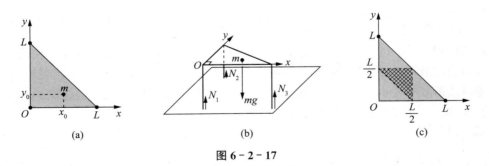

(a)　　　　　　　　(b)　　　　　　　　(c)

图 6-2-17

小桌和小重物整体受到重力 mg 和支持力 N_1、N_2、N_3 而平衡，有：

$$N_1+N_2+N_3=mg \qquad\qquad ①$$

考查对 x 轴的力矩，有：

$$mgy_0=N_2L \qquad\qquad ②$$

考查对 y 轴的力矩,有:

$$mgx_0 = N_3 L \qquad\qquad ③$$

结合①②③三式,解得:

$$\begin{cases} N_1 = \left(1 - \dfrac{x_0 + y_0}{L}\right)mg \\[2mm] N_2 = \dfrac{y_0}{L}mg \\[2mm] N_3 = \dfrac{x_0}{L}mg \end{cases}$$

根据题目要求,N_1、N_2、N_3 都不能超过 $\dfrac{1}{2}mg$,这就要求:

$$\begin{cases} x_0 + y_0 \geqslant \dfrac{L}{2} \\[2mm] y_0 \leqslant \dfrac{L}{2} \\[2mm] x_0 \leqslant \dfrac{L}{2} \end{cases}$$

根据上述方程组画出可以放置小重物 m 的区域,如图 6-2-17(c)中的网格区域所示。

例 6.16 图 6-2-18 是用三根火柴棍和细棉线悬挂起一瓶或多瓶矿泉水的实验。A、B、C 为三根相同的火柴棍,火柴棍长为 l,细实线为棉线,棉线的直径为 $d(d \ll l)$。火柴棍 A 的一半在水平桌面内,另一半在桌面外,火柴棍 A 与桌面上表面的边沿垂直。桌面厚度为 h。O 是火柴棍 A 的中点与桌面边沿的接触点。棉线紧贴桌沿绕过 A,压在水平火柴棍 C 的两端。火柴棍 B 的一端顶在火柴棍 A 的球状头部(球状头部的尺度可忽略),另一端顶在火柴棍 C 的中点。这样的结构可以稳定地悬挂起一瓶或多瓶矿泉水。

(1) 如果没有火柴棍 B 和 C,光靠 A 能否悬挂起一瓶矿泉水?为什么?

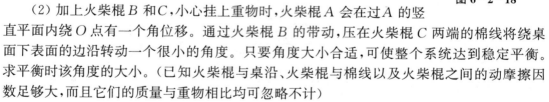

图 6-2-18

(2) 加上火柴棍 B 和 C,小心挂上重物时,火柴棍 A 会在过 A 的竖直平面内绕 O 点有一个角位移。通过火柴棍 B 的带动,压在火柴棍 C 两端的棉线将绕桌面下表面的边沿转动一个很小的角度。只要角度大小合适,可使整个系统达到稳定平衡。求平衡时该角度的大小。(已知火柴棍与桌沿、火柴棍与棉线以及火柴棍之间的动摩擦因数足够大,而且它们的质量与重物相比均可忽略不计)

解 (1) 考虑没有火柴棍 B 和 C 时的情况。挂重物时,因棉线直径 $d \neq 0$,棉线中心轴线到 O 点的距离为 $\dfrac{d}{2}$,重物的重力相对于支撑点 O 有一力矩,该力矩会使火柴棍转动直至掉下。

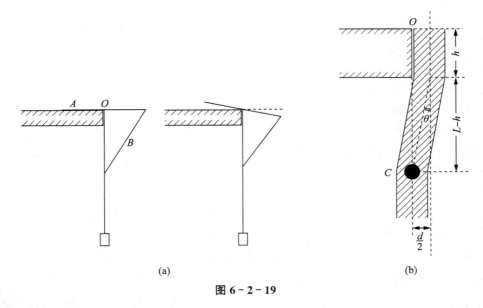

图 6 - 2 - 19

（2）如图 6 - 2 - 19（a）所示，未挂重物时，由于火柴棍 A 水平，火柴棍 B 的下端正好在 A 的中点的正下方，故 O 点到火柴棍 C 两端的距离均为 l，O 点到 B 的下端的距离 L 为：

$$L = \frac{\sqrt{3}}{2} l$$

火柴棍 A、B 之间的夹角 α 为：

$$\alpha = 60°$$

由三根火柴和 A、C 间的棉线构成的结构是稳定的，挂上重物后，该结构会整体绕 O 旋转而保持 L 和 α 不变。

挂上重物后，系统的平衡状态如图 6 - 2 - 19（b）所示。重力 mg 的力矩带动火柴棍 A 绕 O 转动，转动时，A 的球状头部带动 B 向左压 C，C 向左带动棉线向左，直到棉线向左移动了 $\frac{d}{2}$ 距离后停止。这时，重力 mg 的作用线就达到了桌沿 O 的正下方，整个系统受到重力 mg 和桌沿的作用力 F，二力共线而平衡。

画出棉线的具体形状，如图 6 - 2 - 19（b）所示，从图 6 - 2 - 19（b）的几何关系易知 AC 间的棉线转动的部分绕 O 转过的角度 θ 为：

$$\theta = \arcsin \frac{\dfrac{d}{2}}{L - h} = \arcsin \frac{d}{\sqrt{3}\,l - 2h}$$

第三节　平衡的稳定性

一、平衡的稳定性

物体平衡的状态可以分为稳定平衡、不稳定平衡和随遇平衡。称物体处于**稳定平衡**是指：当原本平衡的物体受到一个微小扰动而略微偏离其平衡位置后，能在外力的作用下回到平衡位置。称物体处于**不稳定平衡**是指：当原本平衡的物体受到一个微小扰动而略微偏离其平衡位置后，会在外力的作用下继续偏离原平衡位置，而没有回到原平衡位置的趋势。称物体处于**随遇平衡**是指：当原本平衡的物体受到一个微小扰动而略微偏离其平衡位置后，仍能平衡，其平衡可在任何位置。

考虑平衡的稳定性大致可以分为两类：平动物体的平衡和转动物体的平衡。

平动物体的平衡：原本平衡的物体若因外界的扰动而产生一微小的平动位移，则决定它是否能回到平衡位置的因素是偏离平衡位置后合外力 $\sum \vec{F}$ 的方向，若合外力 $\sum \vec{F}$ 方向指向平衡位置，则为稳定平衡；若合外力 $\sum \vec{F}$ 方向背离平衡位置，则为不稳定平衡；若偏离平衡位置后的合外力 $\sum \vec{F} = \vec{0}$，则为随遇平衡。

转动物体的平衡：原本平衡的物体若因外界的扰动而转过一微小角度，则决定它是否能回到平衡位置的因素是偏离平衡位置后合外力矩 $\sum \vec{M}$ 的方向，若合外力矩 $\sum \vec{M}$ 使物体有转回平衡位置的趋势，则为稳定平衡；若合外力矩 $\sum \vec{M}$ 使物体有转离平衡位置的趋势，则为不稳定平衡；若合外力矩 $\sum \vec{M}$ 等于 $\vec{0}$，则为随遇平衡。

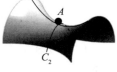

应当指出，在不同方向上考查同一个平衡态的稳定性，结果可能是不同的。例如图 6-3-1 所示的情况中，球 A 静止于曲面上，从曲线 C_1 方向上看 A 是稳定平衡的，从曲线 C_2 方向上看 A 是不稳定平衡的。

图 6-3-1

我们用一些例题来理解平衡的稳定性的概念和应用。

例 6.17 如图 6-3-2 所示，一块厚度为 h 的均质长方体物块静止地放在半径为 R 的半圆柱顶上。已知物块和半圆柱间的动摩擦因数 μ 足够大，求此物块稳定平衡的条件。

解 设物块的质心为 C，物块平衡时与圆柱面的接触点为 A。则 AC 应与物块的下底面垂直，$|AC| = \dfrac{h}{2}$。

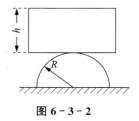

图 6-3-2

设半圆柱的顶点为 B，如图 6-3-3(a) 所示，当物块从平衡位置转过很小一段距离后，接触点 P 与圆心的连线 OP 与竖直方向夹角 α 应趋向于 0。同时，AC 与竖直方向的夹角也为 α。

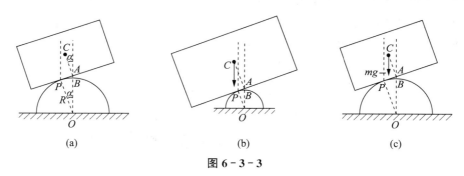

(a)   (b)   (c)

图 6-3-3

由于动摩擦因数 μ 足够大，故物块相对于半圆柱应没有滑动，故 AP 与弧 BP 长度相等。又由于 α 趋向于 0，故几乎可以认为弧 BP 与弦 BP 重合，弦 BP 与 AP 与在同一方向上，A 仍在圆心 O 和顶点 B 的正上方。

以 P 为参考点考察力矩，则只有重力 mg 对物块有力矩。若重力 mg 的作用线在 P 的左方，则重力的力矩会使物块继续翻倒，如图 6-3-3(b)所示，物块为不稳定平衡；若重力 mg 的作用线在 P 的右方，则重力的力矩会使物块有转回平衡位置的趋势，如图 6-3-3(c)所示，物块为稳定平衡。

故物块稳定平衡应对应着图 6-3-3(c)所示的情况，亦即图 6-3-3(a)所画的情况。即重力 mg 的作用线在 P 的右方。由于 OP 与 AC 方向相同，故物块稳定平衡的条件为：

$$|AC| < R$$

亦即：

$$\frac{h}{2} < R$$

此物块稳定平衡的条件是 $\frac{h}{2} < R$。

例 6.18 密度比水小的均匀细木杆 AB 的 A 端被细绳系于容器底部，将水慢慢注入容器，直至 B 端自由浮起至杆稳定在竖直方向，如图 6-3-4(a)所示。已知杆长为 L，绳的长度为 L_0，水的密度为 ρ_1，杆的密度为 ρ_2。问：水的深度至少需达到多少？

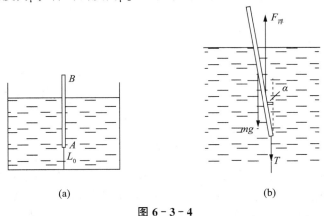

(a)   (b)

图 6-3-4

解 在水多到能提供的浮力大于杆的重力时，杆在竖直方向上一定可以平衡，但不一定是稳定平衡。我们来探究杆在竖直方向上稳定平衡的条件。

设杆在竖直位置平衡时没入水中的长度为 x，则浮力的作用点距杆的底端的距离为 $\frac{x}{2}$。

如图 6-3-4(b)所示，杆从竖直的平衡位置转过一小角度 α 时，以杆的底端为参考点，当浮力力矩大于重力力矩时，杆将有转回竖直方向的趋势，这种情况下，杆稳定平衡。

设杆的截面积为 ΔS，根据稳定平衡条件"浮力力矩大于重力力矩"列出方程：

$$[\rho_1 \cdot g \cdot (x + \Delta x) \Delta S] \cdot \left(\frac{x + \Delta x}{2} \sin\alpha \right) > (\rho_2 \cdot g \cdot L \Delta S) \cdot \left(\frac{L}{2} \sin\alpha \right)$$

其中，Δx 是由于杆的倾斜而再没入水的长度。由于 α 趋向于 0 时 Δx 必趋向于 0，故上述不等式可以改写为：

$$(\rho_1 \cdot g \cdot x \Delta S) \cdot \left(\frac{x}{2} \sin\alpha \right) \geqslant (\rho_2 \cdot g \cdot L \Delta S) \cdot \left(\frac{L}{2} \sin\alpha \right)$$

解得：

$$x \geqslant L \cdot \sqrt{\frac{\rho_2}{\rho_1}}$$

由此知道，只要水的深度达到使杆没入水的长度为 $\left(L \cdot \sqrt{\dfrac{\rho_2}{\rho_1}}\right)$，则杆就能在浮力的作用下浮起，并且在竖直方向上稳定平衡。如图 6-3-4(a)所示，水深 H 应达到 $H_{\min}=L_0+$ $L \cdot \sqrt{\dfrac{\rho_2}{\rho_1}}$。

例 6.19 如图 6-3-5(a)所示，不倒翁质量为 M，高为 h，其质量相对轴 AB 对称分布。不倒翁的底部外表面是半径 R 的球面。如图 6-3-5(b)所示，将不倒翁放在与水平面成倾角为 α 的粗糙斜面上，使它的轴 AB 与竖直方向成角 β 时，不倒翁恰能平衡。为使不倒翁在水平面上放置时失去稳定平衡状态，可以在其顶部粘上一个小重物。问：小重物的质量 m 至少多大？

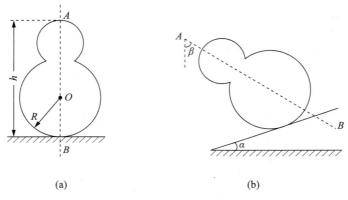

(a)   (b)

图 6-3-5

解　在图 6-3-5(b)中，不倒翁仅受重力 Mg、弹力 N 和摩擦力 f 作用而平衡。以不倒翁与斜面的接触点 P 为参考点，则弹力 N 和摩擦力 f 均没有力矩，故重力 Mg 所在直线必通过 P，如图 6-3-6(a)所示，P 在质心 C 的正下方，CP 连线在竖直方向上。

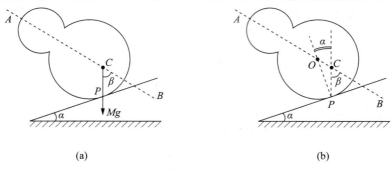

(a)   (b)

图 6-3-6

如图 6-3-6(b)所示，不倒翁底面球心为 O、质心为 C。半径 OP 与斜面垂直，CP 竖直，故 OP 与 CP 的夹角为 α。O、C 都在轴 AB 上，故 OC 与 CP 的夹角为 β。在 $\triangle OCP$ 中，应用正弦定理，有：

$$\frac{R}{\sin\beta}=\frac{|OC|}{\sin\alpha}$$

故$|OC|$的长度为：

$$|OC|=R\cdot\frac{\sin\alpha}{\sin\beta}$$

将不倒翁置于地面上，如图$6-3-7$所示，当不倒翁倾斜时，取不倒翁与地面的接触点Q为参考点，由于质心C在球心O下方，故重力使不倒翁有绕Q转回原平衡位置的趋势，故不倒翁稳定平衡，不倒翁不倒。

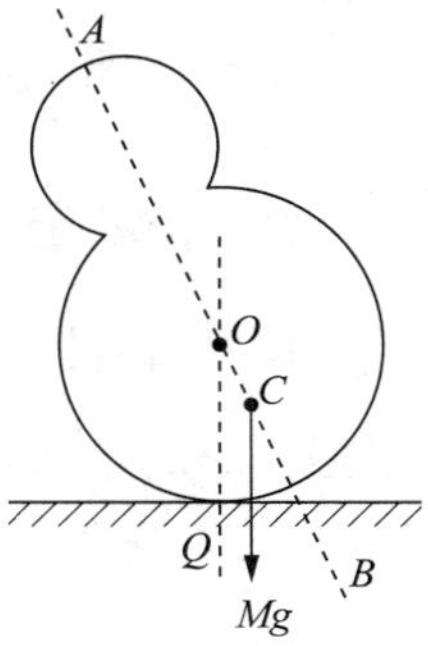

要想让不倒翁失去稳定平衡，就要使质心移至球心O或比球心O更高处。考虑临界情况，在顶部粘上小重物m后，使不倒翁和小重物的总质心在球心O处，此时，根据质心的定义，有：

$$m(h-R)=M\cdot|OC|=M\cdot R\cdot\frac{\sin\alpha}{\sin\beta}$$

解得：

$$m=M\cdot\frac{R}{h-R}\cdot\frac{\sin\alpha}{\sin\beta}$$

综上，小重物的质量m至少为$\left(M\cdot\dfrac{R}{h-R}\cdot\dfrac{\sin\alpha}{\sin\beta}\right)$。

图 6 - 3 - 7

例 6.20 如图$6-3-8$(a)所示，浮子是半径为R的质量均匀的球冠和一根均质细杆固连而成的。球冠质量为m_1，球冠质心到球冠底的距离为h。杆长为l，质量为m_2，杆的一端在球冠底。问：为使浮子正常工作，需满足什么条件？

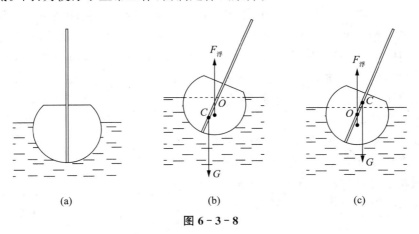

(a)　　　　　　　(b)　　　　　　　(c)

图 6 - 3 - 8

解 浮子的作用是使杆竖起，在水面上形成标记，方便人们用肉眼定位或查找它。

要使浮子正常工作，就要使浮子在杆竖直时处于稳定平衡。如此，当浮子受到扰动，从平衡位置旋转过一小角度时，杆仍能转回竖直位置。

浮子在平衡位置附近转动时，浮子浸入水面下方的形状是一个小球冠，故浮力的作用线一定通过球冠的球心O，如图$6-3-8$(b)所示。

在浮子从平衡位置旋转过一小角度时，如图$6-3-8$(b)所示，取球冠的球心O为参考点，则浮力没有力矩，只有作用在浮子的质心C的重力G有力矩，有浮子的对称性知，浮子

的质心 C 在杆上。

若浮子的质心 C 在球心 O 的上方,则重力 G 的力矩会使物块继续翻倒,如图 6 - 3 - 8(c) 所示,浮子不稳定平衡;若浮子的质心 C 在球心 O 的下方,则重力 G 的力矩会使物块有转回平衡位置的趋势,如图 6 - 3 - 8(b) 所示,浮子稳定平衡;若浮子的质心 C 与球心 O 重合,则浮子随遇平衡。

故对应图 6 - 3 - 8(b) 所示的情况,只要浮子的质心 C 到球冠底端的距离 L_C 满足:

$$L_C < R \qquad ①$$

浮子就稳定平衡。

依题意,球冠的质心 C_1 到球冠底端的距离为 h,杆的质心 C_2 到球冠底端的距离为 $\dfrac{l}{2}$,根据质心的定义,知浮子的质心 C 到球冠底端的距离 L_C 为:

$$L_C = \frac{m_1 h + m_2 \dfrac{l}{2}}{m_1 + m_2} \qquad ②$$

将②式代入稳定平衡条件①式,得:

$$R > \frac{2m_1 h + m_2 l}{2m_1 + 2m_2}$$

综上所述,为使浮子正常工作,需使 $R > \dfrac{2m_1 h + m_2 l}{2m_1 + 2m_2}$ 成立。

二、平衡的稳定性的能量特征

给原本平衡的物体提供一个很小的初动能 E_{k0},物体会因此初动能 E_{k0} 而偏离平衡位置。如果平衡是稳定平衡,则物体的动能 E_k 将减小到 0 并返回原平衡位置;如果平衡是随遇平衡,则物体的动能 E_k 将保持 E_{k0} 不变,继续匀速平动或匀速转动;如果平衡是不稳定平衡,则物体的动能 E_k 将会增大,远离平衡位置。这就相当于从动能 E_k 的视角重新表述了平衡的稳定性的分类。

考虑如下的特殊情况:在原本平衡的物体受到扰动略微偏离平衡位置的过程中如果只有保守力做功。在这样的过程中,机械能 $E_{机}$ 守恒,动能 E_k 和势能 E_p 相互转化而没有损失。

如果平衡是稳定平衡,则物体离开平衡位置后,动能 E_k 减小,势能 E_p 增大,故物体在稳定平衡的位置取到势能 E_p 的最小值 E_{pmin};如果平衡是不稳定平衡,则物体离开平衡位置后,动能 E_k 增大,势能 E_p 减小,故物体在不稳定平衡的位置取到势能 E_p 的最大值 E_{pmax};如果平衡是随遇平衡,则物体略微离开平衡位

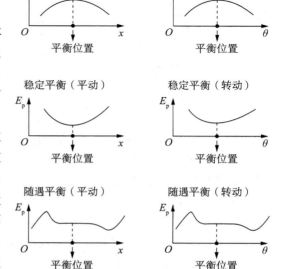

图 6 - 3 - 9

置后,动能 E_k 和势能 E_p 都不发生变化,故物体在随遇平衡的位置附近时,势能 E_p 是常值。如图 6-3-9 所示,给出了三种平衡的势能特征。

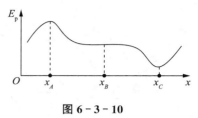

图 6-3-10

我们知道势能是位置的函数,势能与物体的运动状态是无关的。不妨考查物体位于 x 轴上时势能 E_p 与坐标值 x 的关系,如图 6-3-10 所示。将前述的逻辑逆推,也能知道:物体位于 x_A 位置时不稳定平衡;物体位于 x_B 位置时随遇平衡;物体位于 x_C 位置时稳定平衡。

在许多情况下,在物体受到微小扰动时,可以认为摩擦力等耗散力不做功。这时,平衡的稳定性也对应着同样的能量特征。

例 6.21 如图 6-3-11(a)所示,长为 L 的细杆顶端靠在竖直的光滑墙上,底端置于固定光滑轨道上,光滑轨道处于一竖直平面内。在光滑轨道所在竖直平面内,为使杆的底端在轨道的任意位置上时,杆都能平衡,问:光滑轨道应是什么形状的?

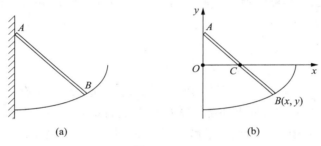

图 6-3-11

解 依题意,杆的底端在光滑轨道上时,杆处于随遇平衡状态。故杆的底端在光滑轨道上移动时,其重力势能大小是不变的,即其质心始终在同一水平线上。

以墙上与质心 C 等高的位置为原点,以竖直向上方向为 y 轴,以水平方向为 x 轴,建立平面直角坐标系 xOy。如图 6-3-11(b)所示,取光滑轨道上任意一点 $B(x, y)$,当杆的底端在 $B(x, y)$ 时,质心应在 $C\left(\dfrac{1}{2}x, 0\right)$,故杆的顶端在 $A(0, -y)$。根据杆长 $|AB| = L$ 可列出方程:

$$x^2 + 4y^2 = L^2 \qquad \qquad ①$$

故光滑轨道上任意一点 $B(x, y)$ 都在方程①所示的椭圆上,且 $x > 0$,$y < 0$。即:光滑轨道的形状为 $\dfrac{1}{4}$ 椭圆。

例 6.22 如图 6-3-12(a)所示,有一宽为 L 的长方体石块置于内壁光滑的半圆柱形槽中,槽的半径为 R,石块保持地面水平而静止。(1)已知石块稳定平衡,求石块高度 h 需满足的条件;(2)将石块移至如图 6-3-12(b)所示的由两个关于某竖直平面对称的斜面构成的槽中,两个斜面的夹角为 α,求图 6-3-12(b)情况下石块稳定平衡的条件。

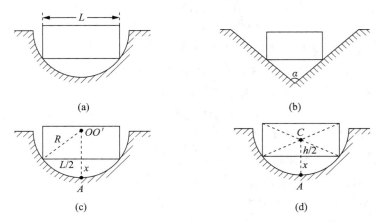

图 6 - 3 - 12

解 （1）设半圆柱形槽的轴为 OO'。如图 6 - 3 - 12(c)所示，可计算图示截面内槽最低点 A 到石块下表面的高度差 x：

$$x = R - \sqrt{R^2 - \frac{L^2}{4}}$$

石块在图 6 - 3 - 12(a)所示位置平衡时，石块的质心 C 与轴 OO' 在同一竖直平面内。而当石块在槽中滑动时，石块实际上在绕轴 OO' 转动，故石块的质心也绕轴 OO' 旋转。

石块在图 6 - 3 - 12(a)所示位置平衡时，若石块的质心 C 在轴 OO' 的正下方，石块处于稳定平衡状态，因为这时：无论石块向什么方向运动，质心都会升高，重力势能都会增大。同理，当石块的质心 C 在轴 OO' 正上方时，石块处于不稳定平衡状态；当石块的质心 C 在轴 OO' 上时，石块处于随遇平衡状态。

因此，石块稳定平衡的条件是：石块的质心在轴 OO' 下方，或者说，质心 C 到槽最低点 A 的高度差 $|AC| < R$。

如图 6 - 3 - 12(d)所示，质心 C 到石块下底面的高度差为 $\frac{h}{2}$，故 $|AC|$ 的长度可表示为：

$$|AC| = \frac{h}{2} + x = \frac{h}{2} + \left(R - \sqrt{R^2 - \frac{L^2}{4}} \right)$$

再根据稳定平衡条件 $|AC| < R$，解得：

$$h < \sqrt{4R^2 - L^2}$$

石块高度 h 满足 $h < \sqrt{4R^2 - L^2}$。

（2）要石块稳定平衡，就是要石块底端在二斜面上沿平行于二斜面方向滑过一段小距离后，能在重力作用下再回到原来的位置。

假想有一个半圆柱面，如图 6 - 3 - 13(a)所示，石块置入半圆柱面后，圆柱面在石块与半圆柱面接触位置的切线方向与图 6 - 3 - 12(b)中的二斜面方向一致。石块在图 6 - 3 - 12(d)的模型中移动一小段距离和在图 6 - 3 - 12(b)的模型中移动一小段距离无异。故本小题成为:求图 6-3-12(d)情况下石块稳定平衡的条件。

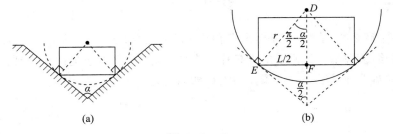

图 6-3-13

如图 6-3-13(b)所示,根据图中 $\triangle DEF$ 的几何关系,知图 6-3-13(b)中半圆柱面的底面半径 r 为:

$$r=\frac{L}{2}\sec\frac{\alpha}{2} \qquad ①$$

再利用第(1)问的结论,石块稳定平衡的条件为:

$$h<\sqrt{4r^2-L^2} \qquad ②$$

结合①②两式,得:

$$h<L\tan\frac{\alpha}{2} \qquad ③$$

③式亦为图 6-3-12(b)所示模型中石块稳定平衡的条件。

本章习题

1. 如图所示,在半径为 R 的光滑半球面上高 h 处悬挂一小定滑轮。重力为 G 的小球用绕过滑轮的绳子被站在地面上的人拉住。人拉动绳子,使小球缓慢运动到接近顶点的过程中,问:小球对半球的压力和绳子拉力大小如何变化?

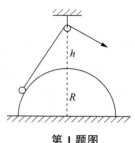

第 1 题图

2. 两个质量分别为 m_1、m_2 的光滑小环套在竖直放置、固定的光滑大圆环上,并用不可伸长的细绳相连,如图所示。已知平衡时细绳与竖直方向夹角为 θ,细绳中的张力大小为 T,求细绳所对的圆心角 α。

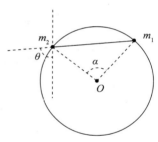

第 2 题图

3. 如图所示,一个处于竖直平面内的光滑三角支架 BAC,顶角大小为 θ,杆 AB 和杆 AC 等长。现在 AB 和 AC 两杆上分别套有小环,两环间有细线相连,释放两环,当两环平衡时,细线与水平方向夹角为 α。已知两环质量分别为 M、m,求两环质量的比值 $\dfrac{M}{m}$。

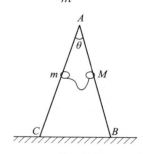

第 3 题图

4. 如图所示,半径为 R 的均质球浮在不相容的两种液体的界面处。上方液体密度 $\rho_1 = \rho_0$,下方液体密度 $\rho_2 = 4\rho_0$,球的密度 $\rho = \frac{1}{4}(10 - 3\sqrt{2})\rho_0$。不考虑表面张力,当球保持静止时,求:球心 O 与分层液体界面间的距离。

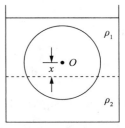

第 4 题图

5. 铁链条的一端系在质量 $M = 10$ kg,直径 $D = 0.3$ m 的球上,另一端自由。链条长 $l = 3$ m,质量 $m = 9$ kg,链条和球静止在深度 $H = 3$ m 的水池里。求球心距水面的深度 h。(水的密度取 1.0×10^3 kg/m^3,铁的密度是水的密度的 7.85 倍)

6. 均质的不可伸长的细绳,绳子的质量为 m,绳长为 l,其两端悬挂在 A、B 两点,B 点比 A 点高 h,如图所示。在 A 点绳子张力为 T_A,求在 B 点绳子的张力 T_B。

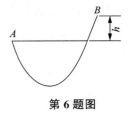

第 6 题图

7. 质量为 m,长为 l 的均匀光滑细绳,穿过半径为 R 的光滑滑轮并搭在轮上,如图所示,求绳上的最大张力。

第 7 题图

8. 如图所示，表面光滑的圆锥体保持其中轴线竖直而固定在地面上，圆锥顶角为 α。质量为 m 且质量分布均匀的链条套在圆锥体上成圆形而静止，求链条的内部张力。

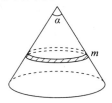

第 8 题图

9. 相同的两个均质光滑球 A 和 B 由两根相同长度的绳悬于固定点 O。两球同时又支持一个等重的均质光滑球 C，且两根绳不与 C 接触，如图所示。设绳与竖直线间的夹角为 α；球 A 与球 C 球心连线和竖直方向的夹角为 β。求：平衡时 α 和 β 之间满足的关系。

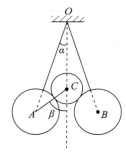

第 9 题图

10. 如图所示，三个完全相同的半径为 r 的光滑小圆柱体紧密接触叠放在光滑的大圆筒中，处于平衡状态。求大圆筒可能的最大内半径 R_{max}。

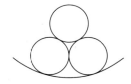

第 10 题图

11. 如图所示，两根位于竖直平面内的均质棒的底端彼此相靠地搁在光滑地板上，其上端分别靠在一竖直而光滑的墙上，其重力分别为 P_1 和 P_2。求平衡时两棒的倾角 α_1 与 α_2 的关系。

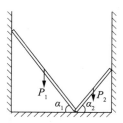

第 11 题图

12. 如图所示,一架均质梯子,重为 P,长为 $2l$,上端靠在光滑墙上,下端置于粗糙地面上。梯子与地面间的动摩擦因数为 μ。体重为 P_1 的人攀登到距梯下端 h 的地方,梯与水平面之间的夹角为 φ。求梯子不滑动的条件。

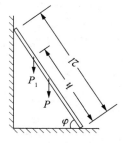

第 12 题图

13. 如图所示,三根相同的轻杆用光滑铰链连接并固定在位于同一水平线上的 A、B 两点。A、B 间的距离是杆长的 2 倍,铰链 C 上悬挂一质量为 m 的重物。为使杆 CD 保持水平,在铰链 D 上施加一个力 F。问:F 的大小最小是多少?

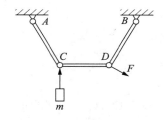

第 13 题图

14. 如图所示,正方体形状的集装箱的左支撑物与右支撑物不同,右支撑物是固定形状的支架,支架与地面间的动摩擦因数为 μ,左支撑物是小轮,小轮和地面间仅有极小的摩擦,可以忽略不计。已知,为向左推动集装箱,在箱右壁中央处需垂直施加力 F_1;为向右推动集装箱,在箱左壁中央处需垂直施加力 F_2。若集装箱质量分布均匀,试求集装箱的质量。

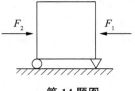

第 14 题图

15. 如图所示，长为 2 m 的均质杆 AB，A 端用细绳拉住，B 端抵住竖直的光滑墙面。若杆能平衡，且 BC 长为 1 m。求绳 AC 的长度。

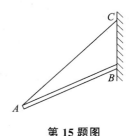

第 15 题图

16. 如图所示，光滑半球壳直径为 R，与一光滑竖直墙面相切，一根均质直棒 AB 与水平成 $60°$ 角靠墙静止，求棒长。

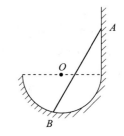

第 16 题图

17. 许多相同的正三角形板，彼此使其一边平行地叠放在水平桌面上，每一块板都比下面一块板伸出一段。求在这些叠放着的板能处于平衡的情况下，第 n 块板伸出段的极限长度。（三角形边长为 a）

18. 如图所示，一根重为 G、长为 L 的均匀木棒，一端着地，另一端施加一个始终垂直于杆的变力 F。若要能使棒从水平开始绕其一端缓慢转过 $90°$，最后达到棒处于竖直方向，则棒与地面的动摩擦因数 μ 至少为多少？

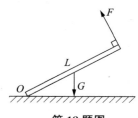

第 18 题图

19. 有 6 个完全相同的刚性长条形薄片 $A_i B_i (i=1,2,3,\cdots,6)$，其两端各有一"小凸起"，薄片及凸起的重力均可以不计。现将此 6 个薄片架在一只水平的碗口上，使每个薄片一端的"小凸起" B_i 搭在碗口上，另一端"小凸起"上 A_i 位于其下方薄片的正中，由正上方的俯视图如图所示。若将一质量为 m 的质点放在薄片 $A_6 B_6$ 上一点，这一点与此薄片中点的距离等于它与"小凸起" A_6 的距离，求薄片 $A_6 B_6$ 中点所受的由另一薄片的"小凸起" A_1 所施的压力大小。

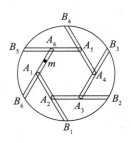

第 19 题图

20. 如图所示，质量为 m、长为 L 的均质细杆竖直放置，杆下端与地面之间的动摩擦因数为 μ，杆上端用一段绳索拉住，绳索连接在杆的顶端和地面上一定点之间，绳与杆之间的夹角为 θ。在离地面高度为 h 处以水平力 F 作用于直杆，试问：为使直杆不滑倒，作用力 F 的大小最大可以取多少？

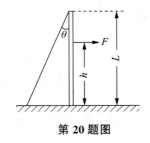

第 20 题图

21. 一均匀直棒倾斜地放在空心半球形碗内（在过球心的竖直平面内），若球心到直棒两端所张的圆心角为 2α，如图所示，直棒与碗内表面的动摩擦因数 $\mu = \tan\beta$，求直棒与水平面间的最大倾角 θ_{max}。

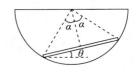

第 21 题图

22. 有一轻"长柄勺",由半球形结构和相切于半球的柄组成,半球形结构和柄固连,半球形的半径为 r,柄长 $\sqrt{8}r$。今先用"长柄勺"盛满液体,将其悬挂于天花板上,对其施加外力使勺缓慢地转动,直至勺能不受外力平衡。在转动过程中,部分液体溢出,最终长柄勺的平衡状态如图所示。求:留在"长柄勺"里液体的体积。

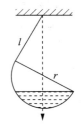

第 22 题图

23. 一个质量为 $m = 50$ kg 的均匀球,放在台阶的旁边,台阶的高度 h 是球半径 r 的一半,如图所示。球与台阶的接触点为 P,球与台阶间的动摩擦因数足够大。为使球能向台阶上滚,可以在球的最高点 A 处对球施一外力 F,求 F 的最小值。

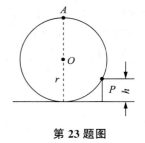

第 23 题图

24. 如图所示,两个相同的半球,半径都为 r,重力均为 $\dfrac{Q}{2}$,两半球球心相距 b,放在水平面上,半球与地面间的动摩擦因数 $\mu = 0.5$。在两半球上放半径为 r,重为 Q 的光滑球。三球心在同一竖直面内。为使系统能平衡,求两个半球球心间距离 b 的最大值 $b_{\max}$。

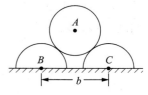

第 24 题图

25. 如图所示，物体 A、B 及滚轮 C 的质量均为 m。滚轮 C 由固定在一起的两个同轴的圆盘组成，半径分别为 $2r$ 和 r，物体 A 用绳悬挂在滚轮 C 上较小的圆盘边缘，绳与较小的圆盘相切。设各接触面间的动摩擦因数均为 μ。若要保证系统能平衡，μ 的最小值为多少？

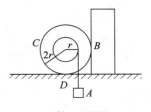

第 25 题图

26. 如图所示，均匀光滑板 OA 一端 O 用铰链固定在墙上，另一端用绳吊起使板呈水平，板上静止着质量分别为 m_C 和 m_D 的两滑块，且 $m_C > m_D$，在滑块间夹着一个用线扎紧而被压缩的弹簧。现剪断扎紧的弹簧的线，使弹簧松开，这时 m_C 和 m_D 在弹力作用下开始相对于滑板滑动。问：在滑动过程中，吊在 A 端的绳子的张力如何变化？

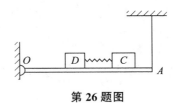

第 26 题图

27. 如图所示，有三个圆柱体按图中所示位置关系放置。三个圆柱体质量均为 m，下方两个圆柱体底面半径为 R，上方圆柱体底面半径为 r，$0 < r \leqslant (\sqrt{2}-1)R$。取一个宽度为 $4R$ 的无底的长方形盒套住下方两个圆柱体，各柱体间、柱体与盒侧板间的动摩擦因数均为 μ。问：要使人提盒子能将三个圆柱体一起提起来，则 μ 至少要多大？

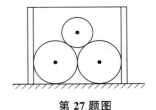

第 27 题图

28. 如图所示,用一根不可伸长的绳悬挂一根长为 l_0 的均匀细木杆,置于足够大的水桶内水平面上方。木杆的密度为 ρ,水的密度为 ρ_0,且 $\rho < \rho_0$。当水桶缓慢上升时,细木杆逐渐浸入水中。当木杆浸入水中超过一定深度 l 时,发现木杆开始倾斜。求此深度 l。

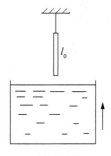

第 28 题图

29. 如图所示,矩形框长 a、高 b,框通过系在框两角的长 l 的绳悬挂固定于墙面的钉子上。若框处于一竖直平面内,试在竖直方向讨论矩形框的平衡的稳定性。

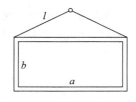

第 29 题图

30. 一根质量为 m 的均质细杆,长为 L,处于竖直的位置,其下端用一固定转动轴固定于地面,其顶端连有两根相同的水平轻弹簧,两根轻弹簧的另一端都固连在墙面上,如图所示。杆能在图示状态下平衡,问:弹簧的劲度系数 k 为何值时才能使杆处于稳定平衡?

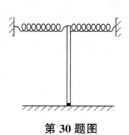

第 30 题图

31. 如图所示,半径为 r 的半圆柱体对称地放置在一个半径为 R 的圆柱面顶部,两个半圆柱体都静止。半圆柱体与圆柱面的摩擦足够大,半圆柱体的重心在其对称轴上,且距离顶点的距离为 d。求物体稳定平衡的条件。

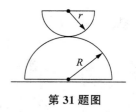

第 31 题图

32. 质量分别为 M_1 和 M_2 的两个大质量质点相距为 L 并被固定,一质量为 m 的质点位于 M_1 和 M_2 的连线上,在仅考虑 M_1、M_2 对 m 的万有引力的条件下,质点 m 仅有一个平衡位置,试在连线方向和垂直连线方向上分别讨论其平衡的稳定性。

33. 横截面为正方形的均质木棒漂浮在水面上,平衡时,正好有一半体积浸在水中。分别对图(a)和图(b)的平衡状态讨论其平衡的稳定性。

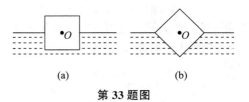

(a)　　　　　　(b)

第 33 题图

第七章 天　　体

第一节　开普勒三定律与万有引力定律的建立

一、开普勒三定律

1609 年和 1619 年,德国天文学家开普勒从天文学家第谷·布拉赫等人的观测数据中先后总结和发表了著名的开普勒三定律。开普勒三定律为牛顿的思考和研究提供了线索,掀起了天文学上最重大的一场革命,既奠定了天文学最重要的基础,也间接导致了经典力学的建立。

开普勒三定律的常见表述如下,在恒星参照系中,有:

开普勒第一定律(轨道定律):行星绕恒星做椭圆形轨道运动,恒星位于椭圆轨道的一个焦点上。

开普勒第二定律(面积定律):行星与恒星的连线在相等的时间内扫过的面积相等。

开普勒第三定律(周期定律,亦称调和定律):行星椭圆形轨道半长轴的三次方与运动周期的平方的比值是一个定值。

开普勒第一定律和第二定律的示意图如图 7 - 1 - 1 和图 7 - 1 - 2 所示。在一般情况下,星体间的距离远大于星体的线度,在考察星体间的相对运动时,恒星和行星都可以看作质点。图 7 - 1 - 1 中椭圆为行星绕恒星运动轨迹,恒星位于椭圆的一个焦点上。图 7 - 1 - 2 中两个阴影部分,一个表示行星从 A 点运动到 B 点的过程中恒星与行星的连线扫过的面积,另一个表示行星从 C 点运动到 D 点的过程中恒星与行星的连线扫过的面积,若两个过程所耗时间相等,则两个阴影部分面积相等。

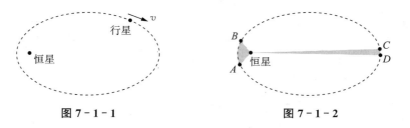

图 7 - 1 - 1　　　　　　　　　　图 7 - 1 - 2

设行星轨道半长轴的长为 a,行星绕恒星运动周期为 T,开普勒第三定律可以有数学表达:

$$\frac{a^3}{T^2} = C \tag{7.1.1}$$

应当进一步明确两点:

1. 开普勒第二定律中所指的连线是指“确定的一对恒星和行星间的连线”;相等的时间是指“对同一组恒星和行星观察两次,每次观察等长的时间”。但如果在同一段时间内,同

时考察两组不同的行星和恒星的连线,那么这两条连线扫过的面积一般是不相等的;

2. 开普勒第三定律中的恒星和行星,必须是同一恒星[*]、不同行星。计算 $\dfrac{a^3}{T^2}$,必须用绕着同一颗恒星的不同行星的 a、T 进行计算,其值才是相同的。在不同的恒星系统中,其值是不同的。

开普勒三定律都是运动学定律,它们都是基于当时的观测数据总结的实验定律,它们唯象地描述了天体运动的规律,但并没有解释天体为什么这样运动。

物理学界现在知道,天体运动中,开普勒定律并不是始终成立的,开普勒三定律严格成立是需要条件的(本章第三节中给出这些条件)。而凑巧的是太阳系恰好近似满足开普勒定律的条件,这才促成了开普勒三定律的提出,进而促进了物理学上一系列伟大的进步。

今天的物理学把开普勒三定律看作是经典力学中的三个定理,它们有各自的成立条件。以后,本书应用开普勒三定律时,指的都是有条件的定理,希望读者能思考其条件是否成立。

二、万有引力定律的建立

(一)开普勒定律的一个特例

圆可以看作特殊的椭圆。两焦点重合、长半轴和短半轴等长的椭圆即为圆,此时,焦点在圆心,长短半轴都等于半径。

为引出万有引力定律的形式,我们先考察开普勒定律的一个特殊情况。

根据开普勒第一定律,行星的轨道是椭圆,考虑行星的轨道刚好是正圆的理想情况,恒星在圆心处,如图 7-1-3 所示。用 r 表示轨道半径、v 表示行星的线速度、ω 表示行星的角速度、T 表示周期,M 表示恒星质量,m 表示行星质量。

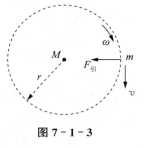

图 7-1-3

在任意一段很短的时间 Δt 内,恒星走过的弧长 $l = v\Delta t$,恒星与行星的连线应扫过一个扇形,这个扇形的面积应是 $\dfrac{1}{2}vr \cdot \Delta t$。根据开普勒第二定律,面积 $\dfrac{1}{2}vr \cdot \Delta t$ 在 Δt 确定时应是一个定值,由此可知,v 是一个定值,行星做匀速圆周运动。

做圆周运动的物体都需要向心力,在这个恒星和行星组成的系统中,除了恒星外,没有其他物体可以为行星提供向心力。所以很自然地猜想恒星应给了行星一个引力,此引力充当了向心力:

$$F_{引} = F_{向} = m\omega^2 r \tag{7.1.2}$$

那么引力是由什么决定的呢?从(7.1.2)可以看到,若对任意质量的行星,开普勒定律的这种特殊情况都成立,那么引力必须和行星的质量 m 成正比。行星和恒星是相互吸引

---

[*] 注:16 世纪末 17 世纪初,天文学刚好处于日心说和地心说争论的阶段,人们只知道太阳,却没有"恒星"的概念。当时的天文学和光学的能力恰好能观测出太阳系内的距离数据,故开普勒只针对太阳系的行星计算了 $\dfrac{a^3}{T^2}$,没有考虑此值是否与恒星有关,开普勒本人也就没有指出这个条件。

的,引力的作用是相互的。所以引力若与行星质量 m 成正比,则引力也应与恒星质量 M 成正比。即:

$$F_{引} \propto (M \cdot m) \tag{7.1.3}$$

从空间关系上,也可以很自然地猜测引力与恒星与行星的距离 r 有关。结合 (7.1.3) 式,不妨设:

$$F_{引} = G \cdot Mm \cdot r^k \tag{7.1.4}$$

其中 G 为常比例系数,k 待定。再将 (7.1.2) 式中的 ω 改写为 $\dfrac{2\pi}{T}$,(7.1.2) 式成为:

$$G \cdot Mm \cdot r^k = m \cdot \frac{4\pi^2}{T^2} \cdot r \tag{7.1.5}$$

将 (7.1.5) 式变形为:

$$\frac{r^{1-k}}{T^2} = \frac{GM}{4\pi^2} \tag{7.1.6}$$

与开普勒第三定律 $\dfrac{r^3}{T^2} = c$(在圆中,长半轴 a 即为半径 r)比较,知:要使开普勒第三定律成立,必须有 $k = -2$。于是引力的形式 (7.1.4) 式成为:

$$F_{引} = G \cdot \frac{Mm}{r^2} \tag{7.1.7}$$

(7.1.7) 式即为人们熟知的万有引力定律的形式。其中,引力与 r^2 成反比的性质被称为**"平方反比定律"**。

从上面的论述中可以看到,通过对开普勒三定律特例的考察,人们可以察觉到引力的存在,并且可以简单地猜测出引力的形式。在此过程中,开普勒的三个定律缺一不可。

请读者注意,这个分析过程代表了:"平方反比定律"是引力形式的一种可能性。但单从这些分析来看,"平方反比定律"是否正确,"平方反比定律"是否能导出开普勒定律就不得而知了。如果平方反比定律是正确的,它如何保证一般情况下的开普勒定律都成立,需要额外的证明。历史上,布里阿德、哈雷、雷恩、胡克等人都在牛顿得出最终结论前就得到过"平方反比定律",但最终,是牛顿开创性地通过高超的数学技巧,首次证明了:"在平方反比的引力作用下,行星做椭圆形轨道运动",他也同时证明了开普勒三定律。

进一步,根据 (7.1.6) 知,开普勒第三定律应可以具体表达为:

$$\frac{a^3}{T^2} = \frac{GM}{4\pi^2} \tag{7.1.8}$$

于是,$\dfrac{a^3}{T^2}$ 的值便只与恒星质量 M 有关了,那么对于开普勒计算到的太阳系的行星,$\dfrac{a^3}{T^2}$ 的确是一个定值。

(二) 特例中的问题

现在,让我们站在今天的高度,来看一看前文对这个特例的分析过程中存在的问题。

在这个特例中,有可以看作质点的恒星和行星,并且没有计入其他天体对这对恒星和行星的影响。可以明确,此特例考察的是恒星和行星组成的二体系统。

行星受到恒星对它的引力,引力充当了行星做圆周运动所需的向心力。但根据牛顿第三定律,引力是相互的,恒星也应该受到行星给恒星的引力。于是在恒星参照系中,我们看到恒星受力而不动,这也就是说,这个特例中取的恒星参照系是一个非惯性系。但前述的分析过程却没有引入惯性力,这是一个严重的问题。

应该指出,在早期研究开普勒定律的过程中,前述的导出"平方反比定律"的过程是容易想到的。但由于没有完善的力学体系,物理学家对参照系没有良好的认识,更谈不上有"非惯性系"的概念,于是猜想出"平方反比定律"的过程便存在一个十分致命的"非惯性系"的漏洞。

巧合的是,后来物理学家推导后发现,若在恒星参照系这个非惯性系中作严格地考察,开普勒第一定律和开普勒第二定律仍然是成立的,但开普勒第三定律和(7.1.8)式需要修正,(7.1.8)式将成为:$\dfrac{a^3}{T^2}=\dfrac{G(M+m)}{4\pi^2}$,详见第三节。

若在惯性系中考察这个二体系统,恒星和行星应该都有加速度,恒心和行星受到的力满足牛顿第三定律(大小相等、方向相反)。当恒星质量远大于行星质量,即 $M \gg m$ 时,恒星的加速度应远小于行星的加速度,在这种情况下,恒星参照系应该接近于惯性系,在考察行星的运动时,可以忽略惯性力。

在太阳系中,太阳质量约 1.9×10^{30} kg,质量最大的行星——木星质量约 1.9×10^{27} kg,太阳质量约占太阳系总质量的 99.86%。如只考虑太阳系,则任何天体对太阳的引力都不足以使太阳获得可观的加速度,太阳系可以近似地被视作惯性系。在太阳系中考察某行星绕太阳的运动时,其他天体对此行星的引力都远小于太阳对此行星的引力,可以近似认为太阳和行星组成的系统不受其他天体的影响。于是,开普勒三定律可以近似成立。

(三) 万有引力定律和二体问题

如果引力只存在于恒星和行星之间,那么引力就太特殊了,显得很不自然,人们也就无法解释引力为何存在。牛顿后来将(7.1.7)式所指的"恒星与行星间的引力"推广到"任意两质点间都存在的引力",认为任意两质点间都存在形如(7.1.7)式的引力,并正式采用了"万有引力"的名称。以后,本书提到"引力",即指"万有引力"。

牛顿从质点间的万有引力出发,推导和证明了均匀球体间引力的具体形式(见本章第二节)。由此,他不光解释了行星绕恒星的运动,也一并解释了卫星绕行星的运动等二体系统的运动。

物理学现在把这类问题称为二体问题。二体问题是指:**不受其他天体影响的、可以视为质点的两个物体,仅在万有引力作用下,会如何运动**?

二体问题是研究天体运动的一个最基本的模型。我们在前文中已经看到,对于恒星和行星组成的理想的二体运动、行星和卫星组成的理想的二体运动,开普勒定律是成立的,这就是典型的二体问题。

牛顿对二体问题作了一般化的考察。他计算出:在万有引力的作用下,一天体绕另一天体做的运动有三种可能的轨道,分别是椭圆、抛物线和双曲线(一支),在三种情况中,中心天体都处于焦点上。也就是说,二体问题中,天体的轨道可能是圆锥曲线中的任意一种。

由于抛物线和双曲线都不闭合,故与做椭圆轨道运动的天体不同,做抛物线轨道运动和双曲线轨道运动的天体都将有去无回。这也就是说,就算在实际中出现了轨道为抛物线或双曲线的星体,它们也不会在同一条轨道上被重复观测到;它们不可能是行星,只可能是彗星或其他星体。从这点上来说,开普勒没有注意到抛物线和双曲线轨道的存在,而仅作出了行星做椭圆形轨道运动的结论,便是可以理解的了。后来,经过数代天文学家的努力观测,通过对某些特殊彗星的轨道分析,证实了牛顿的结论是正确的。

*(四) 多说几句

牛顿刚开始考察天体问题时,经典力学的许多基础观念都还在被学界争辩,牛顿自己也存在许多错误观念。在牛顿研究天体运动的过程中,牛顿本人对自然的认识发生过许多次变化。在牛顿不断思考和研究的过程中,理论框架逐渐明晰,最终导致了经典力学的建立。牛顿依据他的思考最终写出的,便是著名的《自然哲学的数学原理》,牛顿三定律的内容也正是在这本书中被明确地阐述。在这个过程中,牛顿除了证明开普勒定律以外,至少还做到了以下贡献:

- 明确了惯性定律及其意义,放弃"固有力"概念;
- 明确了匀速圆周运动是加速运动的本质,将惠更斯"离心力"的概念修正为"向心力";
- 明确了力的度量,提出了牛顿第二定律;
- 提出了牛顿第三定律;
- 将引力从"恒星和行星间存在的力"推广到"任意两质点间存在的力",建立真正的"万有引力"概念,并正式将其称为"万有引力";
- 将天上物体和地上物体的运动规律统一起来,改变了前人认为的"天上的物质和地上的物质分立和不同"的观念;
- 解释了重力、潮汐等重要现象;
- 建立了逻辑良好的力学体系。

可以说,从历史上看,牛顿三定律和整个经典力学体系的建立,都是牛顿思考天体运行过程中的副产品。从今天看,这些副产品的内涵远比开普勒定律本身要重要和广泛得多。

实际物理学史比高中基础教材上体现出的要复杂和曲折得多,但对于物理来说,最重要的是去除了曲折的研究过程和错误的观点后,真正停留在物理学中的精髓是什么。

在本章后几节中,将从万有引力定律出发,展示万有引力定律的细节和应用,并按照严格的推导顺序作详细阐述。

第二节　万有引力定律

一、万有引力定律

(一) 万有引力定律

万有引力定律表述如下:

任意两质点间存在引力,引力沿两质点的连线方向,该引力与两质点质量的乘积成正比、与两质点距离的平方成反比。

用 m_1、m_2 分别表示两质点 1、2 的质量,r 表示两质点的距离,则两质点间的万有引力大小为：

$$F_{引} = G \cdot \frac{m_1 m_2}{r^2} \tag{7.2.1}$$

其中,比例系数 G 是一个常量,称为万有引力常量,简称引力常量,其值为 $6.67 \times 10^{-11} \mathrm{N \cdot m^2/kg^2}$。

(7.2.1)式是万有引力大小的计算式,它不包含方向信息。若用 $\vec{r}_{12}$ 表示由质点 1 指向质点 2 的矢量,r 表示 $\vec{r}_{12}$ 的大小,则质点 1 对质点 2 的万有引力 $\vec{F}_{12}$ 可以直接表示为：

$$\vec{F}_{12} = -\frac{GMm}{r^3}\vec{r}_{12} \tag{7.2.2}$$

万有引力的作用是相互的,是满足牛顿第三定律的。万有引力定律的对象是质点,万有引力定律公式(7.2.1)式是计算两质点间的引力才能用的公式。如需计算物体与物体间的万有引力,原则上可以将两个物体都看成由无数个质点组成的质点系统,那么求万有引力的过程就成为求两质点系统中的质点和质点间的引力的过程。

例 7.1 如图 7-2-1(a)所示,有一质量均匀的细圆环,其质量为 M,半径为 R。在通过细圆环圆心的轴线上,距圆心 d 处有一质量为 m 的质点。试求细圆环和质点间的万有引力大小。

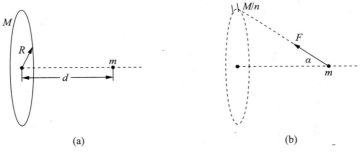

图 7 - 2 - 1

解 将圆环切成 n 段相等的小圆弧,使 n 趋向于无穷,那么每一小段小圆弧长度都趋向于 0,质量为 $\frac{M}{n}$,都可以看作一个质点。如图 7-2-1(b)所示,考察作为质点的一段小圆弧给质点 m 的万有引力 F,F 的大小、F 与轴线的夹角 α 分别满足：

$$F = \frac{G \cdot \dfrac{M}{n} \cdot m}{R^2 + d^2}, \quad \cos\alpha = \frac{d}{\sqrt{R^2 + d^2}}$$

质点 m 受到的 n 个万有引力 F,n 段 $\frac{M}{n}$ 给质点 m 的 n 个引力分布在一个以轴线为轴的锥面上。每一个 $\frac{M}{n}$ 对质点 m 的引力大小都相等,且都与轴线成 α 角。这 n 个引力在垂直轴线方向上的分量应该平衡,圆环给质点 m 的力等于各引力沿轴线方向分力的合力。故有：

$$F_{引} = n \cdot F\cos\alpha = n \cdot \frac{G \cdot \dfrac{M}{n} \cdot m}{R^2 + d^2} \cdot \frac{d}{\sqrt{R^2 + d^2}}$$

整理得,细圆环和质点间的万有引力大小为:

$$F_{引} = \frac{GMmd}{(R^2 + d^2)^{3/2}}$$

(二)求对称物体间的万有引力

这里讨论一些较为特殊的关于求物体间万有引力的模型,它们对我们理解物理和解竞赛题都很重要。我们以例 7.2 来说明。

例 7.2 (1)证明质量分布均匀的薄球壳对球壳内任一质点的万有引力恒为 0;

(2)在第(1)问中,若将质点移至均质薄球壳外,则质点与薄球壳间的万有引力大小为 $G\dfrac{M_{球壳}m}{r^2}$,其中 $M_{球壳}$、m 分别为薄球壳和质点的质量,r 为质点到薄球壳球心之间的距离。利用此结论,求质量分布均匀的球对一质点 m 的万有引力大小(设球的半径为 R、质量为 M);

(3)现有两个质量分布均匀的球。球 1 质量为 M_1,半径为 R_1;球 2 质量为 M_2,半径为 R_2。两球球心距离为 r,且 $r > R_1 + R_2$。求两球之间的万有引力大小。

解 (1)设一质量为 m 的质点处于均质薄球壳中,如图 7-2-2 所示,在过质点 m 的任意方向 AB 上取出两块关于质点 m 对顶的球壳上的小面积,以 l_1、l_2 表示质点到这两块面积的距离,以 m_1、m_2 表示它们的质量。使两小块球面足够小,小到可以被看作质点,则这两个质点对质点 m 的引力大小分别为:

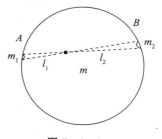

图 7-2-2

$$F_1 = G \cdot \frac{m_1 m}{l_1^2}, \quad F_2 = G \cdot \frac{m_2 m}{l_2^2} \qquad ①$$

图中两个对顶的斜锥体明显是相似的,两斜锥体的相似比为 $l_1 : l_2$,故两小块球面的面积比是 $l_1^2 : l_2^2$,又因球壳上质量分布均匀,故有:

$$m_1 : m_2 = l_1^2 : l_2^2$$

或写作:

$$\frac{m_1}{l_1^2} = \frac{m_2}{l_2^2} \qquad ②$$

结合①②两式,得:

$$F_1 = F_2$$

故这两个质点对质点 m 的引力等大反向。从上面的分析可以看出,在任意方向上相对于质点 m 对顶的两小块球面,给质点 m 的万有引力都是一对平衡力。进而,我们可以判断整个球壳对质点 m 的万有引力也应严格为 0。证毕!

(2)利用条件,可知质量为 $M_{球壳}$、半径为 R 的均匀薄球壳与质点 m 之间的万有引力为:

$$F_{引} = \begin{cases} 0, & r < R \\ G \cdot \dfrac{M_{球壳} m}{r^2}, & r > R \end{cases} \qquad ③$$

我们分两种情况讨论均质球和质点之间的万有引力。

第一种情况:当质点在球外时,将球看作无数个同心的均质薄球壳,将各个球壳的质量分别记为:$M_1,M_2,M_3,\cdots,M_n$,其中 $n\rightarrow\infty$,有

$$M=M_1+M_2+M_3+\cdots+M_n$$

这时,利用③式结论,质点受到第 i 个薄球壳的万有引力为:

$$F_{引i}=G\cdot\frac{M_im}{r^2}(i=1,2,3,\cdots,n)$$

且这 n 个力方向都指向球的球心,其中 r 是质点到球心之间的距离。将这 n 个引力相加,即可得到质点受到的球的万有引力为:

$$F_{引}=G\cdot\frac{Mm}{r^2}$$

第二种情况:当质点在球内时,由于质点没有体积,质点在球内应不改变球的质量分布,这时质点与球的位置关系如图 7-2-3(a)所示。

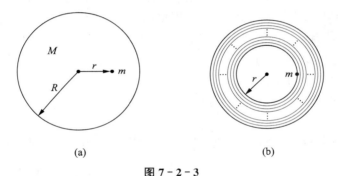

(a)   (b)

图 7-2-3

将球分成两部分,一部分是半径为 r 的小球,与大球同心,另一部分是一个厚球壳。再将厚球壳分成无数个同心的均质薄球壳,如图 7-2-3(b)所示。由例 7.2(1)的结论知,图中每一个薄球壳对质点 m 的引力皆为 0。于是大球对质点 m 的引力可以看作半径为 r 的小球对质点 m 的引力。半径为 r 的小球的质量为:

$$M_{小球}=\rho_{球}\cdot\frac{4}{3}\pi r^3=\frac{M}{\frac{4}{3}\pi R^3}\cdot\frac{4}{3}\pi r^3=M\cdot\frac{r^3}{R^3}$$

质点在小球外,故计算小球对质点的引力可以利用第一种情况的结论:

$$F_{引}=G\cdot\frac{M_{小球}\,m}{r^2}=G\cdot\frac{M\cdot\dfrac{r^3}{R^3}\cdot m}{r^2}=\frac{GMm}{R^3}r$$

其中,r 是质点到球心之间的距离。

综上所述,半径为 R 的均质球与质点间万有引力可以表达为:

$$F_{引}=\begin{cases}\dfrac{GMm}{R^3}r, & r<R \\[3mm] \dfrac{GMm}{r^2}, & r\geqslant R\end{cases}$$

其中，r 是质点到球心之间的距离。

可以看到，质点在均质球内时，万有引力与质点到球心的距离成正比，质点在球外时，万有引力的形式与质点间的万有引力相同。若用图象表示均质球和质点之间的引力大小，应如图 7-2-4(a)所示。

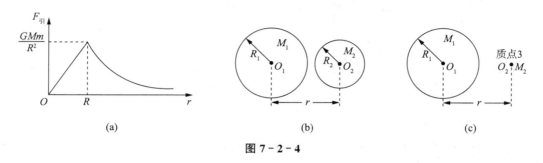

图 7-2-4

（3）由 $r > R_1 + R_2$ 知，两球在空间中相离，没有交叠的部分，如图 7-2-4(b)所示。将球 1 看作无数个质点组成的质点系统，那么根据第（2）问的结论，球 2 给任何一个质点施加的引力，都可以等效为"O_2 处的一个质量为 M_2 的质点 3"给质点的引力。所以，求两球之间的引力，可以转化为求球 1 与质点 3 之间的引力，如图 7-2-4(c)所示。再根据第（2）问的结论，知此万有引力大小为：

$$F_{引} = G \cdot \frac{M_1 M_2}{r^2}$$

其中，r 是质点到球心之间的距离。也与万有引力定律原式形式相同！

此外，再深入一步，只要保证两球质量分布是球对称的，也可以导出 $F_{引} = G \cdot \dfrac{M_1 M_2}{r^2}$ 的结论。请读者思考和论证。

注：质点 m 在均质薄球壳 M 外，质点与此薄球壳间的万有引力大小为 $F_{引} = G \cdot \dfrac{Mm}{r^2}$，其中 r 为质点到薄球壳球心之间的距离，可将薄球壳的质量等效至球心处。

从大尺度上看，地球就是一个很好的质量接近球对称分布的球体。事实上，几乎所有恒星、行星和大多数自然形成的卫星都几乎是球状的，也都较好地满足球对称的要求。于是，在考察大质量天体之间的引力时，不论天体之间的距离如何，都可以将天体看作在球心处的一个质点（质心）；在考察天体在引力的作用下如何运动时，可以将问题简化为：满足万有引力定律的质点，会如何运动？如果被考察的是孤立的两个天体，那么问题便成了二体问题。

另外，在考察人造卫星绕星球的运动时，卫星相对于星球来说太小了，人造卫星和星球之间的引力相当于质点和球之间的引力，也可以应用万有引力定律求解。

万有引力定律本是描述质点间的作用的，它可以推广到对如此巨大的天体之间的引力，这便是牛顿理论的巧妙之处。回看例 7.2，我们也能发现万有引力定律中，若 r 上的指数不是 2，例 7.2 的巧妙结论就都不可能成立，有许多物理学家认为，这些结论归功于这个"2"，"平方反比定律"的名称因此而著称。

（三）万有引力定律的实验验证和引力常量 G 的测量

1798 年,英国物理学家卡文迪什利用扭秤实验首次在实验中直接验证了万有引力定律并得出了正确的引力常量 G 的数量级。卡文迪什的扭秤实验设计精巧,直至今日,物理学者重复卡文迪什的扭秤实验时,除了实验器具的选材不同之外,其余做法与卡文迪什当年的实验几乎没有差别。下面来叙述该实验的实验方法。

在空旷而平静的场地中做扭秤实验,如图 7－2－5 所示,用细石英丝悬挂两个材质均匀的重球 m_1,两个重球 m_1 用等臂的较轻的刚性杆连接,悬挂后的装置可绕石英丝所在的直线扭转,称为**扭秤**。

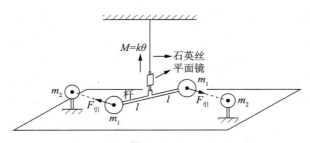

图 7－2－5

先使两个重球 m_1 保持等高而静止。待扭秤平衡后,在垂直于杆的方向上固定如图 7－2－5 所示的两个均质重球 m_2,并使两个重球 m_2 的球心与重球 m_1 的球心等高。放置两个重球 m_2 后,扭秤上的两个重球 m_1 会受到两个重球 m_2 施加的万有引力 $F_{引}$ 而使扭秤扭转。扭转时,石英丝给扭秤提供一个与转过的角 α 成正比的扭转力矩 M,当扭转力矩 M 与两个引力 $F_{引}$ 的力矩相等时,扭秤会重新平衡。

设 m_1 的球心到悬丝的距离为 l、到球 m_2 的距离为 r;当转过的角 α 不大时石英丝提供的扭转力矩 $M=k\alpha$;设扭秤重新平衡后,相对于放置两个重球 m_2 前的状态扭转过了角 θ。则可列出力矩平衡方程:

$$2 \cdot \frac{Gm_1m_2}{r^2} \cdot l = k\theta \qquad (7.2.3)$$

所以:

$$G = \frac{k\theta r^2}{2m_1m_2l} \qquad (7.2.4)$$

(7.2.4)式中,m_1、m_2、r、l 都可以直接测量;k 是由该段石英丝的性质决定的,可以通过简单的力学实验测量,如果能测得 θ,则可以获得 G 的值。由于万有引力 $F_{引}$ 太小了,石英丝转过的角 θ 用肉眼根本无法分辨,需要用巧妙的实验设计来求得 θ。

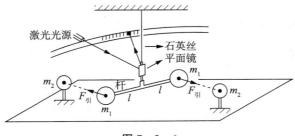

图 7－2－6

如图 7-2-6 所示,在扭秤上(石英丝下方)固定一面平面镜,在远处固定一激光光源,光照射到镜子后反射到一把曲尺上。曲尺的形状是以光路与镜面的交点为圆心的圆,设其半径为 R。当扭秤扭转了 θ 角时,镜面也扭转了 θ 角,于是法线方向转动了 θ 角,反射光转过了 2θ 角,故曲尺上的光点对应的刻度应走过 $\Delta x = 2\theta R$ 的弧长。由实验可读出 Δx,则 (7.2.4) 式变为:

$$G = \frac{kr^2 \Delta x}{4m_1 m_2 lR} \tag{7.2.5}$$

由 (7.2.5) 式可以计算出引力常量 G 的值。不断改变实验装置(例如改变 r、m_1、m_2),重复实验过程,则可以验证万有引力定律的正确性。

我们知道引力常量 G 非常小,故实验需要尽可能排除一切干扰因素。例如,实验时必须要注意:一、实验场地要足够空旷,在相当大地范围内需要使物体和装置相对于扭秤对称地分布,以保证场地内没有其他重物对扭秤的旋转有影响。例如:平面镜必须要在悬线上而不能在重球上;二、附近区域不能有工业设施或其他振动源、不能有噪声,以保证装置不震动、石英丝的悬点稳定;三、扭秤所在区域要避免空气流动,以保证扭秤的旋转不受气流的影响。这就要求人远离扭秤(避免呼吸)、实验环境内温度差异小(避免对流)等。卡文迪什做实验时,为了排除自身呼吸的影响,是在房间外用望远镜观测光点移动的。如有可能,应在真空环境下完成实验;四、需长时间地等待曲尺上的光点真正稳定下来。

做实验时,希望尽可能地使曲尺上光点移动的距离 Δx 和扭秤扭转的角 θ 大一些。除了要使曲尺半径 R 大一些外,还要使重球的质量 m_1 要尽量大、扭转系数 k 要尽量小。在做悬挂扭秤的悬丝时,若悬丝太粗则 k 将很大,而若悬丝太细则能悬挂的重球质量 m_1 又受限,这是一对矛盾,故制作悬丝时需精心挑选材料。现今重复卡文迪什的扭秤实验时,选用石英丝作为悬丝材料,其原因就是:石英丝能很好地做到在石英丝较细时还能悬挂足够重的重物。

另外,在 (7.2.3)—(7.2.5) 式的计算中,只计算了两个引力 $F_{引}$,而事实上,两个重球 m_1 应受到有 4 个引力。请读者思考,如果计算 4 个引力,则 G 应该如何表达?

二、引力和重力的关系

(一)引力和重力的关系

地球的形状很接近球体。地球的赤道直径略大于地球两极极点之间的间距,呈现略微的椭球状。地球半径约 6 371 km,而地表最高的山峰峰顶与最深的海底之间的高度差却只有约 20 km,远小于地球半径,故在考察地球整体形状时,地表的起伏可以忽略不计。

假设有一个质量为 m 的物体被置于水平地面,并相对于地表静止。地球是非常接近于球体的椭球形,为视觉上方便,我们不妨先将地球"椭"的程度画得夸张一些,如图 7-2-7 所示,以表示"地球的赤道直径略大于地球两极极点之间的间距"。

考虑地球的自转,则物体绕地轴做匀速圆周运动。物体受到的合外力应指向地轴,充当向心力 F_n。

由于地球真实的形状非常接近于球体,物体受到地球的引力应几乎指向地心。另外,经验和实验告诉我们,静止于地表的物体

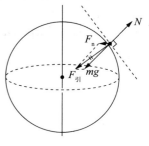

图 7-2-7

应受到地面给物体的竖直向上的弹力 N。故物体共受到如图 7-2-7 所示的两个力：万有引力 $F_{引}$ 和弹力 N。若将万有引力 $F_{引}$ 分解成向心力 F_n 和另一个力 $F_{重}$，则 $F_{重}$ 应与弹力 N 平衡，使向心力 F_n 成为合外力。

在生活中，人们感受不到地球的自转，把地面参照系作为惯性系来处理。在近地表面，人们可以测量到静止于地面上的物体受到弹力 N，并以此推断物体还受到一个重力，重力与弹力 N 等大反向。从上面的分析可以看到，$F_{重}$ 即为重力。在地表附近生活的人们忽略了向心力 F_n 的存在，但其实向心力 F_n 始终存在，是它拉住了物体，使物体与地球一起绕地轴自转。

由此我们也可以知道引力与重力的关系：**重力是引力的一个分力，引力的另一个分力是向心力**。

我们可以简单估算到地表上的物体随地球自转所需的向心力 F_n，这个力在赤道最大，对于一个 50 kg 的人来说，F_n 最大也只需要 1.7 N，而其重力 $F_{重}$ 可达近 500 N。图 7-2-8 将 1.7 N 的 F_n 长度放大 1 倍后和 500 N 的 $F_{重}$ 画在了同一图中，可以看到，重力实际远大于向心力。

图 7-2-8

在精度要求不高时，可以认为重力与引力是近似相等的。以 M、m 分别表示地球质量与地表处物体的质量，以 R 表示地球半径，此时，有：

$$\frac{GMm}{R^2} \doteq mg \tag{7.2.6}$$

约去物体质量 m 后，公式变为：

$$g \doteq \frac{GM}{R^2} \text{ 或 } GM \doteq gR^2 \tag{7.2.7}$$

重力加速度和地球半径都是被人熟知的物理量，反倒地球质量 M 和引力常量 G 不经常被提到。对于自转角速度不大的天体，在数据有限的情况下做计算时，(7.2.7) 式是十分便利的代换公式，可以直接使用。

如图 7-2-9 所示，若 A、B 两地与地心的连线间的夹角为 α，那么 A、B 两地的重力方向相差 α，且 A、B 两地的距离为 $l=\alpha R$。我们以此来尝试估算：相隔多远的两地其重力的方向会差 $\alpha=0.1°$ 以上？

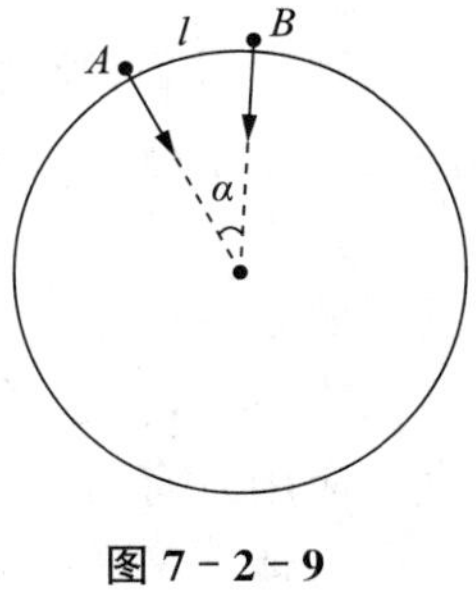

如果要两地的重力方向相差：

$$\alpha = 0.1° = \frac{\pi}{1\,800} \text{rad} \tag{7.2.8}$$

以上，那么两地间的间距至少为：

$$l = \alpha R = \frac{\pi}{1\,800} \times 6\,371 \text{ km} \approx 11.119 \text{ km} \tag{7.2.9}$$

图 7-2-9

要在相距 11 千米多的两地，排除一切干扰因素，测出微小至 0.1° 的角度差，是几乎不可能做到的。所以我们在日常生活中，要察觉到重力方向的变化是不现实的，这也就很好地解释了在近地表面的一个小区域内，重力沿同一个方向的原因。

例 7.3　由于行星绕自身的轴旋转,同样质量的物体,在行星赤道上测得的重力比在行星两极测得的重力小。某行星绕轴自转的周期为 T,半径为 R,密度为 ρ,质量分布均匀。若在行星两极距地面高度为 h 处与行星赤道上测得同一物体的重力相同,求 h。

解　设物体质量为 m,根据题意两处重力相等列出方程:

$$\frac{GMm}{(R+h)^2}=\frac{GMm}{R^2}-m\left(\frac{2\pi}{T}\right)^2 R$$

解得 h:

$$h=\left(\sqrt{\frac{GMT^2}{GMT^2-4\pi^2 R^3}}-1\right)R$$

$$=\left(\sqrt{\frac{G\rho T^2}{G\rho T^2-3\pi}}-1\right)R$$

(二) 等效重力加速度

在前面的分析中,我们已经知道了近地表面附近,重力加速度可以用:

$$g\doteq\frac{GM}{R^2} \tag{7.2.10}$$

表示。

若将物体从近地表面移至地面上方远离地面的区域,物体受到地球的引力会变小,重力也自然会变小。这时如果仍使用习惯中的"mg"的形式表示重力,"g"就一定要变小。

为使重力加速度 g 保持一个几乎不变的定值,在物体升高到离开近地区域后,我们使用 g' 代替 g,g' 称为**等效重力加速度**。于是,在近地表面,重力为 mg,而在地面上方的非近地区域,重力为 mg'。

设物体距地心的距离为 $r(r>R)$,根据引力和重力近似相等,有:

$$mg'=\frac{GMm}{r^2} \tag{7.2.11}$$

由此可得等效重力加速度的决定式:

$$g'=\frac{GM}{r^2} \tag{7.2.12}$$

可以看到,等效重力加速度随高度的升高而变小。试想,如果在真空管内,从十分高的高处让一小球自由落体,小球应会做加速度不断增大的加速运动。

要提醒读者注意,等效重力加速度的观点一般在不太高的非近地表面才被应用,太高的区域是不适用的。一旦物体升高到天文尺度,物体随地球自转所需的向心力就会大到不能忽略不计,在这样的高度,重力和引力不能近似相等,重力也失去了物理意义,这时应该直接应用万有引力的观点而抛弃重力的概念。

请读者思考,如果对建在地表的实验室有要求:"实验室内重力加速度的值浮动不超过千分之一",那么实验仪器的摆放位置最高可到地面上方多高处?普通的物理实验室能否满足这个条件?

*(三)天文参照系浅涉

让我们回忆本书第二章第三节的讨论:在实验中不存在完美的惯性参照系,如果同时有几个接近惯性系的参照系,那么取哪一个参照系为惯性系(即把哪一个参照系当作惯性系来处理),往往取决于哪一个参照系更接近惯性系,这就迫使我们必须明确一些参照系的关系。这里简单列举出三种常被用到的参照系(不给出具体坐标轴的定义,但明确其性质):

1. 地球参照系和地面参照系:

将地球近似视为刚体,地球不动的参照系可称为地球参照系。在地球参照系中,地球静止不动,没有自转或公转。常用的地面参照系可以看作是地球参照系在某地地表附近的一个小的局部。

2. 地心参照系(天球参照系):

我们知道在天球中,地心静止不动,地球存在自转,却没有公转。地心参照系(天球参照系)可以被表述为:地轴和赤道平面不动的平动非惯性系。在这个参照系中,地心、地轴和赤道平面保持不动,但地球绕地轴有自转。

3. 太阳系:

取太阳的质心不动的平动非惯性系,称为太阳系。太阳在太阳系中有自转,地球在太阳系中有公转和自转。

从实验事实上看,天球参照系比地球参照系更接近惯性系,太阳系比天球参照系更接近惯性系。

为方便起见,在天体题中,若牵涉太阳,则默认取太阳系为惯性系,其中地球有自转也有公转;若不牵涉太阳,我们则默认取地心参照系为惯性系,其中地球绕地轴自转;若遇到其他恒星或行星,则默认在"最好的惯性系"内考察问题。

回看引力与重力的关系,在前述的分析中认为地球有自转,也就是说我们其实是选取了地心参照系作为惯性系。

三、引力势能

在第三章第二节中曾提到,两质点间的万有引力是保守力,取无穷远为零势能面,则引力势能的表达式为:

$$E_{\text{p引}} = -\frac{GMm}{r} \tag{7.2.13}$$

其中,M、m 是相互作用的两质点的质量,r 为两质点间的距离。可以简单拓展,两个质量分布均匀的球之间的引力势能,在两球不互相接触时,引力势能也可以用(7.2.13)式表达。

若考察由若干天体组成的系统,取各天体质心动能的和 E_k 和系统的引力势能 $E_{\text{p引}}$ 之和,称为系统的能量 $E_{\text{系}}$,则在只有万有引力做功的条件下,$E_{\text{系}}$ 是守恒的。

例 7.4 从地球上正对月球发射一火箭,使火箭获得能到达月球所需的最小的能量。设火箭上没有动力装置,忽略地球的自转和月球的公转。地球质量 $M_e = 6 \times 10^{24}$ kg,半径 $R_e = 6.4 \times 10^6$ m;月球质量 $M_m = 7.3 \times 10^{22}$ kg,半径 $R_m = 1.7 \times 10^6$ m;地心和月心距离 $s = 3.8 \times 10^8$ m。问:(1)在何处火箭速度最小?(2)计算火箭击中月球表面时可能的最小速度。

解 （1）如图 7-2-10 所示，火箭受到地球和月球的引力，在从地球飞向月球的过程中，火箭受地球的引力越来越小、受月球的引力越来越大，火箭受到的合力先指向地球后指向月球，火箭先减速后加速，火箭的最小速度应在地球引力和月球引力大小相等时取到，该时刻加速度 $a=0$。

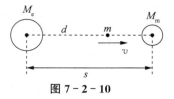

图 7-2-10

设火箭到地心的距离为 d。火箭取到最小速度时应满足：

$$\frac{GM_{e}m}{d^2} = \frac{GM_{m}m}{(s-d)^2}$$

约去 G、m 并代入数据后解得：

$$d \approx 3.42 \times 10^8 \text{ m}$$

（2）在火箭运动过程中，地球、月球、火箭组成的系统的机械能是守恒的。由于火箭加速度 $a=0$ 的瞬间和火箭击中月球前的瞬间系统的引力势能都是确定的，故火箭在加速度 $a=0$ 的瞬间动能越小，火箭击中月球表面的动能就越小。这也就是说，当火箭以接近 0 的微小速度通过加速度 $a=0$ 的位置时，火箭击中月球表面的速度是最小可能速度 $v_{\min}$。根据机械能守恒，列出方程：

$$0 + \left(-\frac{GM_{e}m}{d}\right) + \left(-\frac{GM_{m}m}{s-d}\right) = \frac{1}{2}mv_{\min}^2 + \left(-\frac{GM_{e}m}{s-R_{m}}\right) + \left(-\frac{GM_{m}m}{R_{m}}\right)$$

约去 m 并代入数据后可以解得：

$$v = 2.3 \times 10^3 \text{ m/s}$$

第三节　二体问题

上一节曾提到，球形星体间的万有引力 $F_{引}$ 与万有引力定律有相同的形式，可以简单地表述为 $F_{引} = \frac{GMm}{r^2}$。另外，人造卫星比星体小得多，在天文尺度下考虑人造卫星的质心的运动时，可以将人造卫星视为质点，那么人造卫星和星体间的万有引力 $F_{引}$ 也可以用 $F_{引} = \frac{GMm}{r^2}$ 来表达。

本节考虑**二体问题**，我们将第一节中的二体问题重新表述：两个天体在不受其他天体影响时，在仅受相互的万有引力作用的情况下，将如何运动？

事实上，由于万有引力的存在，没有哪两个天体是真正不受其他天体影响的，但由于天体间距离大、万有引力又小，所以在许多精度要求不高或时间尺度不长的问题中，可以忽略其他天体的影响。利用万有引力定律 $F_{引} = \frac{GMm}{r^2}$ 研究二体问题，相当于是研究二天体质心的运动。

在本节接下来的所有论述中，不经特殊说明，都不考虑其他天体的影响。

一、"大质量天体"的质心系

考虑以下三种情况：(1)行星绕行恒星运动；(2)天然卫星绕行行星的运动；(3)人造卫星绕行球形天体的运动。在第(1)种情况中，行星质量一般是远小于恒星质量的；在第(2)

种情况中,天然卫星的质量一般是远小于行星质量的;在第(3)种情况中,人造卫星的质量是远小于行星质量的。

可以看到,三种情况中都有一个"大质量天体 A"和一个"质量远小于 A 的质量的天体 B"。由于 B 的质量太小,A、B 间的万有引力 $F_{引}$ 难以使 A 产生明显的加速度。

考察 A、B 的运动时,常取大质量天体 A 的质心系,大质量天体 A 的质心系接近于惯性参照系。在大质量天体 A 的质心中考察 A、B 的运动时,A 做纯转动,B 绕 A 运动。

举例来说:考察地球和太阳间的二体问题,太阳的加速度可以忽略不计,太阳系可视为惯性系,在太阳系中,太阳仅有自转,地球绕太阳公转;考察月球和地球间的二体问题,地球的加速度可以忽略不计,地心参照系可视为惯性系,在地心参照系中,地球仅有自转,月球绕地球公转;考察人造卫星和地球间的二体问题,地球的加速度可以忽略不计,地心参照系可视为惯性系,在地心参照系中,地球仅有自转,人造卫星绕地球公转。

在这样的二体问题中,万有引力定律与开普勒三定律都成立。为叙述方便,不妨称此类二体问题为"小质量天体绕大质量天体的运动",以后默认小质量天体的质量远小于大质量天体的质量。

例 7.5 世界上第一颗人造地球卫星运行轨道的长半轴比第二颗的长半轴短 4000 km,第一颗卫星进入稳定运行的绕地轨道后周期为 96.2 min。求:(1)第一颗人造卫星运行轨道的长半轴;(2)第二颗人造卫星绕地球运行的周期。(地球质量 $M = 5.98 \times 10^{24}$ kg)

解 设第一颗人造卫轨道长半轴长为 a_1、周期为 $T_1 = 96.2$ min;第二颗人造卫轨道长半轴长为 a_2、周期为 T_2。

(1)根据开普勒第三定律,有:
$$\frac{a_1^3}{T_1^2} = \frac{GM}{4\pi^2}$$

代入 G、M、T_1 的数据,解得 a_1:
$$a_1 \approx 6.9 \times 10^6 \text{ m}$$

(2)依题意知第二颗人造卫轨道长半轴长为 $a_2 = a_1 + 4\,000$ km $\approx 10.9 \times 10^6$ m。再根据开普勒第三定律:
$$\frac{a_2^3}{T_2^2} = \frac{a_1^3}{T_1^2}$$

代入 a_1、a_2、T_1 的数据,解得 T_2:
$$T_2 \approx 191 \text{ min}$$

综上,第一颗人造卫星运行轨道的长半轴长约 6.9×10^6 m;第二颗人造卫星绕地球运行的周期约 191 min。

例 7.6 要发射一颗人造地球卫星,使它在半径为 r_2 的预定轨道上绕地球做匀速圆周运动。为此,先将卫星发射到半径为 r_1 的近地轨道上绕地球做匀速圆周运动,如图 7-3-1 所示,在 A 点瞬间,发动机短暂地点火,向后喷出燃料,使卫星速度增加,从而卫星进入一个椭圆形的转移轨道上,当卫星到达转移轨道的椭圆上的另一长轴端点 B 时,再次改变卫星速度,使它进入预定轨道运行。已

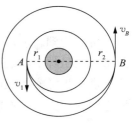

图 7-3-1

知地球质量为 M，试求卫星从 A 点到达 B 点所需的时间 t。

解 容易知道椭圆形轨道运动的长半轴 $a = \dfrac{r_1 + r_2}{2}$，根据开普勒第三定律：

$$\frac{a^3}{T^2} = \frac{GM}{4\pi^2}$$

可知椭圆形轨道运动的周期 T 为：

$$T = 2\pi\sqrt{\frac{a^3}{GM}} = \pi\sqrt{\frac{(r_1 + r_2)^3}{2GM}}$$

卫星从 A 运动到 B，经历了半个椭圆轨道。可以试想，如果在 B 处没有点火，卫星应会继续沿椭圆轨道运动而回到 A。根据开普勒第二定律，行星和地心的连线在卫星从 A 运动到 B 的过程中扫过的面积是半个椭圆面积，在从 B 运动回到 A 的过程中扫过的面积也是半个椭圆面积，故卫星从 B 回到 A 也要经历 t 时间。所以，时间 t 是椭圆轨道周期 T 的一半，即：

$$t = \frac{1}{2}T = \frac{\pi}{2}\sqrt{\frac{(r_1 + r_2)^3}{2GM}}$$

二、小质量天体绕大质量天体做圆周运动

（一）圆周运动的特征

考察最简单的运动：小质量天体绕大质量天体做圆周运动。

设大质量天体质量为 M，小质量天体质量为 m，$m \ll M$，两天体质心间的距离为 r。如图 $7-3-2$ 所示，在大质量天体 M 的质心参照系中，若小质量天体 m 做圆周运动，则向心力由万有引力提供，即：

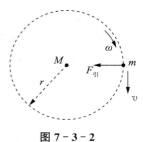

图 7 - 3 - 2

$$\frac{GMm}{r^2} = m\omega^2 r = \frac{mv^2}{r} \tag{7.3.1}$$

由（7.3.1）式可以解出小质量天体的线速度 v 和角速度 ω：

$$\begin{cases} v = \sqrt{\dfrac{GM}{r}} & \tag{7.3.2} \\[2mm] \omega = \sqrt{\dfrac{GM}{r^3}} & \tag{7.3.3} \end{cases}$$

同时，还可以用公式 $T = \dfrac{2\pi}{\omega}$ 求出圆周运动周期 T 的表达式：

$$T = 2\pi\sqrt{\frac{r^3}{GM}} \tag{7.3.4}$$

可以看到，在（7.3.1）式中，小质量天体的质量 m 被约去，在"$m \ll M$"和"圆周运动"这两个限制条件下，线速度 v、角速度 ω、周期 T 都仅由 M 与 r 决定。

进一步考察系统的能量，考虑小质量天体质心的动能 E_k 和两天体之间的势能 E_p，并称它们的和为系统的能量 $E_{系}$，即：

$$E_{系} = E_k + E_p \tag{7.3.5}$$

将(7.3.1)式变形有:

$$\frac{GMm}{r} = mv^2 \qquad (7.3.6)$$

利用动能 E_k 和势能 E_p 的定义可将(7.3.6)式再变为:

$$-E_p = 2E_k \qquad (7.3.7)$$

结合(7.3.5)式和(7.3.7)式,可以得到 $E_系$ 的表达式和 E_k、E_p、$E_系$ 之间的比例关系:

$$\begin{cases} E_系 = -\dfrac{GMm}{2r} = -\dfrac{1}{2}mv^2 \\ E_k : E_p : E_系 = 1 : (-2) : (-1) \end{cases} \qquad (7.3.8)$$

如图 7-3-3 所示,在能量轴上给出了三者的关系。注意,系统的能量是负的。

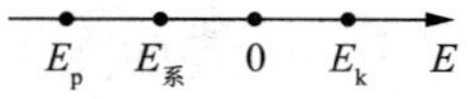

图 7-3-3

(二) 测量大质量天体的质量

测量大质量天体的质量 M 不是一件容易的事,但(7.3.4)式给我们提供了一种可能的途径。将(7.3.4)式变形,有:

$$M = \frac{4\pi^2 r^3}{GT^2} \qquad (7.3.9)$$

(7.3.9)式告诉我们:若能确定绕其做圆周运动的小质量天体绕行的周期 T 和小质量天体到大质量天体的距离 r,则能求出 M。例如:地球绕太阳公转的公转轨道十分接近圆形,将其轨道视为圆形处理,则可以用(7.3.9)式,通过地球的公转周期 T 和地日平均距离 r 估算太阳的质量;同理,可以通过考察月球绕地球的公转来估算地球质量……

值得注意的是,在卡文迪什测出引力常量 G 后,这种天体质量的估算方法才得以成立。G、M 常在天体问题中成对出现,故常将 GM 看作一个量,称为天体的**高斯常量**。若将(7.3.9)式写为:

$$GM = \frac{4\pi^2 r^3}{T^2} \qquad (7.3.10)$$

则知道,在物理学家获得引力常量 G 的具体数值前,大质量天体的高斯常量 GM 是容易求出的,但其质量 M 却是难以获得的。

例7.7 太阳离银河系中心大约相距 $R = 25\,000$ 光年。太阳周期以 $T = 170\,000\,000$ 年的绕银河系中心做近似的圆周运动。地球离太阳的距离 $r = 8$ 光分(光在 8 分钟内传播的路程)。银河系的绝大部分质量可看做在银河系中心附近均匀分布,求出以太阳质量 M_s 为单位的银河系的近似质量 M。

解 根据太阳绕银河系中心的圆周运动可以列出方程:

$$\frac{GMM_s}{R^2} = M_s \frac{4\pi^2}{T^2} R \qquad ①$$

设地球质量为 m,地球绕太阳公转的周期 $T' = 365$ d 根据地球绕太阳的运动可列出方程:

$$\frac{GM_s m}{r^2} = m \frac{4\pi^2}{T'^2} r \qquad ②$$

将①②两式相除,得:

$$\frac{M}{M_s} \cdot \frac{r^2}{R^2} = \frac{T'^2}{T^2} \cdot \frac{R}{r}$$

整理得：

$$\frac{M}{M_s} = \frac{T'^2}{T^2} \cdot \frac{R^3}{r^3}$$

代入数据，可以得到：

$$M \approx 1.53 \times 10^{11} M_s$$

(三) 做圆周运动的人造卫星

大多人造卫星是绕地球转动做圆周运动的，这是为了计算和使用方便，现在来考察这样的人造卫星。

如图 7-3-4 所示，人造卫星的轨道半径 r、地球半径 R、人造卫星到地面的高度 h 间满足：

$$r = R + h \qquad\qquad (7.3.11)$$

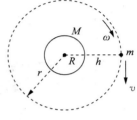

图 7-3-4

故做圆周运动的人造卫星越高，其轨道半径 r 越大。

再从 (7.3.2) 式和 (7.3.3) 式可以判断：做圆周运动的人造卫星越高，其运动角速度越小、线速度越小、动能越小，而人造卫星与地球组成的系统的势能和总能量却越大。

在赤道平面上，转动角速度与地球自转角速度 $\omega_{自}$ 相等的卫星称为**地球同步卫星**。地球同步卫星的好处是：它始终在地表某一特定区域上空，使用方便。

注：人造卫星绕地心做圆周运动，而地表上的小区域绕地轴做圆周运动，只有赤道上的区域绕地心做圆周运动。所以，若要使人造卫星始终在地表某一特定区域上空，该人造卫星必须在赤道平面上。

地球同步卫星轨道半径为 $r_{同}$、地球同步卫星距地面的高度为 $h_{同}$，则根据地球同步卫星轨道的定义有：

$$\omega_{自} = \sqrt{\frac{GM}{r_{同}^3}} \qquad\qquad (7.3.12)$$

由此可以得到同步卫星轨道半径为 $r_{同}$ 和地球同步卫星距地面的高度为 $h_{同}$：

$$\begin{cases} r_{同} = \sqrt[3]{\dfrac{GM}{\omega_{自}^2}} \\[2mm] h_{同} = \sqrt[3]{\dfrac{GM}{\omega_{自}^2}} - R \end{cases} \qquad\qquad (7.3.13)$$

设地球自转周期为 $T_{自}$，利用 $\omega_{自} = \dfrac{2\pi}{T_{自}}$，可将 (7.3.13) 式变为：

$$\begin{cases} r_{同} = \sqrt[3]{\dfrac{GMT_{自}^2}{4\pi^2}} \\[2mm] h_{同} = \sqrt[3]{\dfrac{GMT_{自}^2}{4\pi^2}} - R \end{cases} \qquad\qquad (7.3.14)$$

在利用代换公式 (7.2.10) 式，将 GM 替换为 gR^2，(7.3.14) 式又成为：

$$\begin{cases} r_{同} = \sqrt[3]{\dfrac{gR^2 T_{自}^2}{4\pi^2}} \\[2mm] h_{同} = \sqrt[3]{\dfrac{gR^2 T_{自}^2}{4\pi^2}} - R \end{cases} \qquad\qquad (7.3.15)$$

(7.3.13)式、(7.3.14)式、(7.3.15)式都是 $r_{同}$、$h_{同}$ 的常见表达式。利用 $T_{自} \approx 1$ 天 $\approx$ 86 400 s，$R \approx 6.4 \times 10^6$ m，可以计算得：

$$\begin{cases} r_{同} \approx 4.3 \times 10^7 \text{ m} \\ h_{同} \approx 3.6 \times 10^7 \text{ m} \end{cases} \quad (7.3.16)$$

可以看到，同步卫星距离地面的高度 $h_{同}$ 比地球半径 R 的 5 倍还多。

同理，其他星球上的卫星也可以做类似的处理。

三、小质量天体绕大质量天体做一般运动

（一）第一宇宙速度和第二宇宙速度

第一宇宙速度是指：若卫星速度大小为 v_1 时，能仅在引力作用下在星球的地表附近做圆周运动，则称 v_1 为该星球的第一宇宙速度，第一宇宙速度又称**环绕速度**。

第二宇宙速度是指：从某星球表面发射一颗卫星，若卫星发射的初速度大小达到 v_2 时，卫星恰能脱离该星球的束缚，则称 v_2 为该星球的第二宇宙速度，第二宇宙速度又称**脱离速度**。

注意，第一宇宙速度和第二宇宙速度都是相对于星球的质心来说的，例如，考虑地球的第一宇宙速度和第二宇宙速度时，考察的都是卫星相对于地心的速度。

设星球半径为 R，质量为 M，地表参照系中近地表面的重力加速度为 g。当星球自转角速度 ω 不大时，g 可以表示为 $g = \dfrac{GM}{R^2}$。当卫星以第一宇宙速度 v_1 环绕地球时，卫星做轨道半径为 R 的圆轨道运动，利用(7.3.2)式的结论有：

$$v_1 = \sqrt{\frac{GM}{R}} = \sqrt{gR} \quad (7.3.17)$$

例 7.8 将人造卫星 A 和 B 发射至某行星 C 和其卫星 D 表面进行勘探活动。A 在 C 表面附近匀速圆周运动的周期是 T，B 在 D 表面附近匀速圆周运动的周期也是 T。D 和 C 的间距足够远，问：C 和 D 之间满足什么关系？

解 依题意两卫星都以星球的第一宇宙速度在星球地表附近做匀速圆周运动。圆周运动的周期 T 可以通过(7.3.4)式计算：

$$T = \frac{2\pi R}{v_1} = 2\pi \sqrt{\frac{R^3}{GM}} \quad ①$$

设 C 的半径为 R_C、质量为 M_C、密度为 ρ_C；D 的半径为 R_D、质量为 M_D、密度为 ρ_D。依题意，$T_C = T_D$，故结合①式可以发现：

$$\frac{R_C^3}{M_C} = \frac{R_D^3}{M_D}$$

而再结合星球密度 $\rho = \dfrac{M}{V} = \dfrac{M}{\dfrac{4}{3}\pi R^3}$，有：

$$\rho_C = \rho_D$$

上式表明：行星 C 和其卫星 D 的平均密度相等。

【分析与说明】在宇宙中,大量行星都有自己的卫星,有些行星甚至有十数个卫星。卫星的形成原因有很多种可能,一种解释卫星成因的学说是"俘获说":行星在形成初期,若被高速大质量陨石撞击,可能导致行星中的部分物质被撞飞,脱离行星,最终绕行星运动起来,成为行星的卫星。行星通过"俘获"而形成的卫星,其物质组成可能与母星十分相仿,从而其密度也就十分接近母星的密度。

可以想象,如果以稍大于 v_1 的速度射出一卫星,则射出后卫星会开始做离心运动,最终会做椭圆形轨道运动,不断从抛出点出发,周而复始。若初速度再大一些,椭圆的长轴也就会再长一些,如图 7-3-5 所示,初速度越大,椭圆的长半轴就越长,万有引力能拉住卫星的趋势就显得越弱,卫星能到达的离星球最远的位置也就越远。如果初速度再增大,大到一旦射出,就永远向远离星球的方向运动,运动到无限远还不回头,这时,就可以说卫星脱离了星球的束缚。

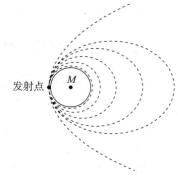

图 7-3-5

从上面的分析可以看出,要使卫星能脱离星球束缚,则卫星至少应该能运动到无限远处。在无限远处,卫星和星球间的引力势能 $E_p=0$,而其动能 E_k 至少也为 0,故卫星和星球间系统的能量 $E_{系}$ 至少为 0。其临界情况 $E_{系}=0$ 应对应着最小的初速度:第二宇宙速度 v_2,以此列出方程:

$$\frac{1}{2}mv_2^2+\left(-\frac{GMm}{R}\right)=0 \tag{7.3.18}$$

可以解出第二宇宙速度 v_2:

$$v_2=\sqrt{\frac{2GM}{R}} \tag{7.3.19}$$

和第一宇宙速度 v_1 比较,两者有特殊的关系:

$$v_2=\sqrt{2}\,v_1 \tag{7.3.20}$$

特别地,地球的第一宇宙速度 $v_1\approx7.9$ km/s,地球的第二宇宙速度 $v_2\approx11.2$ km/s。

这告诉我们,如果要从地表向上发射一颗卫星,并且让它直接成为绕地的卫星,则其初速度要介于 7.9 km/s 和 11.2 km/s 之间;如果要从地表向上发射一颗卫星,并直接让它脱离地球的影响而去探测其他星体,则其初速度应大于 11.2 km/s。

地球的第一宇宙速度和第二宇宙速度当然是十分粗浅的考察,真实的卫星发射是绝不可能一次性将卫星的速度增大到那么大的,通常发射卫星的过程中,火箭或卫星主体要通过数十次加速和姿势调整才能进入期望的轨道,之后也还要不断地修正卫星的运动。而对于在地表上的卫星发射基地来说,基地跟随地表自转,天然地有一相对于地心的线速度,这线速度越靠近赤道越大,故发射卫星时,应尽量选用靠近赤道的地点,并自西向东发射。

例 7.9 德国 Max Planck 学会的一个研究组用口径为 3.5 m 的天文望远镜对猎户座中位于银河系中心附近的星体进行了近 6 年的观测,发现距离银河系中心的距离约为 $r=6\times10^9$ km 的星体正以 $v=2\,000$ km/s 的速度围绕银河系中心旋转。1997 年 8 月 26 日在日本举行的国际天文学大会上,他们宣布了他们的研究成果:银河系的中心可能存在一个大黑洞。所谓黑洞,是一种密度极大的天体,其表面的引力是如此之强,以至于包括光在内的所有物质都逃脱不了其引力作用。试根据上面的数据,试在经典力学的构架内计算,如果银河系中心确实存在黑洞的话,其最大半径 $R_{\max}$ 是多少?

解 先通过观测数据估算银河系中心黑洞的质量 M。设被观测星体质量为 m,根据星体绕银心旋转,可列出方程:

$$\frac{GMm}{r^2}=\frac{mv^2}{r}$$

约去 m 后解得:

$$M=\frac{v^2r}{G} \qquad ①$$

根据黑洞条件,需使黑洞的第二宇宙速度 v_2 大于等于真空中的光速 c,有:

$$c\leqslant v_2=\sqrt{\frac{2GM}{R}} \qquad ②$$

结合①②两式,得到关于黑洞半径 R 的不等式:

$$R\leqslant\frac{2v^2r}{c^2}r$$

代入数据 $v=2\,000\ \text{km/s},c=3\times10^8\ \text{m/s},r=6\times10^9\ \text{km}$,得:

$$R\leqslant5.3\times10^8\ \text{m}$$

故银河系中心黑洞的最大半径 $R_{\max}$ 为 5.3×10^8 m。

(二)小质量天体质心的运动轨迹的形状

牛顿指出,小质量天体的质心的运动轨迹可能是任意的圆锥曲线(椭圆、抛物线或双曲线),大质量天体的质心在轨迹的焦点上。那么是什么决定了小质量天体的轨迹形状呢?

注:圆可以视为特殊的椭圆,长半轴与短半轴相等,二焦点在圆心处重合。

从上面对第一宇宙速度和第二宇宙速度的论述中知道,椭圆轨道运动对应着系统能量小于 0,这时小质量天体无法运动到无穷远处,在万有引力作用下,小质量天体总是会被拉回大质量天体附近。

当系统能量恰等于 0 时,小质量天体恰能运动到无穷远处,且在无穷远处时动能恰减小到 0,这时小质量天体的质心的轨迹是一条抛物线。

当系统能量大于 0 时,小质量天体运动到无穷远处后还具有一定的动能,这时小质量天体的质心的运动轨迹是一条双曲线。

所有行星绕恒星的运动轨迹都是椭圆,所有卫星绕行星的运动轨迹都是椭圆。部分彗星绕恒星的运动轨迹也是椭圆,例如哈雷彗星,每隔 76 年回到地球附近一次。而沿抛物线和双曲线轨迹运动的星体,至多在地球附近出现一次,也就不常被提起了。

(三)开普勒第二定律的物理意义、面积速度和角动量守恒

开普勒第二定律指出,小质量天体质心与大质量天体质心的连线在相等的时间内扫过的面积相等。换句话说,连线过 1 份时间就扫过 1 份面积,过 2 份时间就扫过 2 份面积……若用更严谨而科学化的语言来表述,则是:**在时间 t 内,小质量天体质心与大质量天体质心的连线扫过的面积 $S_{扫}$ 与时间 t 成正比**,即:

$$S_{扫}=u_S\cdot t \qquad (7.3.21)$$

其中 u_S 对于同一小质量天体来说是常量,称为**面积速度**。

严格来说,应该换一种形式,定义面积速度 $u_S = \dfrac{\Delta S_扫}{\Delta t}\Big|_{\Delta t \to 0}$,则开普勒第二定律可以表述为:**小质量天体绕大质量天体旋转,在没有其他天体影响时,其面积速度 u_S 守恒。**

为什么有开普勒第二定律成立呢? 为回答这个问题,我们来考察面积速度 u_S 的决定式。

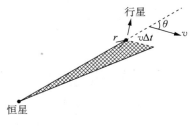

图 7 - 3 - 6

如图 7 - 3 - 6 所示,以大质量天体质心为原点,设小质量天体运动到某时刻时,其质心的位置矢量为 $\vec{r}$,速度为 $\vec{v}$,$\vec{v}$ 与 $\vec{r}$ 的夹角记为 θ,各物理量在图中给出。从此刻开始取一段趋向于 0 的时间段 Δt,在这段时间内,小质量天体沿 $\vec{v}$ 的方向运动了 $\vec{v}\Delta t$ 距离,故小质量天体质心与大质量天体质心的连线扫过了一个小三角形的面积,这个三角形的面积 $\Delta S_扫$ 为:

$$\Delta S_扫 = \frac{1}{2} \cdot |\vec{v}\Delta t| \cdot |\vec{r}| \cdot \sin\theta \Big|_{\Delta t \to 0} \tag{7.3.22}$$

根据面积速度 u_S 的定义,可以计算这个瞬间的面积速度 u_S 为:

$$u_S = \frac{\Delta S_扫}{\Delta t}\Big|_{\Delta t \to 0} = \frac{1}{2} \cdot |\vec{v}| \cdot |\vec{r}| \cdot \sin\theta \tag{7.3.23}$$

我们知道,大质量天体对小质量天体的万有引力场是有心力场,其力心是大质量天体的质心位置,故小质量天体的质心的角动量守恒。小质量天体的质心的角动量大小为 $\dfrac{1}{2} m \cdot |\vec{v}| \cdot |\vec{r}| \cdot \sin\theta$,显然,在小质量天体的质量 m 不变时,面积速度 u_S 是守恒的。

从上面的分析知道,开普勒第二定律的物理意义是**小质量天体的质心的角动量守恒**。这也就是说,开普勒第二定律不仅对椭圆轨道成立,而且对抛物线轨道和双曲线轨道也都是成立的!

开普勒的时代并没有角动量的知识,但伟大的开普勒仍然找到了规律并开创性地以面积的方式来表述这规律。在应用开普勒第二定律时,可以写面积速度的表达式,也可以写角动量守恒方程,视情况而定。

例 7.10 在宇宙空间,有一远离太阳的彗星以速度 v_0 趋向太阳,开始时太阳到彗星运动方向的垂直距离为 d,如图 7 - 3 - 7(a)所示。只考虑太阳对彗星的影响,太阳质量为 M。试求彗星运动到太阳附近时,运动的最大速度 $v_{\max}$ 和距太阳中心的最短距离 $r_{\min}$。(假设彗星在运动过程中不会解体,也不会落入太阳内部)

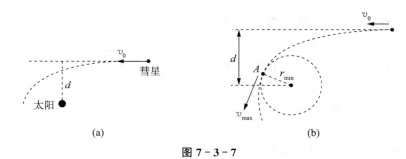

(a)   (b)

图 7 - 3 - 7

解 显然彗星的轨道是双曲线形状的。以太阳中心为圆心，作一个与双曲线轨道相切的圆，设切点为 A，如图 7-3-7(b) 所示，显然彗星在 A 处到太阳中心的距离最短，此距离就是要求的 r_{min}。

根据彗星和太阳组成的系统能量守恒，在 A 处彗星和太阳间的引力势能最小，故在 A 处彗星的动能最大、速度最大。

不妨将彗星在 A 点的速度记为 v_{max}，设太阳质量为 M，彗星质量为 m，根据系统能量守恒，有：

$$\frac{1}{2}mv_0^2 + 0 = \frac{1}{2}mv_{max}^2 + \left(-\frac{GMm}{r_{min}}\right) \quad\quad ①$$

到达 A 之前，彗星在接近太阳；到达 A 之后，彗星在远离太阳。A 点是彗星接近太阳和远离太阳的转换点，所以彗星在 A 点没有径向速度，彗星在 A 点的速度沿圆的切线方向。换句话说，彗星在 A 点的速度方向与彗星和太阳中心的连线垂直。根据角动量守恒，可列出方程：

$$mv_0 d = mv_{max} r_{min} \quad\quad ②$$

结合①②两式，在二式中都可以约去 m，可以解得：

$$\begin{cases} v_{max} = \dfrac{GM}{dv_0} \pm \sqrt{\left(\dfrac{GM}{dv_0}\right)^2 + v_0^2} \\ r_{min} = \dfrac{dv_0}{v_{max}} \end{cases}$$

对 v_{max} 取正的解，舍去负的解，得到最终答案：

$$\begin{cases} v_{max} = \dfrac{GM}{dv_0} + \sqrt{\left(\dfrac{GM}{dv_0}\right)^2 + v_0^2} \\ r_{min} = \dfrac{d^2 v_0^2}{GM + \sqrt{G^2 M^2 + d^2 v_0^4}} \end{cases}$$

彗星运动的最大速度 $v_{max} = \dfrac{GM}{dv_0} + \sqrt{\left(\dfrac{GM}{dv_0}\right)^2 + v_0^2}$，距太阳中心的最短距离 $r_{min} = \dfrac{d^2 v_0^2}{GM + \sqrt{G^2 M^2 + d^2 v_0^4}}$。

例 7.11 如图 7-3-8 所示，两颗人造卫星（与地球半径 R 相比）沿同一轨道绕地球运行，两卫星相距很近，它们之间的距离远小于地球半径。两卫星运动时，它们之间的距离周期性地在 L_1、L_2 间变化，距离最大为 L_1，最小为 L_2。已知两卫星的运动周期为 T，地球表面重力加速度为 g。试求两卫星距地球中心的最近距离和最远距离。

解 称两颗人造卫星为 A、B。不妨设 A 的运动比 B 滞

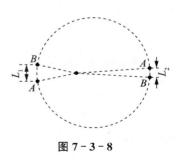

图 7-3-8

后 Δt 时间。设椭圆轨道近地点到地心的距离为 r_1,远地点到地心的距离为 r_2,椭圆轨道的长半轴长为 a。

我们知道 A、B 间的万有引力相比于卫星与地球间的万有引力可以忽略不计,A、B 做的是完全相同的椭圆形轨道运动。由于 A、B 间的距离始终很小,可以近似地认为:在任意时刻两卫星速度 v 几乎相同,v 处于两卫星连线方向上。又由于从任意时刻 t_0 开始,A 总是在运动了 Δt 时间后,于 $(t_0 + \Delta t)$ 时刻达到 t_0 时刻 B 所在的位置,所以两卫星间距 L 可表示为:

$$L = v \Delta t \qquad ①$$

人造卫星在近地点速度 v_1 最大,在远地点速度 v_2 最小,故根据①式知:两卫星在近地点附近时距离为 L_1,在远地点附近时距离为 L_2,且:

$$\frac{v_1}{v_2} = \frac{L_1}{L_2} \qquad ②$$

在近地点和远地点,卫星的速度都垂直于卫星与地心的连线,故根据角动量守恒,有:

$$v_1 r_1 = v_2 r_2 \qquad ③$$

结合②③两式,有:

$$\frac{r_1}{r_2} = \frac{L_2}{L_1}$$

而根据椭圆的性质,有:

$$r_1 + r_2 = 2a \qquad ④$$

结合②④可以解得 r_1、r_2:

$$\begin{cases} r_1 = 2a \cdot \dfrac{L_2}{L_1 + L_2} \\ r_2 = 2a \cdot \dfrac{L_1}{L_1 + L_2} \end{cases} \qquad ⑤$$

最后来求椭圆的长半轴长 a。根据开普勒第三定律,有:

$$\frac{a^3}{T^2} = \frac{GM}{4\pi^2} = \frac{gR^2}{4\pi^2}$$

可以解得长半轴长 a:

$$a = \sqrt[3]{\frac{gR^2 T^2}{4\pi^2}}$$

将 a 的表达式代入⑤有:

$$\begin{cases} r_1 = \sqrt[3]{\dfrac{2gR^2 T^2}{\pi^2}} \cdot \dfrac{L_2}{L_1 + L_2} \\ r_2 = \sqrt[3]{\dfrac{2gR^2 T^2}{\pi^2}} \cdot \dfrac{L_1}{L_1 + L_2} \end{cases}$$

椭圆轨道上近地点到地心最近,距离为 r_1;远地点到地心最远,距离为 r_2。

例 7.12 如图 7-3-9(a)所示,地球沿半径为 r 的圆轨道绕太阳运动,太阳质量为 M_s。某彗星绕太阳沿抛物线轨道运动,且运动过程中不受地球影响。已知此抛物线与地球圆轨道一直径 AB 的两端相交。试求彗星在地球轨道内的运行时间 t。

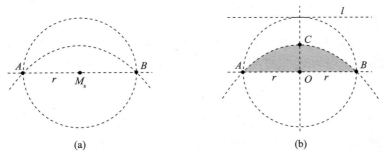

图 7-3-9

解 如图 7-3-9(b)所示,太阳质心在 O 处,O 既是抛物线轨道的焦点也是圆轨道的圆心。取出抛物线的对称轴(亦是直径 AB 的垂直平分线),"A 到抛物线的焦点 O 的距离"和"A 到准线的距离"应是相等的,都等于 r,故抛物线的准线 l 应平行于 AB 且相切于圆。

显然,抛物线与其对称轴的交点 C 到太阳中心的距离为 $\frac{r}{2}$。彗星在地球轨道内从 A 运动到 B,在这过程中彗星与太阳中心的连线扫过了图中阴影部分面积 S,根据抛物线性质知:

$$S = \frac{2}{3} \cdot 2r \cdot \frac{1}{2}r = \frac{2}{3}r^2$$

如能再求出彗星的面积速度 u_S,就能根据 $S = u_S \cdot t$ 知道时间 t。现在来求彗星的面积速度 u_S。

设彗星在 C 处时的速度为 v_C,根据抛物线轨道系统能量为 0 的特征,可以列出方程:

$$\frac{1}{2}mv_C^2 + \left(-\frac{GM_sm}{\frac{1}{2}r}\right) = 0$$

可以解得:

$$v_C = 2\sqrt{\frac{GM_s}{r}}$$

彗星在 C 处时,速度 v_C 垂直于彗星与太阳中心的连线 OC,故面积速度 u_S 为:

$$u_S = \frac{1}{2} \cdot v_C \cdot \frac{1}{2}r = \frac{1}{4}v_C r = \frac{1}{2}\sqrt{GM_s r}$$

利用 $S = u_S \cdot t$,知:

$$t = \frac{S}{u_S} = \frac{4}{3}\sqrt{\frac{r^3}{GM_s}}$$

彗星在地球轨道内的运行时间 $t = \frac{4}{3}\sqrt{\frac{r^3}{GM_s}}$。

四、小质量天体绕大质量中心天体做椭圆形轨道运动

(一) 椭圆形轨道运动的系统能量

我们已经知道,当系统的能量 $E_{系} < 0$ 时,小质量天体的质心才做椭圆形轨道运动。那么具体表达式为多少呢?

例 7.13 小质量天体质量为 m,大质量天体质量为 M,$m \ll M$。当小质量天体绕大质量天体做椭圆形轨道运动时,试证明:在大质量天体的质心系中,系统的能量 $E_{系}$ 可以表示为 $E_{系} = -\dfrac{GMm}{2a}$。其中 a 是椭圆形轨道的长半轴。

证明 如图 7-3-10 所示,设椭圆长半轴两端点到大质量天体质心的距离分别为 r_1、r_2,小质量天体质心在该两点时的速度分别为 v_1、v_2。根据几何关系,有:

$$2a = r_1 + r_2 \qquad ①$$

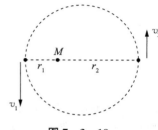

图 7-3-10

根据角动量守恒,有:

$$mv_1 r_1 = mv_2 r_2$$

约去质量 m 后得到:

$$v_1 r_1 = v_2 r_2 \qquad ②$$

根据系统的能量守恒,有:

$$E_{系} = \frac{1}{2}mv_1^2 + \left(-\frac{GMm}{r_1}\right) = \frac{1}{2}mv_2^2 + \left(-\frac{GMm}{r_2}\right)$$

约去质量 m 后整理得:

$$\frac{GM}{r_1 r_2}(r_2 - r_1) = \frac{1}{2}(v_1^2 - v_2^2) \qquad ③$$

现在我们利用①②③三式来得出 $E_{系}$ 的表达式。将②式变形为 $v_2 = \dfrac{v_1 r_1}{r_2}$,将此 v_2 的表达式代入③,有:

$$\frac{GM}{r_1 r_2}(r_2 - r_1) = \frac{1}{2}\left[v_1^2 - \left(\frac{v_1 r_1}{r_2}\right)^2\right] = \frac{1}{2}v_1^2 \cdot \frac{r_2^2 - r_1^2}{r_2^2}$$

再整理,可得:

$$\frac{1}{2}v_1^2 = \frac{GM}{r_1} \cdot \frac{r_2}{r_1 + r_2}$$

利用 $\dfrac{1}{2}v_1^2$ 计算 $E_{系}$:

$$E_{系} = \frac{1}{2}mv_1^2 + \left(-\frac{GMm}{r_1}\right) = \frac{GMm}{r_1} \cdot \frac{r_2}{r_1 + r_2} - \frac{GMm}{r_1} = -\frac{GMm}{r_1 + r_2} \qquad ④$$

结合①④两式,有:

$$E_{系} = -\frac{GMm}{2a}$$

证毕!

以后,我们将直接使用 $E_{\text{系}}=-\dfrac{GMm}{2a}$ 的结论,不再证明。

例 7.14 一卫星在半径为 r 的圆形轨道上运动,运动周期为 T。如果给卫星突然在一段很短的时间内向后或向远离地球方向喷出一些燃料,那么卫星会获得一个附加的切向速度 u_τ 或一个附加的径向速度 u_r,卫星将沿一个椭圆轨道运动(设加速后卫星与地球的系统能量仍满足 $E<0$)。已知地球质量为 M,问:(1)为使两种情况下卫星的运动周期相等,附加的径向速度 u_r 和附加的切向速度 u_τ 必须满足什么关系?(2)确定在这两种情况中卫星的运动周期。

解 卫星原本做圆轨道运动时,线速度 $v=\sqrt{\dfrac{GM}{r}}$,卫星与地球系统的系统能量为 $-\dfrac{GMm}{2r}$。

(1)通过开普勒第三定律知道:椭圆轨道的长半轴越长,其周期越大。所以要使周期相等,需使长半轴相等。又通过椭圆轨道运动的系统能量 $E_{\text{系}}=-\dfrac{GMm}{2a}$ 知道:椭圆轨道的长半轴越长,卫星与地球组成系统的系统能量越大。所以,要使长半轴等长,就要使能量相等。

卫星刚获得附加速度时,卫星与地球之间的引力势能未发生变化。故欲使系统能量相等,就要使动能的增量相等,有:

$$\frac{1}{2}m(v^2+u_r^2)-\frac{1}{2}mv^2=\frac{1}{2}m(v+u_\tau)^2-\frac{1}{2}mv^2$$

整理得:

$$u_r^2=2vu_\tau+u_\tau^2$$

将 $v=\sqrt{\dfrac{GM}{r}}$ 代入上式,得到 u_r 和 u_τ 满足的关系:

$$u_r^2=u_\tau^2+2u_\tau\sqrt{\frac{GM}{r}}$$

(2)在获得了附加径向速度 u_r 或附加切向速度 u_τ 后,系统能量 $E_{\text{系}}$ 变为了:

附加径向速度 u_r:

$$E_{\text{系r}}=-\frac{GMm}{2r}+\frac{1}{2}mu_r^2$$

附加切向速度 u_τ:

$$E_{\text{系τ}}=-\frac{GMm}{2r}+\frac{1}{2}m(v+u_\tau)^2-\frac{1}{2}mv^2$$

$$=-\frac{GMm}{2r}+mu_\tau\sqrt{\frac{GM}{r}}+\frac{1}{2}mu_\tau^2$$

应用椭圆轨道运动的系统能量 $E_{\text{系}}=-\dfrac{GMm}{2a}$,可以将系统能量 $E_{\text{系}}$ 代入计算出长半轴长 a:

附加径向速度 u_r:

$$a_r=\frac{GMr}{GM-u_r^2r}$$

附加切向速度 u_τ：

$$a_\tau = \frac{GMr}{GM - 2u_\tau\sqrt{GMr} - u_\tau^2 r}$$

再应用开普勒第三定律 $\dfrac{a^3}{T^2} = \dfrac{GM}{4\pi^2}$，可以将长半轴长 a 代入计算出周期 T：

附加径向速度 u_r：

$$T_r = 2\pi\sqrt{\frac{G^2 M^2 r^3}{(GM - u_r^2 r)^3}}$$

附加切向速度 u_τ：

$$T_\tau = 2\pi\sqrt{\frac{G^2 M^2 r^3}{(GM - 2u_\tau\sqrt{GMr} - u_\tau^2 r)^3}}$$

综上所述，附加径向速度 u_r 后，卫星的周期变为 $2\pi\sqrt{\dfrac{G^2 M^2 r^3}{(GM - u_r^2 r)^3}}$；附加切向速度 u_τ

后，卫星的周期变为 $2\pi\sqrt{\dfrac{G^2 M^2 r^3}{(GM - 2u_\tau\sqrt{GMr} - u_\tau^2 r)^3}}$。

（二）椭圆轨道运动的性质

考察任意椭圆 Γ，F 是椭圆 Γ 的一个焦点，A、B 是椭圆 Γ 长轴上的端点，A 距离 F 较近，B 距离 F 较远。我们知道椭圆有这样的基本性质：椭圆上的所有点中，A 到 F 的距离最短，B 到 F 的距离最长。

如图 $7 - 3 - 11$ 所示，如果以 F 为圆心画圆，则圆要么与椭圆相离，要么与椭圆相切于 A，要么与椭圆相交，要么与椭圆相切于 B。

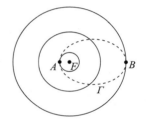

图 $7 - 3 - 11$

考察以下情况：在 F 处有一大质量天体 M，小质量天体 m 沿椭圆 Γ 绕 M 运动。小质量天体 m 的速度 v 应沿椭圆的切线方向，从图 $7 - 3 - 11$ 中的几何关系容易知道，只有小质量天体 m 在 A、B 两点时，速度 v 与两天体的连线 r 垂直。这也就是说：**当小质量天体 m 做椭圆形轨道运动，且速度 v 与两天体的连线 r 垂直时，小质量天体 m 必在椭圆轨道的长轴端点上。**

由于在长轴端点 v 和 r 垂直时，角动量大小直接等于 mvr，形式简单，故这两个点也经常被用来帮助我们考察角动量或面积速度。

在太阳系中，地球绕太阳运动的运动轨迹是十分接近圆的椭圆，地球的椭圆轨道上距离太阳最近的点称为**地球的近日点**、距离太阳最远的点称为**地球的远日点**。地球的近日点和远日点显然是地球椭圆形轨道的长轴端点。

在精度要求不高时，常将地球绕日的运动近似看作匀速圆周运动。一般，取地球轨道的长半轴 $a_地$ 作为圆周运动的半径，称 $a_地$ 为**日地平均距离**，也称为 1 个**天文单位**(Astronomical Unit)，记为 1 AU。其中，"AU"是长度单位"天文单位"，是天文学的常用的长度单位。

地球的近日点距太阳约 1.471 亿千米，地球的远日点距太阳约 1.521 亿千米，日地平均距离 1 AU≈ 1.496 亿千米，太阳光从太阳表面射出到到达地球表面要经历超过 8 分钟的时间。

在地心参照系中，月球与许多绕地运行的人造卫星也做接近于圆轨道的椭圆轨道运动。某个卫星的椭圆轨道上，距离地球最近的点称为**该卫星的近地点**、距离地球最远的点称为**该卫星的远地点**。某卫星的近地点和远地点显然是该卫星椭圆形轨道的长轴端点。

椭圆还有光学性质，十分常用和有效。椭圆的光学性质表述如下：将椭圆制成一曲面镜（内侧为镜面），**从椭圆的一个焦点出发沿任意方向射到椭圆上的光，经过镜面反射后，光路必通过另一个焦点。**如图 7-3-12 所示，从焦点 A 发出的光经过椭圆镜面反射后，光路经过焦点 B。

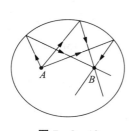
图 7-3-12

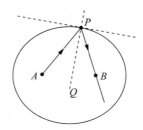
图 7-3-13

如图 7-3-13 所示，根据入射角等于反射角，可以将椭圆的光学性质表述为：椭圆上任意一点 P 的法线 PQ，是 PA 和 PB 的角平分线。

例 7.15 一洲际导弹以初速 v_0 与发射地地平线成 α 角射出，此导弹出射后不携带燃料，不调整姿势。忽略地球自转和空气阻力，已知地球半径为 R、地表的重力加速度为 g，求：导弹在飞行过程中距地面的最大高度 H、导弹轨道的长半轴 a 和短半轴 b。

解 方法一：设地球质量为 M，导弹质量为 m。

如图 7-3-14 所示，画出椭圆轨道的示意图。设导弹的远地点 A 到地心的距离为 r_1，导弹在 A 时的速度为 v_1。显然远地点 A 距地面高度最大，$H = r_1 - R$。

若将地球质量全部集中在其质心上，导弹应能绕地球质心做完整的椭圆形轨道运动，设这运动的近地点 B 到地心的距离为 r_2，导弹在近地点 B 时的速度为 v_2，如图 7-3-14 所示。

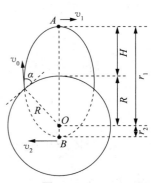
图 7-3-14

对于 A 处的 (v_1, r_1) 和 B 处的 (v_2, r_2)，根据角动量守恒，都有：

$$mv_0 R\cos\alpha = mvr \qquad ①$$

对于 A 处的 (v_1, r_1) 和 B 处的 (v_2, r_2)，根据导弹和地球的系统能量守恒，都有：

$$\frac{1}{2}mv_0^2 + \left(-\frac{GMm}{R}\right) = \frac{1}{2}mv^2 + \left(-\frac{GMm}{r}\right) \qquad ②$$

在①②两式中，消去 m 并用 gR^2 代替 GM，整理得方程组：

$$\begin{cases} v_0 R\cos\alpha = vr & ③ \\ v_0^2 - 2gR = v^2 - \dfrac{2gR^2}{r} & ④ \end{cases}$$

从③中解出 v，代入④，可以整理得关于 r 的二次方程：

$$(2gR - v_0^2) \cdot r^2 - 2gR^2 \cdot r + v_0^2 R^2 \cos^2\alpha = 0$$

由上式解出 r：

$$r = \frac{gR \pm \sqrt{g^2R^2 - v_0^2(2gR - v_0^2)\cos^2\alpha}}{2gR - v_0^2} \cdot R \qquad ⑤$$

显然，"＋"号对应的解是 r_1，"－"号对应的解是 r_2，即：

$$\begin{cases} r_1 = \dfrac{gR + \sqrt{g^2R^2 - v_0^2(2gR - v_0^2)\cos^2\alpha}}{2gR - v_0^2} \cdot R \\[4mm] r_2 = \dfrac{gR - \sqrt{g^2R^2 - v_0^2(2gR - v_0^2)\cos^2\alpha}}{2gR - v_0^2} \cdot R \end{cases} \qquad ⑥$$

由 $H = r_1 - R$ 计算出导弹在飞行过程中距地面的最大高度 H 为：

$$H = \frac{v_0^2 - gR + \sqrt{g^2R^2 - v_0^2(2gR - v_0^2)\cos^2\alpha}}{2gR - v_0^2} \cdot R$$

由于远地点 A 和近地点 B 分别是椭圆轨道长轴的两端点，故有 $r_1 = a + c$，$r_2 = a - c$，所以长半轴长 a 和半焦距长 c 可表示为：

$$\begin{cases} a = \dfrac{r_1 + r_2}{2} \\[4mm] c = \dfrac{r_1 - r_2}{2} \end{cases} \qquad ⑦$$

将⑥式代入⑦式得：

$$\begin{cases} a = \dfrac{gR}{2gR - v_0^2} \cdot R \\[4mm] c = \dfrac{\sqrt{g^2R^2 - v_0^2(2gR - v_0^2)\cos^2\alpha}}{2gR - v_0^2} \cdot R \end{cases}$$

最后利用性质短半轴长 $b = \sqrt{a^2 - c^2}$，可计算出短半轴长：

$$b = \frac{\sqrt{v_0^2(2gR - v_0^2)\cos^2\alpha}}{2gR - v_0^2} \cdot R = \frac{v_0 R \cos\alpha}{\sqrt{2gR - v_0^2}}$$

综上所述，导弹在飞行中距地面的最大高度 $H = \dfrac{v_0^2 - gR + \sqrt{g^2R^2 - v_0^2(2gR - v_0^2)\cos^2\alpha}}{2gR - v_0^2} \cdot R$；

椭圆轨道的长半轴长 $a = \dfrac{gR^2}{2gR - v_0^2}$，短半轴长 $b = \dfrac{v_0 R \cos\alpha}{\sqrt{2gR - v_0^2}}$。

方法二：根据椭圆轨道的能量公式，有：

$$\frac{1}{2}mv_0^2 + \left(-\frac{GMm}{R}\right) = -\frac{GMm}{2a}$$

约去 m、将 GM 替换为 gR^2，可以解得长半轴长 a：

$$a = \frac{gR^2}{2gR - v_0^2}$$

如图 7 - 3 - 15(a)所示，P 是导弹出射点，MN 是地球上 P 处的水平直线，O 是地心，O、O' 是椭圆轨道的两个焦点，PC 方向既是初速度 v_0 的方向又是椭圆在 P 点的切线方向，PD 是椭圆在 P 处的法线。

依题意知$\angle CPN = \alpha$。根据 $PO \perp PN$、$PD \perp PC$ 知 $\angle OPD = \angle CPN = \alpha$。又根据椭圆的光学性质,有 $\angle OPD = \angle DPO' = \alpha$。[$\angle OPD$ 和 $\angle DPO'$ 在图 7 - 3 - 15(a)中用双线标出,这两个角都等于 α。]

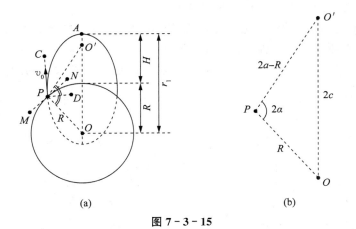

图 7 - 3 - 15

取出$\triangle POO'$,如图 7 - 3 - 15(b),其中$\angle OPO' = 2\alpha$,$|OP| = R$;P 是椭圆上的点,故 P 到 O 和 O' 的距离之和为 $2a$,故 $|O'P| = 2a - R$;两个焦点的距离 $|OO'| = 2c$。在$\triangle POO'$中应用余弦定理:

$$2c = \sqrt{R^2 + (2a - R)^2 - 2R(2a - R)\cos 2\alpha} \qquad \text{⑧}$$

⑧式可变形为:

$$c = \sqrt{a^2 - 2aR\cos^2\alpha + R^2\cos^2\alpha}$$

将长半轴长 a 的表达式代入上式,解得半焦距长:

$$c = \frac{\sqrt{g^2R^2 - v_0^2(2gR - v_0^2)\cos^2\alpha}}{2gR - v_0^2} \cdot R$$

利用性质短半轴长 $b = \sqrt{a^2 - c^2}$,可计算出短半轴:

$$b = \frac{v_0 R\cos\alpha}{\sqrt{2gR - v_0^2}}$$

利用椭圆的性质,远地点 A 到焦点 O 的距离 $r_1 = a + c$,则 $H = r_1 - R = a + c - r_1$。利用 a、c 计算出 H:

$$H = \frac{v_0^2 - gR + \sqrt{g^2R^2 - v_0^2(2gR - v_0^2)\cos^2\alpha}}{2gR - v_0^2} \cdot R$$

综上所述,导弹在飞行中距地面的最大高度 $H = \dfrac{v_0^2 - gR + \sqrt{g^2R^2 - v_0^2(2gR - v_0^2)\cos^2\alpha}}{2gR - v_0^2} \cdot R$;

椭圆轨道的长半轴长 $a = \dfrac{gR^2}{2gR - v_0^2}$,短半轴长 $b = \dfrac{v_0 R\cos\alpha}{\sqrt{2gR - v_0^2}}$。

【分析与说明】本题中,利用发射后瞬间的运动信息(射出的速度大小、出射点到焦点的距离、出射点与焦点的连线和速度方向的夹角)求出了结果,它的意义在于:我们可以用椭圆轨道运动上任意一点的信息求解整个椭圆运动,包括椭圆轨道形状、椭圆轨道位置、点与椭圆的位置关系。

例 7.16 一些学者发现,在地球上周期性地发生持续时间为 $T=6.2\times10^6$ 年的动物剧烈绝种。这种规律性有人用下列假说来解释:推测有一颗太阳的行星涅墨西斯(报应女神)星,这颗发光微弱而看不见的星沿轨道运行,其一半轨道位于含有大量彗星的称为"奥尔特"区内。彗星受涅墨西斯星的引力作用而摄动,飞向地球,在地球上引起"彗星雨",使地表生态环境被破坏而导致物种灭绝。下"雨"持续时间同涅墨西斯星位于"奥尔特"区内的时间是一致的。如图 7-3-16(a)所示,假设轨道的近日点到太阳的距离为轨道长半轴长的 $\frac{3}{20}$。求涅墨西斯星绕太阳转动的周期,再用地球公转半径 r 作单位表示其长半轴。

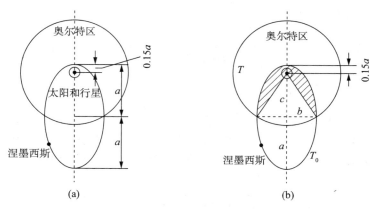

图 7-3-16

解 设椭圆短半轴为 b、半焦距为 c。根据题目条件,如图 7-3-16(b)所示,有 $a-c=\frac{3}{20}a$,由此可以计算出 $c=\frac{17}{20}a$。

如图 7-3-16(b)所示,利用椭圆轨道有一半在"奥尔特"区内的性质,可以求出涅墨西斯星在"奥尔特"区内运动时,涅墨西斯星和太阳的连线扫过的面积(阴影部分)$S_{阴影}$:

$$S_{阴影}=\frac{1}{2}\pi ab-bc$$

其算法是,半椭圆面积减去三角形面积。

设椭圆轨道运动周期为 $T_椭$,根据开普勒第二定律,有:

$$\frac{T_椭}{T}=\frac{S_椭}{S_{阴影}}=\frac{\pi ab}{\frac{1}{2}\pi ab-bc}=\frac{\pi a}{\frac{1}{2}\pi a-\frac{17}{20}a}=\frac{2\pi}{\pi-1.7}$$

可以解出:

$$T_椭=\frac{2\pi}{\pi-1.7}T\approx2.7\times10^7 \text{ 年}$$

再根据开普勒第三定律,有:

$$\frac{a^3}{T_椭^2}=\frac{r^3}{(1\text{ 年})^2}$$

可以解得:

$$a=90\ 000r$$

例7.17 已知地球半径为 R，地表附近重力加速度为 g。如图 $7-3-17(a)$，现从赤道上的 C 点发射不携带动力装置的洲际导弹，使之精确地击中北极点 N。假定地球是一质量均匀分布的球体，忽略空气阻力。

（1）假设地球没有自转，求最小发射速度 v_0 的大小和方向；

（2）若考虑地球的自转，令地球自转角速度为 ω，求相对于地面的发射速度 v 的最小值。

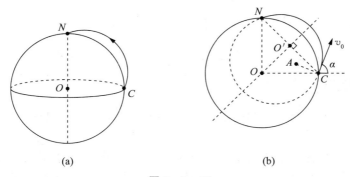

图 $7-3-17$

解 如图 $7-3-17(b)$ 所示，地心为 O，O 亦是导弹椭圆轨道的一个焦点。易知椭圆轨道的长轴在 CN 的中垂线上，另一焦点 O' 也处于 CN 的中垂线上。

要使发射速度最小，就需使长半轴 a 最小。由于 C 到 O 和 O' 的距离之和为 $2a$，又因为 $|CO|=R$ 是定值，故要使 a 最小，就要使 C 到 O' 的距离最短。显然，当 $|CO'|\perp l$ 时，$|CO'|$ 有最小值 $\dfrac{\sqrt{2}}{2}R$，如图 $7-3-17(b)$ 所示，此时短半轴 a 有最小值 $a_{\min}$：

$$a_{\min}=\frac{|CO|+|CO'|}{2}=\frac{2+\sqrt{2}}{4}R$$

（1）不考虑地球自转时，利用轨道和地球之间的系统能量可以列出方程：

$$\frac{1}{2}mv_0^2+\left(-\frac{GMm}{R}\right)=-\frac{GMm}{2a_{\min}}$$

其中 M、m 分别是导弹质量和地球质量。在上式中约去 m，用 gR^2 代替 GM，并将 $a_{\min}=\dfrac{2+\sqrt{2}}{4}R$ 代入，可以解得：

$$v_0=\sqrt{(2\sqrt{2}-2)gR}$$

如图 $7-3-17(b)$ 所示，记发射速度 v_0 与 OC（C 处竖直方向）的夹角为 α。由椭圆的光学性质，椭圆在 C 点的法线 AC 亦是 OC 和 $O'C$ 的角平分线，故有图中 $\angle ACO=22.5°$。由于 $v_0\perp AC$，故 α 与 $\angle ACO$ 互余，发射速度 v_0 与 C 处竖直方向的夹角为 α：

$$\alpha=67.5°$$

（2）在地心参照系中，地表 C 处的自转线速度为 $\vec{v}_{线}=\vec{\omega R}$。记导弹出射速度为 $\vec{v}_{出射}$，导弹出射时相对于地面的速度为 $\vec{v}$，则有：

$$\vec{v}=\vec{v}_{出射}-\vec{v}_{线}$$

如图 7-3-18 所示，$\vec{v}_{出射}$ 总是在所示平面上，$\vec{v}_{线}=\vec{\omega R}$ 垂直于纸面，$\vec{v}_{出射}$ 与 $\vec{v}_{线}=\vec{\omega R}$ 总是相互垂直的，$\vec{v}$ 的大小 v 可以表示为：

$$v=\sqrt{v_{出射}^2+v_{线}^2}=\sqrt{v_{出射}^2+\omega^2 R^2}$$

可以看到，$v_{出射}$ 越小，v 越小。从第一问知道，$v_{出射}$ 最小为 $v_0=\sqrt{(2\sqrt{2}-2)gR}$，代入上式得到 v 的最小值 $v_{\min}$：

$$v_{\min}=\sqrt{v_0^2+\omega^2 R^2}=\sqrt{(2\sqrt{2}-2)gR+\omega^2 R^2}$$

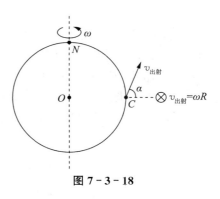

图 7-3-18

（三）开普勒定律的妙用

这里，介绍一类看似与开普勒定律无关，却能通过巧妙地构造物理模型，借助开普勒定律解决的问题。

例 7.18 有一物体从距离地面高为 H 处由静止开始运动，物体除了地球的万有引力外不受任何其他作用力。已知地球半径为 R，地球质量为 M。求物体从出发到落到地球表面所需的时间 t。

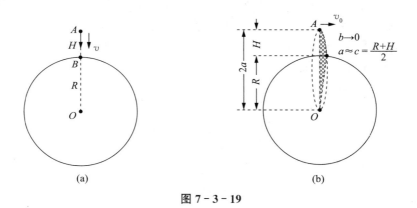

图 7-3-19

解 如图 7-3-19(a) 所示，物体从图中 A 点出发，做加速度不断增大的加速运动，落到 B 点。

若沿 B 处地面方向给物体一个趋向于 0 的初速度 v_0，则物体会做以地心为焦点的椭圆形轨道运动，如图 7-3-19(b) 所示，设椭圆轨道的长半轴长为 a，短半轴长为 b，半焦距长为 c，物体沿此椭圆轨道运动到地面的时间为 t'。

由于初速度 v_0 趋向于 0，椭圆轨道的短半轴长 b 趋向于 0，地心（椭圆的焦点）几乎与椭圆的一个长轴端点重合，物体的落地点到 B 的距离趋向于 0，物体沿椭圆轨道落到地面的运动过程和无初速度的落体过程几乎没有区别。故可以近似地认为：$a\approx c\approx\dfrac{R+H}{2}$，$t'=t$。于是问题转化为：求出物体沿此椭圆轨道运动到地面的时间 t。

图 7-3-19(b) 中阴影部分面积为 t 时间内物体和地心的连线扫过的面积 $S_{扫}$，根据开普勒第二定律和第三定律，有：

$$\begin{cases} \dfrac{S_{\text{扫}}}{S_{\text{椭}}} = \dfrac{t}{T} & \text{①} \\[3mm] \dfrac{a^3}{T^2} = \dfrac{GM}{4\pi^2} & \text{②} \end{cases}$$

以 $a = \dfrac{R+H}{2}$ 代入②式解出 T，再将 T 代入①式，得到 t 的一个表达式：

$$t = \frac{S_{\text{扫}}}{S_{\text{椭}}} \cdot \pi \sqrt{\frac{(R+H)^3}{2GM}} \qquad\qquad ③$$

最后求 $\dfrac{S_{\text{扫}}}{S_{\text{椭}}}$。将椭圆沿短轴方向放缩成一个圆形，如图 7-3-20，$S_{\text{扫}}$ 放大成了圆中阴影部分面积 $S_{\text{阴}}$，$S_{\text{椭}}$ 放大成了圆面积 $S_{\text{圆}}$，面积 $S_{\text{扫}}$ 和 $S_{\text{椭}}$ 都被放大了 $\dfrac{a}{b}$ 倍，但比值保持不变，即：

$$\frac{S_{\text{扫}}}{S_{\text{椭}}} = \frac{S_{\text{阴}}}{S_{\text{圆}}}$$

图 7-3-20 中圆半径为 $a = \dfrac{R+H}{2}$，将圆中阴影部分切割成一个扇形和一个三角形，设扇形对应的圆心角为 α，依照图中几何关系有：

$$\alpha = \arccos \frac{R-H}{R+H}$$

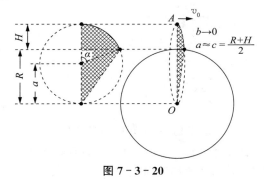

图 7-3-20

于是圆中阴影部分面积 $S_{\text{阴}}$ 为：

$$S_{\text{阴}} = \frac{\alpha}{2\pi} \cdot \pi a^2 + \frac{1}{2} a^2 \sin\alpha$$

进而求出：

$$\frac{S_{\text{扫}}}{S_{\text{椭}}} = \frac{S_{\text{阴}}}{S_{\text{圆}}} = \frac{\dfrac{\alpha}{2\pi} \cdot \pi a^2 + \dfrac{1}{2} a^2 \sin\alpha}{\pi a^2} = \frac{\alpha + \sin\alpha}{2\pi} \qquad ④$$

将④式代入③式，得：

$$t = \frac{\alpha + \sin\alpha}{2} \sqrt{\frac{(R+H)^3}{2GM}}$$

其中，$\alpha = \arccos \dfrac{R-H}{R+H}$。时间 t 即为所求！

【分析与说明】 (1) 题图中只画了 $H < R$ 的情况。对于 $H = R$ 和 $H > R$ 的情况，题解中的结论也是成立的，请读者思考；(2) 本题巧妙地应用了开普勒三定律，将这种不容易考察的直线运动转化为了考察椭圆形轨道运动，开普勒的三个定律缺一不可；(3) 此题有两种特殊情况经常被考到，一种情况是："将地球替换成质点，问物体运动多久能与质点相遇？"这时在等效的椭圆轨道中，物体应走过半个椭圆，物体与质点的连线应扫过半椭圆面积，运动时间是椭圆轨道周期的一半；另一种情况是"$H = R$"的情况，这种情况对应着 $\alpha = \dfrac{\pi}{2}$，计算十分方便,故常被考到,值得注意的是,$H=R$ 同时对应着物体落到地面前瞬间的速度,大小等于第一宇宙速度;(4) 如果将本题变为逆运动"将物体从地表竖直上抛"或"给定运动过程中两点,求物体从其中一点运动到另一点经历的时间",其做法也是类似的,请读者思考。

例 7.19 星球是在宇宙诞生初期,由松散的星际物质(尘埃)在万有引力的作用下收缩而成的,当聚拢的物质总质量大到一定值时,整个系统会在万有引力的作用下塌缩成一个球形。设宇宙中有一团巨大的球形区域中均匀分布着尘埃,其密度约为 $\rho = 2 \times 10^{-23}$ kg/m³,开始时尘埃相对于某惯性系静止,试估算这些尘埃形成一颗星球要经历的时间 t。设没有其他星体影响它们。

解 设此球形区域半径为 r,尘埃的总质量为 M。由于球形区域巨大,故可认为最终形成的星球半径远小于 r,如图 7-3-21(a)所示,初始密度 $\rho = \dfrac{M}{\dfrac{4}{3}\pi r^3}$。

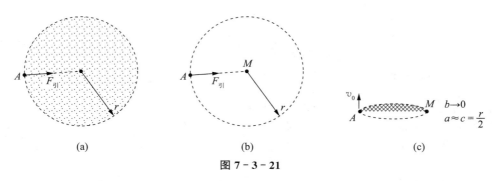

图 7 - 3 - 21

取球形区域边缘的一小部分物质 A 作为研究对象,如图 7-3-21(a)所示,在收缩过程中,A 应该始终在所有尘埃的最边缘处,A 运动了 t 时间后达到十分接近球心的星球表面。A 受到其余物质对它们的万有引力应相当于所有物质集中在球心时给 A 的引力,所以 A 的运动相当于以下运动:

A 被远处质量为 M 的质点吸引,如图 7-3-21(b)所示,开始时 A 到 M 的距离为 r,A 从静止出发,经过时间 t 达到质点 M。

现在,问题被转化为:求 A 被质量为 M 的质点吸引而运动的时间 t。

若沿垂直于 AM 连线方向给 A 一个趋向于 0 的初速度 v_0,则 A 会做以 M 为焦点的椭圆形轨道运动,如图 7-3-21(c)所示,设椭圆轨道的长半轴长为 a,短半轴长为 b,半焦距长为 c,A 沿此椭圆轨道运动到 M 附近的时间为 t'。

由于 A 的初速度 v_0 趋向于 0,椭圆轨道的短半轴 b 趋向于 0、M(椭圆的焦点)几乎与椭圆的一个长轴端点重合,A 沿椭圆轨道运动到近地点的运动过程和 A 沿直线运动到 M 的过程几乎没有区别。故可以近似地认为:$a \approx c \approx \dfrac{r}{2}$,$t' = t$。

t 时间内 A 和 M 的连线扫过半个椭圆,故根据开普勒第二定律和第三定律,有:

$$\begin{cases} \dfrac{t}{T} = \dfrac{S_{扫}}{S_{椭}} = \dfrac{1}{2} & ① \\[3mm] \dfrac{a^3}{T^2} = \dfrac{GM}{4\pi^2} & ② \end{cases}$$

以 $a = \dfrac{r}{2}$ 代入②式解出 T，再将 T 代入①式，得到 t：

$$t = \pi \sqrt{\frac{r^3}{8GM}}$$

利用初始密度 $\rho = \dfrac{M}{\dfrac{4}{3}\pi r^3}$，可将时间表示为：

$$t = \pi \sqrt{\frac{3}{32\pi G\rho}}$$

将数据代入上式，得：

$$t \approx 1.4 \times 10^{16} \text{ s}$$

五、二体问题

之前讨论的都是小质量天体绕大质量天体的运动，现在来严格地考察任意质量的两天体的二体问题。

（一）二体转化为单体

严格考虑质量分别为 m_1、m_2 的两个天体的二体问题，两个天体的质心系为惯性系，不妨设 m_1 对 m_2 的引力为 $\vec{F}$，则 m_2 对 m_1 的引力为 $-\vec{F}$，$|\vec{F}| = \dfrac{Gm_1m_2}{r^2}$。在质心系中，$m_1$ 的加速度 $\vec{a}_1 = -\dfrac{\vec{F}}{m_1}$，$m_2$ 的加速度 $\vec{a}_2 = \dfrac{\vec{F}}{m_2}$。

现在在 m_1 参照系中考察 m_2 的运动。m_1 参照系是平动非惯性系，其相对于惯性系的加速度为 $\vec{a}_1 = -\dfrac{\vec{F}}{m_1}$。$m_2$ 在此惯性系中的加速度 $\vec{a}_{21}$ 为：

$$\vec{a}_{21} = \vec{a}_2 - \vec{a}_1 = \frac{\vec{F}}{m_2} + \frac{\vec{F}}{m_1} = \frac{\vec{F}}{\dfrac{m_1m_2}{m_1+m_2}} \tag{7.3.24}$$

再考虑另一个假想的模型，在一惯性系中，有一个固定的质量为 (m_1+m_2) 的质点 A 和一个质量为 $\dfrac{m_1m_2}{m_1+m_2}$ 的质点 B，那么质点 A、B 之间的引力大小 $F_{引} = \dfrac{G(m_1+m_2)\dfrac{m_1m_2}{m_1+m_2}}{r^2}$ $= \dfrac{Gm_1m_2}{r^2}$，故 A 对 B 的引力也为 $\vec{F}$。在 A 对 B 的引力 $\vec{F}$ 作用下，质点 B 的加速度 $\vec{a}_B$ 为：

$$\vec{a}_B = \frac{\vec{F}}{\dfrac{m_1m_2}{m_1+m_2}} \tag{7.3.25}$$

比较 $(7.3.24)$ 式和 $(7.3.25)$ 式，发现 m_2 在 m_1 参照系中的加速度 $\vec{a}_{21}$ 和质点 B 在惯性系中的加速度 $\vec{a}_B$ 完全一致。这也就是说，如果同时满足"m_2 相对于 m_1 的位置关系和 B 相对于 A 的位置关系相同"和"m_2 的初速度和 B 的初速度相同"，那么 B 相对于 A 的运动和

m_2 在 m_1 参照系中的运动就完全相同!

我们知道运动学描述是不用关心参照系是否是惯性系的,所以利用这种方式,我们就将二体问题,又转化回了我们熟悉的中心天体(A)不动的情况。转化时唯一需要变化的就是质量:把 m_1 的质量当作(m_1+m_2),把 m_2 的质量当作 $\dfrac{m_1 m_2}{m_1+m_2}$。一般令 $\mu=\dfrac{m_1 m_2}{m_1+m_2}$,称为**约化质量**,或**折合质量**。这种处理问题的方式,称为**二体化为单体**。

在小质量天体 m 绕大质量天体 M 运动条件下(即 $m\ll M$),小质量天体的约化质量 $\mu=\dfrac{mM}{m+M}\approx m$,而大质量天体的质量应视为 $m+M\approx M$。所以这种情况下,无论是否做二体化为单体的考量,结论都是一致的。

此外,可以简单地判断到,对任意的二体问题,牛顿对轨道形状的判断和开普勒第二定律都仍是对的。若在 m_1 参照系中 m_2 做椭圆轨道运动,则在 m_1 和 m_2 的质心系中,m_1、m_2 都绕质心做椭圆形轨道运动。

例 7.20 空间两质点的质量分别为 m_1 和 m_2,开始时两质点相对于某惯性系静止,相距 r。两质点在万有引力作用下接近并相遇,试求两质点从开始运动到相遇所经历的时间 t。

解 利用"二体化为单体":在 m_1 参照系中考察 m_2 的运动,相当于在惯性系中,有一个固定的质量为(m_1+m_2)的质点 A 吸引着自由的质量为 $\mu=\dfrac{m_1 m_2}{m_1+m_2}$ 的质点 B 的运动,如图 7-3-22(a)所示。

图 7-3-22

若沿垂直于 AB 连线方向给 B 一个趋向于 0 的初速度 v_0,则 B 会做以 A 为焦点的椭圆形轨道运动,如图 7-3-22(b)所示,设椭圆轨道的长半轴长为 a,短半轴长为 b,半焦距长为 c,B 沿此椭圆轨道运动到 A 附近的时间为 t'。

由于 B 的初速度 v_0 趋向于 0,椭圆轨道的短半轴长 b 趋向于 0,A(椭圆的焦点)几乎与椭圆的一个长轴端点重合,B 沿椭圆轨道运动到近地点的运动过程和 B 沿直线运动到 A 的过程几乎没有区别。故可以近似地认为:$a\approx c\approx\dfrac{r}{2}$,$t'=t$。

t 时间内 A 和 B 的连线扫过半个椭圆,故根据开普勒第二定律和第三定律,有:

$$
\begin{cases}
\dfrac{t}{T}=\dfrac{S_{扫}}{S_{椭}}=\dfrac{1}{2} & \text{①} \\[3mm]
\dfrac{a^3}{T^2}=\dfrac{G(m_1+m_2)}{4\pi^2} & \text{②}
\end{cases}
$$

以 $a=\dfrac{r}{2}$ 代入②式解出 T，再将 T 代入①式，得到 t：

$$t=\frac{\pi}{2}\sqrt{\frac{r^3}{2G(m_1+m_2)}}$$

（二）双星系统

宇宙中存在着大量恒星，当我们在黑夜里抬头望向星空，看见的绝大多数星星都是远处恒星发出的光。由于恒星质量大且致密，在考虑恒星的运动时，一般不用考虑除恒星以外的天体对它们的影响。

宇宙中有些恒星较为孤立，它们距离其他恒星十分遥远，这样的恒星称为**单星**。宇宙中也有些恒星是成对出现的，两个恒星绕两者的质心运动，而离其他恒星十分遥远，这样的恒星称为**双星系统**，简称**双星**。单星和双星是目前人类观测到的恒星中最普遍的存在形式，观测表明，双星系统的数量不一定比单星少。双星系统中的每一颗恒星都成为子星，其中较亮的一颗称为主星，较暗的一颗称为伴星。

注：被观测到的还有少量的三星系统，和一例四星系统。由于双星的两颗子星距离很近，比起它们到太阳系的距离近得多，所以无论是采用视星等还是绝对星等考察其亮度，总是主星较亮、伴星较暗。

双星系统中两子星的运动，可以用质心系考察，也可以利用二体化为单体来考察。

例 7.21 1844 年，杰出的数学家和天文学家贝塞尔发现天狼星的运动偏离直线，贝塞尔推测天狼星运动路线的弯曲是由于存在着一个较小的伴星。1862 年，美国克拉克首次观测到这一伴星（肉眼不可见）。根据以后的观测，天狼星和其伴星绕它们的质心的运动周期 T 为 50 年，天狼星和伴星的平均距离 $s=20.4$ AU（1 AU$=1.496\times10^8$ km），它们与质心的距离之比约为 2∶5。已知太阳质量为 M_s。若天狼星和伴星都绕它们的质心 C 做圆周运动，求天狼星的质量 M_a 和其伴星的质量 M_b。

解 用 a 表示单位年，设地球质量为 M_e，对地球绕太阳的运动列开普勒第三定律，有：

$$\frac{GM_s}{4\pi^2}=\frac{(1\ \text{AU})^3}{1a^2} \qquad ①$$

天狼星到质心 C 的距离为 $\dfrac{2}{7}s$，天狼星的伴星到质心 C 的距离为 $\dfrac{5}{7}s$，根据引力充当向心力，有：

$$\frac{GM_aM_b}{s^2}=M_a\cdot\frac{4\pi^2}{T^2}\cdot\frac{2}{7}s=M_b\cdot\frac{4\pi^2}{T^2}\cdot\frac{5}{7}s$$

整理得：

$$\begin{cases}\dfrac{GM_a}{4\pi^2}=\dfrac{5}{7}\cdot\dfrac{s^3}{T^2} & ②\\[2mm] \dfrac{GM_b}{4\pi^2}=\dfrac{2}{7}\cdot\dfrac{s^3}{T^2} & ③\end{cases}$$

以②③分别除以①式，得：

$$M_a\approx2.42M_s,\ M_b\approx0.97M_s$$

综上，天狼星的质量 $M_a\approx2.42M_s$，其伴星的质量 $M_b\approx0.97M_s$。

例 7.22 根据对某一双星系统的光度学测量确定,该双星系统中每个星体的质量都是 M,两者距离为 L,它们围绕两者连线的中点做圆周运动。在理论中可简单计算出双星系统的运动周期 $T_{计}$。但经过长时间观测,观测到的运动周期 $T_{观测}$ 与计算值 $T_{计}$ 不同,且 $T_{观测}:T_{计}=1:\sqrt{N}$ $(N>1)$。为了解释 $T_{观测}$ 与 $T_{计}$ 的不同,目前有一种理论认为,在宇宙中可能存在观测不到的暗物质。作为一种简化模型,假定在这两个星体连线为直径的球体内均匀分布着这种暗物质,而不考虑其他暗物质的影响。试根据这一模型和上述观测结果确定该星系间这种暗物质的密度。

解 在没有暗物质假设时,利用引力充当向心力,可列出方程:

$$\frac{GM^2}{L^2}=M \cdot \frac{4\pi^2}{T_{计}^2} \cdot \frac{L}{2}$$

解得运动周期的计算值 $T_{计}$:

$$T_{计}=\pi\sqrt{\frac{2L^3}{GM}}$$

根据题意,运动周期的观测值 $T_{观测}=\dfrac{T_{计}}{\sqrt{N}}$。考虑暗物质对双星的吸引,双星除受到对方引力外,还受到暗物质的吸引,仍根据引力充当向心力列出方程:

$$\frac{GM^2}{L^2}+\frac{GM\left(\rho \cdot \frac{1}{6}\pi L^3\right)}{\left(\frac{L}{2}\right)^2}=M \cdot \frac{4\pi^2}{T_{观测}^2} \cdot \frac{L}{2}$$

将 $T_{观测}=\dfrac{T_{计}}{\sqrt{N}}=\pi\sqrt{\dfrac{2L^3}{NGM}}$ 代入上式,解得:

$$\rho=\frac{3(N-1)M}{2\pi L^3}$$

故此模型中暗物质的密度约为 $\rho=\dfrac{3(N-1)M}{2\pi L^3}$。

(三) 开普勒第三定律的修正

严格考察恒星 M 和行星 m 之间的二体问题,设行星运动周期为 T、轨道长半轴为 a。考察恒星参照系中行星的运动时,利用二体化为单体,应将恒星的质量视为 $M+m$。故开普勒第三定律的严格表达应为:

$$\frac{a^3}{T^2}=\frac{G(M+m)}{4\pi^2} \tag{7.3.26}$$

(7.3.26)式告诉我们,对于质量不同的行星来说,$\dfrac{a^3}{T^2}$ 的值不是严格相等的。

在太阳系内考察开普勒第三定律,太阳的质量约为 1.99×10^{30} kg,而在太阳系的所有行星中,木星质量最大,木星质量约为 1.90×10^{27} kg,仍然比太阳小 3 个数量级。所以计算太阳系内行星的 $\dfrac{a^3}{T^2}$ 时,几乎看不出区别。但若在某个单星恒星系中,恒星质量偏小,而星系中又恰有质量接近恒星的巨行星,那么在这个恒星星系中,开普勒第三定律将不会成立。

更一般地，考虑卫星绕地球运动的"开普勒第三定律"，地球质量约 5.96×10^{24} kg，月球质量约 7.349×10^{22} kg，比地球质量小不到 2 个数量级。若考虑月球和人造卫星绕地球的转动，则它们的 $\dfrac{a^3}{T^2}$ 误差会超过 1%。

第四节　天文学拾零

一、杂题例举

这里以例题的形式分别介绍地球半径的估算方法、第三宇宙速度、太阳同步卫星。

例 7.23　有一巨大的帆船从海岸边出发以匀速 v 驶离海岸，出发时的海面风平浪静，帆船桅杆顶端距海平面高度为 h。一人趴在海岸边的沙滩上看远去的帆船，他发现，从帆船出发起过了 t 时间桅杆顶端刚好"沉到"海面以下，之后就看不见帆船了。试估算地球半径 R。

解　如图 7-4-1 所示，画出帆船离岸后 t 时刻的示意图。船在这段时间内驶出 vt 距离，根据图中关系可以得到方程：

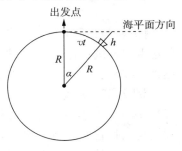

图 7-4-1

$$\begin{cases} \cos\alpha = \dfrac{R}{R+h} \\ \alpha = \dfrac{vt}{R} \end{cases}$$

由于 h 远小于地球半径 R，故长为 vt 的弧对应的圆心角 α 应趋向于 0。在 $\alpha \to 0$ 条件下，有 $\sin\dfrac{\alpha}{2} \approx \dfrac{\alpha}{2}$，故有 $1-\cos\alpha = 2\sin^2\dfrac{\alpha}{2} \approx \dfrac{\alpha^2}{2}$，由此可以在方程组中消去 α：

$$\frac{h}{R+h} = \frac{v^2 t^2}{2R^2}$$

整理得关于地球半径 R 的二次方程：

$$2hR^2 - v^2 t^2 R - v^2 t^2 h = 0$$

在 $R \gg h$ 条件下，解出地球半径 R：

$$R = \frac{v^2 t^2 + \sqrt{v^4 t^4 + 8h^2 v^2 t^2}}{4h}$$

【分析与说明】本题中，提供了利用"船驶离港岸后缓缓下沉"的实验现象估算地球半径的方法。地球是球形的实验证据很多，例如：船驶离港岸后缓缓下沉；人向山运动时总是先看到山顶；月食的阴影边缘是圆弧状的等，每一种观测现象都能被利用来估测地球半径。请读者思考，如何能利用其他实验现象估测地球半径？

例 7.24　第三宇宙速度 v_3 是指：在太阳系中，从地表发射一卫星，仅考虑地球和太阳对卫星的影响时，卫星的发射速度（相对于地心）至少达到 v_3 时，卫星能脱离太阳和地球的束缚。已知太阳质量为 M_s，地球质量为 M_e，日地平均距离为 r，地球半径为 R，地球公转角速度为 $\omega_公$。试给出第三宇宙速度 v_3 满足的表达式。

解 显然,卫星应该在图 $7-4-2$ 中 A 点处沿图示 v_3 方向发射。不妨假设卫星很快脱离地球的影响,且从发射到脱离地球影响的过程中,太阳对地球和卫星的影响很小,于是有:卫星脱离地球影响相对于地球的速度 $v'_{卫星相对于地}$ 满足

图 $7-4-2$

$$\frac{1}{2}mv_3^2+\left(-\frac{GM_2m}{R}\right)=\frac{1}{2}mv'^2_{卫星相对于地}$$

由于时间很短,故可认为 v_3 与 $v'_{卫星相对于地}$ 同向,故此时在太阳系中,有:

$$v'_{卫星相对于太阳}=v'_{卫星相对于地}+\omega_公r$$

后续运动过程中可认为卫星只受太阳影响,故卫星恰能逃逸出太阳系的条件为:

$$\frac{1}{2}mv'^2_{卫星相对于太阳}+\left(-\frac{GM_sm}{R+r}\right)=0$$

利用上述三式以及相关数据,可得第三宇宙速度的解:

$$v_3\approx16.7\ \text{km/s}$$

【分析与说明】 可以查询数据,利用上式计算出第三宇宙速度 $v_3\approx16.7\ \text{km/s}$。第三宇宙速度亦称逃逸速度:当仅考虑地球和太阳对卫星的影响时,卫星发射速度(相对于地心)达到 v_3 时,卫星才有可能逃逸出太阳系。

例 7.25 地球质量为 m,沿半径为 R 的圆绕质量为 M 的太阳做角速度为 ω 的转动。$M\gg m$,可以认为太阳系是惯性系。发射质量为 μ 的人造卫星,问:怎样可使卫星绕恒星做圆周运动且它的环绕周期和地球的公转周期一致?给出这些轨道。

解 显然,地球、太阳、人造卫星应在同一直线上。如图 $7-4-3$ 所示,对图中三种情况分类讨论。

第一种情况:当卫星在地球和太阳中间时

设卫星到地球的距离为 x,可以判断 $x\ll R$,卫星做圆形轨道运动,这说明地球对卫星的引力与太阳对卫星的引力数量级相当。但太阳质量远大于地球质量,所以卫星到太阳的距离远大于卫星到地心的距离。根据合外力等于向心力,列出方程:

$$\frac{GM\mu}{(R-x)^2}-\frac{Gm\mu}{x^2}=\mu\omega^2(R-x)$$

利用开普勒第三定律知:$\omega^2=\dfrac{GM}{R^3}$,故上式可化为:

$$\frac{M}{R^2}\left(1-\frac{x}{R}\right)^{-2}-\frac{m}{x^2}=\frac{M}{R^3}(R-x)$$

利用 $\dfrac{x}{R}\ll1$ 时 $\left(1-\dfrac{x}{R}\right)^{-2}\approx1+\dfrac{2x}{R}$,上式成为:

$$\frac{M}{R^2}\left(1+\frac{2x}{R}-1+\frac{x}{R}\right)=\frac{m}{x^2}$$

解得:

$$x=\left(\frac{m}{3M}\right)^{\frac{1}{3}}R$$

第二种情况：当地球在太阳和卫星中间时，同理可得卫星到地球的距离仍为 $x = \left(\dfrac{m}{3M}\right)^{\frac{1}{3}} R$。

第三种情况：当太阳在地球和卫星中间时，地球对卫星的引力远小于太阳对卫星的引力，故只需考虑太阳对卫星的引力即可，易知，卫星在地球的公转轨道上。

【分析与说明】本题中的卫星统称为太阳同步卫星。

二、潮汐现象和潮汐锁定

(一) 潮汐现象

考虑星球 A 绕另一星球 B 转动，如图 7 - 4 - 4 所示，星球 B 给星球 A 的引力恰好提供了星球 A 所需的向心力。

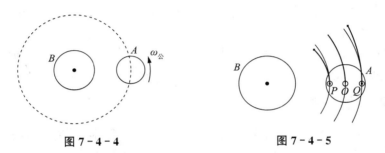

图 7 - 4 - 4   图 7 - 4 - 5

如图 7 - 4 - 5 所示，在星球 A 上距离 B 最近点 P、最远点 Q 和球心 O 三点附近都挖出一小块质量为 Δm 的物体。把它们绕 B 做圆周运动的所需的向心力分别记为 F_{nP}、F_{nQ}、F_{nO}，则有 $F_{nP} < F_{nO} < F_{nQ}$，设它们受到 B 的万有引力为 $F_{引P}$、$F_{引Q}$、$F_{引O}$，则有 $F_{引P} > F_{引O} > F_{引Q}$。

我们知道，B 对 O 处 Δm 的引力 $F_{引O}$ 恰好充当其向心力 F_{nO}。故 B 对 P 处 Δm 的引力 $F_{引P}$ 大于其所需的向心力 F_{nP}，B 对 Q 处 Δm 的引力 $F_{引Q}$ 小于其所需的向心力 F_{nQ}，于是 P 处质点在引力作用下有做向心运动的趋势，Q 处质点在引力作用下有做离心运动的趋势。图 7 - 4 - 5 中，细线是以 B 为圆心的圆轨道，粗线是 P、O、Q 只受引力时的真实轨迹，它反映了 P、Q 偏离圆轨道的情况。

若星球 A 是表面覆盖有液体、内核是固态的星球，如图 7 - 4 - 6（图中阴影为固态内核），星球 A 上靠近星球 B 一端的液体和远离 B 一端的液体分别做向心运动和离心运动，所以它们都相对于星球 A 向"上"走，形成高潮；液体向星球 A 的这两端汇聚过来，相应地其余部分就会出现低潮。

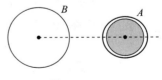

图 7 - 4 - 6

在上述考察中，如果 Δm 取约化质量，则这个分析对任意两星球都是成立的。这就是潮汐现象的形成原因。

在地球上，靠近月球的一端和远离月球的一端总是高潮出现的位置；其余部分的海面或水利系统出现低潮。

（二）潮汐锁定

假设星球 A 是表面覆盖着一层液体的固态星球，并且 A 有自转。

根据潮汐现象的分析知道：液体的两个高潮位置的连线始终通过 B。这也就是说，星球 A 表面的液体并没有完全在跟随星球自转，星球 A 表面的液体相对于内部的固体物质有转动。显然，星球 A 表面的液体会给内部的固体物质施加摩擦力（黏滞阻力），使星球 A 内部固体物质相对于其表面液体的转动角速度越来越小，最终达到角速度相同。

如果星球 A 是完全的固态星球，表面不存在液体呢？虽然这时星球 A 上不会再出现高潮、低潮，但星球 A 上距离星球 B 较近（或较远）的物质的向心（或离心）运动趋势还是存在的，这种趋势的存在仍会阻碍星球 A 的自转，使星球 A 相对于 AB 连线的转动角速度越来越小。经年累月之后，星球 A 相对于 AB 连线方向不再转动，这时星球 A 绕 B 的公转周期和其自转周期达到相等，星球 A 总是以同一面面向星球 B。

举例来说，月球就是这样的。我们知道，月球绕地球的公转周期和其自转周期相同，月球总是以同一面面向地球。

这个过程好似是万有引力把星球 A 面向星球 B 的方向锁定了，由于其成因与潮汐显现的成因完全相同，故将这种方向锁定的现象称为**潮汐锁定**。

三、太阳系的行星

太阳系内共有八颗行星，按行星与太阳的距离由近及远排，依次为：水星、金星、地球、火星、木星、土星、天王星、海王星。表 7.4.1 给出了它们最基本的一些参数。

表 7.4.1　太阳系行星基本参数表

	行星质量	赤道半径	公转轨道长半轴	公转轨道离心率	公转周期	自转周期	已确认卫星数量	表面平均温度
水星	$3.30×10^{23}$ kg	2 440 km	0.38 AU	0.205 63	87.96 d	58.64 d	0	700 K（昼）100 K（夜）
金星	$4.89×10^{24}$ kg	6 051 km	0.72 AU	0.006 81	224.70 d	243.01 d	0	748 K
地球	$5.96×10^{24}$ kg	6 378 km	1.00 AU	0.0166 8	365.24 d	0.99 d	1	288 K
火星	$6.42×10^{23}$ kg	3 897 km	1.52 AU	0.093 33	686.98 d	1.03 d	2	210 K
木星	$1.90×10^{27}$ kg	71 494 km	5.20 AU	0.048 91	11.86 a	9.93 h	69	105 K
土星	$5.68×10^{26}$ kg	60 270 km	9.54 AU	0.053 92	29.53 a	10.54 h	62	93 K
天王星	$8.68×10^{25}$ kg	25 559 km	19.21 AU	0.043 15	84.32 a	17.14 h	27	93 K
海王星	$1.02×10^{26}$ kg	49 532 km	30.06 AU	0.011 25	164.80 a	15.95 h	14	59 K

土星除了已确认的 62 颗卫星外，还被观测到有 5 层由碎石和冰块组成的物质环绕土星运动。木星、海王星、天王星也有很暗的星环。

从表 7.4.1 中看到，除水星外的七大行星的椭圆离心率都十分接近 0，故这七大行星的公转轨道都十分接近圆形。太阳的半径约 $6.955×10^5$ km，结合表 7.4.1 中的数据，八大行星到太阳的距离既远大于行星半径又远大于太阳半径，故考虑太阳系内某一行星绕太阳的运动时,可将太阳和行星都看作质点。太阳的质量约 1.99×10^{30} kg,远大于八颗行星中的任意一颗的质量,故考虑某一行星和太阳间的二体问题时,可以将太阳系视为惯性系。

四、恒星周年视差法和秒差距

夜空中的肉眼可见的星星大多是远方的恒星,对于实验来说这些恒星也是最容易观测的。如何测量一远方恒星 A 到地球 E 的距离 L 呢?

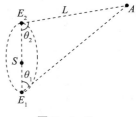

如图 7-4-7 所示,地球 E 在公转轨道上绕太阳 S 运动,在地球 E 位于公转轨道的近日点 E_1 时,测量恒星 A 和地球 E 的连线 E_1A 与地球的公转平面的夹 θ_1。在地球 E 位于公转轨道的远日点 E_2 时,测量恒星 A 和地球 E 的连线 E_2A 与地球的公转平面的夹角 θ_2。两次测量的时间至少相差半年,但一般来说距离 L 实在太大,以至于可以认为恒星 A 在这半年内几乎没有移动。如此,在 $\triangle AE_1E_2$ 中,有边长 $|E_1E_2| = 2$ AU 和角 θ_1、θ_2,可以求出 L。

图 7-4-7

注:一般远方恒星距太阳系很远,故 $|AE_1|$ 和 $|AE_2|$ 都远大于 $|E_1E_2|$。虽然 $|AE_1|$ 和 $|AE_2|$ 的差可能不远小于 $|E_1E_2|$,但一定远小于 $|AE_1|$ 或 $|AE_2|$ 本身,故计算距离 L 时,计算 $|AE_1|$ 或 $|AE_2|$ 都是可以的。

这种测距方法最为简单直接,称为**恒星周年视差法**。可以看到,恒星周年视差法的实验周期至少是半年。

远方的恒星到太阳系的距离都远大于 1 AU,对于大多恒星来说,L 大到使 $\angle E_1AE_2$ 小于 1 角秒*,故测量远方恒星到太阳系的距离不是一件容易的事。直到 1838 年,贝塞尔才第一次用这种方法成功测出天鹅座 61 星到太阳系的距离。

注:角分和角秒是常用的角度单位,1 度 = 60 角分 = 3 600 角秒;也记为:$1° = 60' = 3\ 600''$。

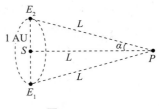

特别地,将地球的公转轨道看作半径为 1 AU 的圆,若在垂直于地球公转平面的方向上有一恒星 P,如图 7-4-8 所示,则称图中 E_1E_2 为**基线**,称角 α 为**恒星 P 的周年视差**。当角 α 为 1 角秒时,规定 L 为 1 秒差距,也记为 1 pc。

图 7-4-8

由于 $1'' = \dfrac{\pi}{648\ 000}$ rad,从图中关系知,长度单位秒差距(pc)与天文单位(AU)之间的关系为:

$$1\ \text{pc} = \frac{1\ \text{AU}}{\dfrac{\pi}{648\ 000}} \approx 2.06 \times 10^3\ \text{AU}$$

用长度单位光年(l. y.)计,1 秒差距(pc)为:

$$1\ \text{pc} \approx 3.26\ \text{l. y.}$$

秒差距是考查大尺度天文问题时常用的长度单位。

本章习题

1. 半径分别为 R 和 r 的两个质量分布均匀的圆环处于同一平面内,外切于点 P。若在点 P 处放一质量为 m 的质点。为使两圆环对质点 m 的万有引力的合力恰为零,问:两圆环的质量线密度需满足什么条件?

2. 卫星沿圆形轨道运行探测某行星,并对其进行拍照,卫星运转周期为 T,行星的密度为 ρ。已知行星质量为 M,半径为 R。求:行星的表面未拍摄到的部分占行星表面积的百分比。

3. 根据"火星-2"空间站运行轨道的参数:离火星表面最远距离 $r_1 = 25\,000$ km,最近距离 $r_2 = 1\,380$ km,转动周期 $T = 18$ h。已知火星半径 $R_火 = 3\,400$ km,地球半径 $R_地 = 6\,400$ km,地球表面处自由落体加速度 $g = 9.8$ m/s²。求火星质量与地球质量之比。

4. 从地球的南极和北极同时各发射一枚火箭,两火箭初速度大小相同,均沿水平方向,经过 $t = 3\frac{1}{3}$ h 两火箭第一次相距最远。已知地球表面重力加速度大小为 10 m/s²,地球半径 $R = 6\,400$ km。求两火箭间的最远距离。

5. 2000 年 1 月 26 日我国发射了一颗同步卫星,其定点位置与东经 98°的经线同一平面内,若把甘肃省嘉峪关处的经度和纬度近似取为东经 98°和北纬 40°。已知地球半径 R,地球自转周期 T,地球表面重力加速度 g 和光速 c,试求该同步卫星发出的微波信号传到嘉峪关处的接收站所需要的时间 t。

6. 陨石从距地表高 $h_1 = 800$ km 处出发,求其下降到距地面高度为 $h_2 = 100$ km 时的速度大小 v。(假设在此高度范围内阻力可以不计,陨石初速度 $v_0 = 9$ km/s,地球半径 $R_{地} \approx 6\ 400$ km)

7. 质量为 m 的地球卫星正绕着地球沿半径为 r_0 的圆形轨道运动。卫星运动受到微弱的大小恒定的摩擦阻力 f 作用,使卫星轨道半径 r 逐渐变小而接近地球。卫星运动一周,轨道半径的减小量 $\Delta r \ll r$。试证明:(1)卫星运动一周,轨道半径减小量 Δr 与轨道半径 r 的 3 次方成正比;(2)卫星运动一周,速率增量 Δv 与轨道半径 r 的 $\frac{3}{2}$ 次方成正比。

8. 已知从地球表面看太阳的视角(人眼观看太阳直径边缘两点的视线所夹的角度,用弧度制计量)为 θ。地球 1°纬度对应的经线长度为 L,地球表面处的重力加速度为 g,地球绕太阳运行的周期为 T。试利用上述条件估算太阳的平均密度与地球的平均密度之比。(不考虑大气对太阳光折射所造成的影响,地球的公转轨道可近似地看作正圆)

9. 讨论一个不带动力装置的宇宙航行器瞄准并命中一个遥远的静止的行星的问题。若用望远镜观察行星，其形状像一个圆盘，这个圆盘的面积为 $S_g = \pi R^2$，R 是行星的半径。倘若引力不起作用，那么应把宇宙航行器对准这个面积，即能命中此行星。但宇宙航天器接近行星的过程中受到行星引力的吸引，使得某些初速度没有对准这个面积（πR^2）的轨道也会有机会命中行星。结果是，只要对准一个比 S_g 更大的有效面积 S_e 去发射航行器，就能命中行星。S_e 被称为行星的俘获截面。设航天器质量为 m、发射初速度为 v_0、远方行星质量为 M、远方行星半径为 R，试用这些物理量表示俘获截面 S_e。

10. 发射一宇宙飞船去考察一质量为 m_0、半径为 R 的行星。当飞船到达距行星中心 $5R$ 处时，以相对于行星 v_0 的速度发射一包仪器，如图所示。仪器包的质量 m 远小于飞船的质量，要使这仪器包恰好擦过行星表面着陆，问：飞船抛出仪器包的瞬间，v_0 与飞船和星球球心的连线之间的夹角 θ 应为多少？

第 10 题图

11. 某彗星的轨道为抛物线，其近日点距离为地球公转轨道半径的 $\dfrac{1}{n}$，已知太阳质量 M_s 和地球公转半径 r，求此彗星运行时在地球的公转轨道内停留的时间 t。

12. 从地球表面以第一宇宙速度朝着与竖直方向成 α 角的方向发射一物体，物体不携带燃料、不调整姿势。忽略空气阻力和地球自转，问：物体能上升到距地面的最高高度为多少？（设地球半径为 R）

13. 有两个地球人造卫星 M 和 N 沿同一椭圆轨道绕地球运动,M 和 N 之间的距离很近,M、N 也可视为质点。已知 MN 的中点经近地点时,M、N 之间的距离 $|MN|=L$,近地点到地心的距离为 r,远地点到地心的距离为 R,求 M、N 的中点经远地点时两颗卫星间的距离 $|MN'|$。

14. 有一颗质量为 m 的小星体 A 围绕某质量为 M,半径为 R 的大星体做半径为 $2R$ 的圆周运动。从远处飞来一质量为 $2m$ 的星体 B 与 A 迎面发生剧烈正碰,使 A、B 融合成一个新的星体 C,碰撞之前的瞬间 B 的速度大小 $v=\sqrt{\dfrac{GM}{R}}$,碰撞后形成 C 的过程中没有物质和质量的损失。问:

(1) 新的星体 C 是否会与大星体发生碰撞?

(2) 如果 B 星是沿 A 星运动的方向从背面追上 A 的,那么第(1)问的结果又如何?

15. 一人造卫星绕地球沿圆轨道运动,运动速度为 v_0,人造卫星离地面的高度为 d。设人造卫星中的辅助发动机向轨道外侧作短时间喷气,使其获得指向地球中心的径向速度 v_r,此后人造卫星将沿新的椭圆轨道运动。试求卫星新的椭圆轨道的近地点距离地球表面的高度 h 和远地点距离地球表面的高度 H。(地球半径为 R)

16. 如图所示,宇宙飞船在距火星表面 H 高处做匀速圆周运动,火星半径为 R。假设飞船在极短时间内向外侧点火喷气,获得一径向速度,其大小为原来速度的 a 倍。a 很小,飞船在新轨道的运动中不会与火星表面相碰。飞船喷气的质量忽略不计。

(1) 求飞船新轨道的近火星点高度 h_1 和远火星点高度 h_2;

(2) 设飞船原来飞行速度的大小为 v_0,试计算新轨道运行周期 T。

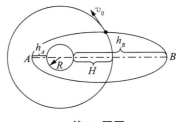

第 16 题图

17. 一质量为 $m = 12 \times 10^3$ kg 的太空飞船在围绕月球的圆轨道上运动,其高度 $h = 100$ km。为使飞船降落到月球表面,飞船在 P 点时让飞船的喷气发动机作一次短时间发动,从喷口喷出燃料,燃料以热气流的方式离开飞船,燃料相对飞船的速度 $u = 10\,000$ m/s。月球半径为 $R = 1\,700$ km,月球表面的落体加速度 $g = 1.7$ m/s^2。飞船可用两种不同的方式到达月球:(1)如图(a)所示,向前喷射燃料,使飞船到达月球背面的 A 点,并相切,A 点与 P 点相对;(2)如图(b)所示,向外侧喷射燃料,使飞船得到一指向月球中心的动量,其轨道与月球表面 B 点相切。试分别计算上述两种情形下所需要的燃料量 Δm。

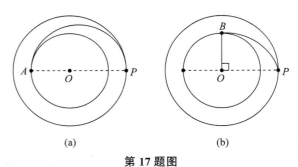

(a)   (b)

第 17 题图

18. 一物体以第一宇宙速度从地面上向远离地心的方向抛出,到达最高点后返回地面上的抛掷点,求此过程经历的总时间。(已知地球半径为 R)

19. 一条窄隧道沿着球形小行星的直径穿过,在小行星表面以行星的第一宇宙速度 v_1 将石块射入隧道。已知宇宙航天器绕小行星运行的最小周期为 T_0,小行星在空间中较为孤立,且质量分布均匀、自转较慢。问:经过多少时间石块向后返回?

20. 有一个质量大而体积小的星球,开始时一个物体离这个星球的距离为 r 且物体和星球都在某惯性系内静止。物体受星球的万有引力作用自由落向此星球。已知星球的质量为 M,求从出发开始到物体落到这个星球上所经历的时间。

21. 宇宙中存在一些离其他恒星较远的、由质量相等的三颗星组成的三星系统,通常可忽略其他星体对他们的引力作用。已观察到稳定的三星系统存在两种基本的构成形式:一种是三颗星位于同一直线上,两颗星围绕中央星在同一半径为 R 的圆周上运行;另一种是三颗星位于等边三角形的三个顶点上,并沿外接于等边三角形的圆轨道运行。设每个星体的质量均为 m。问:(1)第一种形式下,星体运行的线速度和周期;(2)假设两种形式星体运行的周期相同,则第二种形式下星体之间的距离应为多少?

22. 宇宙飞船沿"戈曼-查捷"轨道从地球飞向火星，"戈曼-查捷"轨道是一条半椭圆轨道，如图所示，它的近日点位于地球轨道上的 E 点，远日点位于火星轨道上的 M 点。飞船从 E 点出发到达 M 点时，地球位于图中的 E' 点。地球绕太阳运行周期 $T_{地} = 365.25$ 天，火星绕太阳运行周期 $T_{火} = 687$ 天，地球和火星的公转轨道可以认为是正圆，且位于同一平面内。假设飞船沿"戈曼-查捷"轨道运行时，可忽略地球、火星及其他行星对它的影响。求：

(1)飞船沿"戈曼-查捷"轨道从地球飞到火星需要多少时间？（2）若此飞船搭载宇航员登陆火星，则航天员至少需要在火星上等待多少时间，才能再次出发，沿同样形状的椭圆轨道的飞回地球？

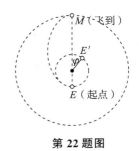

第 22 题图

23. 假设在宇宙空间某惯性系中有两质点 A 与 B，它们的质量分别为 m 和 M。开始时，A、B 相距 l_0，A 静止，B 具有沿 A、B 连线延伸方向的初速度 v_0，如图所示。为使 B 从此能做匀速运动，可对 B 施加一个沿 v_0 方向的外力 F。（1）求 A、B 间距最大时 F 的大小；（2）求从开始时刻到 A、B 间距达到最大值的过程中，F 所做的总功 W。

第 23 题图

24. 一质量为 m 的行星绕质量为 M 的恒星做椭圆形轨道运动，$M \gg m$。过椭圆中心做任意一条弦与椭圆交于 P、Q 两点，设行星在点 P 时的速度大小为 v_P，在点 Q 时的速度大小为 v_Q，试证明：$v_P \cdot v_Q$ 是与弦的选取无关的常量。

第八章　机 械 振 动

第一节　机械振动和简谐振动

这一节简单回顾和拓展一些高考知识。

由平衡位置的往复运动称为机械振动,做振动的物体称为振子,平衡位置是指振子受合外力为 0 的位置。

简谐振动是一种常见的振动,以简谐振动中的平衡位置为原点 O,沿振动方向建 x 轴,称位置矢量 $\vec{x}$ 为**振动的位移**,振动的位移 $\vec{x}$ 可以理解为:从物体通过平衡位置起到物体目前所在位置的位移。

满足物体所受合外力 $\vec{F}$ 与 $\vec{x}$ 成正比,方向相反的振动,称为简谐振动。此为简谐振动的定义,它有数学表达:

$$\vec{F} = -k\vec{x}(k>0) \tag{8.1.1}$$

可以看出,合外力的方向总是指向平衡位置,将物体始终有被合外力拉回平衡位置的趋势,故称此合外力为回复力 $\vec{F}_回$,(8.1.1)式又可写成:

$$\vec{F}_回 = -k\vec{x}(k>0) \tag{8.1.2}$$

简谐振动中的回复力 $\vec{F}_回$ 是保守力,回复力 $\vec{F}_回$ 是合外力,振动过程中势能和动能会相互转化。简谐振动中的回复力 $\vec{F}_回$ 关于平衡位置对称,故而简谐振动的运动学特征和动力学特征都是关于平衡位置对称的。

简谐振动是周期运动,其周期用 T 表示,周期的倒数称为频率,频率用 f 表示,经过一个周期称为振子完成一次全振动。简谐振动最大位移的大小称为振幅,一般用 A 表示(注意,振幅是一个标量)。从振子沿 x 正方向通过平衡位置开始,简谐振动的一次全振动可分为四个 $\frac{1}{4}$ 周期的过程。如图 8-1-1 所示,四个 $\frac{1}{4}$ 周期中 $\vec{x}$、$\vec{F}_回$、$\vec{a}$、$\vec{v}$ 四个物理量的方向和大小变化情况分别用表 8.1.1 总结如下:

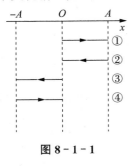

图 8-1-1

表 8.1.1

过程	位移 $\vec{x}$		回复力 $\vec{F}$		加速度 $\vec{a}$		速度 $\vec{v}$	
①	向右	变大	向左	变大	向左	变大	向右	变小
②	向右	变小	向左	变小	向左	变小	向右	变大
③	向左	变大	向右	变大	向右	变大	向左	变小
④	向左	变小	向右	变小	向右	变小	向左	变大

在最大位移处,回复力最大、加速度最大、速度为 0;在平衡位置,回复力为 0、加速度为

0、速度最大。可以看出这四个物理量的变化周期都是 T。

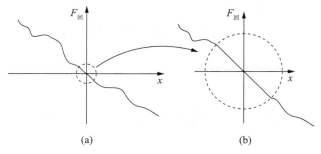

图 8 - 1 - 2

固体(晶体)内的分子(晶格)可以看作在其平衡位置附近永不停歇地做着小幅振动,这样的振动是广泛存在的。如果考察一个做振幅很小的小振动的物体,那么必有一个回复力 $F_{回}$ 将其不断地拉回平衡位置。这样的回复力应和位移方向相反,如图 8 - 1 - 2(a)所示,$F_{回}$ - x 图中曲线应该存在于二、四象限。在物体做振幅很小的小振动时,位移 $\vec{x}$ 的范围很接近平衡位置 O,若只考察振动范围内 $\vec{F_{回}}$ 和 $\vec{x}$ 的关系,如图 8 - 1 - 2(b)所示,相当于把图 8 - 1 - 2(a)中虚线圈内的曲线放大来看。可以看到,当振动范围足够小时,$\vec{F_{回}}$ 与 $\vec{x}$ 关系总可以足够接近线性的 $\vec{F_{回}} = -k\vec{x}$ 的关系。这也就是说,在精度要求不高时,所有小振动都可以看成简谐振动。这是简谐振动的普遍意义,也是研究简谐振动的重要原因之一。

具体将小振动看成简谐振动的做法参见例 8.5 和例 8.6,也可见于"本章第四节"中。

第二节　简谐振动的参考圆和特征

一、简谐振动的参考圆

先看一个特例。

如图 8 - 2 - 1 所示,质量为 m 的质点 1 在竖直平面内做图示方向的匀速圆周运动,圆半径为 A、线速度为 v_m。考察圆周运动在水平方向上的分运动,用质量也为 m 的质点 2 的运动表示此分运动。

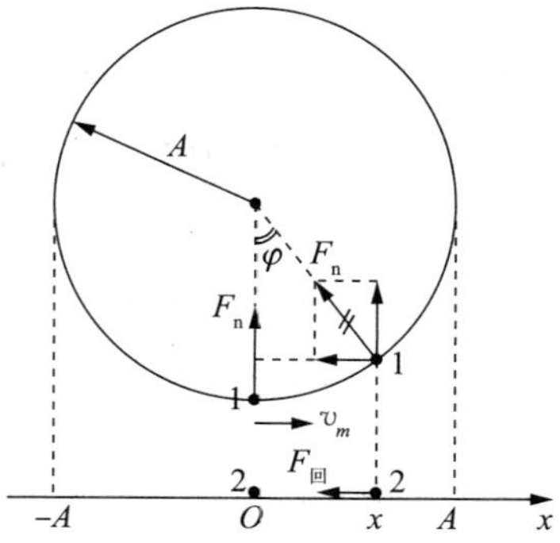

取质点 1 通过最低点时质点 2 的位置为原点建水平 x 轴。质点 1 受到指向圆心的向心力 $F_n = \dfrac{mv_m^2}{A}$,质点 2 受到指向原点的回复力 $F_{回}$,显然回复力 $F_{回}$ 等于向心力 F_n 的水平分量。

在 x 轴的原点 O 处,向心力 F_n 在水平方向上没有分量,质点 2 受到回复力为 0,故原点 O 是质点 2 的平衡位置。质点 2 位移为 x 时,令质点 1 转过的角量为 φ,如图 8 - 2 - 1 所示,则回复力 $F_{回}$ 的大小为:

$$F_{回} = F_n \cdot \sin\varphi = \frac{mv_m^2}{A} \cdot \frac{x}{A} = \frac{mv_m^2}{A^2} \cdot x \tag{8.2.1}$$

图 8 - 2 - 1

令：

$$k = \frac{m v_m^2}{A^2} \qquad\qquad (8.2.2)$$

则(8.2.1)式成为

$$F_{回} = kx \qquad\qquad (8.2.3)$$

又因回复力始终指向平衡位置,与位移方向相反,故有矢量式:

$$\vec{F}_{回} = -k\vec{x} \qquad\qquad (8.2.4)$$

由此可知,质点 2 做简谐振动。简单可以判断到:质点 2 的振幅为圆周运动的半径 A;质点 2 的振动周期为圆周运动的周期 T;质点 2 通过平衡位置时的速度 v 最大,此最大速度等于圆周运动的线速度 v_m。这也就是用 A 和 v_m 表示圆周运动的半径和线速度的原因。

可以注意到,上述推导不依赖于匀速圆周运动所处的方向和分运动的方向,只要分运动方向与圆运动共面,推导就是成立的。故上述情况可以推广:**匀速圆周运动在运动平面内任意方向的分运动都是简谐振动。**

而对于任意的一个简谐振动,总可以找到振幅 A 和最大速度 v_{max},以 A 为半径、最大速度 v_{max} 为线速度构造匀速圆周运动,则简谐振动是这个匀速圆周运动的分运动。对于这样构造出的匀速圆周运动,(8.2.2)式仍然成立,简谐振动所有其他的信息也都可以反映在这个匀速圆周运动上。这个圆周运动与简谐振动的关系密切而重要,在处理简谐振动时,经常需要参考它,我们将这个重要的圆称为**简谐振动的参考圆。**

二、简谐振动的特征

(一)简谐振动的周期

简谐振动的周期应与简谐振动的参考圆上匀速圆周运动的周期一致。故周期 T 为:

$$T = \frac{2\pi A}{v_m} \qquad\qquad (8.2.5)$$

而从(8.2.2)式知:

$$\frac{A}{v_m} = \sqrt{\frac{m}{k}} \qquad\qquad (8.2.6)$$

所以(8.2.5)式可写作:

$$T = 2\pi\sqrt{\frac{m}{k}} \qquad\qquad (8.2.7)$$

上式为简谐振动的周期公式。

从推导可以看到,在振子质量 m 和 k 确定时,周期 T 与振幅 A 无关。

(二)简谐振动的运动学特征

如图 8-2-2 所示,考察简谐振动的参考圆。取振子正向通过平衡位置的时刻为 0 时刻,用 ω 表示参考圆中的角速度,则经过时间 t,转过角量 $\varphi = \omega t$。

按图中关系,取 x 轴方向为正方向,则位移 x 满足:

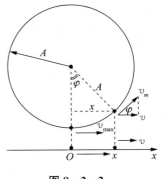

图 8-2-2

$$x = A \cdot \sin\varphi = A \cdot \sin\omega t \qquad (8.2.8)$$

振子的速度 v 等于圆周运动线速度 v_m 在振动方向上的分量,按图中关系,速度 v 满足:

$$v = v_m \cdot \cos\varphi = v_m \cdot \cos\omega t \qquad (8.2.9)$$

如果 $t=0$ 时刻振子不是正好向右通过平衡位置,那么(8.2.8)式和(8.2.9)式将变为:

$$x = A \cdot \sin(\omega t + \varphi_0) \qquad (8.2.10)$$

$$v = v_{\max} \cdot \cos(\omega t + \varphi_0) \qquad (8.2.11)$$

其中,φ_0 由 $\begin{cases} x_0 = A \cdot \sin\varphi_0, \\ v_0 = v_{\max} \cdot \cos\varphi_0 \end{cases}$ 决定,此方程组有无数个解 φ_0,一般取满足 $0 \leqslant \varphi_0 < 2\pi$ 的解。

(8.2.10)式是简谐振动中位移 x 和时间 t 的关系,(8.2.11)式是简谐振动中速度 v 和时间 t 的关系。可以看到,这两个关系都是正弦函数关系。在二式中,$(\omega t + \varphi_0)$ 称为相位;φ_0 称为初相位,也就是 $t=0$ 时刻的相位。为方便起见,不致引起误会时,默认取初相位 φ_0 为 0,使(8.2.10)式和(8.2.11)式回到(8.2.8)式和(8.2.9)式。

ω 是参考圆中匀速圆周运动的角速度,从(8.2.10)式和(8.2.11)式可以看到,ω 也是表现简谐振动性质的物理量,对于简谐振动来说,ω 不依赖于参考圆而存在。在简谐振动中,称 ω 为**圆频率**。由于在一些摆的问题中,做振动的物体也有角速度,以后为区分起见,将圆频率写作 ω_0。

由于圆频率 ω_0 即为参考圆中匀速圆周运动的角速度,故圆频率 ω_0 应满足:

$$\omega_0 = \frac{v_m}{A} = \sqrt{\frac{k}{m}} \qquad (8.2.12)$$

利用(8.2.10)式和(8.2.11)式,也可以得到 v 和 x 的关系:

$$\left(\frac{v}{v_{\max}}\right)^2 + \left(\frac{x}{A}\right)^2 = 1 \qquad (8.2.13)$$

整理一下,简谐振动有如下的运动学特征:

$$\begin{cases} x = A \cdot \sin(\omega_0 t + \varphi_0) \\ v = v_{\max} \cdot \cos(\omega_0 t + \varphi_0) \\ \left(\dfrac{v}{v_{\max}}\right)^2 + \left(\dfrac{x}{A}\right)^2 = 1 \end{cases} \qquad (8.2.14)$$

其中,圆频率 $\omega_0 = \dfrac{v_{\max}}{A} = \sqrt{\dfrac{k}{m}}$,$\varphi_0$ 一般取 0。

取 $\varphi_0 = 0$,可以画出 x-t 图、v-t 图、x-v 图或 $\dfrac{x}{A}$-$\dfrac{v}{v_{\max}}$ 图,如图 8-2-3 所示。

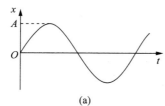

图 8-2-3

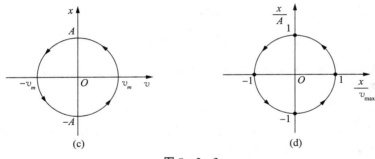

图 8 - 2 - 3

x - t 图是正弦函数图象,振动中的 x - t 图也被称为振动图象;v - t 图是余弦函数图象。

x - v 图是一个椭圆,$\dfrac{x}{A}$ - $\dfrac{v}{v_{\max}}$ 图是一个单位圆,椭圆(或单位圆)上每个点代表一个状态,经历一次全振动,状态点在椭圆(或单位圆)上走一圈。

(三)简谐振动的动力学特征

(8.2.13)式可改写为:

$$\frac{\frac{1}{2}mv^2}{\frac{1}{2}mv_{\max}^2}+\frac{x^2}{A^2}=1 \tag{8.2.15}$$

在(8.2.15)式中可以解出动能 E_k:

$$E_k=\frac{1}{2}mv^2=\frac{1}{2}mv_{\max}^2\left(1-\frac{x^2}{A^2}\right) \tag{8.2.16}$$

再利用圆频率 $\omega_0=\dfrac{v_{\max}}{A}$,(8.2.16)式成为:

$$E_k=E_{k\max}-\frac{1}{2}m\omega_0^2x^2 \tag{8.2.17}$$

$$E_{k\max}=\frac{1}{2}mv_{\max}^2=\frac{1}{2}m\omega_0^2A^2 \tag{8.2.18}$$

其中,最大动能 $E_{k\max}$ 是一个定值,也就是振子通过平衡位置时的动能。(8.2.16)式表明振子动能 E_k 和位移 x 成二次函数关系。(8.2.17)式给出了最大动能的表达式。

考察从"质点通过平衡位置"起到"质点到达任意位置"的过程,根据动能定理,合外力做的功 W 为:

$$W=\Delta E_k=E_k-E_{k\max}=-\frac{1}{2}m\omega_0^2x^2 \tag{8.2.19}$$

回复力 $F_回$ 是保守力,对回复力的势能 E_p 有:

$$\Delta E_p=-W=\frac{1}{2}m\omega_0^2x^2 \tag{8.2.20}$$

取平衡位置为 0 势能点,则势能 E_p 和位移 x 的关系为:

$$E_p=\frac{1}{2}m\omega_0^2x^2 \tag{8.2.21}$$

势能 E_p 的最大值 E_{pmax} 在最大位移处取到,最大势能 E_{pmax} 为:

$$E_{pmax}=\frac{1}{2}m\omega_0^2A^2 \qquad (8.2.22)$$

简谐振动中,能量在动能 E_k 和势能 E_p 中相互转化,没有损失。**动能 E_k 和势能 E_p 的和称为振动能量 E**,即:

$$E=E_k+E_p \qquad (8.2.23)$$

在平衡位置,势能 E_p 为 0,动能 E_k 最大,动能 E_k 等于振动能量 E;在最大位移处,动能 E_k 为 0,势能 E_p 最大,势能 E_p 等于振动能量 E。故有:

$$E=\frac{1}{2}m\omega_0^2A^2 \qquad (8.2.24)$$

简谐振动中,重要的动力学特征总结如下:

$$\begin{cases} E_k=E_{kmax}-\frac{1}{2}m\omega_0^2x^2 \\ E_p=\frac{1}{2}m\omega_0^2x^2, W=-\frac{1}{2}m\omega_0^2x^2 \\ E=E_k+E_p=\frac{1}{2}m\omega_0^2A^2 \end{cases} \qquad (8.2.25)$$

以后,我们将常用能量特征,特别是(8.2.17)式。

例 8.1 一质点做振幅为 10 cm 的简谐运动。当质点离开平衡位置 6 cm 时,速度为 24 cm/s。问:运动周期是多少? 当速度为 ±18 cm/s 时,位移是多少?

解 振幅 $A=10$ cm,位移 $x=6$ cm 时,有:

$$x=\frac{3}{5}A=A\sin\varphi$$

由此知道相位满足 $\sin\varphi=\frac{3}{5}$,$\cos\varphi=\frac{4}{5}$。故速度 v 有:

$$24=v=v_{max}\cos\varphi=\frac{4}{5}v_{max}$$

可得最大速度 v_{max}:

$$v_{max}=30 \text{ cm/s}$$

另外也可利用(8.2.13)式:$\left(\frac{v}{v_{max}}\right)^2+\left(\frac{x}{A}\right)^2=1$,依题意可列出方程:

$$\left(\frac{24}{v_{max}}\right)^2+\left(\frac{6}{10}\right)^2=1$$

可以直接解出最大速度 v_{max}:

$$v_{max}=30 \text{ cm/s}$$

于是有圆频率 ω_0 和周期 T:

$$\omega_0=\frac{v_{max}}{A}=\frac{30}{10}=3 \text{ s}^{-1}$$

$$T=\frac{2\pi}{\omega_0}=\frac{2}{3}\pi \text{ s}$$

当 $v=\pm 18$ cm/s 时，$v=\pm\dfrac{3}{5}v_{\max}$，再根据(8.2.13)式，可得位移：

$$x=\pm\frac{4}{5}A=\pm\frac{4}{5}\cdot 10=\pm 8\ \text{cm}$$

综上，质点运动的周期为 $\dfrac{2}{3}\pi$s；当速度为 ± 18 cm/s 时，位移为 ± 8 cm。

例 8.2 一物体作简谐振动，当位移为 x_1 时，速度大小为 v_1；位移为 x_2 时，速度大小为 v_2，求振动周期 T。

解 利用(8.2.13)式：$\left(\dfrac{v}{v_{\max}}\right)^2+\left(\dfrac{x}{A}\right)^2=1$，依题意可列出方程组：

$$\begin{cases}\left(\dfrac{v_1}{v_{\max}}\right)^2+\left(\dfrac{x_1}{A}\right)^2=1\\[2mm]\left(\dfrac{v_2}{v_{\max}}\right)^2+\left(\dfrac{x_2}{A}\right)^2=1\end{cases}$$

由方程组解得 $v_{\max}$ 和 A：

$$v_{\max}=\sqrt{\frac{v_1^2 x_2^2-v_2^2 x_1^2}{x_2^2-x_1^2}}\ ,\ A=\sqrt{\frac{x_1^2 v_2^2-x_2^2 v_1^2}{v_2^2-v_1^2}}$$

于是有圆频率 ω_0 和周期 T：

$$\omega_0=\frac{v_{\max}}{A}=\sqrt{\frac{v_1^2-v_2^2}{x_2^2-x_1^2}}$$

$$T=\frac{2\pi}{\omega_0}=2\pi\sqrt{\frac{x_2^2-x_1^2}{v_1^2-v_2^2}}$$

第三节　简谐振动的判据和应用

这一节，我们要解决一个问题：如何能确定一个振动是简谐振动？我们要寻找出判断振动是简谐振动的依据，要知道判断振动是简谐振动的充分条件是什么。

一、定义法

要证明一个振动是简谐振动，最容易想到的方式就是证明它满足简谐振动的定义，也就是证明振动中回复力 $F_{回}$ 与位移 x 满足：

$$\vec{F}_{回}=-k\vec{x}\,(k>0) \tag{8.1.2}$$

利用定义证明的一般步骤是：先找到物体的平衡位置，再假设有一个位移 x，去找到这时的回复力 $F_{回}$，最后看回复力 $F_{回}$ 与位移 x 的关系。如果是小振动，应取小位移 x，使 $x\to 0$，并用 $x\to 0$ 的条件简化回复力 $F_{回}$ 与位移 x 的关系。

例 8.3 三根质量相同的均质杆固连，构成一个正三角形框架 ABC，C 点悬挂在一光滑水平转轴上，整个框架可绕转轴转动。杆 AB 是一导轨，有一个可视为质点的电动玩具 P 在导轨上运动，如图 $8-3-1$(a)所示。现观察到电动玩具 P 正在导轨上运动而框架却静止不动，试证明电动玩具 P 做简谐振动。

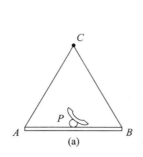 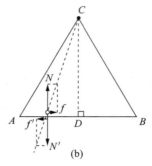

图 8 - 3 - 1

证明 如图 8-3-1(b)所示,受力分析可知,导轨 AB 给 P 的弹力 N 平衡了 P 的重力 mg,导轨 AB 给 P 的摩擦力充当 P 的回复力。P 给导轨 AB 的弹力 N' 和摩擦力 f' 分别是 N 和 f 的反作用力,有 $N'=N=mg$,$f'=f=F_回$。

由于框架不动,故框架对转轴的角加速度 $a=0$,框架受到的力矩 $M=0$。由于框架质量分布均匀,框架的重力对转轴没有力矩,故电动玩具 P 给框架的力也没有力矩,即弹力 N' 和摩擦力 f' 的合力所在直线通过 C,如图(b),取 AB 的中点 D 为位移的起点,当位移为 $\vec{x}$ 时,有:

$$\frac{f'}{N'} = \frac{x}{|CD|}$$

亦即:

$$\frac{F_回}{mg} = \frac{x}{|CD|}$$

考察回复力 $F_回$ 和位移 x 的方向,有矢量式:

$$\vec{F}_回 = -\frac{mg}{|CD|}\vec{x}$$

令正常量 $\dfrac{mg}{|CD|}=k$,可得

$$\vec{F}_回 = -k\vec{x}\,(k>0)$$

即为简谐振动。

例8.4 在光滑水平面上有一轻弹簧连接着两个小球 A、B,弹簧原长为 L,两小球质量分别为 m_1 和 m_2。当 A 固定、B 自由时,B 的振动频率为 f_2。设小球只沿着弹簧轴线方向运动且弹簧始终处于弹性限度内,试求:当 B 固定、A 自由时,A 的振动频率 f_1 以及当 A、B 都自由时,A、B 的振动频率 f。

解 设弹簧的劲度系数为 k。

当 A 固定、B 自由时,B 是最经典的弹簧振子,显然 B 能在弹簧处于原长的位置平衡。取弹簧原长时 B 的位置为平衡位置,当 B 的位移为 x 时,弹簧的弹力 $F_弹$ 充当 B 的回复力 $F_回$,有:

$$\vec{F}_回 = \vec{F}_弹 = -k\vec{x}\,(k>0)$$

故 B 的振动周期 T_2 为：

$$T_2 = 2\pi\sqrt{\frac{m_2}{k}}$$

同理，当 B 固定、A 自由时，A 的振动周期 T_1 为：

$$T_1 = 2\pi\sqrt{\frac{m_1}{k}}$$

当 A、B 都自由时，以 A、B、弹簧为系统，系统不受合外力，故质心系应是惯性系。在质心系中考察 A、B，A、B 在质心系中振动。在质心系中，A、B 动量等大、相反，故 A、B 同步地靠近和远离质心，所以 A、B 的振动周期应该相同，不妨考察 A 的振动。

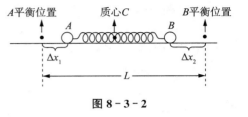

图 8 - 3 - 2

弹簧处于原长时，A、B 应该分别处于各自的平衡位置。如图 8 - 3 - 2 所示，根据质心的定义，A、B 的位移大小为 Δx_1 和 Δx_2 满足：

$$m_1 \Delta x_1 = m_2 \Delta x_2$$

故弹簧的形变量 Δl 为：

$$\Delta l = \Delta x_1 + \Delta x_2 = \frac{m_1 + m_2}{m_2}\Delta x_1$$

故 A 受到的回复力 $F_回$ 可表示为：

$$F_回 = k\Delta l = k\frac{m_1 + m_2}{m_2}\Delta x_1$$

考察回复力 $F_回$ 和位移 Δx_1 的方向，有矢量式：

$$\vec{F}_回 = -k\frac{m_1 + m_2}{m_2}\vec{x}$$

令正常量 $k_振 = k\frac{m_1 + m_2}{m_2}$，则上式变为：$\vec{F}_回 = -k_振\vec{x}$，为简谐振动。$A$ 的振动周期 T 为：

$$T = 2\pi\sqrt{\frac{m_1}{k_振}} = 2\pi\sqrt{\frac{m_1}{k\frac{m_1 + m_2}{m_2}}} = 2\pi\sqrt{\frac{m_1 m_2}{(m_1 + m_2)k}}$$

比较三种情况下振动周期的表达式，可知周期比和频率比：

$$T_2 : T_1 : T = \sqrt{m_2} : \sqrt{m_1} : \sqrt{\frac{m_1 m_2}{m_1 + m_2}}$$

$$f_2 : f_1 : f = \frac{1}{T_2} : \frac{1}{T_1} : \frac{1}{T} = \frac{1}{\sqrt{m_2}} : \frac{1}{\sqrt{m_1}} : \sqrt{\frac{m_1 + m_2}{m_1 m_2}}$$

所以：

$$f_1 = \sqrt{\frac{m_2}{m_1}}f_2, \quad f = \sqrt{\frac{m_1 + m_2}{m_1}}f_2$$

例 8.5 金字塔形（正四棱锥形）的冰山漂浮在平静的海水中，冰的密度为 ρ，海水的密度为 ρ_0。冰山平衡时，冰山底面水平、冰山顶离水面高度为 h。试求：(1) 冰山自身高度 H；(2) 冰山在平衡位置附近作竖直方向小振动的周期 T。

解 若此形状的正四棱锥的体积为 V、高为 l，易知 V 与 l^3 成正比，不妨设 $V=\lambda l^3$。

(1) 如图 $8-3-3$(a)所示，平衡时，冰山浸入水中的体积 $V_{排}$ 为：

$$V_{排}=\lambda H^3-\lambda h^3$$

由平衡时浮力 $F_{浮}=\rho_0 g V_{排}$ 和重力 $Mg=\rho V_{总} g$ 相等得：

$$\rho_0 g(\lambda H^3-\lambda h^3)=\rho\lambda H^3 g$$

上式约去 λ、g 可解得：

$$H=h\sqrt[3]{\frac{\rho_0}{\rho_0-\rho}}$$

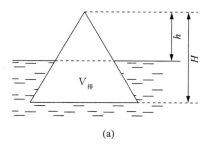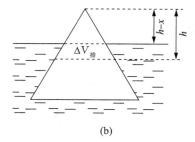

图 $8-3-3$

(2) 不妨设冰山有一个竖直向下的小位移 x，如图 $8-3-3$(b)所示，则浮力 $F_{浮}$ 的增量充当回复力 $F_{回}$：

$$F_{回}=\Delta F_{浮}=\rho_0 g\cdot\Delta V_{排}=\rho_0 g[\lambda h^3-\lambda(h-x)^3]\big|_{x\to 0}$$
$$=\rho_0 g[3\lambda h^2 x-3\lambda h x^2+\lambda x^3]\big|_{x\to 0}$$

利用小位移 x 趋向于 0 的条件，略去二阶小量 x^2 项和三阶小量 x^3 项，再考察回复力 $F_{回}$ 和位移 x 的方向，则回复力 $F_{回}$ 成为：

$$\vec{F}_{回}=-3\rho_0 g\lambda h^2\vec{x}\big|_{\vec{x}\to\vec{0}}$$

同理，冰山有一个竖直向上的小位移时上式也成立。

令正常量 $3\rho_0 g\lambda h^2=k$，有 $\vec{F}_{回}=-k\vec{x}\big|_{\vec{x}\to\vec{0}}$，故冰山做的小振动为简谐振动！

而冰山的总质量 M 为：

$$M=\rho V_{总}=\rho\lambda H^3$$

根据简谐振动公式，有：

$$T=2\pi\sqrt{\frac{M}{k}}=2\pi\sqrt{\frac{\rho\lambda H^3}{3\rho_0 g\lambda h^2}}=2\pi\sqrt{\frac{\rho H^3}{3\rho_0 g h^2}}$$

将第(1)问求得的 H 代入上式得最终结果：

$$T=2\pi\sqrt{\frac{\rho h}{3g(\rho_0-\rho)}}$$

从此题可以看到，冰山的振动应该是不简谐的，但其振动在振幅趋向于 0 时，可以利用振幅趋向于 0 化为简谐的形式。这种在数学上近似的技巧十分重要和常见，我们再举一例。

例 8.6 一质点受到两个有心斥力的作用,两有心斥力都满足平方反比率,质点在两个力心 A_1、A_2 的连线上,质点平衡时分别与力心 A_1、A_2 相距 l_1、l_2。若将质点沿 A_1A_2 方向稍稍偏离平衡位置,质点会振动起来,试证明其振动是简谐振动。

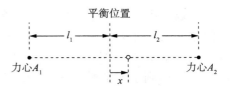

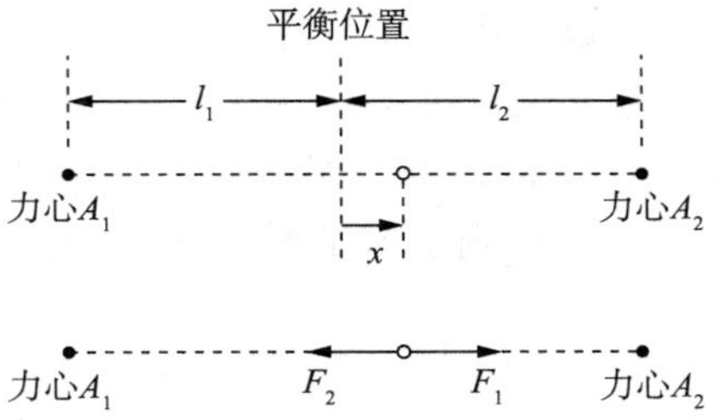

图 8-3-4

证明 设两个有心斥力 F_1、F_2 大小满足:

$$F_1 = \frac{k_1}{r^2}, F_2 = \frac{k_2}{r^2}$$

则由平衡位置的受力平衡可得:

$$\frac{k_1}{l_1^2} = \frac{k_2}{l_2^2} \qquad ①$$

令振动过程中某刻质点有一个小位移 x,不妨设位移指向 A_2,这时与平衡位置相比 F_1 变小、F_2 变大,依题意画出受力图,如图 8-3-4 所示,则回复力 $F_回$ 成为:

$$F_回 = F_2 - F_1 = \left[\frac{k_2}{(l_2-x)^2} - \frac{k_1}{(l_1+x)^2} \right] \Bigg|_{x \to 0} = \frac{k_2(l_1+x)^2 - k_1(l_2-x)^2}{(l_2-x)^2(l_1+x)^2} \Bigg|_{x \to 0}$$

将上式分子展开后,利用①式,可得:

$$F_回 = \frac{2(k_2l_1 + k_1l_2)x + (k_2 - k_1)x^2}{(l_2-x)^2(l_1+x)^2} \Bigg|_{x \to 0}$$

再利用小位移 x 趋向于 0 的条件,略去二阶小量 x^2 项,略去分母上的 x,回复力 $F_回$ 成为:

$$F_回 = \frac{2(k_2l_1 + k_1l_2)}{l_1^2 l_2^2} x \Bigg|_{x \to 0}$$

令正常量 $\dfrac{2(k_2l_1 + k_1l_2)}{l_1^2 l_2^2} = k$,并考察回复力 $F_回$ 与位移 x 的方向,可得

$$\vec{F}_回 = -k\vec{x} \big|_{\vec{x} \to 0}$$

故质点在 A_1A_2 方向上做小振动时,其振动为简谐振动。证毕。

例 8.7 如图 8-3-5(a)所示,设想在地球表面的 A、B 两地之间开凿一条笔直的隧道,隧道细且光滑。在 A 处放置一小球,小球在地球引力的作用下从静止开始在隧道内运动。已知地球质量为 M、地球半径为 R、A 和 B 之间的直线距离为 L。地球内部质量密度设为均匀,不考虑地球自转,忽略摩擦力和阻力。试求小球的最大速度 $v_{\max}$ 和小球从 A 到 B 经历的时间。

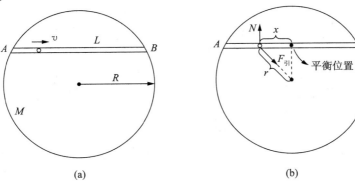

(a)   (b)

图 8-3-5

解 小物体在隧道中时,受到指向地心的引力和垂直于隧道的弹力,引力沿隧道方向的分力充当回复力。显然,物体在隧道中点可以平衡,隧道中点是平衡位置。

如图 $8-3-5(b)$ 所示,令小物体离开平衡位置 x 的位移,设此时小物体到球心之间的距离为 r,则小球受到的引力大小 $F_引$ 为:

$$F_引 = \frac{GMm}{R^3}r$$

依图中关系,回复力 $F_回$ 为引力 $F_引$ 沿 AB 方向的分力:

$$F_回 = F_引 \cdot \frac{x}{r} = \frac{GMm}{R^3}x$$

令正常量 $\frac{GMm}{R^3} = k$,考察回复力 $F_回$ 方向和位移 x 方向,写出矢量式:

$$\vec{F}_回 = -k\vec{x}$$

所以小球可在隧道中自由地做简谐振动。

从 A 将小球静止释放,小球将做简谐振动。从 A 到 B 经历的时间 t 为简谐振动的半周期:

$$t = \frac{1}{2}T = \pi\sqrt{\frac{m}{k}} = \pi\sqrt{\frac{m}{\frac{GMm}{R^3}}} = \pi\sqrt{\frac{R^3}{GM}}$$

利用简谐振动的运动学特征,知最大速度 v_{max}:

$$v_{max} = \sqrt{\frac{k}{m}} \cdot A = \sqrt{\frac{\frac{GMm}{R^3}}{m}} \cdot \frac{L}{2} = \sqrt{\frac{GM}{R^3}} \cdot \frac{L}{2}$$

二、"恒力+正比"法

如果一振子在 s 轴上运动,并且只受到两个力 F_1、F_2 的作用,其中 F_1 为恒力,F_2 满足:

$$F_2 = -ks \tag{8.3.1}$$

也可以判断,这个振子做简谐振动。

证明:如图 $8-3-6(a)$ 所示,在 $F-s$ 图上表示出 F_1、F_2 和合外力 $\sum F = F_1 + F_2$。

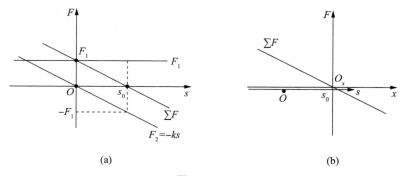

图 $8-3-6$

显然,ΣF 与 s 成线性关系,而且斜率为负。合外力 $\Sigma F = 0$ 的点 s_0 是振子的平衡位置。在 s 轴所在直线上沿 s 轴同向建一根新的 x 轴,将 x 轴的原点 O_x 取在 s_0 点上。如图 8-3-6(b)所示,可以画出 F-x 图,在 F-x 图中,合外力 ΣF 与 x 有关系:

$$\Sigma F = -kx \tag{8.3.2}$$

所以振子会做简谐振动。

请读者思考,如果物体受到了多个与 s 成线性关系的函数,是否仍能导致简谐振动?

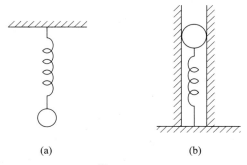

(a)　　　　(b)

图 8-3-7

"恒力＋正比"模式导致的简谐振动有很多,例如:图 8-3-7(a)中,用一根轻弹簧将小球挂在天花板上,小球做竖直方向的振动时,受到重力(恒力)与弹簧的弹力("正比力"),做简谐振动,在平衡位置处弹簧处于拉伸状态;图 8-3-7(b)中,用一根下端固定的轻弹簧系住小球,小球在竖直的光滑管道内做振动时,受到重力(恒力)与弹簧的弹力("正比力"),做简谐振动,在平衡位置弹簧处于压缩状态。我们用下面的几道例题来展示更多的例子。

例 8.8　如图 8-3-8 所示,粗细均匀的密度计置于密度为 ρ 的液体中,密度计的质量为 m,横截面积为 S。密度计作竖直方向的小振动时,不计阻力,证明其振动是简谐振动,并求振动周期。

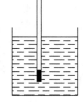

解　密度计浸入水中的深度为 h 时浮力 $F_浮$ 大小为:

$$F_浮 = \rho g S h$$

密度计越向下,深度 h 越大,浮力 $F_浮$ 越大,且浮力 $F_浮$ 向上、与 h 成正比。

图 8-3-8

密度计只受浮力和重力。而重力为恒力,根据"恒力＋正比"法可以判定:密度计在竖直方向上的小振动为简谐振动。

密度计在平衡位置时,重力与浮力 $F_浮$ 平衡。若密度计向下运动了 Δx,则浮力 $F_浮$ 的增量充当回复力 $F_回$:

$$F_回 = \Delta F_浮 = \rho g S \cdot \Delta x$$

令正常量 $\rho g S = k$,并写出矢量式,回复力 $F_回$ 成为:

$$\vec{F}_回 = -\rho g S \cdot \vec{\Delta x} = -k \cdot \vec{\Delta x}$$

由此计算周期 T:

$$T = 2\pi \sqrt{\frac{m}{k}} = 2\pi \sqrt{\frac{m}{\rho g S}}$$

例 8.9 如图 8-3-9 所示，圆柱体半径为 r，质量为 m，底面水平地悬挂于竖直弹簧下，圆柱体的一部分没入水中而平衡，水面宽阔而平静。水的密度为 ρ，弹簧劲度系数为 k。现用外力使圆柱体沿竖直方向再向下移动一小段距离之后由静止释放。忽略水的阻力，问释放后圆柱体做什么运动？周期多大？

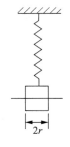

解 圆柱体受到浮力、弹簧的弹力和重力。考察圆柱体离开平衡位置 x 距离时的受力，回复力 $F_回$ 应等于浮力的增量 $\Delta F_浮$ 和弹力的增量 $\Delta F_弹$ 的和：

$$F_回 = \Delta F_浮 + \Delta F_弹 = \rho \cdot g \cdot \pi r^2 x + kx$$

令正常量 $\rho \cdot g \cdot \pi r^2 + k = k_振$，并考察回复力 $F_回$ 方向和位移 x 方向，可写出矢量式：

图 8-3-9

$$\vec{F}_回 = -k_振 \vec{x}$$

所以圆柱体做简谐振动。其周期 T 为：

$$T = 2\pi \sqrt{\frac{m}{k_振}} = 2\pi \sqrt{\frac{m}{\pi \rho g r^2 + k}}$$

在此题中可以看到，"恒力＋正比"的方法不一定只有两个力，如果物体受到多个随位移线性变化的力，也可能导致简谐振动。处理这些问题时，考察物体受力的增量来找出回复力是方便的选择。

请读者注意：题中"小位移"条件旨在说明圆柱体在运动过程中没有向下完全浸没入水中，也没有向上脱离水面。假如题目没有"小位移"条件，若圆柱体向下完全浸没入水中，浮力不再会随位移的增大而增大、若圆柱体向上脱离水面，浮力减到 0，亦不再随位移的增大而变化，此时小物体不做完整的简谐振动，对于这样的运动的分析，让我们来看一个例子：

例 8.10 设有一湖水足够深的咸水湖，湖面宽阔而平静，初始时将一体积很小的均质正立方体物块在湖面上由静止开始释放，释放时物块的下底面和湖水表面恰好相接触。已知湖水密度为 ρ；物块边长为 b，密度为 ρ'，且 $\rho' < \rho$。在只考虑物块受重力和液体浮力作用的情况下，求物块从初始位置出发往返一次所需的时间。

解 在物块未浸没时，若物块下表面到水面的距离为 h，则浮力大小 $F_浮$ 为：

$$F_浮 = \rho g b^2 h$$

物块受一个恒力（重力 mg）和一个"正比力"（浮力 $F_浮$），且物体向下浸入水面越多，向上的浮力 $F_浮$ 越大。由"恒力＋正比"法知，简谐振动中的 $k = \rho g b^2$，圆频率 ω_0 为：

$$\omega_0 = \sqrt{\frac{k}{m}} = \sqrt{\frac{\rho g b^2}{\rho' b^3}} = \sqrt{\frac{\rho g}{\rho' b}}$$

可以分两种情况分析：

情况 I：如果物块速度在物块上表面达到水面之前减到了 0，则物体应做简谐振动，振幅 A 应小于 $\frac{b}{2}$；

情况 II：如果物块上表面达到水面时物块还有速度，物块会浸没入水中。物块浸没之前，物块的运动应是简谐振动的一部分。物块浸没之后受到恒定的浮力 $F_浮$ 和重力 mg 作用，应做加速度 a 向上的匀变速运动。物块的上沿回到水面后，物块应再向上做简谐振动的一部分，回到初始位置。总结起来，物块从出发到回到原位置，应该先做简谐振动的一部分、再做匀变速运动、再做简谐振动一部分。两部分简谐振动是对称的、经历的时间是相等的。

情况 I 中：考察简谐振动，平衡位置满足 $F_浮 = mg$，即：

$$\rho g b^2 A = \rho' b^3 g$$

所以振幅 A 可以表达为：

$$A = \frac{\rho'}{\rho} b$$

于是物块做完整简谐振动的条件 $A < \frac{b}{2}$ 可以表达为：

$$\frac{\rho'}{\rho} < \frac{1}{2}$$

这时物块回到初始位置所需的时间 t 等于简谐振动的周期：

$$t = T = \frac{2\pi}{\omega_0} = 2\pi \sqrt{\frac{\rho'}{\rho} \cdot \frac{b}{g}}$$

情况 II 中：和第①种情况 I 比较，物块能浸没的条件应为：

$$\frac{\rho'}{\rho} > \frac{1}{2}$$

初始时刻物块速度为 0，故在振幅处，振动位移大小为 $A = \frac{\rho'}{\rho} b$；物块刚好浸没时，已经处于减速状态，故已经通过平衡位置，这时振动位移大小为 $x_1 = b - A$。根据 $t = 0$ 时 $x = A$，写出 $x\text{-}t$ 关系：

$$x = A \cos \omega_0 t$$

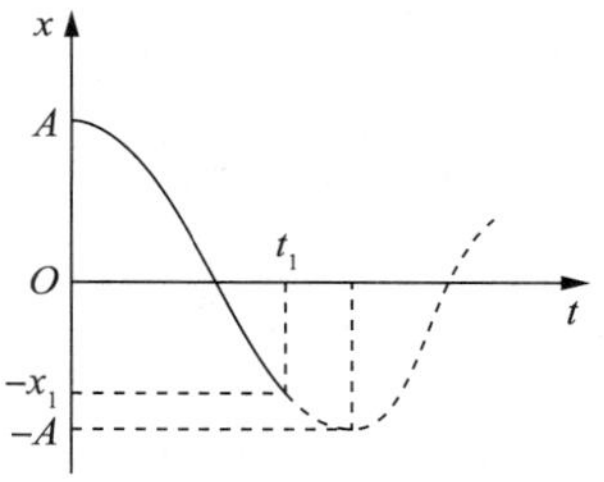

并画出如图的振动图象，如图 8-3-10 所示，图中 t_1 时刻物块刚好浸没。依照图中关系，知：

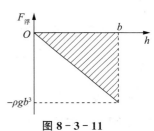

图 8-3-10

$$t_1 = \frac{\frac{\pi}{2} + \arcsin \frac{x_1}{A}}{\omega_0}$$

再将 x_1、A、ω_0 分别代入，得：

$$t_1 = \frac{\frac{\pi}{2} + \arcsin \dfrac{b - \frac{\rho'}{\rho} b}{\frac{\rho'}{\rho} b}}{\sqrt{\dfrac{\rho}{\rho'} \cdot \dfrac{g}{b}}} = \left(\frac{\pi}{2} + \arcsin \frac{\rho - \rho'}{\rho'} \right) \sqrt{\frac{\rho'}{\rho} \cdot \frac{b}{g}}$$

前后两段简谐振动所耗时间都为 t_1。

再求物块刚浸没时的速度 v_1。物块从初始位置出发到刚好浸没，依照 $F_浮 = -\rho g b^2 h$ 画出图 8-3-11，此过程浮力 $F_浮$ 做的功 $W_浮$ 等于图中三角形面积：

$$W_浮 = -\frac{1}{2} \rho g b^3 \cdot b$$

图 8-3-11

根据动能定理求刚浸入时物块的速度 v_1 满足：

$$\frac{1}{2}\rho'b^3 \cdot v_1^2 - 0 = W_浮 + W_重 = -\frac{1}{2}\rho g b^3 \cdot b + \rho'b^3 \cdot g \cdot b$$

得：

$$v_1 = \sqrt{\left(2-\frac{\rho}{\rho'}\right)bg}$$

浸没后，物体做匀变速运动的加速度为：

$$a = \frac{F_浮 - mg}{m} = \frac{\rho g b^3 - \rho'b^3 g}{\rho'b^3} = \frac{\rho-\rho'}{\rho'}g$$

匀变速直线运动到物块向上回到刚好浸没的位置为止，故匀变速直线运动所花的时间为：

$$t_2 = \frac{2v_1}{a} = \frac{2\sqrt{\left(2-\frac{\rho}{\rho'}\right)bg}}{\frac{\rho-\rho'}{\rho'}g} = \frac{2\rho'}{\rho-\rho'}\sqrt{\left(2-\frac{\rho}{\rho'}\right)\frac{b}{g}}$$

所以物体往返一次所花时间 t 为：

$$t = 2t_1 + t_2 = \left(\pi + 2\arcsin\frac{\rho-\rho'}{\rho'}\right)\sqrt{\frac{\rho'}{\rho}\cdot\frac{b}{g}} + \frac{2\rho'}{\rho-\rho'}\sqrt{\left(2-\frac{\rho}{\rho'}\right)\frac{b}{g}}$$

综上所述，物体往返一次所需的时间为：

$$t = \begin{cases} 2\pi\sqrt{\dfrac{\rho'}{\rho}\cdot\dfrac{b}{g}}, & \rho' < \dfrac{1}{2}\rho \\[3mm] \left(\pi+2\arcsin\dfrac{\rho-\rho'}{\rho'}\right)\sqrt{\dfrac{\rho'}{\rho}\cdot\dfrac{b}{g}} + \dfrac{2\rho'}{\rho-\rho'}\sqrt{\left(2-\dfrac{\rho}{\rho'}\right)\dfrac{b}{g}}, & \dfrac{1}{2}\rho < \rho' < \rho \end{cases}$$

可以看到，如果不是一段完整的简谐振动，就需要分段处理。对于简谐振动的一部分，经常需要用到运动学特征来考察，好在我们对正余弦函数非常熟悉，有利于处理这样的问题。我们再举一个例子来说明：

例 8.11 质量 $m=4$ kg 的小车由静止开始沿倾角 $\alpha=30°$ 的光滑斜面滑下。小车下方有如图 8-3-12(a)所示的轻质缓冲弹簧，缓冲弹簧的劲度系数 $k=50$ N/m，小车刚出发时距弹簧的高度差为 $h=0.8$ m。小车冲下斜面与缓冲弹簧接触后又冲上斜面。设缓冲过程中弹簧始终在弹性范围内，求缓冲弹簧的最大压缩量及小车与弹簧接触的时长。

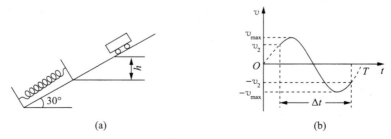

图 8-3-12

解 小车与弹簧接触时在斜面方向上运动，小车受沿斜面方向的力只有"重力沿斜面向下的分力"和"弹簧的弹力",根据"恒力＋正比"法,可以判断小车与弹簧接触期间,应做简谐振动的一部分,简谐振动中的 k 等于弹簧的劲度系数 k。

小车的平衡位置应在重力沿斜面的分力大小与弹簧的斥力相等时,即弹簧的压缩量 Δl_1 满足:

$$k\Delta l_1 = mg\sin\alpha$$

$$\Delta l_1 = \frac{mg\sin\alpha}{k} \tag{①}$$

小车到此平衡位置时,有最大速度 $v_{\max}$。根据机械能守恒有:

$$\left(\frac{1}{2}mv_{\max}^2 - 0\right) + \left(\frac{1}{2}k\Delta l_1^2 - 0\right) = mg(h + \Delta l_1\sin\alpha)$$

$$v_{\max} = \sqrt{2g(h + \Delta l_1\sin\alpha) - \frac{k\Delta l_1^2}{m}} \tag{②}$$

根据简谐振动的特征,可以计算出振幅 A:

$$A = \sqrt{\frac{m}{k}}\, v_{\max} \tag{③}$$

弹簧达到最大压缩量时,小车速度应减至 0,此时小车应在最大位移(振幅)处。故最大压缩量 $\Delta l_{\max}$ 为:

$$\Delta l_{\max} = \Delta l_1 + A \tag{④}$$

将数据代入①—④式,得:

$$\Delta l_1 = 0.4 \text{ m}, v_{\max} = 3\sqrt{2} \text{ m/s}, A = 1.2 \text{ m}, \Delta l_{\max} = 1.6 \text{ m}$$

根据动能定理,小车刚接触到弹簧时的速度 v_2 满足:

$$\frac{1}{2}mv_2^2 - 0 = mgh$$

$$v_2 = \sqrt{2gh} = 4 \text{ m/s}$$

利用 v-t 关系,不妨取初相位使 $v = v_{\max}\cdot\sin\left(\sqrt{\dfrac{k}{m}}\,\Delta t\right)$,如图 8-3-12(b)所示。缓冲的过程对应于图中实线。依照图中关系,可以得到小车与弹簧接触的时长 Δt 为:

$$\Delta t = T - \frac{2\arcsin\dfrac{v_2}{v_{\max}}}{\sqrt{\dfrac{k}{m}}} = 2\left(\pi - \arcsin\frac{v_2}{v_{\max}}\right)\sqrt{\frac{m}{k}}$$

将数据代入上式,得:

$$\Delta t = \frac{2\sqrt{2}}{5}\left(\pi - \arcsin\frac{2\sqrt{2}}{3}\right) \text{s}$$

例 8.12 如图 8-3-13(a)所示,有一长度为 L 的轻杆,一端固定在光滑铰链上,另一端固连在劲度系数为 k 的弹簧上。轻杆上固定着一个质量为 m 的小物体,小物体到铰链的距离为 l。装置平衡时,弹簧竖直,杆水平。试确定杆在竖直平面内做小振动的周期 T。

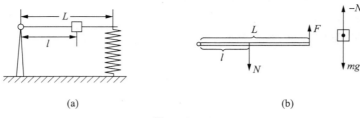

(a)   (b)

图 8 - 3 - 13

解 以铰链为转动点,对杆受力分析,如图 8 - 3 - 13(b)。杆为轻杆,故杆受合外力矩始终为 0,于是有:

$$N \cdot l = F \cdot L$$

于是从平衡位置到物体所在位置的过程中,N 与 F 的增量满足:

$$\Delta N = \frac{L}{l} \cdot \Delta F$$

假设小物体有一小位移 x,则弹簧的形变量 s 的增量为:

$$\Delta s = \frac{Lx}{l} \bigg|_{x \to 0}$$

于是弹力 F 的增量 ΔF 为:

$$\Delta F = k \Delta s = k \cdot \frac{Lx}{l} \bigg|_{x \to 0}$$

故弹力 N 的增量 ΔN 为:

$$\Delta N = \frac{L}{l} \cdot \Delta F = k \cdot \frac{L^2 x}{l^2} \bigg|_{x \to 0}$$

对于物体来说,在平衡位置时,杆给物体的弹力 $-N$ 与重力 mg 平衡。在有小位移 x 时,弹力 N 的增量充当回复力,故:

$$F_{回} = \Delta N = k \cdot \frac{L^2 x}{l^2} \bigg|_{x \to 0}$$

考察回复力 $F_{回}$ 与位移 x 的方向,可得:

$$\vec{F}_{回} = -k \cdot \frac{L^2 x}{l^2} \bigg|_{x \to 0}$$

故小物体做简谐振动。且其周期 T 为:

$$T = 2\pi \sqrt{\frac{ml^2}{kL^2}} = \frac{2\pi l}{L} \sqrt{\frac{m}{k}}$$

实际上,在这个装置中,小物体受到的重力即为"恒力",受到杆的弹力即为"正比力",亦是"恒力＋正比"。

三、能量特征法

从上一节中知道,简谐振动有动能特征:

$$E_k = E_{k\max} - \frac{1}{2} m \omega_0^2 x^2 \tag{8.2.17}$$

我们现在的问题是,如果振子振动时动能满足上述表达式,能否保证振子做简谐振动呢？答案是肯定的。下面来证明。

证明：振子的动能和位移满足：

$$E_k = E_{kmax} - \frac{1}{2}m\omega_0^2 x^2 \tag{8.2.17}$$

那么上式可以变为：

$$\frac{1}{2}mv^2 = \frac{1}{2}mv_{max}^2 - \frac{1}{2}m\omega_0^2 x^2 \tag{8.3.3}$$

(8.3.3)式可以继续变为：

$$\left(\frac{v}{v_{max}}\right)^2 + \left(\frac{x}{\frac{v_{max}}{\omega_0}}\right)^2 = 1 \tag{8.3.4}$$

也就是说 v 和 x 有确定的对应关系,即满足上式的运动是唯一的。

而我们知道：最大速度为 v_{max}、圆频率为 ω_0、振幅为 $\dfrac{v_{max}}{\omega_0}$ 的简谐振动满足(8.3.4)式。(8.3.4)式对应的运动的可能性是唯一的,那一定是这个简谐振动。证毕。

例 8.13 如图 8 - 3 - 14(a)所示,两根截面积同为 S 的长细管组成一底部连通的弯管,弯管两端开口且固定在水平面上,弯管两直段与水平面间的夹角分别为 α、β。现弯管中静止有全长为 L 的某种液体,液体密度为 ρ。若对液体平衡状态加一扰动,管中液柱开始往复运动。不计管壁对水的阻力,不考虑毛细现象,求液柱的振动周期。

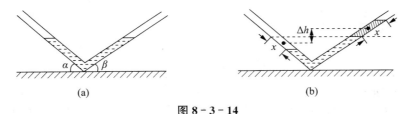

图 8 - 3 - 14

解 液体静止时,两管中液面应等高,这是液体的平衡位置。液体振动时,在平衡位置重力势能最低,有最大动能 E_{kmax}。

考察液体从平衡位置出发,沿管运动了 x 距离的过程：

如图 8 - 3 - 14(b)所示,过程中重力对液体做功的效果可视为将一管中的一段长为 x 的液柱搬运到了另一管(阴影部分)中。依照图中关系,这段长为 x 的液柱的重心升高的高度 Δh 为：

$$\Delta h = \frac{1}{2}x\sin\alpha + \frac{1}{2}x\sin\beta$$

故重力对液体做功 W 为：

$$W = -\rho S x \cdot g \cdot \Delta h = -\frac{1}{2}\rho g S(\sin\alpha + \sin\beta)x^2$$

过程中只有重力对液体做功,故可根据动能定理写出液体在位移 x 处的动能 E_k：

$$E_k = E_{kmax} + W = E_{kmax} - \frac{1}{2}\rho g S(\sin\alpha + \sin\beta)x^2 \tag{①}$$

液体总质量 m 为：

$$m = \rho \cdot SL$$

代入①式得：

$$E_k = E_{kmax} - \frac{1}{2} \cdot \frac{mg(\sin\alpha + \sin\beta)}{L} \cdot x^2$$

将上式与能量特征(8.2.17)式比较,可以判断:液体做简谐振动。且振动圆频率 ω_0 为：

$$\omega_0 = \sqrt{\frac{g(\sin\alpha + \sin\beta)}{L}}$$

液体的振动周期 T 为：

$$T = \frac{2\pi}{\omega_0} = 2\pi\sqrt{\frac{L}{g(\sin\alpha + \sin\beta)}}$$

若用定义来证明简谐振动,我们需要取一小块液体对其进行受力分析,但一般来说,在液体有加速度时,对流体内部进行受力分析是困难的。但注意到液体中每个点的速度都保持大小一致,利用能量特征,我们巧妙地避开了受力分析而直接获得了简谐振动的结论。

例8.14 如图 8-3-15(a)所示,有一列长为 L 质量为 M 的列车,在水平面上以速度 v 自由地冲向倾角为 θ 的斜坡。列车有许多节车厢,车厢长度都远小于 L,列车可看作柔软的物体,列车始终在光滑轨道上行驶,且水平面与斜面间用光滑小圆弧连接。若列车未能全部冲上斜面,问列车从遇到斜面底部起至达到最高位置所需的时间。

图 8-3-15

解 显然,列车在与斜面底部相遇前做匀速直线运动,在与斜面相遇后减速。

考察列车从遇到斜面底部起至达到最高位置的过程,在此过程中,列车重力势能不断增加,动能不断减少,列车的初动能即为最大动能 E_{kmax}。如图 8-3-15(b)所示,列车有 x 长度车身冲上斜面时,这段长度为 x 车身的重心抬高了 $h = \frac{1}{2}x\sin\theta$,故列车的重力势能增加的量 ΔE_p 为：

$$\Delta E_p = M\frac{x}{L} \cdot g \cdot h = \frac{1}{2} \cdot \frac{Mg}{L}\sin\theta \cdot x^2$$

可知此时列车的动能 E_k 为：

$$E_k = E_{kmax} - \frac{1}{2} \cdot \frac{Mg}{L}\sin\theta \cdot x^2$$

由于列车不会全部冲上斜面,上式的推导是普适的。将上式与能量特征(8.2.17)式比较,可以判断:列车的运动是简谐振动的一部分。且振动圆频率 ω_0 为：

$$\omega_0 = \sqrt{\frac{g}{L}\sin\theta}$$

列车刚遇到斜面时还未开始减速,为平衡位置;列车达到最高位置时速度为 0,为最大

位移处,故列车从遇到斜面底部起至达到最高位置经历了简谐振动的$\frac{1}{4}$周期:

$$t=\frac{1}{4}T=\frac{\pi}{2\omega_0}=\frac{\pi}{2}\sqrt{\frac{L}{g\sin\theta}}$$

此题中列车弯折处的受力分析十分复杂,但注意到列车上每个点速度大小都保持一致,通过借助能量特征,就可以避免受力分析而简单地得出简谐振动的结论。

请读者思考,若列车能全部冲上斜面,结果又如何?

例 8.15 如图$8-3-16$(a)所示,有一长为L的轻杆通过光滑铰链连接在天花板上。杆的下端和中点分别固连两个小球1和2,两小球质量均为m。杆平衡在竖直位置,现给杆一个小扰动,使杆在竖直平面内做小幅摆动,求杆的摆动周期。

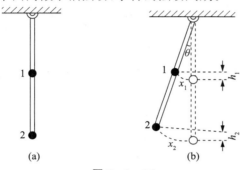

图$8-3-16$

解 考察杆从竖直的平衡位置转至摆角为θ的过程,如图$8-3-16$(b)所示。在此过程中,两球分别升高:

$$h_1=\frac{L}{2}(1-\cos\theta),h_2=L(1-\cos\theta)$$

将杆和两个小球视为一个整体,则整体重力势能的增量$\Delta E_{p总}$为:

$$\Delta E_{p总}=mgh_1+mgh_2=\frac{3}{2}mgL(1-\cos\theta)$$

所以整体动能的减少量$\Delta E_{k总}$为:

$$\Delta E_{k总}=-\Delta E_{p总}=-\frac{3}{2}mgL(1-\cos\theta)$$

杆在转动时,两小球分别做圆周运动,它们的质量之比为$1:1$;线速度之比始终保持为$v_1:v_2=1:2$,故其动能之比始终保持$E_{k1}:E_{k2}=1:4$,于是在任意一段时间内两小球动能增量的比都是:$\Delta E_{k1}:\Delta E_{k2}=1:4$,也就是说小球1的动能增量为总动能增量的$\frac{1}{5}$,小球2的动能增量为总动能增量的$\frac{4}{5}$。

不妨考察小球1的运动,小球1的动能增量应等于:

$$\Delta E_{k1}=\frac{1}{5}\Delta E_{k总}=-\frac{3}{10}mgL(1-\cos\theta)$$

于是,小球1的动能可表达为:

$$E_{k1}=E_{k1max}+\Delta E_{k1}=E_{k1max}-\frac{3}{10}mgL(1-\cos\theta)=E_{k1max}-\frac{3}{10}mgL\cdot2\sin^2\frac{\theta}{2}$$

利用小幅摆动条件($\theta \rightarrow 0$)，利用 $\sin \dfrac{\theta}{2} \approx \dfrac{\theta}{2}$ 可将上式化简为：

$$E_{k1} = E_{k1max} - \frac{1}{2}m \cdot \frac{3}{10}gL \cdot \theta^2 \bigg|_{\theta \rightarrow 0}$$

又知小球 1 的位移 x_1 为：

$$x_1 = \theta \cdot \frac{L}{2}$$

于是小球 1 的动能成为：

$$E_{k1} = E_{k1max} - \frac{1}{2}m \cdot \frac{6g}{5L} \cdot x_1^2 \bigg|_{x \rightarrow 0}$$

利用能量特征的知识，可知：小球 1 做简谐振动。且圆频率 ω_0 为：

$$\omega_0 = \sqrt{\frac{6g}{5L}}$$

小球 2 与小球 1 同步振动，也是简谐振动。杆与球同步往复运动，杆的摆动周期与小球振动周期相同。周期 T 为：

$$T = \frac{2\pi}{\omega_0} = 2\pi\sqrt{\frac{5L}{6g}}$$

上式即为所求。

让我们进一步仔细分析此题。此题中，重力对两小球做功之比为 $1 : 2$，但两小球动能增量之比却为 $1 : 4$，所以在运动过程中杆必对两小球做功、杆对两小球的作用力必有切向分量、杆对两小球的作用力必不沿杆的方向。正是因为力的方向是不确定的，对小球进行受力分析会困难重重，但若利用能量特征，就可以巧妙地避开受力分析，而直接考察振动的动力学特征，使问题得到简化。

此题中杆和两个小球组成的整体可近似视为一个刚体，它的摆动和单摆类似，这种结构称为"复摆"。如果我们知道复摆的小幅摆动是简谐的，则可以略去简谐运动的证明过程，对杆和两个小球组成的整体直接进行分析：

整体动能 $E_{k总}$ 一定满足：

$$E_{k总} = E_{kmax} - \frac{1}{2}m\omega_0^2 x_1^2 - \frac{1}{2}m\omega_0^2 x_2^2 = E_{kmax} - \Delta E_{p总}$$

那么我们对整体直接列出方程：

$$\frac{1}{2}m\omega_0^2 x_1^2 + \frac{1}{2}m\omega_0^2 x_2^2 = \Delta E_{p总} = \frac{3}{2}mgL(1-\cos\theta) = \frac{3}{2}mgL \cdot 2\sin^2\frac{\theta}{2}$$

即：

$$\frac{1}{2}m\omega_0^2 x_1^2 + \frac{1}{2}m\omega_0^2 x_2^2 = 3mgL \cdot \sin^2\frac{\theta}{2}$$

利用 $x_1 = \dfrac{\theta L}{2}$，$x_2 = \theta L$，$\sin^2\dfrac{\theta}{2} \approx \left(\dfrac{\theta}{2}\right)^2 \bigg|_{\theta \rightarrow 0}$，就可以解得圆频率 ω_0 为：

$$\omega_0 = \sqrt{\frac{6g}{5L}}$$

事实上，我们还可以借助摆的运动学方程和刚体的知识求解复摆的摆动，详见下一节。

第四节　摆

一、单摆

一根不可伸长的轻绳一端固定,另一端连接一个可以看作质点的小物体。这样的系统称为单摆,小物体称为摆球,绳长称为摆长。

显然单摆平衡时,绳应处于竖直方向。现在我们研究摆球在平衡位置附近、沿水平方向自由地做小振动时,摆球的运动。

如图 8-4-1 所示,摆球在做小角度摆动时,可以视作它在弧线上运动。如图以平衡位置为原点,沿运动方向建 x 轴。

由于摆动幅度很小,摆球的速度应趋向于 0,故可以忽略向心力。于是拉力 T 与重力 mg 沿法向的分力平衡,回复力 $F_回$ 由重力 mg 的切向分力提供。

设摆长为 l,位移为 x 时摆角为 θ(x 与 θ 都趋向于 0)。则在两种观点下,分别可以得到回复力 $F_回$ 的表达式:

$$F_回 = mg \cdot \sin\theta$$
$$\approx mg \cdot \theta$$
$$= mg \cdot \frac{x}{l}$$

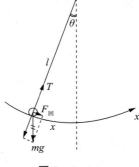

图 8-4-1

考察 $F_回$ 和 x 的方向,有:

$$\vec{F}_回 = -\frac{mg}{l} \cdot \vec{x} \tag{8.4.1}$$

令:$k = \frac{mg}{l}$,则回复力满足:$\vec{F}_回 = -k \cdot \vec{x}$,是简谐振动。

一般来说,在最大摆角不超过 5° 时,单摆做的小角度摆动可以看作简谐振动。原因是,在 5° 以内,我们推导(8.4.1)式用到的 $\sin\theta \approx \theta \approx \tan\theta$ 成立。

进一步,利用简谐振动的周期公式,得到单摆做小角度摆动的周期 T 为:

$$T = 2\pi\sqrt{\frac{m}{k}} = 2\pi\sqrt{\frac{m}{mg/l}} = 2\pi\sqrt{\frac{l}{g}} \tag{8.4.2}$$

(8.4.2)式即单摆的周期公式。

容易发现,单摆做小角度振动的周期与振幅无关,一般在最大摆角小于 5° 时,可以认为单摆摆动周期与摆幅无关,但若最大摆角过大,则单摆的周期随着最大摆角的增大而增大。

例 8.16　一摆钟在北京走时准确,移至上海后一昼夜的走时的绝对误差是多少?设此摆钟的钟摆可视为单摆,北京的重力加速度 $g_1 = 9.800 \text{ m/s}^2$,上海的重力加速度 $g_2 = 9.794 \text{ m/s}^2$。

解　设摆钟在北京的周期为 T_1。则摆钟摆动 $N_1 = \frac{24}{T_1}$ 个周期,钟走 24 h 的走时。

由公式 $T=2\pi\sqrt{\dfrac{l}{g}}$ 知,此钟摆在上海的周期 T_2 满足:

$$\frac{T_1}{T_2}=\sqrt{\frac{g_2}{g_1}}$$

于是此钟摆在上海的周期 T_2 可表示为:

$$T_2=\sqrt{\frac{g_1}{g_2}}\cdot T_1$$

那么,摆钟的钟摆在上海时 24 h 内摆动周期数 N_2 为:

$$N_2=\frac{24}{T_2}=\frac{24}{T_1}\sqrt{\frac{g_2}{g_1}}=\sqrt{\frac{g_2}{g_1}}N_1$$

从数据中可以看出,$N_2<N_1$,摆钟的走时会变慢。机械钟的走时量是和钟摆摆动的周期数成正比的,24 h 内少走(N_1-N_2)个周期,故 24 h 内摆钟走时示数偏慢:

$$\Delta t=\frac{24}{N_1}\cdot(N_1-N_2)=24\cdot\frac{1-\sqrt{\dfrac{g_2}{g_1}}}{1}$$

将重力加速度数据代入计算得:

$$\Delta t\approx26.5\text{ s}$$

例 8.17 有一个单摆在山脚一定时间内振动了 N 次,将此单摆移至某高山顶,在相等的时间内振动了$(N-1)$次。若地球半径为 R,试估算此山山高。

解 分别用下标"顶""底"区分山脚处的物理量和山顶处的物理量。

设此山山高为 h,由等效重力加速度计算公式 $g=\dfrac{GM}{r^2}$ 知:

$$\frac{g_{底}}{g_{顶}}=\frac{(R+h)^2}{R^2}$$

由计算式 $T=2\pi\sqrt{\dfrac{l}{g}}$ 知:

$$\frac{T_{底}}{T_{顶}}=\sqrt{\frac{g_{顶}}{g_{底}}}=\frac{R}{R+h} \qquad ①$$

依题意,有:

$$T_{底}\cdot N=t=T_{顶}\cdot(N-1)$$

于是:

$$\frac{T_{底}}{T_{顶}}=\frac{N-1}{N} \qquad ②$$

结合①②两式得:

$$\frac{R}{R+h}=\frac{N-1}{N}$$

解得山高 h:

$$h=\frac{R}{N-1}$$

例 8.18 有一轻质刚性杆,长为 L,可绕上端的水平轴自由转动,下端固连着质量为 m 的小球,构成单摆。如图 8-4-2 所示,现通过一根劲度系数为 k 的水平轻弹簧将小球拴到墙上。当摆竖直下垂时,弹簧处于原长。求此系统小幅度振动的周期 T。

解 将单摆的小幅振动看成水平方向的运动,设小球有一个小位移 x,则回复力 $F_回$ 由杆拉力的水平方向分力 T_x 和弹簧的弹力 F 共同提供:

$$F_回 = T_x + F = \left(-\frac{mg}{L}x\right) + (-kx) = -\left(\frac{mg}{L}+k\right)x$$

令正常量 $\dfrac{mg}{L}+k=k_振$,并考察回复力 $F_回$ 方向和位移 x 方向,可写出矢量式:

$$\vec{F}_回 = -k_振 \vec{x}$$

所以小球做简谐振动。其周期 T 为:

$$T = 2\pi\sqrt{\frac{m}{k_振}} = 2\pi\sqrt{\frac{m}{\dfrac{mg}{L}+k}} = \frac{2\pi}{\sqrt{\dfrac{g}{L}+\dfrac{k}{m}}}$$

例 8.19 如图 8-4-3(a)所示,一小角度单摆的轻质摆杆的长度为 L,地球半径 $OC=R$,单摆的悬点到地面的距离 $AC=L$。已知地球质量为 M,引力常量为 G。分别求出当 $L\ll R$ 时和当 $L\gg R$ 时单摆做简谐运动的周期。(设悬点相对于地球不动,不考虑地球自转)

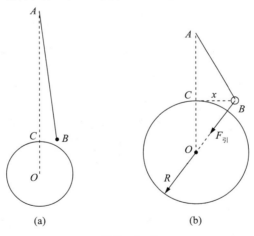

图 8-4-3

解 当 $L\ll R$ 时,在整个单摆装置在近地表面,与经典的单摆无异。不考虑地球自转时,重力加速度可表示为:

$$g = \frac{GM}{R^2}$$

根据单摆周期公式知,周期 T 为:

$$T = 2\pi\sqrt{\frac{L}{g}} = 2\pi\sqrt{\frac{LR^2}{GM}}$$

当 $L \gg R$ 时,如图 8-4-3(b)所示,球小幅摆动应不影响杆 AB 的方向(或者说 OB 方向的倾斜比摆杆 AB 方向的倾斜大得多),可以认为小球小幅振动时,在垂直 AC 方向运动,由引力沿 BC 方向的分力提供回复力。设小球位移为 x,则小球到地心的距离 r 为:

$$r = \sqrt{x^2 + R^2}$$

引力大小 $F_{引}$ 为:

$$F_{引} = \frac{GMm}{r^2} = \frac{GMm}{x^2 + R^2} \bigg|_{x \to 0}$$

引力沿 BC 方向的分力为回复力,回复力大小 $F_{回}$ 可表达为:

$$F_{回} = F_{引} \cdot \frac{x}{r} \bigg|_{x \to 0} = \frac{GMm}{x^2 + R^2} \cdot \frac{x}{\sqrt{x^2 + R^2}} \bigg|_{x \to 0} = \frac{GMm}{R^3} \cdot x \bigg|_{x \to 0}$$

令正常量 $\dfrac{GMm}{R^3} = k$,并考察回复力 $F_{回}$ 方向和位移 x 方向,可写出矢量式:

$$\vec{F}_{回} = -k\vec{x} \,\big|_{\vec{x} \to \vec{0}}$$

所以小球仍做简谐振动。此时振动周期 T 为:

$$T = 2\pi\sqrt{\frac{m}{k}} = 2\pi\sqrt{\frac{m}{\dfrac{GMm}{R^3}}} = 2\pi R\sqrt{\frac{R}{GM}}$$

例 8.20　如图 8-4-4(a)所示,摆长为 L 的单摆悬于车上的固定支架上。使小车沿倾角为 φ 的斜面以沿斜面向下的加速度 a 做匀加速运动,求此时单摆的摆球在车参照系中振动的周期。

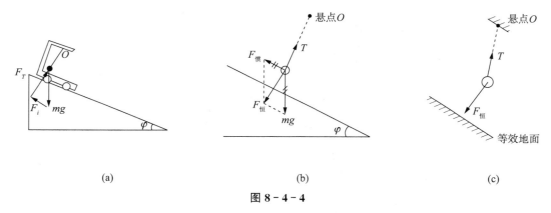

(a)　　　　　　　　　(b)　　　　　　　　　(c)

图 8-4-4

解　由于车相对于地面有沿斜面向下方向的加速度 a,故车参照系是平动非惯性系。在车中考察摆球的运动,摆球应受到三个力作用:重力 mg(方向竖直向下)、惯性力 $F_{惯}$(方向沿斜面向上,大小为 ma)和绳的拉力 T。如图 8-4-4(b)所示,若将重力 mg 与惯性力 $F_{惯}$ 合成,则得到了一个恒力 $F_{恒}$:

$$F_{恒} = m\sqrt{g^2 + a^2 - 2ga\sin\varphi}$$

在车参照系中,如果抛开具体装置而只考察物体的受力,则可将此恒力 $F_{恒}$ 理解为重力,假想出一个如图 8-4-4(c)所示的星球和地面,在这个星球上,恒力 $F_{恒}$ 即为重力。则摆球是在这个等效的重力作用下,在这个等效的星球的地表附近运动。从动力学角度来看,此时球的运动,应等效于在这个星球上单摆的摆动!

在这个假想的星球上,重力加速度$g_{\text{等效}}$为:

$$g_{\text{等效}}=\frac{F_{\text{恒}}}{m}=\sqrt{g^2+a^2-2ga\sin\varphi}$$

故此小球的摆动周期 T 可以表达为:

$$T=2\pi\sqrt{\frac{L}{g_{\text{等效}}}}=2\pi\sqrt{\frac{L}{\sqrt{g^2+a^2-2ga\sin\varphi}}}$$

这种考察方法十分有效也十分便捷,被称为"等效重力场"。让我们将其要点总结如下:

如果一个小球做小幅振动时受到的合外力总可以分为一个恒力 $F_{\text{恒}}$ 和一个指向定点的有心力 T,那么这个小球的运动将和单摆的摆动无异。这时,将恒力 $F_{\text{恒}}$ 理解为新的重力,等效的重力加速度$g_{\text{等效}}=\dfrac{F_{\text{恒}}}{m}$,则单摆的周期成为:

$$T=2\pi\sqrt{\frac{L}{g_{\text{等效}}}}=2\pi\sqrt{\frac{mL}{F_{\text{恒}}}}$$

我们再来看两个例子:

例8.21 如图 $8-4-5$(a)所示为倾斜摆的示意图。质量为 m 的摆球固定在边长为 l、质量可忽略不计的等边三角形框架 ABC 上。框架用 A、B 处的光滑铰链固连在墙上,使支架可以绕轴 AB 转动。支架平衡时,AB 杆和竖直墙的夹角为 α。求摆球做微小摆动的周期 T。

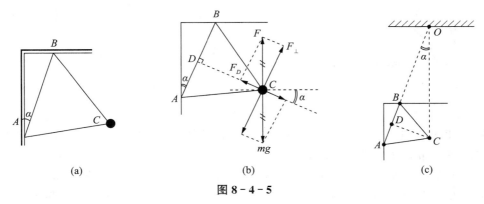

图 $8-4-5$

解 如图 $8-4-5$(b)所示,作 C 到 AB 的垂足 D,则垂足 D 是一个定点,且支架平衡时 CD 与水平方向的夹角为 α。从几何关系可以看出,支架在垂直于轴 AB 的平面上摆动,小球的速度没有沿 AB 方向的分量,故小球受到的合外力必定没有沿 AB 方向的分量,对小球进行受力分析,只需考察垂直 AB 方向的分力即可。

小球受到支架给小球的总作用力 F 和重力 mg。重力 mg 是一个恒力,重力 mg 垂直 AB 方向的分力为恒力 $mg\sin\alpha$。支架给小球的力 F 恒处于支架所在平面,故 F 沿垂直AB方向的分力 F_D 必指向定点 D。

于是,小球做此小幅振动时,受到的合外力可以分为一个恒力 $F_{\text{恒}}=mg\sin\alpha$ 和一个指向定点 D 的力,摆长$|CD|=\dfrac{\sqrt{3}}{2}l$。根据等效重力场法,知摆动周期为:

$$T = 2\pi\sqrt{\frac{m \cdot |CD|}{F_{\text{恒}}}} = 2\pi\sqrt{\frac{m \cdot |CD|}{mg\sin\alpha}} = 2\pi\sqrt{\frac{\sqrt{3}\,l}{2g\sin\alpha}}$$

即为所求。

让我们进一步考察图中的几何关系,如图 8-4-5(c)所示,将 AB 延长,与过 C 的竖直线交于 O。则根据直角三角形 OCD 的几何关系,易知:

$$|OC| = \frac{|CD|}{\sin\alpha}$$

所以周期 T 亦可表达为:

$$T = 2\pi\sqrt{\frac{m \cdot |CD|}{F_{\text{恒}}}} = 2\pi\sqrt{\frac{|CD|}{g\sin\alpha}} = 2\pi\sqrt{\frac{|OC|}{g}}$$

将上式与单摆周期公式 $T = 2\pi\sqrt{\dfrac{L}{g}}$ 比较发现:摆球 C 绕 AB 轴的摆动等效于一个悬点在 O,摆长为 $|OC|$ 的单摆。

例 8.22 如图 8-4-6(a)所示,两根长度相等的光滑的细杆组成夹角为 α 的支架,支架固定在竖直平面内。一根轻线套在架子上,线的两端共系一个重球 C,平衡时 OC 间的距离为 L。求重球在支架平面内作小振动的周期。

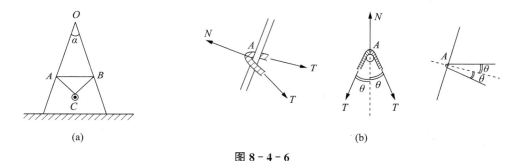

图 8-4-6

解 如图 8-4-6(b)所示,取 A 附近一段跨过细杆的绳进行分析,这一段绳只受到两个沿绳的绳内部张力 T 和光滑杆的弹力 N。因两个 T 都是轻绳内部张力,故两个 T 大小相等。由于绳是轻绳,故绳合外力必为 0,故两个 T 沿杆方向的分量平衡。由此可以判断:两个沿绳方向的 T 方向与杆 OA 的夹角相同,杆 OA 始终处于 $\triangle ABC$ 的外角平分线。这个分析在运动过程中始终成立。

同理,杆 OB 也是 $\triangle ABC$ 的外角平分线。于是 O 是 $\triangle ABC$ 的一个旁心,$\angle ACB$ 的角平分线必过 O,球 C 受到绳给它的合力方向沿 $\angle ACB$ 的角平分线方向,也过 O。

球 C 受到重力和绳给球 C 的力。重力是恒力,绳给球 C 的力是指向定点 O 的有心力。故球 C 做小幅振动时,相当于一个以 L 为摆长的单摆,其振动周期为:

$$T = 2\pi\sqrt{\frac{L}{g}}$$

单摆在小角度摆动时的等时性是伽利略发现的,但伽利略没有精确的测量短时间段的仪器,故伽利略并没有提出"小角度"的条件。后来人们受单摆等时性的启发制造了机械钟,机械钟的摆是复摆而不是单摆,但经常被简化成单摆处理。在本书进行对复摆的讨论前,先从另一个角度再看一看简谐振动和单摆的关系。

仔细考察本章第二节中简谐振动的运动学特征的推导过程,可以发现,整个过程只利用了一个方程:

$$ma = -kx \tag{8.4.3}$$

规定圆频率 $\omega_0 = \sqrt{\dfrac{k}{m}}$,则方程(8.4.3)式也可以改写为:

$$a + \omega_0{}^2 x = 0 \tag{8.4.4}$$

其中,a 和 x 的关系是运动学定义的,它们都是 t 的函数。若把推出运动学特征的"必要条件"和"推导的结果"单列出来,而忽略推导过程,我们可以将推导的逻辑(因果关系)表述为:

$$只要满足 \begin{cases} a + \omega_0{}^2 x = 0, \\ a = \dfrac{\Delta v}{\Delta t}, \\ v = \dfrac{\Delta x}{\Delta t}, \end{cases} \quad 就可以推出 \begin{cases} x = A \cdot \sin(\omega_0 t), \\ T = \dfrac{2\pi}{\omega_0} \end{cases} 等 \tag{8.4.5}$$

如果数学化地看待这个因果关系,a 和 x 只不过是字母而已。也就是说,换成任意两个其他量(不妨换用 α 和 θ 表示),只要两个量之间满足同样的关系,就可以得到相同的结果,即:

$$只要满足 \begin{cases} \alpha + \omega_0{}^2 \theta = 0 \\ \alpha = \dfrac{\Delta \omega}{\Delta t}, \\ \omega = \dfrac{\Delta \theta}{\Delta t}, \end{cases} \quad 就可以推出 \begin{cases} \theta = \theta_{\max} \cdot \sin(\omega_0 t), \\ T = \dfrac{2\pi}{\omega_0} \end{cases} 等 \tag{8.4.6}$$

注意,(8.4.6)中,ω 是连接 α 和 θ 之间关系的中间量,ω_0 则是一个已知的常量,两者没有关联。

借助第五章刚体定轴转动动力学的(5.4.21)式,可以用(8.4.6)的逻辑来考察单摆。

如图 8-4-7 所示,单摆的摆球可以看作一个体积非常小的小刚体,摆球的运动可以看作刚体在纸面内做定轴转动,转轴垂直于纸面并通过悬点。

摆球对此轴的转动惯量 J 为:

$$J = ml^2 \tag{8.4.7}$$

从通过最低点起考察摆球的运动,图上给出了在图示时刻一些物理量的方向:转过的角量 θ、角加速度 α、摆球受力 T 和重力 mg、摆球受到的合外力矩 M。

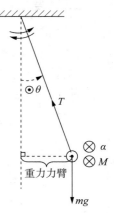

图 8-4-7

摆球受到的拉力 T 通过转轴,对转轴没有力矩,故合外力矩 M 由重力 mg 的力矩提供。显然,从摆球通过最低点算起,转过的角量 θ 的大小等于该时刻摆角的大小。所以合外力矩 M 的大小 $|M|$ 可以表示为:

$$|M| = mg \cdot l \sin|\theta| \tag{8.4.8}$$

考察 θ 和 M 的方向:当摆球处于虚线右侧时,θ 垂直纸面向外,M 垂直纸面向里;当摆球处于虚线左侧时,θ 垂直纸面向里,M 垂直纸面向外,故 M 和 θ 始终反向。如果取垂直纸

面向外为正方向,可以将(8.4.8)式写作:

$$M = -mg \cdot l \sin\theta \tag{8.4.9}$$

根据刚体的知识,刚体定轴转动时,合外力矩 M、转动惯量 J 和角加速度 α 间满足:$M = J\alpha$。故摆球的角加速度 α 为:

$$\alpha = \frac{M}{J} = \frac{-mg \cdot l \sin\theta}{ml^2} = -\frac{g}{l}\sin\theta \tag{8.4.10}$$

当最大摆角 $\theta_{\max}$ 很小时,任意时刻都有 $\theta \approx \sin\theta$,(8.4.10)式可改写为:

$$\alpha + \left(\sqrt{\frac{g}{l}}\right)^2 \theta = 0 \tag{8.4.11}$$

将(8.4.11)式和(8.4.6)中的条件比较,α 是角加速度,θ 是角量,它们之间满足:$\alpha = \frac{\Delta\omega}{\Delta t}$,$\omega = \frac{\Delta\theta}{\Delta t}$,$\omega$ 是角速度。也就是说 α 和 θ 满足(8.4.6)中的条件。于是可按(8.4.6)的结论判断:

$$\text{圆频率 } \omega_0 = \sqrt{\frac{g}{l}},\text{周期 } T = \frac{2\pi}{\omega_0} = 2\pi\sqrt{\frac{l}{g}} \tag{8.4.12}$$

从这个角度也可以证明单摆的周期公式。

可以看到,方程:

$$\alpha + \omega_0^2 \theta = 0 \tag{8.4.13}$$

也能够直接用来判定运动模式和计算运动周期。以后会看到,(8.4.13)式对研究复摆和扭摆十分重要,有些教材将它称为摆的运动学方程。

二、复摆

复摆的处理需要借助第五章第三节中刚体定轴转动动力学的部分知识,尤其是(5.4.21)式,请读者温习。

考虑一个可以绕光滑的水平轴 O 转动的刚体(轴 O 不过刚体质心),轴 O 与这样的刚体组成的系统称为**复摆**。如图 8-4-8 所示,给出了最一般的复摆和列举了几种特殊的复摆。

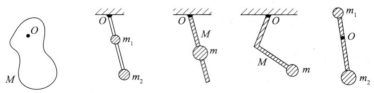

图 8-4-8

由于轴光滑,刚体的平衡位置有 2,分别是:①质心在水平轴正上方时,不稳定平衡;②质心在水平轴正下方时,稳定平衡。若在情况②的稳定平衡下稍加扰动,刚体就会在平衡位置附近做小幅振动。

考虑最一般的情况,设刚体质量为 m,刚体对转轴 O 的转动惯量为 J,质心 C 到转轴 O 的距离为 r_C。刚体受到重力 mg 和光滑轴对刚体的正压力 N,正压力 N 对轴 O 没有力矩,刚体受到对转轴 O 的合外力矩 M 由重力 mg 的力矩提供。

如图 8-4-9 所示,从刚体通过平衡位置起考察刚体的运动,刚体受

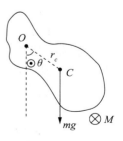

图 8-4-9

到的力矩 M 和转过的角量 θ 始终方向相反,取垂直纸面向外为正方向,则它们之间的关系为:

$$M = -mg \cdot r_C \sin\theta \tag{8.4.14}$$

所以角加速度 α 为:

$$\alpha = \frac{M}{J} = \frac{-mg \cdot r_C \sin\theta}{J} \tag{8.4.15}$$

当刚体做小幅度摆动时,始终有 $\theta \approx \sin\theta$,故(8.4.15)可写作:

$$\alpha + \left(\sqrt{\frac{mg \cdot r_C}{J}} \right)^2 \theta = 0 \tag{8.4.16}$$

与(8.4.13)式:$\alpha + \omega_0^2 \theta = 0$ 形式一致。于是,该振动的圆频率 ω_0 以及振动周期 T 为:

$$\begin{cases} \omega_0 = \sqrt{\dfrac{mg \cdot r_C}{J}} \\[3mm] T = \dfrac{2\pi}{\omega_0} = 2\pi \sqrt{\dfrac{J}{mg \cdot r_C}} \end{cases} \tag{8.4.17}$$

上式即为计算复摆周期的公式。

在有些简单的情况下,我们也可以不通过方程 $\alpha + \omega_0^2 \theta = 0$ 或复摆周期公式,而是直接利用能量特征证明简谐,如例 8.23 中的第(1)问。

例 8.23 如图 8-4-10(a)所示,有一长为 L 的杆通过光滑铰链连接在天花板上。杆上固连质量为 m_1 的小球 1,小球 1 到铰链的距离为 l,杆的末端固连质量为 m_2 的小球 2,杆平衡在竖直位置。现给杆一个小扰动,使杆绕铰链在竖直平面内做小幅摆动,问:

(1)若杆是轻杆,杆的摆动周期为多少?

(2)若杆是质量为 M 的均质杆,杆的摆动周期为多少?

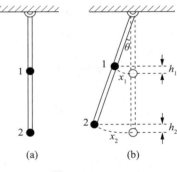

图 8-4-10

解 (1)装置为复摆,故其小振动可视为简谐。

方法一: 可仿照例 8.15,用能量特征求解。

如图 8-4-10(b)所示,设复摆从平衡位置摆到摆角为 θ,有能量关系:

$$\frac{1}{2} m_1 \omega_0^2 x_1^2 + \frac{1}{2} m_2 \omega_0^2 x_2^2 = \Delta E_{\text{p总}} \qquad ①$$

其中,位移 $x_1 = \theta l$,位移 $x_2 = \theta L$,重力势能的总增量 $\Delta E_{\text{p总}}$ 为:

$$\Delta E_{\text{p总}} = m_1 g l (1 - \cos\theta) + m_2 g L (1 - \cos\theta)\Big|_{\theta \to 0} = \frac{1}{2} g \theta^2 (m_1 l + m_2 L)\Big|_{\theta \to 0}$$

$$\left[\text{上式最后一个等号利用到}(1 - \cos\theta)\Big|_{\theta \to 0} = 2\sin^2 \frac{\theta}{2}\Big|_{\theta \to 0} = \frac{\theta^2}{2}\Big|_{\theta \to 0} \right]$$

代入①式,得:

$$\frac{1}{2} m_1 \omega_0^2 (\theta l)^2 + \frac{1}{2} m_2 \omega_0^2 (\theta L)^2\Big|_{\theta \to 0} = \frac{1}{2} g \theta^2 (m_1 l + m_2 L)\Big|_{\theta \to 0}$$

可以解得:

$$\omega_0 = \sqrt{\frac{g(m_1 l + m_2 L)}{m_1 l^2 + m_2 L^2}}$$

故周期 T 为:

$$T=\frac{2\pi}{\omega_0}=2\pi\sqrt{\frac{m_1l^2+m_2L^2}{g(m_1l+m_2L)}}$$

方法二:利用复摆的周期公式

此复摆的总质量 $m_总$ 为:

$$m_总=m_1+m_2$$

此复摆质心到悬点的距离 r_C 满足:

$$(m_1+m_2)r_C=m_1l+m_2L$$

此复摆对转轴的转动惯量 J 为:

$$J=m_1l^2+m_2L^2$$

根据复摆周期公式,复摆的周期 T 为:

$$T=2\pi\sqrt{\frac{J}{m_总\,g\cdot r_C}}=2\pi\sqrt{\frac{m_1l^2+m_2L^2}{(m_1+m_2)g\cdot\dfrac{m_1l+m_2L}{m_1+m_2}}}=2\pi\sqrt{\frac{m_1l^2+m_2L^2}{g(m_1l+m_2L)}}$$

与方法一结论一致。

读者可以在两种方法中选择一种,在对复摆和刚体的知识不熟悉时,若装置中只有质点,则方法一是方便的;但在出现重杆等刚体时,用方法一不便于列式,不妨使用复摆的周期公式,如第(2)问就是如此。

(2) 当杆为重杆时,利用复摆的周期公式可给出结论:

此时复摆的总质量 $m_总$ 为:

$$m_总=m_1+m_2+M$$

此复摆质心到悬点的距离 r_C 满足:

$$(m_1+m_2+M)r_C=m_1l+m_2L+\frac{1}{2}ML$$

此复摆对转轴的转动惯量 J 为:

$$J=m_1l^2+m_2L^2+\frac{1}{3}ML^2$$

根据复摆周期公式,复摆的周期 T 为:

$$T=2\pi\sqrt{\frac{J}{m_总\,g\cdot r_C}}=2\pi\sqrt{\frac{m_1l^2+m_2L^2+\dfrac{1}{3}ML^2}{\left(m_1l+m_2L+\dfrac{1}{2}ML\right)g}}$$

例 8.24 如图 8-4-11 所示,单摆是由长度为 l 的轻杆,一个固定在杆的自由端上的小铅球所组成。现在,在轻杆后放置一光滑的水平导轨,在轻杆上套一个光滑圆环,同时使导轨也穿过圆环。整个装置平衡时,圆环在杆的中点,杆与导轨在同一竖直平面内且没有相互作用。球与环的质量皆为 m,试求轻杆在该平面内做小摆动的周期。

解 这个摆形似复摆,但注意到圆环只在水平方向运动,故杆摆动时,环有相对于杆的运动,圆环的重力势能保持不变。所以,此摆不能看作刚体,此摆的能量特征与复摆不同。故只能以能量特征来解题。

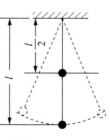

图 8-4-11

在该杆做小幅摆动时,球与环都可以看作在水平方向振动,按题意条件,环的速度 v_1 与球的速度 v_2 之比为 $v_1 : v_2 = 1 : 2$;又因为环与球的质量相等,故它们的动能比为:$E_{k1} : E_{k2} = 1 : 4$,于是在任意一段时间内环和球的动能增量 ΔE_k 的比都是:$\Delta E_{k1} : \Delta E_{k2} = 1 : 4$。

也就是说环的动能增量 ΔE_{k1} 是系统总动能增量 $\Delta E_{k总}$ 的 $\dfrac{1}{5}$。

不妨考察环的运动,环的动能增量 ΔE_{k1} 应等于:

$$\Delta E_{k1} = \frac{1}{5} \Delta E_{k总}$$

从平衡位置起,杆摆到摆角为 θ 时,系统的动能增量 $\Delta E_{k总}$ 等于重力做的功:

$$\Delta E_{k总} = W_{mg} = -mgl(1-\cos\theta) = -2mgl \cdot \sin^2\frac{\theta}{2}$$

故环的动能增量 ΔE_{k1} 成为:

$$\Delta E_{k1} = -\frac{2}{5}mgl \cdot \sin^2\frac{\theta}{2}$$

利用 $\sin\theta = \theta|_{\theta \to 0}$,再将环的位移 $x_1 = \theta \cdot \dfrac{l}{2}$ 代入上式得:

$$\Delta E_{k1} = -\frac{1}{2}m \cdot \frac{4}{5}\frac{g}{l} \cdot x_1^2$$

根据能量特征判定:环做简谐振动。且其圆频率为:$\omega_0 = \sqrt{\dfrac{4g}{5l}}$

故其周期为:

$$T = \frac{2\pi}{\omega_0} = 2\pi\sqrt{\frac{5}{4} \cdot \frac{l}{g}} = \pi\sqrt{\frac{5l}{g}}$$

杆、球与环同步振动,故它们的运动周期皆为 T。

此题与例 8.15,除了环在水平方向运动,没有其他区别,但由于摆动装置不再能看作刚体,就不能用刚体的公式处理。本书将此例安排在这里,是为了提醒读者特别注意复摆的刚体条件。

例 8.25 长为 l 的轻质刚性杆,一端通过无摩擦的铰链悬挂于天花板上,另一端系一质量为 m 的质点。当此系统作小角度摆动时,摆动周期为 $T_0 = 2\pi\sqrt{\dfrac{l}{g}}$。今在刚性杆上离悬挂点距离 x 处再固定一个质量同为 m 的质点,如图 8-4-12 所示。问:

(1) 求此系统在小角度摆动时的摆动周期 T 为多少?

(2) x 取何值时,系统摆动周期取极小值?

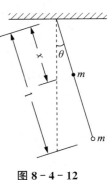

图 8-4-12

解 (1) 装置为复摆,故其小振动可视为简谐。

此复摆的总质量 $m_总$ 为:

$$m_总 = 2m$$

此复摆质心到悬点的距离 r_C 满足:

$$2m \cdot r_C = mx + ml$$

此复摆对转轴的转动惯量 J 为：

$$J = mx^2 + ml^2$$

根据复摆周期公式，复摆的周期 T 为：

$$T = 2\pi\sqrt{\frac{J}{m_{总}\, g \cdot r_C}} = 2\pi\sqrt{\frac{mx^2 + ml^2}{2m \cdot g \cdot \frac{mx + ml}{2m}}} = 2\pi\sqrt{\frac{x^2 + l^2}{(x+l)g}}$$

（2）将 T 的形式变为：

$$T = 2\pi\sqrt{\frac{1}{g} \cdot \left[(x+l) + \frac{2l^2}{x+l} - 2l\right]}$$

于是，利用基本不等式：$(x+l) + \dfrac{2l^2}{x+l} \geqslant 2\sqrt{2}\,l$，得：

$$T \geqslant 2\pi\sqrt{(2\sqrt{2} - 2)\frac{l}{g}}$$

等号在 $x = (\sqrt{2} - 1)l$ 时取到。

故 $x = (\sqrt{2} - 1)l$ 时，系统摆动周期取极小值。

例 8.26 如图 $8-4-13$ 所示，质量为 M、长为 L 的均匀细刚性杆一端悬空，另一端用光滑铰链固定在竖直平面内，可绕悬点 O 无摩擦地摆动。质量为 $\dfrac{M}{3}$ 的小虫相对杆缓慢地沿杆向下爬行。开始时，杆静止并与竖直方向成一个小角度 θ，小虫位于悬点处。释放杆，杆开始摆动，小虫开始沿杆缓慢爬行，试求：

（1）小虫沿杆爬行 l 距离时，杆振动的圆频率；

（2）小虫爬行到杆的下端后不再相对于杆运动。若最终的最大摆角 θ 保持不变，求系统损耗的能量。

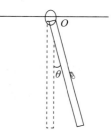

图 $8-4-13$

解 由于小虫缓慢爬行，考察杆摆动一个周期时，可以视作小虫在杆上静止不动。

（1）杆与小虫构成复摆，小虫沿杆已爬行了 l 距离，故小虫距 O 的距离为 l。

此时复摆的总质量 $m_{总}$ 为：

$$m_{总} = \frac{M}{3} + M = \frac{4}{3}M$$

此复摆质心到悬点的距离 r_C 满足：

$$\left(\frac{M}{3} + M\right)r_C = \frac{M}{3} \cdot l + M \cdot L$$

于是 r_C 为：

$$r_C = \frac{1}{4}l + \frac{3}{4}L$$

此复摆对转轴的转动惯量 J 为：

$$J = \frac{M}{3}l^2 + ML^2$$

根据复摆圆频率公式,复摆的圆频率 ω_0 为:

$$\omega_0 = \sqrt{\frac{m_总\, g \cdot r_C}{J}} = \sqrt{\frac{\frac{4}{3}Mg \cdot \left(\frac{1}{4}l + \frac{3}{4}L\right)}{\frac{M}{3}l^2 + ML^2}} = \sqrt{\frac{(l+3L)g}{l^2+3L^2}}$$

(2)振动能量等于从平衡位置起到最大位移处势能的增量。

在起始时,最大摆角为 θ,则振动能量 E_0 为:

$$E_0 = Mg\frac{L}{2}(1-\cos\theta) = MgL \cdot \sin^2\frac{\theta}{2}$$

当小虫爬到末端时,最大摆角为 θ,则振动能量 E_t 为:

$$E_t = Mg\frac{L}{2}(1-\cos\theta) + \frac{M}{3}gL(1-\cos\theta) = \frac{5}{3}MgL \cdot \sin^2\frac{\theta}{2}$$

摆动在摆角为 0 的最低处达到最大动能,最大动能等于振动能量。故初始摆动和最终摆动的最大动能分别为:

$$E_{k0max} = MgL \cdot \sin^2\frac{\theta}{2}$$

$$E_{ktmax} = \frac{5}{3}MgL \cdot \sin^2\frac{\theta}{2}$$

考察从"初始时达到最大动能的时刻"到"最终摆动达到最大动能的时刻",小虫减少的重力势能应部分转化为动能,其他部分则都是损耗。故系统损耗的能量 $\Delta E_损$ 为:

$$\Delta E_损 = \frac{M}{3}gL - \Delta E_k = \frac{M}{3}gL - (E_{ktmax} - E_{k0max}) = \frac{1}{3}MgL - \frac{2}{3}MgL \cdot \sin^2\frac{\theta}{2}$$

可以考虑到,损耗的应是小虫向下爬行时摩擦力做功发热造成的。

例 8.27 半径为 R 的细圆环,其质量与固定在其上的两个相同小球相比可忽略不计。如图 8-4-14 所示,在环上与两小重物等距处有一孔,用钉子穿过孔将环挂在墙壁上,并使环可绕钉子无摩擦地转动。如图所示,两小重物的位置关系用圆心角 2α 描述。试求该系统的摆动周期 T 随 α 变化的关系。

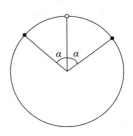

图 8-4-14

解 装置为复摆,其振动简谐。

设每个小球的质量都为 m,则此复摆的总质量 $m_总$ 为:

$$m_总 = 2m$$

此复摆质心在两球中点,依照如图关系,质心到悬点的距离 r_C 为:

$$r_C = R(1-\cos\alpha)$$

此复摆对转轴的转动惯量 J 为:

$$J = 2 \cdot m\left(2R\sin\frac{\alpha}{2}\right)^2$$

根据复摆周期公式,复摆的周期 T 为:

$$T = 2\pi\sqrt{\frac{J}{m_总\, g \cdot r_C}} = 2\pi\sqrt{\frac{2 \cdot m\left(2R\sin\frac{\alpha}{2}\right)^2}{2mg \cdot R(1-\cos\alpha)}} = 2\pi\sqrt{\frac{2R}{g}}$$

可以看到，T 与 α 无关!

例 8.28 如图 8-4-15(a)所示，PP' 为光滑水平导轨，质量为 M 的物块置于此导轨上，可以自由左右滑动，另有一摆长为 l、摆球质量为 m 的单摆悬挂于物块 M 上一点。初始时，手持 M 和 m，使摆线与竖直方向成一小角度且伸直，然后自由释放使系统运动。求此系统的小振动周期。

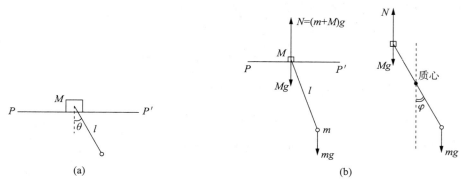

图 8-4-15

解 系统做此小振动时，小球可近似看作在水平方向运动。将球、摆线和物块作为一个系统考察，两物体都近似在水平方向运动，水平方向没有外力，则系统受合外力可近似为 0，质心可以近似看作不动，于是，质心系应近似是惯性系。

在质心系中，以过质心的轴为转轴，则系统绕转轴做小振动，小球 m 到质心的距离为 $l_1 = \dfrac{M}{m+M}l$，物体 M 到质心的距离为 $l_2 = \dfrac{m}{m+M}l$。将绳与物体间的拉力视为内力，考察系统的受力情况，如图 8-4-15(b)所示，其中弹力 $N = Mg + mg$。在质心系中考察运动，则在摆角为 $\varphi(\varphi \to 0)$ 时，合外力矩大小 $M_{矩}$ 为：

$$M_{矩} = mgl \cdot \sin\varphi \big|_{\varphi \to 0} = mgl\varphi$$

对质心轴的转动惯量为：

$$J = ml_1^2 + Ml_2^2 = \frac{mM^2l^2}{(m+M)^2} + \frac{m^2Ml^2}{(m+M)^2} = \frac{mMl^2}{m+M}$$

故角加速度大小 α 为：

$$\alpha = \frac{M_{矩}}{J} = \frac{mgl\varphi}{\dfrac{mMl^2}{m+M}} = \frac{(m+M)g}{Ml}\varphi$$

考察角位移和角加速度的方向，可写出矢量式：

$$\vec{\alpha} + \frac{(m+M)g}{Ml}\vec{\varphi} = 0$$

此即摆的运动学方程。故装置做简谐运动，圆频率 ω_0 为：

$$\omega_0 = \sqrt{\frac{(m+M)g}{Ml}}$$

于是此系统的振动周期 T 为：

$$T = \frac{2\pi}{\omega_0} = 2\pi\sqrt{\frac{Ml}{(m+M)g}}$$

例 8.29　均质细环用光滑铰链固定于 A 点,起始时细环的质心位于 A 点正上方而平衡,如图 8-4-16 所示。某时刻,细环受到一小扰动,开始无初速地绕 A 轴转动起来,经时间 $\tau = 0.5$ s,细环的质心到达 A 点的正下方。现另做一摆,使小重球 B 固定在轻硬杆上,杆的长度等于轴环的半径,杆的另一端也通过铰链固定于 A 点。如果小球也从最高处无初速地摆动下来,问:此摆经过多少时间会使小重球到达 A 点的正下方?

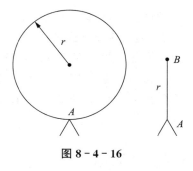

图 8-4-16

解　若将刚体转下的过程分成无数段,使每段时间 Δt 都趋向于 0,则每一段 Δt 内刚体的转动都可以看作以匀角速度 ω 转过了一个趋向于 0 的角位移 $\Delta \varphi$,有 $\Delta t = \dfrac{\Delta \varphi}{\omega}$。

不妨设两装置重力大小相等,设两个装置转过相同的角度 θ,这时两装置重心下降的高度是相等的,于是重力做的功 W 是相等的,刚体的动能大小 $E_k = W$。这时根据公式 $E_k = \dfrac{1}{2} J \omega^2$ 知两刚体角速度的比为:

$$\omega_{圆环} : \omega_{球} = J_{圆环}^{-\frac{1}{2}} : J_{球}^{-\frac{1}{2}} = 1 : \sqrt{2}$$

所以两刚体在转过相同的 $\Delta \varphi(\to 0)$ 时,根据 $\Delta t = \dfrac{\Delta \varphi}{\omega}$ 知,两刚体所经历的时间之比为:

$$\Delta t_{圆环} : \Delta t_{球} = \sqrt{2} : 1$$

是一个定比。故两刚体从最高处转至最低处所经历的时间之比也为 $\sqrt{2} : 1$,即:

$$\tau : t_{球} = \sqrt{2} : 1$$

$$t_{球} = \frac{\sqrt{2}}{2} \tau$$

请读者思考,若将圆环换成球或圆柱体,则结果又如何?

从单摆和复摆的定义可以发现,单摆是一种理想化的特殊情况,实际中的形似单摆的摆,如果没有明显形变,都应该看作复摆。这是因为:"单摆"的绳(或杆)一定有质量,摆球一定有大小、有质量分布,而不可能是真正的质点。

对于任意一个复摆,我们都可以寻找一个摆长为 $l_{等效}$ 的理想的单摆,使单摆的周期 T 和复摆 T 的周期相等。有:

$$2\pi \sqrt{\frac{J}{mg \cdot r_C}} = 2\pi \sqrt{\frac{l_{等效}}{g}} \tag{8.4.18}$$

可以解出 $l_{等效}$:

$$l_{等效} = \frac{J}{mr_C} \tag{8.4.19}$$

$l_{等效}$ 叫做复摆的等效摆长。从上式看出,等效摆长仅由复摆本身的性质决定。

在实际的生产活动中,广泛地存在形似单摆但又不能看作单摆的系统,例如,挂饰、风铃、吊灯、耳坠、各式机械钟的钟摆等,形状和材质千变万化。一个复杂的复摆的周期往往难以计算,在有需要时,企业可以在产品上标注等效摆长,有了等效摆长,便可以直接利用等效摆长来计算复摆的周期。实际复摆产品的等效摆长一般不会用理论式(8.4.19)式去计算,但若想要知道等效摆长,只需做个试验,测量复摆的周期就可以了。"等效摆长"的观点是简化工程上对摆的理解的一个重要工具。

机械钟的钟摆的周期不一,常见的周期有 0.5 s、1 s、2 s 等,钟楼上的机械钟周期可能更长。但最常见的钟摆周期为 2 s。其等效摆长 $l_{等效}$ 满足:

$$T=2\pi\sqrt{\frac{l_{等效}}{g}}=2 \text{ s} \tag{8.4.20}$$

可以解出:

$$l_{等效}=\frac{g}{\pi^2}\text{m} \tag{8.4.21}$$

在地球地表海平面高度附近,重力加速度 g 在 9.79 m/s²～9.83 m/s² 间,$\pi^2\approx9.87$,所以周期为 2 s 的钟摆,其等效摆长 $l_{等效}$ 非常接近 1 m。由于实际钟摆是复摆,实际用的摆的总长度会略长于 1 m,加上其他类似仪表盘、外壳、装饰物等机件成为机械钟后,基本与人同高或更高。同样地,也可以知道,一般机械钟钟摆周期越短,机械钟越小。

我们现在来考察一个学生实验常用的模拟单摆的装置。如图 8-4-17 所示,在悬点 O 处用一质量为 m、长为 $l_{绳}$ 的均匀绳子悬挂一个质量为 M、半径为 r 的重球。图中 O 为悬点、A 为绳中点、B 为球心、C 为绳与球的质心。用 J_{iP} 表示刚体 i 对点 P 的转动惯量。则根据(8.4.19)式,可以计算等效摆长 $l_{等效}$:

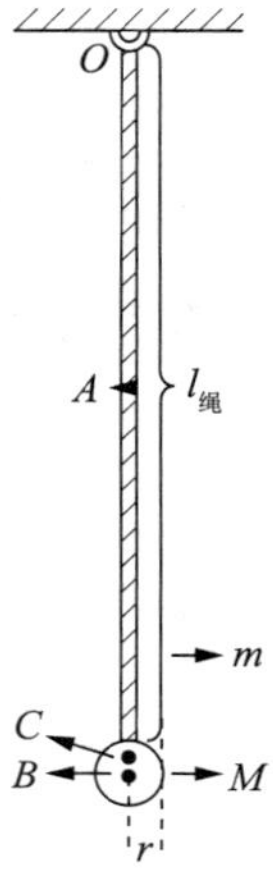

图 8-4-17

$$
\begin{aligned}
l_{等效}&=\frac{J_{总}}{(m+M)\cdot r_C}=\frac{J_{绳O}+J_{球O}}{(m+M)\cdot r_C}\\
&=\frac{J_{绳O}+J_{球B}+M\cdot\left(l_{绳}+\frac{r}{2}\right)^2}{(m+M)\cdot(|OA|+|AC|)}\\
&=\frac{\frac{1}{3}ml_{绳}^2+\frac{2}{5}Mr^2+M\cdot\left(l_{绳}+\frac{r}{2}\right)^2}{(m+M)\cdot\left[\frac{l_{绳}}{2}+\left(\frac{l_{绳}}{2}+r\right)\cdot\frac{M}{m+M}\right]}
\end{aligned} \tag{8.4.22}
$$

其中,第三个等号用到了平行轴定理。等效摆长的计算式看起来非常复杂,而推导到这一步,就可以利用它来计算等效摆长了,容易发现 $l_{等效}$ 是比 $l_{绳}+r$ 小的。在实验设备很理想时,有 $m\ll M$,即绳子质量远小于球的质量,此时(8.4.22)式应取 $\frac{m}{M}\rightarrow0$ 的极限:

$$l_{等效}\Big|_{\frac{m}{M}\rightarrow0}=l_{绳}+r-\frac{\frac{7}{20}r^2+l_{绳}\ r}{l_{绳}+r} \tag{8.4.23}$$

可以发现,$l_{等效}$ 是比 $l_{绳}+r$ 小的。如果也用 $l_{绳}\approx50$ cm,$r\approx1.5$ cm 估算,也差了 1.47 cm 之多。应该指出,做实验时,若测出 $l_{绳}$ 和小球直径 d 后,用 $l_{绳}+\frac{d}{2}$ 作为有效摆长,是一种理想化的处理方法。

如果在(8.4.23)中再加上 $r\rightarrow0$ 的条件,$l_{等效}$ 才变为 $l_{绳}$。而 $m\ll M$ 和 $r\rightarrow0$ 这两个条

件,分别对应于单摆中"轻绳"和"质点"的条件。

例 8.30 等效摆长为 l_1 的摆使一机械钟在一段时间内快了 n min,等效摆长为 l_2 的摆使该钟在相同长度的时间段内慢了 n min。求:使该钟能准确走时的等效摆长。

解 依题意,设能准确走时的钟摆在该段时间 t 内摆动 N 个周期,在 n min 内摆动 ΔN 个周期。则等效摆长为 l_1 的摆在该段时间内 t 时间内摆动 $(N+\Delta N)$ 个周期;则等效摆长为 l_2 的摆在该段时间内 t 时间内摆动 $(N-\Delta N)$ 个周期。故有方程组:

$$\begin{cases} 2\pi\sqrt{\dfrac{l_1}{g}} = \dfrac{t}{N+\Delta N} \\[2mm] 2\pi\sqrt{\dfrac{l_2}{g}} = \dfrac{t}{N-\Delta N} \\[2mm] 2\pi\sqrt{\dfrac{l_{准}}{g}} = \dfrac{t}{N} \end{cases}$$

从第三个式子看出,要得到能使该钟准确走时的等效摆长 $l_{准}$,就需要从前二式中消去 ΔN。将前两式倒数相加,得:

$$\frac{1}{2\pi\sqrt{\dfrac{l_1}{g}}} + \frac{1}{2\pi\sqrt{\dfrac{l_2}{g}}} = \frac{2N}{t} = \frac{2}{2\pi\sqrt{\dfrac{l_{准}}{g}}}$$

整理后有:

$$\frac{1}{\sqrt{l_1}} + \frac{1}{\sqrt{l_2}} = \frac{2}{\sqrt{l_{准}}}$$

可由此解出能使该钟准确走时的等效摆长 $l_{准}$ 为:

$$l_{准} = \frac{4l_1 l_2}{(\sqrt{l_1}+\sqrt{l_2})^2}$$

例 8.31 在山脚走时准确的机械钟移到山顶后,一昼夜慢了 20 s。若山脚离地球中心为 $R=6\ 400$ km,试估算山高。

解 一日有 $t=86\ 400$ s,此钟在山顶一昼夜少走了 20 s,共走时 $t'=86\ 380$ s。故在山脚和山顶,经过一昼夜,摆钟走的周期数之比应为 $N_{脚}:N_{顶}=t:t'=86\ 400:86\ 380$。

在山脚和山顶,摆的周期之比应为周期数的反比:

$$T_{脚}:T_{顶}=N_{顶}:N_{脚}=86\ 380:86\ 400=4\ 319:4\ 320 \qquad ①$$

设山高为 h,根据等效重力加速度公式 $g=\dfrac{GM}{r^2}$ 知:

$$g_{脚}:g_{顶}=(R+h)^2:R^2$$

由计算式 $T=2\pi\sqrt{\dfrac{l}{g}}$ 知:

$$T_{脚}:T_{顶}=\sqrt{g_{顶}}:\sqrt{g_{脚}}=R:(R+h) \qquad ②$$

结合①②两式得:

$$R:(R+h)=4\ 319:4\ 320$$

解得山高 h：

$$h = \frac{1}{4\,319}R \approx 1.48 \text{ km}$$

注意,等效重力加速度公式由于向心力、地球质量分布不均匀等影响而不一定准确;摆钟少走 20 s 不一定正好少走整数个周期;钟摆到山顶由于温度降低可能有形变,导致等效摆长周期变短,诸多因素未被考虑。故上述计算方式实为估算,山高约 1.48 km。

三、扭摆

考虑在竖直悬丝下悬挂一个刚体(悬丝不扭转时刚体处于平衡状态),刚体可绕悬丝所在位置的竖直轴扭动。刚体绕悬丝扭动时悬丝给刚体提供一个恢复力矩,使刚体扭回平衡位置。这样的系统,称为扭摆。

更一般地,悬丝可以替换成螺旋弹簧或其他装置,只要能提供刚体所需的力矩即可,另外,扭摆的轴也可以不在竖直方向。

如图 8-4-18(a)~(d)所示,给出了最一般的扭摆和几种特殊的扭摆。扭摆和复摆一样,也很常见,比如图 8-4-18(b)中的卡文迪什扭秤、如图 8-4-18(c)灵敏电流计中的软铁芯等。图 8-4-18(d)所示的扭摆是一种常见的实验装置,称为三线摆。

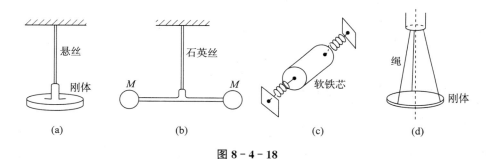

图 8-4-18

注意,悬线、悬丝等提供力矩的部分有形变,不能看作刚体的一部分。

考虑一般情况,设刚体对轴的转动惯量为 J,从平衡位置开始,转过角量 θ 时,受到合外力矩为 $M_{\text{总}}$。如果满足:$M_{\text{总}} = -k\theta$,则刚体的角加速度 α 有:

$$\alpha = \frac{M_{\text{总}}}{J} = \frac{-k\theta}{J} \tag{8.4.24}$$

上式又可写作:

$$\alpha + \left(\sqrt{\frac{k}{J}}\right)^2 \theta = 0 \tag{8.4.25}$$

与(8.4.13)式:$\alpha + \omega_0^2\theta = 0$ 形式一致。故可以得到该振动的圆频率 ω_0 以及振动周期 T:

$$\begin{cases} \omega_0 = \sqrt{\dfrac{k}{J}} \\ T = \dfrac{2\pi}{\omega_0} = 2\pi\sqrt{\dfrac{J}{k}} \end{cases} \tag{8.4.26}$$

上式即为计算扭摆周期的公式。其中,k **称为扭转系数**。

一般在扭摆做小幅扭动时，$M_总 = -k\theta$ 总能成立或近似成立。所以大多扭摆小幅扭动的周期都可以用(8.4.26)式计算。k 随悬丝具体结构的变化而变化，故在应用(8.4.26)式时，需先根据具体情况用 $M_总 = -k\theta$ 计算出 k。

例 8.32 如图 8-4-19(a)所示，用三根竖直的、长度相同且不可伸长的细轻绳将一个细圆环水平悬挂，环上拴绳点彼此距离相等。细圆环可绕其对称轴扭动起来。细环质量为 m，细环小幅扭转的周期为 T。

(1) 若借助一些轻辐条，将质量也为 m 的小球固定于环心处，试求固定小球后，细环的扭动周期；

(2) 若将细环换成质量为 m 的薄圆盘，试求薄圆盘小幅扭动的扭动周期。

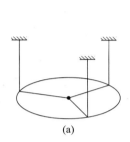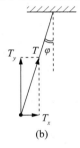

图 8-4-19

解 (1) 若该装置做小幅扭动，刚体结构可近似视为在水平面上转动，故其受竖直方向的合外力近似为 0。设装置的总质量为 $m_总$，则每根绳的张力 T 的竖直方向分力 T_y 都为：

$$T_y = \frac{1}{3} m_总 g$$

拴绳点的运动可以看作在做水平方向的小振动。当拴绳点运动到距平衡位置 x 距离时，设刚体结构半径为 R，绳长为 L，则绳与竖直方向的夹角 φ 和刚体扭转过的角 θ 为：

$$\varphi = \frac{x}{L}, \theta = \frac{x}{R}$$

如图 8-4-19(b)所示，绳给刚体的拉力 T 的水平方向分力（亦是切线方向分力）T_x 为：

$$T_x = T_y \cdot \tan\varphi = \frac{1}{3} m_总 g \cdot \frac{x}{L} = \frac{1}{3} m_总 g \cdot \frac{R}{L} \cdot \frac{x}{R} = \frac{1}{3} m_总 g \cdot \frac{R}{L} \cdot \theta$$

则相对于转轴，此力 T_x 应提供力矩 M：

$$M = T_x \cdot R = \frac{1}{3} m_总 g \cdot \frac{R^2}{L} \cdot \theta$$

刚体结构受到的合外力 $M_总$ 矩应由三根绳提供：

$$M_总 = 3M = m_总 g \cdot \frac{R^2}{L} \cdot \theta$$

则此扭摆的扭转系数 k 为：

$$k = m_总 g \cdot \frac{R^2}{L}$$

根据扭摆周期公式(8.4.26)式，知周期 T 为：

$$T = 2\pi\sqrt{\frac{J}{k}} = 2\pi\sqrt{\frac{JL}{m_{\text{总}}\, gR^2}}$$

于是对于不同的题中的扭摆,其周期 T 与 $\sqrt{\dfrac{J}{m_{\text{总}}}}$ 成正比。

(2) 由题意知,三种情况下,扭摆中刚体总质量 $m_{\text{总}}$ 的比为:

$$m_{\text{原}} : m_{(1)} : m_{(2)} = 1 : 2 : 1$$

转动惯量 J 的比为:

$$J_{\text{原}} : J_{(1)} : J_{(2)} = mR^2 : mR^2 : \frac{1}{2}mR^2 = 2 : 2 : 1$$

故周期 T 的比为:

$$T_{\text{原}} : T_{(1)} : T_{(2)} = \sqrt{\frac{J_{\text{原}}}{m_{\text{原}}}} : \sqrt{\frac{J_{(1)}}{m_{(1)}}} : \sqrt{\frac{J_{(2)}}{m_{(2)}}} = \sqrt{\frac{2}{1}} : \sqrt{\frac{2}{2}} : \sqrt{\frac{1}{1}} = \sqrt{2} : 1 : 1$$

由此可知,若借助一些轻辐条,将质量也为 m 的小球固定于环心处,固定小球后,细环的扭动周期为 $\dfrac{\sqrt{2}}{2}T$;若将细环换成质量为 m 的薄圆盘,薄圆盘小幅扭动的扭动周期也为 $\dfrac{\sqrt{2}}{2}T$。

四、另一些著名的摆

(一) 圆锥摆

如图 8-4-20 所示,小球用一根轻绳悬挂在 O 点。小球在水平面内做如图 8-4-20 所示匀速圆周运动的运动模式,称为圆锥摆。

如果轻绳与竖直方向夹角为 θ,绳长为 l,可以简单证明到,小球的线速度大小 v、角速度大小 ω 和运动周期 T 为:

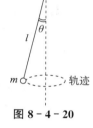

图 8-4-20

$$\begin{cases} v = \sqrt{\dfrac{gl}{\cos\theta}}\sin\theta \\[2mm] \omega = \sqrt{\dfrac{g}{l\cos\theta}} \\[2mm] T = 2\pi\sqrt{\dfrac{l\cos\theta}{g}} \end{cases} \qquad (8.4.27)$$

(二) 牛顿摆

牛顿摆是研究和演示碰撞的一个经典装置。牛顿摆是指 5 个相同的摆按如图 8-4-21 所示的方式在一直线上排列放置的装置,每个摆都是一根悬线悬挂一个摆球。摆球质硬,不易形变,静止时,5 个摆悬线竖直,相邻摆球无相互作用力地挨在一起,处于同一直线上。

若将某侧的一个摆球沿摆球的排列方向拉开一段距离,由静止释放,会出现两侧的球 1 和球 5 交替振动的现象。具体过程是:球 1 向右撞到球 2 的瞬间,五个球之间发生碰撞,使球 1 静止下来,球 2~球 4 保持静止,球 5 获得球 1 撞前的末速度飞起并向右摆动;当球 5 摆动回来,向左撞击到球 4 时,5 个球发生碰撞,使球 5 静止、球 1 向左飞起……牛顿摆的周期与牛顿摆

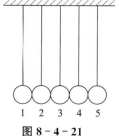

图 8-4-21

中每个摆单独摆动的周期相同。

（三）傅科摆

我们知道,地面参照系不是真正的惯性系。地球有自转和公转:地面绕地轴做圆周运动、地轴又绕太阳运动(进动),太阳系是一个比地面参照系更接近惯性系的参照系。

若考虑地面参照系是一个非惯性系,那么地面参照系中的物体应受到惯性力。惯性力的表现形式十分复杂,由于这个惯性力通常很小,一般不用考虑它的存在,它也不易被观察到。

从上面的分析知道:这个惯性力的存在是地球在自转或公转的证据。那么这个惯性力可不可以在实验中被表现出来呢? 答案是肯定的!

1851 年,傅科制作了一个巨大的摆。这个摆的摆长达 67 m,摆球质量达 28 kg。由于摆球很重,几乎不受空气阻力的影响。如果摆球不受到惯性力,那么摆球应在一个固定的竖直平面内振动,与经典摆完全一致。但在这个巨大的摆的摆动过程中,出现了"摆动平面绕竖直轴缓慢地转动"的现象。由此,证明了惯性力的存在。

傅科的实验是物理学史上著名的经典实验。它的实验现象被认为是地球有自转的实验证据之一。后来,用于观察此现象的摆的装置,被称为傅科摆。傅科摆摆动平面的旋转方向在南半球和北半球是相反的。现代实验中,傅科摆不用做得那么大。

（四）摆线、等时摆

如图 8 - 4 - 22 和 8 - 4 - 23 所示,"小球在半径为 R 的竖直的光滑半圆轨道上的振动"与"摆长为 R 的单摆的振动"是完全相同的运动。半圆轨道提供的压力相当于绳提供的拉力。

我们知道,单摆的等时性只有在小角度摆动时成立。实际上单摆摆幅越大,周期越长。也就是说,在半圆轨道上的摆动,也是摆幅越大,周期越长。

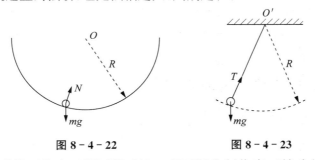

图 8 - 4 - 22　　　　图 8 - 4 - 23

单摆和半圆轨道并不能真正保证等时性。惠更斯为制作真正精确的机械钟,提出要寻找理想的等时线。也就是说,要寻找一根光滑轨道代替圆轨道,使小球在此轨道上摆动时,摆动周期不受摆动幅度的影响。

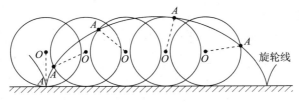

图 8 - 4 - 24

经过努力,惠更斯发现并证明了:拥有这个性质的曲线是旋轮线。旋轮线是这样一种曲线:如图 8 - 4 - 24 所示,圆 O 紧贴地面做无滑动的滚动,圆周边缘上的任意质点 A 的运动轨迹称为旋轮线。将旋轮线以地面为镜面向下翻折,按翻折后的形状制成光滑直轨,那么这个轨道可以保证真正的等时性。由于旋轮线有等时摆的性质,故也被称为摆线。

注:数学中,旋轮线通常指在任意曲线上滚动的圆上任意定点的轨迹,不仅限于圆周上的点的轨迹。旋轮线包括外旋轮线、内旋轮线等。但物理中提到的旋轮线,一般仅指摆线。

惠更斯还创造了一种理想模型,完成了一个按旋轮线轨迹运动的摆,如图 8-4-25 所示,画出了摆在不同位置时悬线所处的状态,图中画出的三条曲线是等大的摆线。

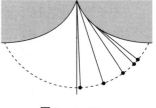

图 8-4-25

当然,最终摆线流于概念,现代机械钟还是以应用普通单摆为主。这主要是因为:(1)摆线对形状的要求高,打磨等时摆装置的工程造价高;(2)等时摆必须用轻软绳而不能利用刚性结构,在运行中绳既容易损坏,又受不得一点干扰,装置稳定性不佳;(3)由于实际空气阻力、悬点阻力的影响,等时摆在实际应用中周期其实也会变化,与普通摆无异;4)机械钟需要在摆钟停下之后再手动启动,而且操作比较频繁,而手动启动会消耗时间,这就导致机械钟走时精确的意义不大,利用普通摆制作的机械钟精度已经足够高了。

第五节　简谐振动的合成

我们从第二节的推导知道:匀速圆周运动沿运动平面内任意方向的分运动是简谐振动。若将匀速圆周运动正交分解,会得到两个互相垂直的简谐振动分运动,这两个简谐振动中,一个达到最大位移时,另一个一定在平衡位置。这两个关系特殊的简谐振动的合运动是匀速圆周运动。那我们就必须要问:在一般情况下,两个简谐振动的合运动有什么特征?

一、相互垂直的两个简谐振动的合成

(一)振动的叠加,相位的超前和落后

考虑两个同频率的简谐振动,设两个振动的位移 x、y 随时间的变化关系分别为:

$$x = A_x \cdot \sin(\omega t + \varphi_1), y = A_y \cdot \sin(\omega t + \varphi_2) \tag{8.5.1}$$

其中,φ_1、φ_2 是初相位,两振动的相位差 $\Delta\varphi = \varphi_1 - \varphi_2$。为方便起见,可以取 $0 < \varphi_1$,$\varphi_2 < 2\pi$,或者取 $0 \leqslant \varphi_1 < 2\pi, \varphi_1 - \pi \leqslant \varphi_2 < \varphi_1 + \pi$。这样,就保证 φ_1、φ_2 取值是唯一的,并且 $\Delta\varphi$ 不太大。后一种取法的好处在于 $\Delta\varphi$ 不超过 $\pm\pi$。

$\varphi_1 < \varphi_2$ 时,称为 x 的相位比 y 的相位落后 $|\Delta\varphi|$,y 的相位比 x 的相位超前 $|\Delta\varphi|$;

$\varphi_1 > \varphi_2$ 时,称为 x 的相位比 y 的相位超前 $|\Delta\varphi|$,y 的相位比 x 的相位落后 $|\Delta\varphi|$。

特别地,$\varphi_2 = \varphi_1 \pm \pi$ 时,称为 x 与 y 的相位差 π,亦称为反向。(这时,在不同的初相位取值下,x 的相位既比 y 的相位超前 π,又比 y 的相位落后 π,故没有必要指明是超前还是落后)

(二)同频率、等振幅、相互垂直的简谐振动的合成

考虑两振动同频率、等振幅、振动方向垂直的情况。图 8-5-1 给出两者相位差

$\Delta\varphi=0$、$\pm\dfrac{\pi}{4}$、$\pm\dfrac{\pi}{2}$、$\pm\dfrac{3\pi}{4}$、$\pm\pi$ 时的合运动情况,其中 x 正方向向右,y 正方向向上。

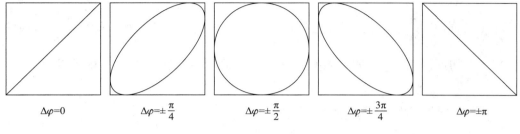

图 8 - 5 - 1

相位差 $\Delta\varphi=0$ 或 π 时,合运动应是简谐振动;相位差 $\Delta\varphi=\pm\dfrac{\pi}{2}$ 时,合运动应是匀速圆周运动,两个圆周运动的不同点在于:$\Delta\varphi=+\dfrac{\pi}{2}$ 时圆周运动是逆时针的,而 $\Delta\varphi=-\dfrac{\pi}{2}$ 时,圆周运动是顺时针的;相位差 $\Delta\varphi=\pm\dfrac{\pi}{4}$、$\pm\dfrac{3\pi}{4}$ 时,合运动是椭圆轨道运动。(请读者思考为什么)

(三) 不同频率、相互垂直的简谐振动的合成

设 x 与 y 方向垂直,x 方向的简谐振动周期和频率分别为 T_1、f_1,y 方向的简谐振动周期和频率分别为 T_2、f_2。考虑 T_1 与 T_2 比值为有理数的特殊情况,这时合运动也是周期运动。设

$$\frac{T_1}{T_2}=\frac{f_2}{f_1}=\frac{p}{q}（其中,p、q 为互质的整数） \tag{8.5.2}$$

并设 p、q 的最小公倍数为 n,令 $\Delta T=\dfrac{T_1}{p}=\dfrac{T_2}{q}$。则合运动的运动周期 $T_合$ 为:

$$T_合=n\Delta T \tag{8.5.3}$$

在一个合运动的运动周期 $T_合$ 中,x 方向完成 $\dfrac{n}{p}$ 次全振动,y 方向完成 $\dfrac{n}{q}$ 次全振动。

如图 8 - 5 - 2 所示,给出了一些不同周期比下的合运动轨迹的例子(相位差 $\Delta\varphi$ 任意)。

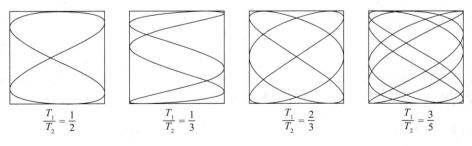

图 8 - 5 - 2

这些轨迹被称为**李萨如图形**。经过一个合运动的运动周期 $T_合$,物体在李萨如图形上完整地运动一遍。

图 8-5-2 中画出了在 x、y 方向上相切于合运动轨迹的矩形框。可以分析,经过一个合运动的运动周期 $T_合$,物体在 x 方向完成 $\frac{n}{p}$ 次全振动,向左或向右都有 $\frac{n}{p}$ 次到达矩形框;物体在 y 方向完成 $\frac{n}{q}$ 次全振动,向上或向下都有 $\frac{n}{q}$ 次到达矩形框。所以矩形框 y 方向的边上出现 $\frac{n}{p}$ 个切点,矩形框 x 方向的边上出现 $\frac{n}{q}$ 个切点。再根据(8.5.2)式的关系,有:

$$\frac{矩形框 \ y \ 方向的边上的切点个数}{矩形框 \ x \ 方向的边上的切点个数} = \frac{\dfrac{n}{p}}{\dfrac{n}{q}} = \frac{q}{p} = \frac{f_1}{f_2} \tag{8.5.4}$$

上式将切点个数比和频率比联系起来,这是李萨如图形的一个基本规律。

例 8.33　如图 8-5-3 所示的李萨如图形,是一个沿 x 方向的简谐振动和一个沿 y 方向的简谐振动的合运动的轨迹。x 方向与 y 方向垂直。已知沿 x 方向的简谐振动的频率为 f_x,求沿 y 方向的简谐振动的频率。

解　设 y 方向的简谐振动的频率为 f_y。如图的李萨如与 x 轴有 3 个切点,与 y 轴有 4 个切点,由(8.5.4)式所示关系知:

$$\frac{f_x}{f_y} = \frac{4}{3}$$

解出 y 方向的简谐振动的频率 f_y 为:

$$f_y = \frac{3}{4} f_x$$

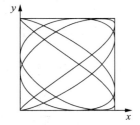

图 8-5-3

*二、拍现象

考虑两个同向的等振幅的简谐振动的叠加,令这两个简谐振动的位移分别为:

$$x_1 = A \sin(\omega_1 t + \varphi_1), x_2 = A \sin(\omega_2 t + \varphi_2) \tag{8.5.5}$$

其中,A 为振幅,ω_1、ω_2 为两简谐振动的圆频率,φ_1、φ_2 为两简谐振动的初相位,x_1、x_2 为两简谐振动的位移。则两个简谐振动合成后,位移随时间的变化关系成为:

$$X = x_1 + x_2 = A[\sin(\omega_1 t + \varphi_1) + \sin(\omega_2 t + \varphi_2)] \tag{8.5.6}$$

利用和差化积,可将上式化为:

$$X = 2A \cdot \sin\left(\frac{\omega_1 + \omega_2}{2} t + \frac{\varphi_1 + \varphi_2}{2}\right) \cdot \cos\left(\frac{\omega_1 - \omega_2}{2} t + \frac{\varphi_1 - \varphi_2}{2}\right) \tag{8.5.7}$$

在两个振动确定时,A、ω_1、ω_2、φ_1、φ_2 皆为定值,(8.5.7)式告诉我们,合运动位移随时间的变化关系是一个正弦函数和一个余弦函数的积。

我们考虑 $\omega_1 \approx \omega_2$ 条件下的特殊情况。令 $\omega = \frac{\omega_1 + \omega_2}{2}$,$\Delta\omega = \omega_1 - \omega_2$,则有 $\omega \approx \omega_1 \approx \omega_2$,条件 $\omega_1 \approx \omega_2$ 可表示为 $\Delta\omega \ll \omega$。(8.5.7)式成为:

$$X = 2A \cdot \sin\left(\omega t + \frac{\varphi_1 + \varphi_2}{2}\right) \cdot \cos\left(\frac{\Delta\omega}{2} t + \frac{\varphi_1 - \varphi_2}{2}\right) \tag{8.5.8}$$

上式中，正弦函数项周期与两个分运动周期一致，余弦函数项的周期则很长。余弦函数项的周期为 $\dfrac{4\pi}{|\Delta\omega|}$，即：

$$T_{\text{余弦函数}}=\dfrac{4\pi}{|\omega_1-\omega_2|} \tag{8.5.9}$$

可以看到，两个简谐振动的周期越接近，余弦函数项的周期越长。那么(8.5.8)式表示的合振动有什么特征呢？我们现在就来考察这个振动的振动图象。

如图 8-5-4 所示，分别是函数 $f(t)=2A\cdot\sin\left(\omega t+\dfrac{\varphi_1+\varphi_2}{2}\right)$ 和 $g(t)=2A\cdot\cos\left(\dfrac{\Delta\omega}{2}t+\dfrac{\varphi_1-\varphi_2}{2}\right)$ 的大致图象。

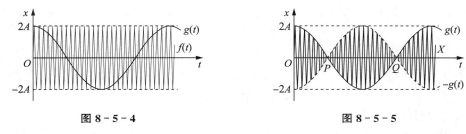

图 8-5-4   图 8-5-5

振动图象是将函数 $f(t)$ 乘以一个余弦函数后得到的 $x-t$ 图。函数 $f(t)$ 乘以一个余弦函数就是将 $f(t)$ 对应的每个点的函数值都乘以一个不同的小于 1 的数，这相当于在 y 轴方向将 $f(t)$ 这个函数进行不同比例的压缩。$f(t)$ 被压缩的比例按余弦函数的方式进行，压缩后每个点的函数值不超过 $\pm 2A\cos\left(\dfrac{\Delta\omega}{2}t+\dfrac{\varphi_1-\varphi_2}{2}\right)$。从图象上看，就好像将 $f(t)$ 压到了被 $\pm g(t)$ 包住一样，如图 8-5-5 所示。

物理上，这个函数被形象地称为"余弦函数调制的正弦函数"。从图中可以看到，质点仍在平衡位置附近振动。每次质点从平衡位置出发到回到平衡位置一般都经历 $\dfrac{\pi}{\omega}$ 时间，但振幅各不相同，每一次振动也与简谐振动不同。余弦函数 $g(t)$ 的周期很长，所以余弦函数 $g(t)$ 的两个相邻零点之间，质点应完成了许多次振动，相邻两次振动的振幅变化不大。可以形象地说，质点在做振幅不断变化的周期为 $\dfrac{2\pi}{\omega}$ 的振动。

从图中可以看到，质点的振幅不断地从 0 变大到 $2A$，再从 $2A$ 变小到 0。这样的振动现象，被称为"拍现象"；从一个振幅为 0 到下一次振幅为 0，称为一个"拍"，如图 8-5-4 中 P 点到 Q 点；一个拍经历的时间称为"拍的周期"，拍出现的频率称为"拍频"，拍频是拍的周期的倒数。

从图 8-5-4 中可以看到，拍的周期是余弦函数 $g(t)$ 的半周期。根据余弦函数的周期 (8.5.9)式知：

$$T_{\text{拍}}=\dfrac{1}{2}T_{\text{余弦函数}}=\dfrac{2\pi}{|\omega_1-\omega_2|} \tag{8.5.10}$$

对拍频 $f_{\text{拍}}$，有：

$$f_{拍} = \frac{1}{T_{拍}} = \frac{|\omega_1 - \omega_2|}{2\pi} = |f_1 - f_2| \qquad (8.5.11)$$

上式是重要的计算公式！上式表明,拍频等于参与合成的两个简谐振动的频率的差的绝对值。

让我们来总结一下:**当两个频率相近的等振幅简谐振动在同一方向上叠加时,出现拍现象。合振动的频率与两个简谐振动频率相近,拍频等于两个简谐振动的频率的差的绝对值。**

可以想象,如果有这样的两个振动同时传播到人耳附近,人耳应会有周期和节律地听到声音变轻和变响。人耳听到的声音的频率仍是 ω,但听到的声音响度变化的频率则是拍频。拍现象在生活中是普遍存在的。例如:敲击钢琴上中央区域的某个键时,钢琴内部的琴槌会同时撞击两根琴弦,发出声音。若被撞击的两根琴弦的振动频率有略微差异,则会出现拍现象,人耳就可以听到拍。读者不妨找一架未经调音的钢琴做实验,其拍现象会十分明显。

例 8.34　调音师在调音,敲击了音高标准频率为 440 Hz 的键后,听见了 0.5 Hz 的拍。已知该琴键按下后,由两根琴弦同时发出声音,并且其中一根已经调音完毕。问:另一根琴弦振动的频率目前为多少?

解　由题意知道:调音完毕的琴弦发出标准频率 $f = 440$ Hz、拍频 $f_{拍} = 0.5$ Hz。
设另一根琴弦频率为 f',由(8.5.11)式的关系知:

$$f_{拍} = |f - f'|$$

于是,有:

$$f' = f \pm f_{拍} = 439.5 \text{ Hz 或 } 440.5 \text{ Hz}$$

故另一根琴弦振动的频率目前为 439.5 Hz 或 440.5 Hz。
用仪器可以更清楚地探测到拍,拍和拍频在工程中也有许多应用。

*第六节　阻尼振动、受迫振动和共振

一、阻尼振动

在振动过程中,物体若因受到阻力作用而不断消耗能量,会使振幅不断减小或停止振动,这样的振动称为**阻尼振动**。阻尼振动在物理中很常见,物体可能受到空气阻力、摩擦阻力、流体的黏滞阻力、磁阻力等。

考虑一种最经典的阻尼振动:物体受到动力 $F_{回}$ 和阻力 f,$F_{回}$ 与简谐振动中的回复力形式相同,阻力 f 始终与物体的速度 v 成正比,并与速度 v 方向相反,即:

$$F_{回} = -kx, f = -Cv \qquad (8.6.1)$$

其中 k、C 为正常量。

对物体应用牛顿第二定律,可以写出动力学方程:

$$-kx - Cv = ma \qquad (8.6.2)$$

上述方程(8.6.2)式可以决定物体的运动,限于难度,这里直接给出(8.6.2)式的解。

(8.6.2)式的解的形式依据不同条件下分为三种情况：

（一）欠阻尼状态

在条件 $\dfrac{C}{2m}<\sqrt{\dfrac{k}{m}}$ 下，这时阻力较小，(8.6.2)式的解为：

$$x=A_0 \mathrm{e}^{-\frac{C}{2m}\cdot t}\cdot\cos\left(\sqrt{\dfrac{k}{m}-\dfrac{C^2}{4m^2}}\cdot t+\varphi\right) \tag{8.6.3}$$

其中，A_0 是初位移，φ 是初相位，A_0 和 φ 都是定值，由初始条件决定。根据(8.6.3)式，可以画出阻尼振动的振动图象。如图 8-6-1 所示，是初速为 0 条件下(8.6.3)式代表的振动图象。

可以看到，物体在阻力的作用下仍能往复运动。这种情况称为**欠阻尼状态**。

(8.6.3)式可分为振幅项 $A_0 \mathrm{e}^{-\frac{C}{2m}\cdot t}$ 和周期项 $\cos(\sqrt{\dfrac{k}{m}-\dfrac{C^2}{4m^2}}\cdot t+\varphi)$。振幅项不断减小，最终使振幅衰减到 0，如图 8-6-1 所示中虚线所示。周期项有周期 $T_{阻}$：

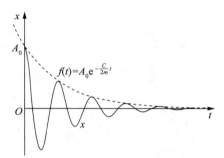

图 8-6-1

$$T_{阻}=\dfrac{2\pi}{\sqrt{\dfrac{k}{m}-\dfrac{C^2}{4m^2}}} \tag{8.6.4}$$

表明物体每隔 $\dfrac{1}{2}T_{阻}$ 回到一次平衡位置，每过一个 $T_{阻}$ 完成一次振动。无阻尼时，物体做简谐振动，周期为 $T=2\pi\sqrt{\dfrac{m}{k}}$；从(8.6.4)式可以简单判断到：$T_{阻}>T$。

（二）过阻尼状态

在条件 $\dfrac{C}{2m}>\sqrt{\dfrac{k}{m}}$ 下，阻力较大，(8.6.2)式的解为：

$$x=C_1\cdot\mathrm{e}^{-\left(\frac{C}{2m}-\sqrt{\frac{C^2}{4m^2}-\frac{k}{m}}\right)\cdot t}+C_2\cdot\mathrm{e}^{-\left(\frac{C}{2m}+\sqrt{\frac{C^2}{4m^2}-\frac{k}{m}}\right)\cdot t} \tag{8.6.5}$$

其中，常量 C_1、C_2 由初始条件决定，称为过阻尼状态。

（三）临界阻尼状态

在条件 $\dfrac{C}{2m}=\sqrt{\dfrac{k}{m}}$ 下，(8.6.2)式的解为：

$$x=(C_1+C_2 t)\mathrm{e}^{-\frac{C}{2m}t} \tag{8.6.6}$$

其中，常量 C_1、C_2 由初始条件决定。

(8.6.5)式和(8.6.6)式中的位移 x 都在时间 t 趋向于无穷大时趋向于 0，将(8.6.5)式所代表的振动图象和(8.6.6)式所代表的振动图象画在同一张图上比较,如图 8-6-2 所示,可以发现,(8.6.6)式中的位移会"更快"地贴近平衡位置。

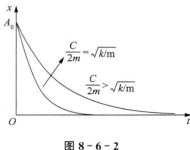

图 8-6-2

所以 $\dfrac{C}{2m}=\sqrt{\dfrac{k}{m}}$ 时,阻力刚好大到能使振子不做往复运动,又能使振子尽可能快地回到平衡位置,是介于欠阻尼状态和过阻尼状态之间的状态,故而称为临界阻尼状态。

低速时,空气阻力和流体的黏滞阻力一般近似地与速度 v 成正比,所以研究这种阻尼振动是重要的。在空气中的单摆,就是欠阻尼状态;将单摆置于黏度不同的流体中,可以得到不同的阻尼振动。在电表、天平等测量仪器中,希望表针快速回零、工件快速回到初始位置,往往将仪器设计成接近临界阻尼状态。

例 8.35 用实验可测定水的黏滞系数 η。具体做法是:在弹簧上悬挂一质量为 m 的薄板 A,测定它在空气中竖直振动时的周期 T_0;把薄板 A 按如图 8-6-3 所示方式浸入水中,令其在竖直方向做小幅振动,若 A 尚能往复运动,则测定振动周期 T。已知薄板 A 速度不大时,其两侧面共受到水的黏滞阻力 $f=2\eta Sv$,其中 v 为物体相对于水的速度大小,S 是薄物体侧面面积(单面),η 称为水的黏滞系数。试给出水的黏滞系数 η 的表达式。

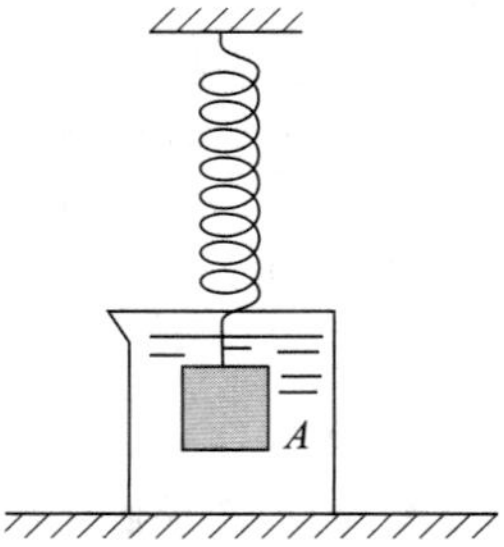

图 8-6-3

解 设弹簧劲度系数为 k,则 A 在空气中振动的周期 T_0 为:

$$T_0=2\pi\sqrt{\dfrac{m}{k}} \qquad\qquad ①$$

在水中振动时,薄板 A 仍能往复运动,阻尼与速度 v 成正比。故振动为欠阻尼状态,根据(8.6.4)式,有:

$$T=\dfrac{2\pi}{\sqrt{\dfrac{k}{m}-\dfrac{(2\eta S)^2}{4m^2}}} \qquad\qquad ②$$

通过①②两式可计算:

$$\left(\dfrac{2\pi}{T_0}\right)^2-\left(\dfrac{2\pi}{T}\right)^2=\dfrac{k}{m}-\left[\dfrac{k}{m}-\dfrac{(2\eta S)^2}{4m^2}\right]=\dfrac{(2\eta S)^2}{4m^2}=\dfrac{\eta^2 S^2}{m^2}$$

由上式的左右两边可以解得黏滞系数 η:

$$\eta=2\pi\cdot\dfrac{m}{S}\sqrt{\dfrac{1}{T_0^2}-\dfrac{1}{T^2}}$$

二、受迫振动

阻尼振动有能量损失,欠阻尼振动过程中振幅会减小。若要在有阻尼时保持振动振幅不变,使振动重新成为周期运动,则需给物体施加一个周期性的外力,源源不断地为振动提供能量。这个外力称为**策动力**,物体在策动力作用下的振动称为**受迫振动**。

设有一以余弦形式变化的策动力 $F_{策}$：
$$F_{策}=F_0\cdot\cos(\omega_p t) \tag{8.6.7}$$
其中，ω_p 是策动力 $F_{策}$ 的圆频率，ω_p 是一个定值。

考虑物体在动力 $F_{回}$、阻力 f 和策动力 $F_{策}$ 的作用下运动，可根据牛顿第二定律写出动力学方程：
$$-kx-Cv+F_0\cdot\cos(\omega_p t)=ma \tag{8.6.8}$$
我们直接给出上式的解：
$$x=A_1 e^{-\frac{C}{2m}\cdot t}\cdot\cos(\sqrt{\frac{k}{m}-\frac{C^2}{4m^2}}\cdot t+\varphi_1)+A\cos(\omega_p t+\varphi_2) \tag{8.6.9}$$
其中，A_1、φ_1 由初始条件决定，A、φ_2 由初始状态和系统性质共同决定。

解(8.6.9)式的第一项中有因子 $e^{-\frac{C}{2m}\cdot t}$，在长时间后，$e^{-\frac{C}{2m}\cdot t}$ 衰减到 0，这时解(8.6.9)式只剩第二项，使振动成为：
$$x=A\cos(\omega_p t+\varphi_2) \tag{8.6.10}$$
(8.6.10)式表明，经历长时间后，物体会以策动力频率做简谐振动。达到稳定后，振动的周期为 $T_{稳}=\dfrac{2\pi}{\omega_p}$，频率为 $f_{稳}=\dfrac{\omega_p}{2\pi}$。

三、共振

在上述受迫振动中，达到稳定的简谐振动(8.6.10)式后，振幅 A 的决定式为：
$$A=\frac{F_0}{\sqrt{(k-m\omega_p^2)^2+C^2\omega_p^2}} \tag{8.6.11}$$
振幅 A 与策动力的圆频率 ω_p 有关。画出 A-ω_p 图（A-f 图），如图 8-6-4 所示。

可以看到，图中振幅 A 有唯一的最大值 $A_{\max}$，最大值在 ω_r 和 f_r 处取到，ω_r 和 f_r 分别为：
$$\omega_r=\sqrt{\frac{k}{m}-\frac{C^2}{2m^2}},\ f_r=\frac{\sqrt{\frac{k}{m}-\frac{C^2}{2m^2}}}{2\pi} \tag{8.6.12}$$

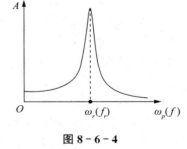

图 8-6-4

若人为地改变策动力的圆频率 ω_p，可以使振幅 A 达到一个最大值。**在受迫振动中，把特定的策动力频率 f_r 使系统振幅 A 达到最大值 $A_{\max}$ 的现象称为共振，把 A-ω_p 图（A-f 图）中的曲线称为共振曲线。**

阻尼越小（C 越小），A-ω_p 图（A-f 图）曲线的尖峰越锐利，这时能使振幅 A 达到很大的策动力频率范围小，但振幅 A 的最大值相应地也变大。从(8.6.11)式可以发现，当 C 趋向于 0（趋向于无阻尼）时，振幅 A 的最大值趋向于无穷。

没有阻尼和策动力时，物体做简谐振动，其振动圆频率为 $\omega_{固}=\sqrt{\dfrac{k}{m}}$，振动频率为 $f_{固}=\dfrac{1}{2\pi}\sqrt{\dfrac{k}{m}}$，$f_0$ 称为**固有振动频率**。在真实过程中，往往阻尼很小（C 很小），使物体发生共振的条件(8.6.12)式成为：

$$\omega_r \approx \sqrt{\frac{k}{m}} = \omega_固, f_r \approx \frac{1}{2\pi}\sqrt{\frac{k}{m}} = f_固 \tag{8.6.13}$$

也就是说，阻尼很小（C 很小）的情况下，当策动力频率与物体的固有振动频率 $f_固$ 相近时，会发生共振。

共振现象在实验中容易被考察到。如果平行放置两个固有振动频率 f 相同的音叉，敲击一个音叉 A，另一个音叉 B 也会振动起来、发出声音。这是因为，被敲击的音叉 A 在空气中传播出频率为 f 的机械波，音叉 B 在波的传播途径中，音叉 B 周围的空气都做频率为 f 的振动，音叉 B 受到振动的空气给它的频率为 f 的策动力，发生共振。这样的共振在生活中很常见，例如材质相仿的乐器会发生共鸣；在寺庙中若敲击一大钟，近处的小钟也会发出声音等。

人耳通过复杂的结构将机械振动转化为生物电信号传入脑中，使人听到声音，其中就利用到基底膜和纤毛的共振；工程中对共振的利用方式也很多，尤其是音乐工程，共振起着重要的作用，乐器或设备对共振性质的要求极高。

图 8-6-5

另一方面，共振也会带来危害。在工程中，当建筑或工件发生共振、振幅达到一定值时，会导致工件错离正常位置或撕裂工程结构。历史上，共振无数次导致了人类生命财产的损失。由于行军踏步而导致的桥梁倒塌事故就数不胜数，我们现在知道，军队在桥梁上行军时，要散乱地走而不能整齐地踏步，这是因为踏步的频率若过于接近桥的固有振动频率，会引起桥的共振和倒塌。又例如：1940 年美国的塔科马海峡大桥建成，但大桥通车仅 4 个月时间，海峡遇持续的大风天气，大桥桥面便在侧向大风中共振，如图 8-6-5 所示。当时桥面的共振导致桥体内部撕裂、大桥吊索断裂，大桥主体坠入海峡。所幸此次事故没有造成人员伤亡，塔科马海峡大桥算是桥梁设计中先行的失败品，在此之前，大型工程没有做共振防护的意识，这也算是对工程人员的一次示警。另外，共振还可能引起汽车发动机的爆震、机床的振动磨损、雪山上的雪崩等。

人类的脏器和重要骨骼都有各自的固有振动频率，这些频率大多低于 20 Hz。在工程中，为保护人体，要绝对避免人与以相应频率振动的大功率机械接触，也要避免使用大功率的次声波发生源。

在现代工程中，无论是器械的设计，还是建筑、桥梁等承重结构的设计，都要充分考虑到共振的影响，避免共振的危害。

本章习题

1. 质量为 10 g 的物体做简谐运动，振幅为 24 cm，周期为 4 s。已知 $t=0$ 时物体位移 $x=+24$ cm。求：(1)当 $t=0.5$ s 时物体的位移；(2)当 $t=0.5$ s 时作用在物体上的回复力的大小和方向；(3)物体从 $t=0$ 起运动到位移 $x=-12$ cm 处所需的最短时间；(4)当位移 $x=-12$ cm 时物体的速度。

2. 当质点沿直线运动时，选择适当的作图比例，它的速度与坐标的关系图象是 $\frac{1}{4}$ 圆周，如图所示。求：(1)质点的运动信息无限接近曲线终点（即当速度趋向于 0）时具有的加速度大小；(2)经过该曲线所需的时间。

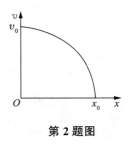

第 2 题图

3. 如图所示，劲度系数都是 100 N/m 的两根轻弹簧共同系住一个质量为 $M=2.5$ kg 的木块，地面水平且光滑。将 M 拉离平衡位置 10 cm 后由静止释放。(1)求木块振动的周期；(2)在木块平衡位置上方 1 cm 高处，有一团质量 $m=0.4$ kg 的黏泥，当木块通过平衡位置时恰好落到木块上并随之一起运动，求此后的振幅。

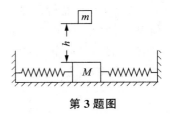

第 3 题图

4. 物体从与水平面成 θ 角的斜面的上端开始下滑,物体与斜面的动摩擦因数 μ 按照 $\mu = bL$ 的规律变化,其中 L 是物体与斜面顶端的距离。物体未达到斜面的底部就停下来了,求物体从开始运动到停下来所经历的时间 t。

5. 竖直墙固连着一水平的轻辐条。若将一重球置于轻辐条距墙最远的一端上时,如图(a)所示,重球在竖直方向上做小振动的频率为 f_1。若用一弹簧将该重球固定于天花板上,如图(b)所示,重球在竖直方向上做小振动的频率为 f_2。现用此弹簧将此重球挂在辐条距墙最远的一端上,如图(c)所示,求重球在竖直方向上做小振动的频率 f。

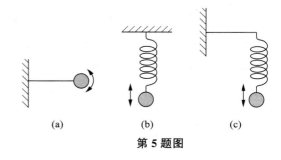

(a)   (b)   (c)

第 5 题图

6. 质量为 M 的电梯被一粗的金属绳索吊住。设绳索的质量比 M 小得多,绳索从其自由长度被拉长 l_0 时所形成的张力大小为 βl_0^2,求电梯在其平衡位置附近的上下振动周期。

7. 在一个很轻的细皮筋上竖直悬挂一个小锤,因而使皮筋伸长了 $\Delta x_0 = 10$ cm。把小锤从平衡位置竖直方向挪开一小位移,计算这个小锤竖直小振动的周期。假定皮筋作用在小锤上的力可用下式表示:$F = -k_1 \Delta x - k_2 (\Delta x)^3$,其中 Δx 表示皮筋的长度比原长的增加值,而常数 k_1、k_2 的值为 $k_1 = 294$ N/m,$k_2 = 9\,800$ N/m³。

8. 一质量为 m 的质点固定在长为 $2l$ 的细弦 AB 的中点上，细弦水平张紧，其张力为 $F=G$，如图所示，若忽略弦的质量，求质点 m 在其平衡位置附近作微小振动的频率。设 G 比质点的重力大得多。

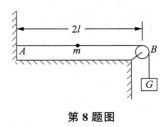

第 8 题图

9. 五根自由状态下长度相同、劲度系数同为 k 的轻弹簧，在光滑的水平面上连接成如图所示系统。其中 A 点固定，其他接点均可自由移动，B 点连接一质量为 m 的小振子，求小振子沿图示 x 方向偏离平衡位置后做的微小振动的周期。

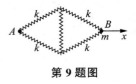

第 9 题图

10. 设想在无边无际的广阔宇宙中发现一小星系 X，其中各物体之间相互作用力不遵循万有引力定律。在这星系 X 中任意两个质点的相互引力与它们的质量 m_1 和 m_2 以及它们之间的距离成正比：$F=\alpha m_1 m_2 r$。天文学家已确定星系 X 总质量 $M=10^4$ kg 以及比例系数 $\alpha=2.5\times10^{-59}$ N/m·kg^2。假设在发现星系 X 时，其质量分布是任意的，并且在星系 X 里的物体期初没有相对运动，试估算这星系塌缩到一个星球所需的时间。

11. 如图所示,一个劲度系数为 k、竖直放置的轻弹簧,下端固定于地面,上端连着一质量为 M 的物块 A,处于平衡状态。另有一质量为 m 的小物块 B 自物块 A 上方 h 高度处自由下落,直到与 A 做完全非弹性碰撞并与 A 粘连,碰撞后 A 和 B 在弹力和重力的共同作用下做简谐振动。若把新的平衡位置作为坐标原点,竖直向上为 x 轴正方向,碰撞后的时刻取为 0 时刻,试写出这个简谐振动的振动方程。

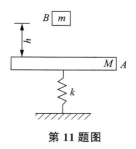

第 11 题图

12. 如图所示的系统中,动滑轮、细绳和两弹簧的质量均可忽略不计,其余各量均在图中标出,求悬挂物体在竖直方向做小振动的周期。

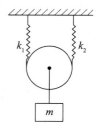

第 12 题图

13. 用轻线将质量为 M 的物体挂在天花板上,用非常轻的弹簧将质量为 m 的物体固定在 M 物体上,如图所示,弹簧的劲度系数为 k。烧断线后,两物体开始自由下落。若天花板距离地面的高度足够高,求:(1) 弹簧的最大长度与最小长度之差;(2) 烧断线后经过多少时间弹簧的伸长量第一次变为 0。

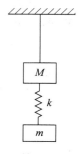

第 13 题图

14. 两个系统,每个都是由两个质量均为 m 的相同物体组成,两物体间用劲度系数为 k 的轻弹簧相连。在光滑的水平地面上,两系统以大小相同的恒定速度 v 相向运动,如图所示,某时刻,即将相碰的两物体间距离 L。已知碰撞是完全弹性的,问经过多少时间后,这两物体间的距离又等于 L?

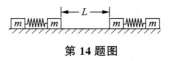

第 14 题图

15. 如图所示的系统中,两个物体分别固定在两根轻弹簧上,借助线维持在与侧板距离 $\frac{L}{2}$ 处,弹簧另一端固定在侧板上。两弹簧未形变时长度相同均为 L。现同时烧断两线,此后两物体发生对心碰撞且粘在一起,进行振动,求物体在振动过程中具有的最大速度。(弹簧的劲度系数和两物体的质量在图上已标明。物体的大小和摩擦力都忽略不计。)

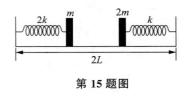

第 15 题图

16. 已知某液体的密度随深度线性地增加,表面处的密度为 ρ_0,深度为 D 处的密度增为 $2\rho_0$。有一个密度为 $2\rho_0$ 的小球在深度为 $\frac{D}{2}$ 处静止释放,求小球的位置随时间的变化关系。

17. 冰的密度记为 ρ_1,海水密度记为 ρ_2,有 $\rho_1 < \rho_2$。高为 H 的圆柱形冰山碎块竖立在海水中,将其按下,直到顶部在水面下方 $h' = \frac{\rho_2 - \rho_1}{2\rho_2} H$ 处平衡。现将冰块释放,让它在竖直方向上自由运动,忽略水的黏滞阻力和水面的变化,若冰块的下表面在整个运动过程中始终未能离开水面,求冰块运动周期 T。

18. 在水平的振动膜上撒一些细沙,当振动膜在竖直方向上以 500 Hz 的频率做简谐振动时,发现细沙在振动膜上跳动。实验观察到,除极个别细沙跳起高度很高外,相对于振动膜的平衡位置,细沙最高跳起高度约 3 mm,试估算振动膜的振幅。

19. 如图所示,一劲度系数为 k 的弹簧竖直固定在桌上,将一小球放在弹簧上,弹簧被压缩 d 后平衡。然后按住小球使弹簧再被压缩 c,且 $c > d$,松开小球后,求小球上升到最高点所需的时间。

第 19 题图

20. 在两条柔软的弹性轻绳中间连着一个小球,这两绳的另一端分别固定于同一竖直线上的 O 点和 O' 点,如图所示,已知上、下绳的劲度系数分别为 $k_1 = 8.0$ N/m 和 $k_2 = 12.0$ N/m。小球静止时位于图中 C 点处,这时上、下绳相对各自的自然长度分别伸长了 $l_1 = 0.080$ m 和 $l_2 = 0.030$ m。现在将小球沿竖直方向下拉到与平衡位置 C 的距离 $l_3 = 0.080$ m 处,然后释放。求小球从释放开始到第一次回到该释放点所需的时间。(取 $g = 10.0$ m/s²)

第 20 题图

21. 如图所示,质量为 M 的箱内悬挂着一劲度系数为 k 的轻弹簧,弹簧下端系着一质量为 m 的小球,弹簧原长为 l_0,箱内上下底面之间的间距为 l。初始时,箱底离地面的高度为 h 并静止,小球在弹力和重力的作用下平衡。某时,箱和其内物体开始自由下落,落地时与地做完全非弹性碰撞并不再离开地面。箱着地时,弹簧长度正好与未下落前的弹簧长度相等。求:(1) h 的最小可能值;(2) 在 h 取最小值时,要使小球不会与箱底碰撞,l 至少为多少?

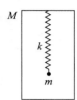

第 21 题图

22. 用小球和十分轻的细绳相连来模拟单摆,使此摆摆动,并利用这个运动测定重力加速度时,下列错误操作会导致实验计算得的重力加速度与当地重力加速度真实值相比偏大还是偏小?

(1) 摆球在水平面内做圆锥摆运动;

(2) 测量摆长时,漏测摆球直径;

(3) 测量周期时,当摆球通过平衡位置时启动停表并数下"1",直到 30 次通过平衡位置时制动停表,读出经历时间 t,得周期 $T = \dfrac{t}{15}$;

(4) 装置摆动的最大偏角远大于 $5°$。

23. 蛇形摆是一个用于演示单摆周期与摆长关系的实验仪器,如图所示。若干个摆球位于同一高度并等间距地排成一条直线,它们的悬挂点在不同的高度上,摆长依次减小。设重力加速度 $g = 9.80 \text{ m/s}^2$。

(1) 试设计一个包含十个单摆的蛇形摆(即求出每个摆的摆长),要求满足:(a)每个摆的摆长不小于 0.450 m,不大于 1.00 m;(b)初始时将所有摆球由平衡点沿 x 轴正方向移动

相同的一个小位移 $x_0(x_0 \ll 0.45 \text{ m})$，然后同时释放，经过 40 s 后，所有的摆能够同时回到初始状态。

（2）在上述情形中，求从所有的摆球开始摆动起，到它们的速率首次全部为零所经过的时间。

第 23 题图

24. 如图所示，甲、乙二摆球质量分别为 M、m，以不计质量的硬杆将二摆球连接在一起，甲球摆长为 l，乙球摆线很长，两球在同一水平面上静止。现使两小球做水平方向小幅的摆动，求系统的振动周期 T。

第 24 题图

25. 如图所示，车厢在平直的公路上以 $a = \dfrac{\sqrt{3}}{3}g$ 的加速度做匀加速运动，用长为 L 的轻绳将小球悬于车厢天花板上，当小球相对车厢静止时，将其稍稍拉离平衡位置，并将其由相对车厢静止的状态而释放，以后小球将在车中某位置附近做小角度摆动，求小球摆动的周期是多少？

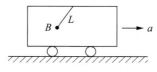

第 25 题图

26. 如图所示,一个摆长为 l 的单摆置于倾角为 θ 的光滑斜面上,悬点在垂直斜面的直杆上,且悬线与斜面的夹角为 α,求单摆摆球沿斜面作简谐运动时的周期。

第 26 题图

27. 如图所示,摆球质量为 m,滑块质量为 M,摆长为 l,球在滑块的凹槽中。摆球与滑块、滑块与水平面之间光滑,令摆线偏转很小角度后,从静止释放,求系统的振动周期 T。

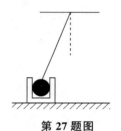

第 27 题图

28. 一块正三角形的刚性轻质薄板,边长为 a,边 AB 两端悬挂于两固定点,C 点固定一质量为 m 的质点。薄板通过 A、B 处的光滑铰链可以在垂直于板平面无摩擦摆动。求:

(1) 如图(a)所示,A、B 点同高,求小摆动周期;

(2) 如图(b)所示,A、B 高度不同,AB 与水平方向成 φ 角,求小摆动周期。

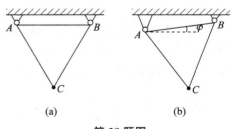

(a)　　　　　　(b)

第 28 题图

29. 某栋高层大楼的电梯服务员是位一丝不苟的人,他为了按时结束一天的工作,把一台在家中走时准确的摆钟拿进大楼,挂在电梯的壁上,并以钟为准下班。若在某天内,电梯向上加速和向下加速的时间相同,加速度大小也相同。问:电梯服务员是超时工作了还是提早下班了?

30. 如图所示,长为 $2l$、不可伸长的细轻线固定在 A、B 两点上,两点间距离为 $2a$,位于同一水平线上。一颗小重珠子沿线无摩擦滑动(自由落体加速度为 g)。求:(1)在垂直于连接两固定点线段的平面上珠子小振动的频率 $\omega_\perp$;(2)在过两固定点的竖直平面上珠子小振动的频率 $\omega_\parallel$。

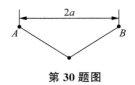

第30题图

31. 求如图所示系统在图示平面内做小振动的周期。系统由两根焊接在一起的轻杆构成,两杆的另一端分别固连一个小球,整个系统可绕过焊接点 O 的垂直于纸面的光滑轴旋转,杆的长度分别为 l_1 和 l_2,两球质量分别为 m_1 和 m_2。

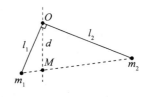

第31题图

32. 如图所示,一根质量为 m 的均匀杆,长为 L,处于竖直的位置,下端固定于水平轴,杆可绕轴转动。有两根处于原长的水平轻弹簧,劲度系数都为 k,把杆的上端拴住。若杆在竖直方向平衡时,其平衡为稳定平衡,求杆在此平面内做小幅振动的周期。

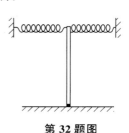

第32题图

33. 在天花板下用两根长度同为 l 的轻绳吊一质量为 M 的光滑匀质木板,板中央有一质量为 m 的小滑块,如图所示。开始时系统静止,然后使板有一个水平的横向小速度 v_0,求振动周期。

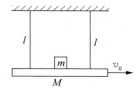

第 33 题图

34. 光滑的水平地面上有一质量为 M 的滑块,滑块表面上有一质量可忽略的钉子 O,O 处绕着长为 l 的轻绳,绳下系着质量为 m 的小球。开始时系统处于静止状态,如图所示,轻绳与铅锤方向有一很小的 θ_0 夹角,然后让小球自由摆下,自由振动。设小球摆动过程中不会与滑块表面接触,也不会与地面接触,且滑块不会倾倒,求小球的摆动周期。

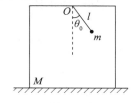

第 34 题图

35. 一质量为 m、边长为 a 的正三角形均质薄板,通过其某一角悬挂在与板面垂直的一光滑水平轴上,使三角板只能绕光滑轴转动。装置构成一复摆,求此复摆的周期。

36. 一个半径为 r、质量为 m 的均质实心小圆柱被置于一个半径为 R、质量为 M 的薄圆筒中,圆筒和小圆柱的中心轴均水平,横截面如图所示。重力加速度大小为 g。试在下述两种情形下,求小圆柱质心在其平衡位置附近做微振动的频率:(1) 圆筒固定,小圆柱在圆筒内底部附近作无滑滚动;(2) 圆筒可绕其固定的光滑中心细轴转动,小圆柱仍在圆筒内底部附近作无滑滚动。

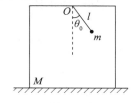

第 36 题图

37. 两个同方向、同频率的简谐振动 $x_1 = 0.4\cos\left(0.5\pi t + \dfrac{\pi}{6}\right)$ (m)和 $x_2 = 0.2\cos(0.5\pi t + \varphi_2)$ (m)，两振动叠加。问：(1) φ_2 为何值时合振幅最大？(2) 若合振动初相位 $\varphi = \varphi_2 + \dfrac{\pi}{2}$，则 φ_2 为何值？

38. 在弹簧上悬挂质量为 6 kg 的物体，当无阻力时，物体振动周期 $T = 0.47$ s；而在阻力与速度成正比时，其周期为 $T_1 = 0.5$ s。求当振动速度为 1 cm/s 时所受的阻力大小。

39. 某弹簧振子在持续地做简谐振动。某时刻起，振子开始受到与速度大小成正比的阻力而做阻尼振动。在阻尼振动过程中观察到，该阻尼振动的"振幅"在"一个周期"后减为原来的 $\dfrac{1}{4}$。求此振动系统做简谐振动的周期和做阻尼振动的周期之比。

参考答案

第一章　运动学

1. $\dfrac{\sqrt{10}}{2}v$

2. $v_O = \dfrac{1-\cos\alpha}{\cos\alpha}v_1$，方向竖直向上

3. $v = \omega r \tan\alpha$，方向竖直向上

4. $a = \dfrac{(v_1+v_2)^2\sqrt{l_1^6+l_2^6}}{(l_1^2+l_2^2)l_1l_2}$

5. a 的大小为 $\dfrac{v_0^2}{4L\sin^2\alpha\cos\alpha}$；$a$ 的方向与 v_0 方向相反

6. $v_M = \dfrac{H}{H-h}v_A$

7. $\dfrac{2L}{v}$

8. （1）$\dfrac{L}{v}$；（2）L；（3）$\dfrac{v^2}{L}$，方向由甲指向丁

9. （1）$\dfrac{R}{v\cos 18°}$；（2）$\dfrac{R}{\sin 18°}$

10. 风速大小为 20 km/h；船速大小为 10 km/h

11. $\dfrac{2N_1N_2}{N_1+N_2}$

12. $T_2 : \sqrt{T_2^2-T_1^2}$

13. $d_{\min} = \dfrac{v_2 l\sin\alpha}{\sqrt{v_1^2+v_2^2+2v_1v_2\cos\alpha}}$

14. （1）人应沿与公路成 $\theta = \arcsin\dfrac{1}{4}+\arcsin\dfrac{5}{6}$ 角的方向跑；（2）2.5 m/s

15. $v_A = \dfrac{vR}{\sqrt{4R^2-d^2}}$

16. 滑杆的速度大小为 ωR，速度方向由 C 指向 O

17. P 点的加速度大小 $a_P = \dfrac{kv_B^2}{l\sin^3\theta}$，加速度方向沿 x 轴负方向

18. $\dfrac{v_2-\sqrt{v_2^2-v_1^2}}{g}$

19. 75 s

20. 若开始时小毛虫距墙不到 10 cm,则能逃到墙上;若开始时小毛虫距墙的距离大于或等于 10 cm,则不能逃到墙上。

21. (1) $v_0 = R\sqrt{\dfrac{g}{2h}}$, $\omega = 2\pi k\sqrt{\dfrac{g}{2h}}$ ($k = 1, 2, \cdots$); (2) $\omega = 2\pi N\left(k + \dfrac{1}{6}\right)$ 或 $\omega = 2\pi N\left(k + \dfrac{5}{6}\right)$ ($k = 0, 1, 2, \cdots$)

22. 匀速直线运动

23. $\dfrac{1}{4} \leqslant \dfrac{s_1}{s_2} \leqslant \dfrac{1}{2}$

24. (1) $\theta = \arctan\dfrac{1}{2\tan\beta}$; (2) $v_t = v_0\sin\beta$; (3) $L = \dfrac{v_0^2\sin 2\beta\sqrt{\cot^2\beta + 4}}{4g}$

25. 不可能

26. $v = R\sqrt{\dfrac{g}{2h} + \omega^2}$

27. 在一条竖直直线上;在一条倾斜直线上

28. $\theta = \dfrac{\pi}{2} - \alpha$

29. 至少 30°

30. (1) $v_0 = \sqrt{g\dfrac{9s^2 + 64H^2}{24H}}$; (2) $H \leqslant \dfrac{3}{8}s$ 时,小球的最小初速度大小 $v_{0\min}$ 与障碍物高度 H 无关,这时 $v_{0\min} = \sqrt{2gs}$。

31. (1) $\theta = \dfrac{\alpha}{2} + \dfrac{\pi}{4}$ 时,有 $l_{\max} = \dfrac{v_0^2(1 + \sin\alpha)}{g\cos^2\alpha}$; (2) $\theta_1 = \dfrac{1}{2}\alpha + \dfrac{1}{2}\arcsin\left(\dfrac{gl\cos^2\alpha}{v_0^2} - \sin\alpha\right)$, $\theta_2 = \dfrac{\pi}{2} - \dfrac{1}{2}\arcsin\left(\dfrac{gl\cos^2\alpha}{v_0^2} - \sin\alpha\right) + \dfrac{1}{2}\alpha$; (3) $\theta = \dfrac{\alpha}{2} + \dfrac{\pi}{4}$ 时,有 $v_{0\min} = \sqrt{\dfrac{gl}{1 + \sin\alpha}} \cdot \cos\alpha$

32. $t_1 \cdot t_2 = \dfrac{2L}{g}$

33. $h = \dfrac{9v^2}{121g}$; $\alpha = \arctan\dfrac{3\sqrt{3}}{11}$

34. $v_{0\min} = \sqrt{g\left(h + \sqrt{h^2 + s^2}\right)}$; $\theta = \arctan\dfrac{h + \sqrt{h^2 + s^2}}{s}$

35. 是长轴水平的椭圆,其长半轴 $a = \dfrac{v_0^2}{2g}$,短半轴 $b = \dfrac{v_0^2}{4g}$

36. 略

37. 略

38. 8π m/s

39. $n = (5 + 10k)$ r/s,其中 $k = 0, 1, 2, \cdots$

40. (1) 5 min; (2) $t_2 = (\sqrt{5} - 1)t_1$

41. $\omega = \dfrac{12au}{9a^2 + 16u^2t^2}$

42. $t = \dfrac{L^2}{2Rv_0}$

43. $a = \dfrac{(v_1 + v_2)^2}{4R}$，沿 AO 方向

44. $a = 0.4\text{m/s}^2$

45. $a = g\sec^2\alpha\left(1 + \dfrac{1}{2}\tan^2\alpha\right)^{-\frac{3}{2}}$

46. $v_{/\!/} = \dfrac{2\pi}{T}\sqrt{R(\rho - R)}$

47. 考虑半径为 R 的轮在水平地面上无滑动地滚动,轮轴做速率为 v 的匀速直线运动。取 0 时刻轮与地面接触点上的质点 A,则 A 的轨迹是一根摆线。在 t 时刻,A 所在位置的摆线的曲率半径 $\rho = 4R\sin\dfrac{vt}{2R}$。

第二章　牛顿运动定律

1. $0 \leqslant F \leqslant 6Mg\tan\theta$

2. $F_{\min} = 2g\mu\left(m + M\dfrac{L}{L-l}\right)$

3. 当 $0 \leqslant F \leqslant \dfrac{(m_A + m_B)g}{\sin\theta}$ 时,B 静止,此时 $a_A = [F\cos\theta - \mu_1 m_B g - \mu_2(m_A + m_B)g + \mu_2 F\sin\theta]/m_A$；当 $F > \dfrac{(m_A + m_B)g}{\sin\theta}$ 时,B 向上加速,$a_A = \sqrt{a_x^2 + a_y^2}$,其中 $a_{Ay} = \dfrac{F\sin\theta - (m_A + m_B)g}{m_A + m_B}$,$a_{Ax} = \dfrac{F}{m_A}\cos\theta - \dfrac{um_B F\sin\theta}{m_A(m_A + m_B)}$。

4. (1) $T = 5 - \dfrac{5}{3}\sqrt{3}$ (N),$N = 5\sqrt{3} + \dfrac{5}{3}$ (N);(2) $a = 10\sqrt{3}\ \text{m/s}^2$,方向向左;(3) $a = \dfrac{10}{3}\sqrt{3}\ \text{m/s}^2$,方向向右。

5. 水平拉力至少要达到 $F = \mu Mg + Mg\cot\theta$。

6. 斜面体的加速度 $a_1 = \dfrac{m_1 g}{m_1 + m_2\cot^2\alpha}$,立方体的加速度 $a_2 = \dfrac{m_1 g\cot\alpha}{m_1 + m_2\cot^2\alpha}$

7. (1) $s_M = \dfrac{L}{2}$;(2) $\mu \geqslant \dfrac{Mv^2}{2(m+M)gL}$

8. 支点距离 M 的距离为:$\dfrac{4m_1 m_2}{4m_1 m_2 + m_1 M + m_2 M}L$

9. 重物 1 加速度方向竖直向上,$a_1 = \dfrac{g}{3}$;重物 2 加速度方向竖直向下,$a_2 = \dfrac{g}{3}$;重物 3 加速度 $a_3 = 0$。

10. F 需要满足 $(M + 2m)g \cdot \dfrac{1-\mu}{1+\mu} \leqslant F \leqslant (M + 2m)g \cdot \dfrac{1+\mu}{1-\mu}$

11. （1）$\mu \geqslant \dfrac{m(m_2 - m_1)}{2m_1(m_1 + m_2 + m)}$；（2）$\dfrac{2mm_1}{4m_1m_2 + mm_2 - mm_1} \leqslant \mu < \dfrac{m}{2m_1}$

12. $a = \dfrac{17F_0}{M}$

13. A 的加速度大小为 $\left(\dfrac{m_1 + 4m_2}{4m_1m_2}F - \dfrac{3}{2}g\right)$，加速度方向竖直向上

14. $2\sqrt{\dfrac{b}{g}}$

15. $\alpha = \dfrac{1}{2}\arcsin\dfrac{2L(R+H)}{(H+R)^2 + L^2}$

16. $\dfrac{\sqrt{7}}{4}u$

17. μ 至少要为 $\dfrac{g + \omega^2 R\tan\alpha}{\omega^2 R - g\tan\alpha}$

18. $v_0 = \sqrt{\dfrac{gR}{u}} \cdot \sqrt[4]{\left(\dfrac{h^2}{4\pi^2 R^2} - u^2\right)\left(\dfrac{h^2}{4\pi^2 R^2} + 1\right)}$

19. ω 最大可以等于 $\sqrt{\dfrac{2\pi k(2\pi r - L)}{mr} - \dfrac{g}{ur}}$

20. $\omega = \sqrt{\dfrac{2\pi^2 k}{m} - \dfrac{g\cot\alpha}{2r_0}}$

21. 速度最小为 $\sqrt{\dfrac{\sqrt{1+\mu^2}}{\mu}gR}$ 时小石头可始终与车轮一起转动

22. $\arcsin\left[\sin\left(\dfrac{\pi}{4} + \dfrac{1}{2}\arctan\dfrac{h}{l}\right) \cdot \sin\alpha\right]$

23. $\pi\sqrt{\dfrac{g}{2h}}$

24. A 相对于地面的加速度大小为 $\dfrac{g}{6}\sqrt{13 - 4\mu + \mu^2}$，加速度方向指向图中右下方，且与

竖直方向夹角为 $\theta = \arctan\dfrac{2-\mu}{3}$；$B$ 相对于地面的加速度大小为 $\dfrac{5-\mu}{6}g$，方向竖直向下。

25. （1）$T = m_2\sqrt{g^2 + a^2}$；（2）μ 至少需要达到 $\dfrac{m_1 a}{m_1 g - m_2\sqrt{g^2 + a^2}}$

26. $m \cdot \left(\dfrac{v^2}{l} + a\cos\alpha\right) \cdot \csc^2\alpha$

27. $\left(l - \dfrac{a}{4}\right) : \left(l - \dfrac{3a}{4}\right)$

28. $\vec{a} = \left(1 - \dfrac{\rho v}{M + \dfrac{4m_1m_2}{m_1 + m_2}}\right)\vec{g}$，其中 $\vec{g}$ 为重力加速度矢量。

第三章　机械能

1. (1) $\Delta h_1 : \Delta h_2 : \Delta h_3 = \cdots = 1 : (\sqrt{2}-1) : (\sqrt{3}-\sqrt{2}) : \cdots$；(2) 9 次

2. $\dfrac{\sqrt{3}}{2}mgs$

3. (1) 1.4 W；(2) 0.18 m/s

4. $s\sqrt{3\mu}$

5. $v = \sqrt{\dfrac{1}{8}gh}$

6. $\theta = \arccos\dfrac{1}{3}$

7. $\theta = \arctan\dfrac{\sqrt{2}}{2}$

8. $\sqrt{2ga}$，$2mg$

9. $L_{\max} = 200$ m

10. $(20\sqrt{3}-20)$ m

11. $T = \dfrac{4}{A}\sqrt{\dfrac{2E}{m}}$

12. $\dfrac{21-6\pi}{11}mg$

13. (1) 质点在 A' 处的速度大小为 $\sqrt{2gl}$，绳的内部张力大小为 $3mg$；(2) 杆中点的质点在 A' 位置的速度大小为 $\sqrt{\dfrac{6}{5}gl}$，杆自由端端点上的质点在 B' 位置的速度大小为 $\sqrt{\dfrac{24}{5}gl}$，杆对杆中点的质点做功 $-\dfrac{2}{5}mgl$，杆对杆自由端端点上的质点做功 $\dfrac{2}{5}mgl$；(3) $|OC| = \dfrac{5}{3}l$。

14. $W = 5.5$ J

15. $v = \dfrac{2}{3}\sqrt{\dfrac{2}{3}gl}$

16. 1.5 J

17. 36 J

18. $\dfrac{4}{9}$

19. $P = 45$ W；一半转化为砂子的动能

20. $mgh - \dfrac{1}{2}mv_0^2$

21. $\sqrt{4gh - v_0^2}$

22. $\dfrac{s}{8}$

23. 4 125 J

24. $T = \dfrac{\sqrt{3}}{9} G \tan \theta$

25. $v = \sqrt{\dfrac{16\sqrt{3}}{9} gR}$

26. $H_{\max} = \left(\dfrac{25}{11} \ln \dfrac{6}{5} \right) \dfrac{v_0^2}{g}, v_t = \dfrac{5}{6} v_0$

第四章　动量

1. 第 n 秒内的冲量 $I_n = (2n-1)I_0$；n 秒内的冲量 $I = n^2 I_0$

2. 3 J

3. $\dfrac{nm}{nm+M} L$

4. $v_0 = \dfrac{Im_2 \cos \alpha}{m_2(m_1+m_2+m_3)+m_1 m_3 \sin^2 \alpha}$

5. $\dfrac{3}{2} L$

6. 环和甲虫都做圆周运动,圆周运动的圆心均为甲虫与环组成的系统的质心。甲虫的轨迹半径为 $\dfrac{M}{M+m} R$;环的轨迹半径为 $\dfrac{m}{M+m} R$。

7. $E_{k\min} = \dfrac{mv^2}{2} \left(\dfrac{M-m}{M+m} \right)^2$

8. (1) 18 J;(2) A 和 B 的速度均为向右的 2 m/s;(3) 物块 A 速度大小为 2 m/s,方向向左;物块 B 速度大小为 10 m/s,方向向右;(4) 物块 A 速度大小为 6 m/s,方向向右;物块 B 速度大小为 6 m/s,方向向左。

9. $m_2 = \sqrt{m_1 m_3}$

10. (1) $m_1 : m_2 = 1 : 3$;(2) $4h$

11. $\theta = \arccos \left[1 - \dfrac{m^2 v_0^2}{2(m+M)^2 gl} \right]$

12. $m_1 : m_2 = (\sqrt{2}-1) : (\sqrt{2}+1)$

13. (1) $h_{\max} = \dfrac{v^2}{4g} \cdot \dfrac{M}{m+2M}$;(2) $N = mg + \dfrac{mv^2}{4r}$

14. $\left(\dfrac{m_2}{m_1+m_2} \right)^2 h$

15. $\dfrac{529}{81} h - \dfrac{653}{81} a$

16. $H' = \left(\dfrac{M}{M+m} \right)^2 H$

17. $3 < k \leqslant 5 + 2\sqrt{5}$

18. $T = \dfrac{m_1 m_2 m_3^2}{l(m_1+m_2)(m_1+m_3)^2} (1+e)^2 u^2$

19. $v_A = \dfrac{13}{64}v$；$v_B = \dfrac{15}{64}v$；$v_C = \dfrac{9}{16}v$

20. $\dfrac{1}{3} < \dfrac{m_1}{m_2} \leqslant 1 + \dfrac{2\sqrt{5}}{5}$

21. 略

22. $\beta_{\max} = \arccos \dfrac{2v_1 v_2 \cos\alpha}{v_1^2 + v_2^2}$

23. $\tan\alpha = \begin{cases} \dfrac{1}{2\mu}, & 0 < \sqrt{H} < \dfrac{v_0}{2\mu\sqrt{2g}} \\[3mm] \dfrac{\sqrt{2gH}}{v_0}, & \sqrt{H} \geqslant \dfrac{v_0}{2\mu\sqrt{2g}} \end{cases}$

24. $\dfrac{2}{19}v_0$

25. 哑铃的质心 C 以速度 $v_C = -\dfrac{v_0}{3}$ 运动。在质心系 C 系中，两个重球以 $\dfrac{2\sqrt{2}}{3}v_0$ 速率绕质心 C 做圆周运动。

26. （1）$u = \sqrt{2gl}$；（2）$v = \sqrt{\dfrac{6 - 3\sqrt{2}}{20}gl}$

27. 如答图所示，在桌面参照系中，两哑铃最终都平动。一开始运动的哑铃最终的速度大小为 $\dfrac{\sqrt{3}}{2}v$，速度方向与 $\vec{v}$ 方向成 $30°$ 角，指向图中右上方；一开始静止的哑铃最终的速度大小为 $\dfrac{v}{2}$，速度方向与 $\vec{v}$ 方向成 $60°$ 角，指向图中右下方。两哑铃上的杆最终都与 $\vec{v}$ 方向成 $30°$ 角。

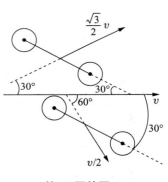

第 27 题答图

28. 两个小球在 $\dfrac{L}{2v} < t < \dfrac{L}{v}$ 以及 $\dfrac{(n^2 - 1)L}{2v} < t < \dfrac{(n^2 - 1)L}{v}$（$n = 2, 3, 4, \cdots$）时间段内速度大小、方向相同，速度大小为 $v_n = \dfrac{v}{2^{n-1}}$（$n = 2, 3, 4, \cdots$）。

第五章　角动量与刚体

1.（1）小球相对于点 A 的角动量大小 $L_A = M\omega r^2$，小球相对于点 B 的角动量大小 $L_B = M\omega r L$；（2）小球相对于点 A 所受的合外力矩大小 $M_A = 0$，小球相对于点 B 的所受的合外力矩大小 $M_B = Mgr$。

2. $E_{k总} = mv_0^2 \dfrac{L_0^2}{L^2}$

3.（1）$v_0 = L\sqrt{\dfrac{2k}{m}}$；（2）$v_{0\min} = L\sqrt{\dfrac{k}{3m}}$；（3）$r_{\min} = 2v_0 L\sqrt{\dfrac{m}{mv_0^2 + kL^2}}$

4. 小球的最大动能 $E_{kmax} = \dfrac{MgL_1^2}{L_1+L_2}$，小球的最小动能 $E_{kmin} = \dfrac{MgL_2^2}{L_1+L_2}$。

5. $T = \dfrac{2\pi\sqrt{L^2-(R-r)^2}}{\omega(R-r)}$

6. (1) $\omega = \dfrac{\omega_1 R_1 - \omega_2 R_2}{R_1 - R_2}$；(2) $t_1 = \dfrac{2\pi(R_1-R_2)}{|\omega_1 R_1 - \omega_2 R_2|}$；(3) $t_2 = \dfrac{2\pi(R_1-R_2)}{R_2|\omega_2 - \omega_1|}$

7. 线轴中心 O 的运动速度大小为 $\dfrac{vR}{|r-R\sin\alpha|}$。

8. $v = \dfrac{2\sqrt{3gh}}{3}$，$T = \dfrac{1}{3}mg$

9. 人转过的角 $\varphi_m = \dfrac{2\pi M}{M+2m}$，转盘转过的角 $\varphi_M = \dfrac{4\pi m}{M+2m}$

10. (1) $t = \dfrac{2(v_0+\omega_0 R)}{5\mu g}$；(2) $v_C = \dfrac{3}{5}v_0 - \dfrac{2}{5}\omega_0 R$

11. (1) $\dfrac{5}{7}g\sin\theta$；(2) $\dfrac{2}{3}g\sin\theta$

12. m_1 和 m_2 的加速度大小均为 $\dfrac{(m_1-m_2)gr^2}{m_1 r^2 + m_2 r^2 + 4mL^2}$。

第六章　静力学

1. 压力大小不变,拉力大小变小

2. $\alpha = \arccos\dfrac{T^2+(m_1-m_2)gT\cos\theta - m_1 m_2 g^2}{\sqrt{T^2+m_1^2 g^2 + 2m_1 gT\cos\theta}\cdot\sqrt{T^2+m_2^2 g^2 - 2m_2 gT\cos\theta}}$

3. $\dfrac{\tan\dfrac{\theta}{2}-\tan\alpha}{\tan\dfrac{\theta}{2}+\tan\alpha}$ 或 $\dfrac{\tan\dfrac{\theta}{2}+\tan\alpha}{\tan\dfrac{\theta}{2}-\tan\alpha}$

4. $x = \dfrac{\sqrt{6}-\sqrt{2}}{2}R$

5. 约 1.4 m

6. $T_B = T_A + \dfrac{mgh}{l}$

7. C 处张力最大，$T_{max} = \dfrac{l+(2-\pi)R}{2l}mg$

8. $T = \dfrac{mg}{2\pi}\cot\dfrac{\alpha}{2}$

9. $\tan\beta = 3\tan\alpha$

10. $R_{max} = (2\sqrt{7}+1)r$

11. $\tan\alpha_1 : \tan\alpha_2 = P_1 : P_2$

12. $\mu \geqslant \dfrac{(P_1 h + Pl)\cos\varphi}{2(P_1+P)l}$

13. $F_{\min} = \dfrac{1}{2}mg$

14. $m = \dfrac{2F_1F_2}{(F_2-F_1)g}$

15. $\sqrt{7}$ m

16. $l = \dfrac{26+2\sqrt{13}}{13}R$

17. 从上往下数,第 n 块可以相对于第 $(n+1)$ 块伸出 $\dfrac{\sqrt{3}a}{3n}$ 距离

18. $\dfrac{\sqrt{2}}{4}$

19. $\dfrac{1}{42}mg$

20. 当 $h < \dfrac{L}{1+\mu\cot\theta}$ 时,F 最大可以取 $\dfrac{\mu mgL}{L-h(1+\mu\cot\theta)}$;当 $h \geqslant \dfrac{L}{1+\mu\cot\theta}$ 时,F 可以无限大。

21. $\theta = \arctan\dfrac{\sin 2\beta}{\cos 2\alpha + \cos 2\beta}$

22. $V = \dfrac{28}{81}\pi r^3$

23. 250 N

24. $b_{\max} = 2\sqrt{2}r$

25. μ 的最小值为 $\dfrac{\sqrt{7}-2}{3}$

26. 保持不变

27. $\dfrac{3\sqrt{r^2+2Rr}}{3r+4R}$

28. $l = \left(1-\sqrt{1-\dfrac{\rho}{\rho_0}}\right)l_0$

29. 当 $l > \dfrac{a}{b}\sqrt{a^2+b^2}$ 时,框稳定平衡;当 $l \leqslant \dfrac{a}{b}\sqrt{a^2+b^2}$ 时,框不稳定平衡

30. $k \geqslant \dfrac{mg}{4L}$

31. $d < \dfrac{Rr}{R+r}$

32. 在连线方向上稳定平衡,在垂直连线方向上不稳定平衡

33. 图(a)所示状态为不稳定平衡,图(b)所示状态为稳定平衡

第七章 天体

1. 两环线密度之比需等于半径之比。

2. $\eta = \dfrac{1}{2}\left[1-\left(\dfrac{\rho G T^2}{3\pi}\right)^{-\frac{1}{3}}\right]\times 100\%$

3. $\dfrac{M_{火}}{M_{地}}\approx 0.11$

4. $d_{\max}=5.98\times 10^4\ \text{km}$

5. $t=\dfrac{1}{c}\sqrt{R^2+\left(\dfrac{gR^2T^2}{4\pi^2}\right)^{\frac{2}{3}}-2R\left(\dfrac{gR^2T^2}{4\pi^2}\right)^{\frac{1}{3}}\cos 40°}$，其中 $r=\sqrt[3]{\dfrac{gR^2T^2}{4\pi^2}}$

6. $v\approx 9.64\ \text{km/s}$

7. 略

8. $\dfrac{\rho_{日}}{\rho_{地}}=\dfrac{5\,760\pi L}{g\theta^3 T^2}$

9. $S_e=\pi R^2\left(1+\dfrac{2GM}{v_0^2 R}\right)$

10. $\theta=\arcsin\left(\dfrac{1}{5}\sqrt{1+\dfrac{8Gm_0}{5v_0^2 R}}\right)$

11. $t=\dfrac{2\sqrt{2}}{3}\left(1+\dfrac{2}{n}\right)\sqrt{1-\dfrac{1}{n}}\cdot\sqrt{\dfrac{r^3}{GM_s}}$

12. $R\cos\alpha$

13. $|MN'|=\dfrac{Lr}{R}$

14. （1）会相撞；（2）不会相撞

15. $h=\dfrac{v_0 d-v_r R}{v_0+v_r}$；$H=\dfrac{v_0 d+v_r R}{v_0-v_r}$

16. （1）$h_1=\dfrac{H-aR}{1+a}$，$h_2=\dfrac{H+aR}{1-a}$；（2）$T=\dfrac{2\pi(R+H)}{(1-a^2)v_0}\sqrt{\dfrac{1}{1-a^2}}$

17. （1）$\Delta m_a\approx 28.53\ \text{kg}$；（2）$\Delta m_b\approx 116.6\ \text{kg}$

18. $t=(\pi+2)\sqrt{\dfrac{R}{g}}$

19. $t=\dfrac{\pi+1}{\pi}T_0$

20. $\dfrac{\pi r}{2}\sqrt{\dfrac{r}{2GM}}$

21. （1）线速度大小 $v=\dfrac{1}{2}\sqrt{\dfrac{5GM}{R}}$，周期 $T=4\pi R\sqrt{\dfrac{R}{5GM}}$；（2）$r=\sqrt[3]{\dfrac{12}{5}}R$

22. （1）约 259 天；（2）约 454 天

23. （1）$F=\dfrac{m(2GM-l_0 v_0^2)^2}{4GMl_0^2}$；（2）$W=mv_0^2$

24. 略

第八章　机械振动

1. $(1)x=+12\sqrt{2}$ m; $(2) 3\sqrt{2}\pi^2\times10^{-4}$ N,沿 x 轴负方向; $(3)\dfrac{4}{3}$ s; $(4)-6\sqrt{3}\pi$ cm/s

2. $a=-\dfrac{v_0^2}{x_0},t=\dfrac{\pi x_0}{2v_0}$

3. (1) $T\approx0.7$ s; (2) $A\approx9.28$ cm

4. $t=\dfrac{\pi}{\sqrt{bg\cos\alpha}}$

5. $f=\dfrac{f_1 f_2}{\sqrt{f_1^2+f_2^2}}$

6. $T=2\pi\sqrt[4]{\dfrac{M}{4g\beta}}$

7. $T\approx0.513$ s

8. $\dfrac{1}{2\pi}\sqrt{\dfrac{2G}{ml}}$

9. $T=2\pi\sqrt{\dfrac{5m}{6k}}$

10. $\tau\approx100$ 年

11. $x=m\sqrt{\dfrac{g^2}{k^2}+\dfrac{2gh}{(M+m)k}}\cdot\cos\left(\sqrt{\dfrac{k}{M+m}}t+\arctan\sqrt{\dfrac{2hk}{(M+m)g}}\right)$

12. $T=\pi\sqrt{\dfrac{m(k_1+k_2)}{k_1 k_2}}$

13. (1) $\dfrac{2mg}{k}$; (2) $\dfrac{\pi}{2}\sqrt{\dfrac{mM}{(m+M)k}}$

14. $t=\dfrac{L}{v}+\pi\sqrt{\dfrac{m}{2k}}$

15. $v_{\max}=\dfrac{L}{2}\sqrt{\dfrac{k}{m}}$

16. $x=D-\dfrac{1}{2}D\cos\sqrt{\dfrac{g}{2D}}t$

17. $T=(2+\dfrac{3}{2}\pi)\sqrt{\dfrac{\rho_1 H}{\rho_2 g}}$

18. $\dfrac{\sqrt{6}}{10\ 000\pi}$m

19. $\sqrt{\dfrac{m}{k}}\arccos\left(-\dfrac{d}{c}\right)+\dfrac{1}{g}\sqrt{\dfrac{(c^2-d^2)k}{m}}$

20. $t=0.143$ s

21. (1) $\dfrac{2\pi^2 Mmg}{(M+m)k}$; (2) $l_0+\dfrac{mg}{k}+\dfrac{2\pi mg}{k}\sqrt{\dfrac{M}{M+m}}$

22. (1) 偏大;(2) 偏小;(3) 偏大;(4) 偏小

23. (1) 0.993 m、0.901 m、0.821 m、0.751 m、0.690 m、0.635 m、0.588 m、0.545 m、0.507 m、0.472 m;(2) 20 s

24. $T=2\pi\sqrt{\dfrac{(M+m)l}{Mg}}$

25. $T=2\pi\sqrt[4]{\dfrac{3L^2}{4g^2}}$

26. $2\pi\sqrt{\dfrac{l\cos\alpha}{g\sin\theta}}$

27. $T=2\pi\sqrt{\dfrac{(M+m)l}{mg}}$

28. (1) $T_1=2\pi\sqrt[4]{\dfrac{3a^2}{4g^2}}$;(2) $T_2=2\pi\sqrt[4]{\dfrac{3a^2}{4g^2\cos^2\varphi}}$

29. 超时

30. (1) $\omega_\perp=\sqrt[4]{\dfrac{g^2}{l^2-a^2}}$;(2) $\omega_{/\!/}=\dfrac{\sqrt[4]{g^2(l^2-a^2)}}{l}$

31. $T=2\pi\sqrt[4]{\dfrac{(m_1l_1^2+m_2l_2^2)^2}{(m_1^2l_1^2+m_2^2l_2^2)g^2}}$

32. $T=2\pi\sqrt{\dfrac{2mL}{12kL-3mg}}$

33. $T=2\pi\sqrt{\dfrac{Ml}{(M+m)g}}$

34. $T=2\pi\sqrt{\dfrac{Ml}{(M+m)g}}$

35. $T=\pi\sqrt[4]{\dfrac{25a^2}{3g^2}}$

36. (1) $f=\dfrac{1}{\pi}\sqrt{\dfrac{g}{6(R-r)}}$;(2) $f=\dfrac{1}{2\pi}\sqrt{\dfrac{g}{R-r}\cdot\dfrac{2M+m}{3M+m}}$

37. (1) $\varphi_2=\dfrac{\pi}{6}$;(2) $\varphi_2=\dfrac{3\pi}{2}$或$\dfrac{5\pi}{6}$

38. 0.55 N

39. $T_{简谐}:T_{阻尼}=\dfrac{2\pi}{\sqrt{4\pi^2+\ln^2 4}}$